2 CV
de collection

Éditrice : Volcy Loustau
Fabrication : Amandine Sevestre
Photo de couverture : © Vincent Roussel
Photos de quatrième de couverture : © Dieleman, © Guyot

Cet ouvrage est une édition partielle de l'encyclopédie :
« Collection 2 CV Citroën »
© Hachette Collection, MMIII

Éditrice responsable : Béatrice Capelle
Directeur de collection : Reynald Lecerf
Rédaction : François Allain, Xavier Audran, Jean-Hugues Bénali, Michel Bodini, Jean-Pierre Boudevin, Marie Bourgois, Thierry Bravet, Alain Brouste, Francis Claverie, Laurent Coirnot, Jean-Claude Contenant, Mylène Couton, Jean-Pierre Dauliac, Antoine Demetz, Daniel Dubois, Bernard Faller, Gabriel Fresnois, François Guillard, Jean-Yves Hardouin, Martin Houdan, Pascal Irlinger, Florence Jego, Georges Lachaise, Marie-Claire Lauvray, Reynald Lecerf, Henry Lenguin, Patrick Lesueur, Jérémie Menguy, Pascal Meunier, Benoît Meurie, Étienne Musslin, Dominique Pagneux, Matthieu Pillard, Vincent Roussel, Pascal Szymezak, Renaud Thircuir.

Remerciements à la Direction de la Communication de Citroën, et en particulier à Véronique Larrieu-Pelegry, Anne-Marie Michel, Gérard Lorieux et Denis Huille.

ISBN : 978-2-85120-713-5
Nuart : 65/2642/0
Dépôt légal : mars 2009
Imprimé en Espagne par Mateu Cromo

2 CV
de collection

E/P/A

AVERTISSEMENT DE L'ÉDITEUR

Tous les prix d'origine des modèles sont indiqués
en monnaie de l'époque : anciens francs
pour les modèles antérieurs à 1960, francs de 1960 à 2001,
euros à partir de 2002 mais également dollars, livres sterling et Deutsche Marks.
Les cotes sur le marché de la collection sont toutes
données en euros, et sont des fourchettes indicatives.

L'univers des collectionneurs de voitures se nourrit d'une infinité de marques et de genres, inchiffrable, inépuisable. C'est pourquoi certains se cantonnent à la production d'une époque, d'autres à une catégorie de véhicules, ou encore, par goût, à la création particulière d'un constructeur fétiche. L'histoire de l'automobile est en effet composée de bien plus de modèles qu'il est humain d'en compter, ou d'en collectionner. Mais dans cette foule insondable de voitures de collection se trouvent également quelques thèmes de compilation naturellement dédiés, parmi lesquels un modèle de voiture capable, à lui seul, de composer une collection exceptionnelle. La 2 CV Citroën est en effet un véhicule incontournable et indémodable, ne serait-ce qu'en raison de sa carrière extraordinairement longue – de 1948 à 1990 – et de sa popularité sans précédent. En quarante-deux années de diffusion à travers le monde, il s'est vendu plus de cinq millions de 2 CV, dont au moins un quart roule encore. Entre les modèles de série qui ont évolué au fil des millésimes, les diverses séries limitées, les versions étrangères, les déclinaisons personnalisées voire extravagantes, les véhicules publicitaires… et sans compter les nombreux modèles de voitures dérivés de la Petite Citroën, l'assortiment potentiel d'une collection de 2 CV Citroën est pratiquement inaccessible. Cet ouvrage passe donc en revue les principales 2 CV produites au cours de ce XXe siècle prolifique pour l'automobile, dans lequel la Petite Citroën a tenu le rôle de la voiture populaire par excellence.

Reynald LECERF

Sommaire

Présentation du marché de la collection 8
Un siècle de passion mécanique 9
Choisir une 2 CV d'occasion 11

Chapitre 1 – 2 CV Modèles de série 13
Le « prototype Terrasson » 14
La 2 CV A dit « prototype » 18
La 2 CV Cyclope 22
La 2 CV de « Réglage de chaîne » 26
La 2 CV AZL 30
La 2 CV Citronetta 34
La 2 CV AZLP bleu glacier 38
La 2 CV 4 X 4 Bimoteur 40
La 2 CV AZAM 1963 44
La 2 CV AZAM 1965 48
La 2 CV Export Luxe 52
La 2 CV Spécial 56
La 2 CV 6 « Vert Tuileries » 58
La 2 CV 6 Club 62
Les 2 CV IES America 66

Chapitre 2 – 2 CV Séries spéciales 68
La 2 CV Barbot Spéciale 69
La 2 CV Ambulance 73
La 2 CV Pick-up « Pompier » 77
La 2 CV AZL version Taxi 81
La 2 CV Spot 85
La 2 CV Basket 89
La 2 CV Charleston 93
La 2 CV Charleston jaune 97
La 2 CV Charleston grise 101
La 2 CV 007 103
La 2 CV 6 CT Márcatelo 107
La 2 CV France 3 109
La 2 CV Dolly blanche et grise 113
La 2 CV Dolly jaune et grise 115
La 2 CV Dolly grise et rouge 117
La 2 CV Dolly blanche et verte 119
La 2 CV Dolly blanche et rouge 123
La 2 CV Dolly jaune et rouge 125
La 2 CV Dolly bleu nuit et jaune Rialto 127
La 2 CV AZKA Fireball 129
La 2 CV Cocorico 131
La 2 CV AZKA Perrier 135

La 2 CV Bamboo ... 139
La 2 CV Rudolph ... 143
La 2 CV Wella ... 147
La 2 CV AZKA Sauss-Ente ... 151

Chapitre 3 – 2 CV Camionnettes ... 155

La 2 CV AU des Postes ... 156
La 2 CV AU de Police ... 160
La 2 CV AZU de la Gendarmerie ... 162
La 2 CV AZU des Sapeurs-pompiers ... 164
La 2 CV AZUL Week-end ... 166
La 2 CV AZU Camping Gaz ... 170
La 2 CV AZU-G ... 172
Les évolutions de la 2 CV AK 350 ... 176
La 2 CV AZU vitrée ... 180
La 2 CV AZU EDF-GDF ... 184
La 2 CV AZU PTT ... 186
La 2 CV Pick-up bâchée ... 190

Chapitre 4 – 2 CV Publicitaires ... 194

La 2 CV AU Michelin ... 195
La 2 CV AZ Océanic ... 197
La 2 CV AZU Lesieur ... 199
La 2 CV AZU Orangina 1955 ... 201
La 2 CV AZU Orangina 1956 ... 205
La 2 CV AZU L'Alsacienne ... 207
La 2 CV AZLP Berger ... 209
La 2 CV Kiwi Zespri ... 211

Chapitre 5 – 2 CV Marginales ... 213

La 2 CV Dagonet ... 214
La 2 CV de Gendarmerie ... 218
La 2 CV « Monte-Carlo » ... 220
La 2 CV AZU Draisine ... 222
La 2 CV AZLP du Tour du Monde ... 224
La 2 CV « Marchand de glaces » ... 228
La 2 CV Bicéphale ... 230
La 2 CV Pick-up sécurité aéro-club ... 234
La 2 CV Flower Power ... 238
La 2 CV Limousine ... 242
La 2 CV Cabriolet Azelle ... 246
La 2 CV Aéroports de Paris ... 250

Index ... 254

Présentation du marché de la collection

Un siècle de passion mécanique

Le goût de collectionner des voitures prend corps avec l'ère mécanique, dès le début du XXe siècle. En octobre 1948, lorsque la 2 CV Citroën est dévoilée au public, l'activité de collectionneur est structurée. Elle évolue dans un marché international où la Petite Citroën trouvera naturellement sa place au fil des années.

Véhicule de collection par excellence en raison de sa longue carrière, la 2 CV obéit à un système de cotation qui varie selon son millésime, sa rareté et son état. Beaucoup pensent que la collection d'autos est une activité récente, développée à partir d'une certaine nostalgie pour le passé. Mais si l'on en croît les journaux de l'époque, force est de constater qu'un réflexe de conservation existe dès l'origine des quatre roues. La révolution de ce nouveau type de locomotion est alors telle que des constructeurs, mais aussi des ingénieurs, sans compter les premiers utilisateurs ont compris la nécessité de sauvegarder les premiers véhicules. En 1907, dans le cadre du salon de l'auto, cet intérêt se manifeste par une rétrospective (déjà) consacrée aux ancêtres de l'automobile. Des livres sur le sujet font leur apparition, comme la célèbre « Histoire de l'automobile » de Pierre Souvestre, en 1908, puis se crée le bien nommé Club des Teufs-Teufs dans les années 1930. Ces signaux annoncent un fort engouement qui ne se démentira jamais...

B © Vincent Roussel

La 2 CV Sahara (1961-1971) est l'un des modèles de 2 CV les plus recherchés. Selon son état, sa cote peut atteindre 30 000 euros.

Rassemblements et fêtes

Comme tout passionné, les collectionneurs aiment à se retrouver pour partager et échanger leurs connaissances de telle marque ou de tel modèle, pour faire admirer leur dernière acquisition et profiter de celles de leurs collègues. C'est dans cet esprit que les rassemblements d'amateurs de voitures anciennes se sont développés peu à peu. À l'aube de la Seconde Guerre mondiale, des fêtes de l'auto voient le jour – comme la grande manifestation de Levallois (92) regroupant les modèles du début du XXe siècle –, ainsi que des concours d'élégance qui attirent autant d'amateurs éclairés que de néophytes. C'est en effet à la fin des années 1930 que les plus belles collections commencent à se constituer. Une tradition naissante qui est aussitôt malmenée par le conflit de 1939-1945, avec en premier lieu une loi qui sera à l'origine d'une autre hécatombe, son texte daté du 14 octobre 1941 interdisant toute mise en circulation de véhicules antérieurs à septembre 1925. Nombre de voitures n'ayant plus d'utilité sont alors détruites dans l'indifférence générale, l'époque comportant bien d'autres soucis et malheurs. Malgré tout, cette loi ne fut pas appliquée avec rigueur et de vénérables engins échappèrent à la destruction avant que cette loi ne soir abrogée, en 1946.

A © Citroën Communication

Pierre Boulanger (1885-1950), l'instigateur de la 2 CV Citroën, serait surpris d'apprendre la cote atteinte aujourd'hui par certaines 2 CV.

LOI ET TVA

Les collectionneurs peuvent bénéficier de la TVA à 5,5 % à condition que le modèle appartienne à la catégorie des véhicules de collection, c'est-à-dire ayant plus de trente ans.

L'univers de la collection se structure

Le monde ayant retrouvé son calme, il est temps de se réintéresser aux autos du « temps d'avant ». Les passionnés se retrouvent aussi bien dans l'admiration d'engins très anciens, à la silhouette parfois proche d'une voiture à cheval, que dans la contemplation des courbes harmonieuses et du luxe ostentatoire des marques des années 1930. Certains de ces admirateurs ont saisi toute la fragilité, la précarité de ce monde de l'auto et prennent conscience qu'il convient de le protéger, en mettant à l'abri les spécimens rescapés. L'aube des années 1950 est aussi l'époque des bonnes affaires, où le collectionneur bricoleur peut trouver « l'objet » de ses rêves à moindre prix et le remettre en état. Peu à peu, le milieu se structure avec la création de clubs de marque, comme Les amis de Delage par exemple, sans compter des ouvertures de musées, preuves que l'intérêt pour les voitures anciennes est unanimement reconnu.

C © Vincent Roussel

Exposée au Mondial de l'Automobile 2008 pour célébrer le soixantenaire de la 2 CV, cette version Hermès de la Petite Citroën est unique et n'a donc pas de prix.

La belle époque

À partir de la fin des années 1960, cet engouement pour les voitures anciennes se développe, même si ces objets de collection deviennent financièrement moins abordables, notamment les « plus très jeunes » de la fin de la décennie trente puis celles de l'immédiate après-guerre. Dans les années 1950, les clubs prolifèrent, les salons font le plein à l'instar de Rétromobile à Paris, les adultes retrouvent les attraits de « l'auto de papa » tandis que les plus jeunes flashent sur le côté anticonformiste d'une 2 CV que l'on appelle alors « quatre roues sous un parapluie ». De nombreuses commémorations et autres expositions s'enchaîneront ensuite au rythme des anniversaires du modèle, jusqu'à fêter ses 60 ans au Mondial de l'automobile 2008, sans parler des accessoires qui n'auront de cesse de fleurir à son effigie – tee shirts, buvards, cendriers... preuves de sa bonne santé de la 2 CV qui, à ce stade, fait partie intégrante de notre patrimoine national.

Pourquoi la 2 CV

La 2 CV devient un objet de collection bien avant la fin de sa production, ce que nombre d'observateurs de l'époque n'auraient pas parié, parmi lesquels certains se gaussaient à la naissance de cet engin laid et mal fichu. Alors pourquoi la 2 CV continue de plaire tellement, réunissant des milliers d'adeptes à travers le monde et des centaines de clubs ? La réponse est d'ordre culturel et social. En dehors des critères objectifs et rationnels que constituent sa rusticité, sa robustesse et son besoin minimal d'entretien, cette auto a cotoyé avec le même succès plusieurs générations et fait partie des mythes. C'est la voiture à l'éternelle jeunesse éprise de liberté et d'insouciance, des raids vers l'infini comme des courses de cross dominicales, la voiture des tours du monde comme du déménagement d'un copain. La 2 CV fait partie de la vie. On sourit de son pittoresque déhanchement dans les virages, les enfants la reconnaissent facilement et le son de son moteur s'identifie entre mille. Les anecdotes à son sujet sont légion qui participent à sa légende, la rendant encore plus sympathique aux yeux des jeunes comme des grands parents qui ont assisté à sa naissance. De quoi grossir les rangs de ses inconditionnels, des amoureux effondrés à l'heure de sa retraite.

D © Vincent Roussel

La 2 CV A de 1950 figure parmi les millésimes les plus recherchés en très bon état. Sa cote peut être voisine de 8 000 euros.

DU NOUVEAU

Introduits au 1er janvier 2009, de nouveaux textes régissent le monde de la collection, qui sont défendues par la Fédération Française des Véhicules d'Époque. Parmi ces nouvelles dispositions en vigueur figure l'obligation de faire subir aux voitures de collection un contrôle technique tous les 5 ans.

Choisir une 2 CV d'occasion

Comme toutes les voitures de collection, la cote d'une 2 CV dépend de son âge, de son niveau de production, de son état de conservation et/ou de la qualité historique et technique de sa restauration. Certains modèles peuvent aussi attiser la convoitise pour des raisons subjectives, mais dans tous les cas, quelques points cruciaux sont à observer dans le cadre de l'achat d'une 2 CV d'occasion.

A © Vincent Roussel

La cote d'une 2 CV, selon l'offre et la demande relatives au modèle peut varier du simple au double. Cette belle italienne se négocie autour de 3 500 euros.

Le monde de la collection est un microcosme où se côtoie de drôles d'acteurs. Certains ne jurent que par telle version des (presque) origines, calandre arborant l'ovale frappé du double chevron, moteur de 375 cm^3, d'autres vouent une admiration sans bornes pour les modèles publicitaires, pour les versions limitées, pour les portières suicide... mais chacun, à sa manière, a le désir de faire vivre le modèle. D'une manière générale, découvrir un modèle d'avant 1960 relève de l'exploit. L'ancêtre réunissait alors un nombre conséquent de détails rustiques, et sa production, finalement encore peu développée, en plus des dégâts occasionnés par le temps raréfie ces modèles au point qu'ils sont quasiment introuvables. Devant une Deuche plus récente et qui semble en bon état, il ne faut pourtant pas s'emballer mais raison garder, se méfier des cotes et les recouper, via Internet mais aussi sur les publications spécialisées, ouvrages parus et petites annonces. Comparez et référez-vous à votre bon sens tout en ne dédaignant pas les conseils éclairés d'un amateur connaissant bien l'histoire du modèle.

LE PIÈGE

Certains pays n'acceptent pas le départ de leur sol d'un véhicule ancien. Par exemple, si vous dénichez une 2 CV en Tunisie, sachez que vous ne pourrez pas la sortir régulièrement de ce territoire. À vous d'employer des ruses pour parvenir à vos fins... en vous inspirant des nombreuses histoires circulant à ce sujet dans les clubs !

Attention fragiles

Les 2 CV sont comme tous les véhicules ayant vécu, elles accusent le poids des ans, le choc de conditions atmosphériques peu clémentes, sans compter quelques petits vices inhérents à la fabrication, à des matériaux de qualité discutable. À l'heure de craquer pour une 2 CV d'occasion, il convient de connaître ses défauts et de savoir les repérer. Dans une auto, il y a la structure qui se cache bien souvent au regard, puis la robe, la carrosserie qui se dévoile dans toute sa splendeur ou sa décrépitude. Pour la première, la puissante ennemie la plus à craindre est la rouille, qui peut parfois être bien cachée. Il est en effet assez rare de rencontrer une 2 CV qui ne soit pas menacée par ce phénomène de corrosion, principalement dans la zone avant du plancher, du pédalier et de la jonction avec le châssis plate-forme. Les longerons peuvent être atteints, les pieds de caisse, les gouttières, la partie entre le pied milieu et le toit, le coffre, les charnière de capot. Certaines pièces défectueuses doivent être changées d'urgence, comme le volet d'aération que l'on trouve encore à l'état neuf. À moins d'être un expert en manipulations de tôle, de soudure, mieux vaut laisser tomber dans le cas d'une structure vraiment abîmée : le résultat ne sera pas à la hauteur des travaux effectués et les désillusions qui en découleront risquent de ternir cette passion. Il est cependant bien connu que les collectionneurs ne jettent rien. Et votre épave, même achetée une poignée d'euros pourra devenir une banque d'organes dédiée à la restauration d'un deuxième véhicule. Si votre budget de restauration le permet, vous pouvez toujours confier votre belle entre les mains expertes de spécialistes qui sauront lui apporter le meilleur. L'adhésion à un club peut alors être une bonne chose, car l'expérience des uns profite à l'ensemble et les noms circulent sur les bons artisans... et les moins bons.

B © Vincent Roussel

Les puristes ne reconnaissent pas cette auto, une 2 CV cabriolet pourtant bien réalisée. Aucune cote ne peut lui être appliquée, si ce n'est une cote d'amour.

C © Vincent Roussel

L'achat d'une 2 CV de collection requiert une certaine connaissance du modèle. Il ne faut pas hésiter à se faire conseiller par un spécialiste.

Tour d'horizon

Si la rouille est la principale ennemie des collectionneurs, elle est généralement inévitable mais sa propagation peut être maîtrisée. Parmi les autres points à vérifier, toute réparation d'apparence « bricolée » doit être suspecte et si possible restaurée, et les éléments fatigués remplacés en sachant que le stock de pièces est bien achalandé dans le réseau, mises à part celles concernant les premiers modèles – capot nervuré par exemple. Tôt ou tard, l'acquéreur d'une 2 CV d'occasion est amené à courir les bourses d'échanges, qui recèlent des trésors et permettent en outre de rencontrer d'autres fanas qui ont souvent un bon conseil à prodiguer. Ensuite, une attention particulière doit être consacrée à la ligne d'échappement, au circuit électrique et à l'usure de l'embrayage... Mais pour autant, l'état général d'une 2 CV reste le plus souvent récupérable. Les points positifs ne manquent pas : un moteur de 602 cm³ est un vrai dur, tandis que les autres motorisations méritent un examen plus circonspect, notamment de la boîte de vitesses et de la transmission. Quant à la capote, qui compte pour beaucoup dans le succès de la 2 CV, il convient de la faire réparer au moindre accroc ou imperfection. La bonne humeur à bord d'une 2 CV est à ce prix.

Une 2 CV se déniche facilement dans réseau des petites annonces. Une fois cette cure de remise en forme effectuée il ne vous reste plus qu'à entretenir régulièrement votre Deudeuche, des guides techniques existent qui peuvent vous être d'un grand secours que vous soyez un apprenti ou un bricoleur aguerri.

CONSEILS DE DÉTAIL

Il y a les collectionneurs purs et durs adeptes de la sacro sainte règle du à l'identique et ceux qui commettent quelques petites infidélités par rapport à la version d'origine pour davantage de confort. Si vous faites partie des premiers, là encore, les conseils d'un club sont souvent bienvenus et vous inciteront à ne pas multiplier les impairs. Attention aux clignotants qui dénotent tel ou tel millésime, à la forme des phares bien évidemment mais aussi à la couleur retenue : un « bleu glacier » pour un modèle d'avant septembre 1959, c'est une belle erreur !

Chapitre 1
2 CV Modèles de série

■ On ne le connaît que grâce à un cliché photographique unique et à la magie de la technique informatique qui a permis de restituer sur papier ce véhicule mythique.

LE « PROTOTYPE TERRASSON » 1939

En 1939, en secret, trois prototypes testent de jour comme de nuit les composants de la future 2 CV. 65 ans plus tard, l'un des essayeurs attitrés de ces engins mystérieux, Pierre Terrasson, délivre les secrets de cette aventure extraordinaire.

Réalisé sur ordinateur d'après la célèbre photo de Terrasson, ce dessin montre, entre autres, l'encombrant radiateur de refroidissement du moteur, qui dépasse du capot, ou l'absence de poignées de portes, qui s'ouvraient de l'intérieur en glissant le bras par la demi glace pivotante.

Si les premières études de Citroën consacrées à la future 2 CV commencent dès 1935, il n'est question dans un premier temps que de théorie. Quelques années de réflexions, d'esquisses et d'ébauches mécaniques sont nécessaires avant d'aboutir à la fabrication d'un premier véhicule roulant. De plus, en 1935, la majorité des techniciens de l'entreprise est encore mobilisée sur la Traction Avant, sortie le 18 avril 1934 à la hâte et qui pose encore pas mal de problèmes de mise au point. Mais le projet industriel TPV (Toute Petite Voiture), dans ce contexte, n'en est pas moins important pour l'entreprise, en difficulté financière, voire vital pour l'avenir de la marque.

Pierre Terrasson intègre l'école Citroën du Quai de Javel en 1930. Il a alors 18 ans. Créée depuis peu par André Citroën, cette école a la fonction de former, en trois ans, les futurs cadres de l'entreprise. Après y avoir suivi ses premiers stages théoriques et techniques, le jeune Terrasson prend progressivement le chemin d'un responsable technique de Citroën, lorsque, fin 1932, il se retrouve en stage au sein de l'équipe des pilotes d'essais, sur l'autodrome de Montlhéry. C'est là qu'il rencontre le colonel Pierre Prévost, directeur du service des essais, qui s'intéresse à son sens de la mécanique, à son inventivité et à ses talents de conducteur…

Pierre Terrasson (à droite), en compagnie de ses collègues essayeurs à La Ferté-Vidame, est l'auteur de cette photo légendaire réalisée le 25 août 1939. Cette image, qui a fait le tour du monde, constitue l'unique trace officielle des prototypes roulants de la future 2 CV. Au premier plan, le « Prototype Terrasson » doté d'un *flat twin* de 375 cm³. Sur la gauche, un autre prototype doté d'un *flat four* de 800 cm³ environ, qui sera très vite abandonné.

© REYLEC Prod'/c

À ce moment de l'étude de la future 2 CV, la voiture n'est désignée que sous l'appellation TPV (Toute Petite Voiture). Sa fabrication a fait largement appel à l'aluminium. La silhouette de la 2 CV se devine déjà, et son toit ouvrant est déjà présent.

© Pierre Terrasson/d

Fin 1937, Pierre Terrasson connaît les Traction par cœur à force de faire des essais à leur volant. Dans peu de temps, il sera affecté à La Ferté-Vidame et aux essais de la future 2 CV.

© Pierre Terrasson/e

Sous l'autodrome de Montlhéry, les essayeurs de Citroën disposaient d'un local atelier. Terrasson est le deuxième en partant de la gauche.

Le colonel Prévost, ami d'André Citroën, est alors chargé avec son équipe de tester des moteurs et des technologies nouvelles avec les Citroën Rosalie, en vue d'en faire profiter la future Traction Avant, alors à l'état de projet. Pierre Terrasson se souvient : «*Nous disposions d'un local de travail, sous le virage relevé de l'autodrome, où les voitures d'essais étaient préparées et modifiées au fur et à mesure de nos commentaires. Nous étions une équipe d'une demi douzaine d'essayeurs, il nous arrivait fréquemment de faire les trois «8», il fallait rouler jours et nuits. Ce n'était pas de tout repos mais très enthousiasmant, et pour rien au monde je n'aurais échangé ma place*». À cette époque, d'autres constructeurs que Citroën utilisent l'autodrome pour effectuer leurs essais, et la société Yacco s'évertue à établir de nouveaux records avec la Rosalie. Pierre Terrasson et ses collègues jouissent de cette proximité et prennent plaisir à échanger leurs impressions avec les autres techniciens et pilotes. Puis, le 17 avril 1934, Terrasson est convoqué sous les drapeaux. Il ne verra donc pas naître la Traction et, à son retour, sera affecté à d'autres tâches avant de se retrouver au volant d'un tout autre prototype d'essai : la future 2 CV.

© Citroën Communication/f

Poste de pilotage d'une 2 CV Type A de 1939. Celui du «Prototype Terrasson» était aussi rudimentaire que celui-là, avec un levier de vitesses droit et une petite manivelle, juste au-dessus, servant à actionner l'essui-glace manuellement lorsque la voiture était à l'arrêt.

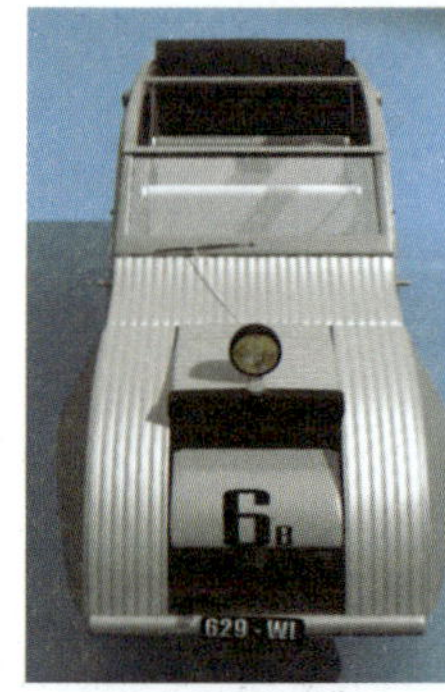

© REYLEC Prod'/g/h/i

Bien que la partie arrière du véhicule, non visible sur la photo de Terrasson, ne soit ici qu'une interprétation de l'ordinateur, après avoir soumis à sa mémoire ce résultat, l'essayeur-photographe reconnaît bien là sa voiture, qu'il a côtoyée de très près durant deux des plus belles années de sa vie.

Dégagé de ses obligations militaires le 6 juillet 1935, Pierre Terrasson est d'abord affecté au laboratoire des bancs d'essais, rue Cauchy, à Paris. Il y retrouve son ami Jean de Maucan, ingénieur, essayeur à Montlhéry lui aussi un an plus tôt, avec qui il est chargé de tester le moteur V8 de la future 22. Pendant son absence, des changements importants sont survenus chez Citroën : la prise de pouvoir du manufacturier Michelin en décembre 1934, la mort d'André Citroën début 1935 et le renoncement d'un certain nombre de cadres, détracteurs de la nouvelle politique de l'entreprise, parmi lesquels le colonel Pierre Prévost, remplacé par Jacques Guérini au poste de directeur des essais, un autre complice de Terrasson à l'époque de leurs trois «8» en équipe. Pierre Terrasson réintègre les essais à Montlhéry à l'automne 1935, où il va travailler sur les Traction et aider quelques jeunes stagiaires ingénieurs civils venus de l'aéronautique pendant un peu plus de deux ans. C'est finalement en 1938 que Terrasson se voit détaché sur le centre d'essais privé de La Ferté-Vidame, dans l'Eure et Loire, où Citroën commence, dans le plus grand secret, à travailler sur les premiers essais en dynamique de la TPV.

[EN 1938, TERRASSON TRAVAILLE À LA MISE AU POINT DYNAMIQUE DE LA FUTURE 2 CV]

Le centre d'essais privés de La Ferté-Vidame est la propriété de Citroën depuis une dizaine d'années. C'est André Citroën qui fit l'acquisition de cet immense territoire, à la fin des années 1920, et Pierre-Jules Boulanger terminera son œuvre dans les années 1930, en faisant aménager le site, enceint d'un mur infranchissable de trente kilomètres pour cacher les pistes d'essais, une bâtisse aménagée en atelier et des hangars. Le prototype de la future 2 CV est en partie construit sur place, en trois exemplaires afin de tester alternativement plusieurs moteurs et des solutions techniques. Pierre Terrasson n'y compte pas ses heures : «*Nos essais étaient pratiquement ininterrompus, excepté pour les ravitaillements. Il nous arrivait régulièrement de sortir du centre pour tester les voitures sur les routes des environs, mais de nuit afin de ne pas nous faire repérer. La 2 CV était alors entourée de deux Traction, dans lesquelles des techniciens étaient prêts à intervenir en cas de panne. Au moindre incident, le prototype était bâché et sa réparation se faisait à chaque fois en un temps record. Bien que nous n'ayons jamais été contraints de la remorquer, l'une des Traction était équipée pour le faire en cas de besoin !*»

PIERRE TERRASSON, PILOTE D'ESSAI CITROËN

© REYLEC Prod'/j

Entré à l'école Citroën en 1930 pour devenir cadre dans l'entreprise, Pierre Terrasson est remarqué deux ans plus tard par le directeur des essais et intègre son équipe immédiatement. Au volant des prototypes de Rosalie, de Traction et surtout de la future 2 CV, Terrasson tiendra son rôle d'essayeur entre 1933 et 1939.

L'HÉRITIÈRE DE LA TERRASSON

La 2 CV Type A de 1939.

Peu de temps après la mobilisation de Terrasson pour rejoindre l'Armée française, son prototype est pratiquement abouti et permet à Citroën de produire, en série limitée, la toute première 2 CV Type A. Dès le mois de septembre 1939, la présentation au public de la «Toute Petite Voiture» est programmée pour octobre, à l'occasion du Salon de l'Auto. Mais la Seconde Guerre mondiale en décidera autrement. Le Salon est annulé et la 2 CV se fait oublier jusqu'à nouvel ordre, afin de ne pas finir dans les mains d'une industrie allemande prête à tout pour s'approprier le meilleur des inventions françaises.

POUR EFFACER LES TRACES

Comme la plupart des prototypes ayant terminé leurs parcours de tests, la «2 CV Terrasson» sera détruite au début du conflit, ne laissant aucune trace de ses technologies inventives.

2 CV «TERRASSON» 1939

Moteur :	2 cylindres à plat à refroidissement à eau
Cylindrée :	375 cm³
Alésage x course :	62 x 62 mm
Puissance :	9 ch à 4 000 tr/mn
Alimentation :	par carburateur
Distribution :	arbre à cames central
Transmission :	boîte à 3 rapports avec la 3ᵉ surmultipliée
Freins :	hydrauliques à tambours
Suspensions :	à interaction
Pneumatiques :	125 x 400
Poids :	environ 400 kg
Vitesse maximale :	environ 70 km/h

© REYLEC Prod'/k

Même si la longueur du capot est sensiblement exagérée par l'effet de perspective de ce dessin, Terrasson confirme qu'il était très long, parce qu'il avait été conçu pour pouvoir accueillir différents moteurs.

Dès le commencement des essais, deux types de moteurs sont envisagés : un bicylindre de type *flat twin* de 375 cm³ et un quatre cylindres de type *flat four*, d'environ 800 cm³ et de conception analogue, mais plus puissant. Tous les deux sont à refroidissement à eau, le plus petit équipe deux des trois prototypes et le plus gros est installé dans la troisième voiture. *«Le quatre cylindres était inconduisible»*, témoigne Terrasson, *«le châssis et la carrosserie étaient si légers que ce moteur n'avait rien à faire dans la 2 CV»*. En effet, le «Prototype Terrasson» est carrossé en feuilles d'aluminium, et d'autres pièces mécaniques font aussi appel à des matériaux légers. La mise au point dynamique de la voiture va durer un peu moins de deux ans, puis débouchera sur la production d'une première série de 2 CV Type A en 1939, improprement appelée «Prototype 1939», toujours dotée d'un *flat twin* de 375 cm³ mais cette fois-ci refroidi par air, afin d'économiser l'encombrement du radiateur et de gagner du poids. Mais en dehors de son moteur particulier, le «Prototype Terrasson» contient déjà la plupart des solutions techniques qui seront utilisées sur la voiture de série.

[APRÈS LA GUERRE, IL NE RESTE PLUS DE CE PROTOTYPE D'ESSAI QU'UNE SIMPLE PHOTOGRAPHIE]

Si ce «Prototype Terrasson» de 1939 a finalement pris le nom de son essayeur, c'est tout simplement parce qu'il est l'auteur de l'unique photographie du véhicule. Sans cette photo et le témoignage de Terrasson et de ses compagnons essayeurs d'avant-guerre, la 2 CV définitive aurait peut-être été différente. Car l'histoire de cette photo, comme se plaît à le raconter Pierre Terrasson, est vraiment extraordinaire : *«Ça s'est passé le vendredi 25 août 1939. J'avais reçu ma feuille de mobilisation pour partir à la guerre, ma couverture et mes brodequins étaient déjà empaquetés et je devais rejoindre l'Armée dès le lendemain. L'idée m'est venue de faire cette photo, au fond du circuit de La Ferté-Vidame, en souvenir de mes copains et de nos voitures que je ne reverrais peut-être jamais. Le cliché est resté dans mon appareil pendant toute la durée du conflit, et quand j'ai été démobilisé, j'ai fini la pellicule pour la faire développer. C'est ainsi que j'ai retrouvé l'image de ce prototype avec lequel j'ai passé un moment fort de ma vie, et que Citroën a pu s'en servir pour reprendre ses travaux, tous les documents sur la 2 CV ayant été détruits par le bombardement de Javel et lors de l'exode, à l'arrivée des Allemands»*.

■ Elle a longtemps fait figure de fantôme et a rejoint fort heureusement les trésors du Patrimoine à Aulnay.

LA 2 CV A DITE « PROTOTYPE » 1939

En 1936, deux ans après avoir été mis en faillite, le constructeur duquai de Javel se lance dans l'étude d'une petite voiture populaire rustique dont le concept est totalement novateur. Trois ans plus tard, la 2 CV A est prête et entre en production…

© Citroën Communication/a

La 2 CV Type A, communément appelée «Prototype 1939», est plus vraisemblablement une voiture construite en série, dont la fabrication fut interrompue à cause de la Seconde Guerre mondiale.

Avant 1968, personne n'avait jamais vu publiquement cette fameuse 2 CV à un seul phare. Tout d'abord présentée comme un prototype, il s'agit en réalité de la 2 CV telle qu'elle doit être exposée au Salon de Paris d'octobre 1939. Une première série de 250 exemplaires est d'ailleurs mise en fabrication dès la fin août de la même année. Les premières études consacrées à cette nouvelle voiture furent lancées dès 1936 sous l'impulsion d'Édouard Michelin, qui confia la gestion du projet à son fils et à son homme de confiance : Pierre Michelin et Pierre Boulanger. Le manufacturier de Clermont-Ferrand, dont l'objectif primordial est de vendre de plus en plus de pneumatiques, a compris que pour atteindre son but il faut accroître le marché de d'automobile. Sa démarche consistera donc, dans un premier temps, à le démocratiser.

Depuis la faillite d'André Citroën, à la fin de l'année 1934, Michelin préside aux destinées de la marque aux deux chevrons. Après avoir remis l'entreprise à flots, la situation financière permet d'envisager sereinement l'avenir. Les études de nouveaux modèles peuvent ainsi reprendre dès 1936. Un premier programme est mis en route, qui donnera naissance à la Traction avant 15/6 pour compléter la gamme formée par les 7 CV et

© Citroën Communication/b

Un demi siècle sépare cette 2 CV d'avant-guerre et la jeune fille qui foule son tapis de sol.

ESSUIE-GLACE UNIQUE

Pour faire simple, léger et peu coûteux, les ingénieurs de Citroën ont inventé un essuie-glace central unique, à bras coulissant actionné par une manivelle. Un simple fil de fer, fixé sur le capot, limite le débattement longitudinal de la raclette et lui évite son frottement sur le montant supérieur du parebrise. Ce concept sera développé à partir des années 1980 par Mercedes-Benz.

PLEXIGLAS

Toujours dans le but de construire une voiture la plus légère possible, les ingénieurs du Quai de Javel ont eu recours au Plexiglas pour les vitres des quatre portières. À la fin des années 1930, ce matériau était à la pointe du progrès et utilisé surtout dans la construction aéronautique.

JANTES PILOTE
Fournies par Michelin, les roues de la 2 CV A de 1939 sont constituées d'un voile embouti, avec des ouïes classiques, et d'une jante ultra légère à bord plat. Apparue sur la Traction Avant avec la célèbre roue Pilote et le pneumatique du même nom, fin 1937, cette jante est à cette époque d'une conception très moderne.

POIGNEES-SERRURES
Ledit «Prototype 1939» recèle de très nombreux détails gages de solidité, de légèreté, et d'un coût de fabrication etd'entretien réduit. Par exemple, le dispositif de fermeture des portières utilise une poignée qui ressemble à un simple étrier plat. Lorsqu'elle pivote sur son axe, la poignée s'enclenche directement sur le montant de carrosserie pour assurer la fermeture. Cette 2 CV d'avant-guerre ne se ferme cependant que de l'intérieur et ne possède pas le moindre verrouillage. Pour ouvrir ses portières avant, il faut passer le bras à l'intérieur à travers les demi-glaces !

© Photo AD/2 CV Magazine/c

Jusqu'à ce que Citroën retrouve ces trois autres 2 CV A de 1939, dans un grenier de son centre d'essai de La Ferté-Vidame, puis les expose au Salon Rétromobile au mois de février 1998, chacun pensait que l'exemplaire présenté en 1968 était véritablement unique. Deux d'entre elles sont des voitures pratiquement neuves, qui n'ont pas roulé depuis l'année de leur construction, fin 1939, tandis que la troisième a longuement servi sur le site du centre d'essai, d'abord pour tester quelques améliorations, puis comme voiture à tout faire. Elles sont ici exposées au centre commercial de Créteil-Soleil, en Région Parisienne, durant l'hiver 1998.

La 2 CV A utilitaire est un projet qui date d'avant-guerre, mais qui n'a semble-t-il pas abouti au moment prévu. L'existence du projet est confirmée par une note rédigée par Pierre Boulanger lui-même, datée du 14 février 1939. Mais la déclaration de guerre à l'Allemagne, en septembre 1939, lui sera provisoirement fatale.

les 11 CV, mais aussi à la TUB, premier utilitaire léger moderne équipée de roues avant motrices, ainsi qu'à une petite voiture populaire conçue pour être à la fois robuste et économique. Une fois le feu vert donné par la direction, le service des études construit un premier prototype au début de l'année 1937. Jusqu 'alors, Citroën effectue ses essais soit sur route ouverte, soit sur l'autodrome de Linas-Montlhéry où elle possède son propre laboratoire. Mais cela ne satisfait pas la nouvelle direction du Quai de Javel, habituée à travailler dans le secret. Fin 1937, Citroën achète donc une vaste propriété close de murs, 850 hectares qui vont d'abord servir de berceau à la 2 CV, puis à bien d'autres voitures de la marque.

[LES SECRETS DE LA 2 CV TYPE A DE 1939 ÉTAIENT BIEN GARDÉS]

Ces toutes premières installations sont pour le moins rudimentaires et il faut faire avec les moyens du bord. Pour le bien-être des essayeurs, qui roulent le jour comme la nuit et par tous les temps, le responsable de la piste les équipe de combinaisons d'aviateurs. Pour le manufacturier clermontois, tous ces essais sont également profitables puisqu'il fournit à Citroën les pneumatiques, les chambres à air ainsi que les roues pour la nouvelle voiture. Que ce soit à Paris ou en Auvergne, Pierre Boulanger et les membres de la famille Michelin

Au début des années quatre-vingts, la 2 CV A de 1939 présentée en 1968 est restaurée pour la première fois. Malheureusement, cette restauration est imparfaite. La voiture arbore alors un vert bien plus foncé que celui d'origine, ses roues ne sont plus noires et sa suspension avant est maintenant fortement abaissée.

s'impliquent dans le projet et prennent tour à tour le volant des différents prototypes. Car la future Citroën doit être avant tout pratique, confortable, économique et robuste.

Marier ces dernières caractéristiques sera le défi permanent que devront relever les ingénieurs du Quai de Javel en charge du projet. La solution passe en fait par la légèreté, l'obsession du gain de poids. C'est ainsi que le châssis et la carrosserie seront réalisés en tôle de Duralumin et que les quatre bras de suspension seront moulés en magnésium. À cette époque, ces matériaux nobles sont d'avant-garde et utilisés uniquement dans l'aviation. Ils sont donc très coûteux, mais, chez Citroën, l'on pense que leur emploi va se développer et que leur utilisation en grande quantité va permettre, à terme, d'en abaisser le prix de façon considérable. Lorsque la nouvelle Citroën est enfin présentée au service des Mines, le 28 août 1939, elle ne ressemble à rien de connu. Sa carrosserie utilise pour sa partie avant de la tôle formant des ondulations carrées, dites « tôle à la grecque ».

[LA 2 CV D'AVANT-GUERRE UTILISE DES MATÉRIEUX NOBLES !]

SURCHARGE INTERDITE

Afin d'éviter que les clients à qui était destinée la 2 CV A de 1939 ne la surchargent, il avait été peint au pochoir, dans le fond du coffre, l'inscription *« Attention, ne pas mettre plus de 50 kgs de bagages »*. En 1949, les 2 CV A qui sortiront de l'usine de Levallois auront elles aussi, juste derrière la banquette arrière, devant le coffre, la mention *« Bagages maxi 50 kg »*. Que le coffre soit plein ou vide, l'info reste ainsi lisible en permanence !

POURQUOI 2 CV A ?

Logiquement, en 1939, l'appellation de la Petite Citroën se situe en fait dans la lignée de celles utilisées depuis 1934 pour les différents modèles de la gamme des Traction Avant. Elle tient donc son nom de 2 CV de sa puissance fiscale et la lettre A désigne le premier modèle de la gamme.

Sous le capot d'avant-guerre, on trouve déjà un moteur bicylindre à plat de 375 cm³. Mais celui-là est refroidi par eau, contrairement au bicylindre à air qui équipera les 2 CV A produites à partir de 1949. Il dispose par ailleurs d'une boîte de vitesses à trois rapports au lieu de quatre. Fixée sous la calandre, une tôle galbée canalise l'air vers le radiateur afin d'en optimiser le refroidissement.

Débarrassé de son radiateur, l'ensemble moteur-boîte de la 2 CV A de 1939 est finalement de dimensions réduites. Le robinet, sur le côté, permet au propriétaire de la voiture d'en vidanger le circuit de refroidissement en hiver, afin d'éviter le gel. Cette mécanique est dénuée de démarreur afin de réduire les coûts de fabrication. Ce moteur se contente d'une bonne vieille manivelle qui, lorsque le moteur est en marche, est automatiquement maintenue en position verticale haute afin d'éviter qu'elle ne vienne s'accrocher dans les chemins accidentés.

Contrairement aux apparences, cette première 2 CV est très confortable. Les quelques privilégiés qui ont eu la chance de prendre place à l'intérieur, voire de rouler avec, l'admettent unanimement. Pourtant, ses banquettes ne sont constituées que de pièces de grosse toile, de quelques tubes, de fil de fer et d'un large coussin. Les banquettes de la 2 CV A de 1949 seront plus élaborées, utilisant une armature tubulaire et des anneaux de caoutchouc afin d'obtenir un confort encore plus grand.

© Photo AD/2 CV Magazine/h

DEUX ÉCHAPPEMENTS
La 2 CV A est équipée d'un moteur à deux cylindres opposés, refroidi par eau, dont l'architecture impose deux pots d'échappement séparés. Mais, pour le bon fonctionnement du bicylindre, ils sont tous les deux reliés par un tube supplémentaire qui permet d'en équilibrer les pressions.

FREINS AVANT ET ARRIERE
Les quatre roues de ce modèle reçoivent un dispositif de freinage, mais la voiture est tellement légère que le frein au pied n'agit que sur les roues avant par l'intermédiaire d'un circuit hydraulique. Le frein à main, quant à lui, agit uniquement sur les roues arrière et grâce à des câbles.

2 CV « PROTOTYPE » 1939

Marque :	Citroën
Modèle :	Type A de 1939
Moteur :	2 cylindres à plat
Cylindrée :	375 cm³
Alésage x course :	62 x 62 mm
Puissance :	9 ch à 4 000 tr/mn
Alimentation :	par carburateur
Distribution :	arbre à cames central
Transmission :	boîte à 3 rapports
Pneumatiques :	125 x 400
Empattement :	240 cm
Voies :	126 cm
Longueur :	378 cm
Largeur :	148 cm
Hauteur :	160 cm
Poids :	450 kg
Vitesse maximale :	70 km/h

© Reynald Lecerf Prod/i

À la Cité des Sciences de la Porte de la Villette, à Paris, la 2 CV A de 1939 a honoré de sa présence une formidable exposition découverte, baptisée « L'âge de l'aluniminium », durant tout l'été 2003.

Elle ne possède qu'un seul phare devant le conducteur, puisque le code de la Route n'en exige pas plus pour cette catégorie de voitures. Son tableau de bord ne comporte qu'un interrupteur de contact, une tirette de démarreur et un ampèremètre. Les banquettes ont un dossier suspendu comme s'il s'agissait d'un hamac, tandis que le toit ouvrant et la porte de coffre sont constitués par une même bâche, dans laquelle a été ménagée la lunette arrière. Sous des dehors de voiture très rudimentaire, Citroën a mis en elle tout son savoir-faire et toute sa technologie d'alors. Par exemple, sa suspension n'utilise pas moins de huit barres de torsion – à titre de comparaison, sur la Traction Avant, sortie en 1934, il n'y en a que quatre ! – ayant chacune un rôle bien précis. Elles permettent d'obtenir un confort et une tenue de route incomparables. Cette suspension bénéficiant d'une grande souplesse et de grands débattements, le circuit de freinage comporte un dispositif hydraulique qui, lorsque l'on appuie sur la pédale, provoque le blocage de la suspension avant, évitant ainsi à la voiture de se cabrer. Certains voient d'ailleurs en ce circuit hydraulique le point de départ des études qui mèneront Citroën, quelque vingt années plus tard, à la célèbre suspension de la DS !

Malgré la déclaration de guerre, le 3 septembre 1939, Citroën lance la fabrication de sa 2 CV A, puisque tel est son nom, comme prévu. Sa carrière commerciale sera malheureusement des plus brèves, voire inexistante puisqu'elle n'apparaît sur aucun des tarifs de l'époque. Il semble cependant que quelques rares automobilistes aient pu rouler avec sur la voie publique, comme le confirme le compte rendu du conseil d'administration du 23 septembre 1940, qui précise que 100 exemplaires de la petite voiture sont en circulation à cette date. Reste néanmoins à savoir ce qu'ils sont devenus !

■ Elle fait partie du mythe et n'a été observée que sur un document de presse d'époque.

LA 2 CV CYCLOPE 1942

Avant la sortie fin 1948 de la 2 CV Type A, de très nombreux essais sont menés en privé, dans le plus grand secret, destinés à mettre au point la future Petite Citroën. Le prototype baptisé Cyclope en est le principal instrument.

© REYLEC Prod'/a

Interprétée sous assistance ordinateur d'après les rares documents de l'époque, cette silhouette du Cyclope arbore un capot éloigné de celui de la future 2 CV.

Entre 1935 et 1939, le bureau d'études de Citroën travaille d'arrache-pied sur un projet capital pour l'entreprise : la mise au point de sa TPV (Toute Petite Voiture). L'époque est propice au lancement d'une petite voiture populaire, de conception rustique mais pratique, à la vocation éclectique mais à un prix abordable. D'autres constructeurs sont déjà sur le coup, tels que Renault avec sa 4 CV ou KDF-Wagen (Volkswagen) avec sa «petite voiture du peuple», qui sera affectueusement baptisée plus tard Coccinelle.

Une première petite série de TPV est en cours de production chez Citroën en 1939 et la voiture se prépare à être présentée au public, dans le cadre du Salon de l'Auto, dès octobre de cette même année. Mais le cours de l'histoire va en décider autrement. La déclaration de guerre à l'Allemagne intervient le 3 septembre 1939 et aussitôt, le Salon de l'Auto est annulé. Pourtant, ce n'est que partie remise. Pierre-Jules Boulanger ne capitulera pas. Le patron de Citroën fera reprendre les essais de sa future 2 CV sous l'Occupation.

© REYLEC Prod'/b

Extrapolé de la toute première 2 CV finalisée, homologuée en 1939 puis abandonnée en raison de l'éclatement de la Seconde Guerre mondiale, le Cyclope conserve les proportions initiales et le concept général de la TPV.

DE MICHELIN À BOULANGER

Le 11 octobre 1939, preuve que les essais continuent malgré la guerre, Marcel Michelin, frère aîné d'Édouard, écrit à son ami Pierre-Jules Boulanger pour lui faire part de ses impressions au volant de la TPV : «*(...) J'ai constaté que, pour mon service, et malgré la cote de Baraque, à condition d'être seul ou à deux dans le véhicule, cette voiture est possible. Je monte en deuxième très allègrement et, en fait, je mets six minutes et trente secondes au lieu de cinq minutes et trente secondes avec ma 15 CV. (...) Je pourrais donc très bien me servir d'une petite voiture comme celle-là. (...) Le seul ennui est la manivelle. (...) Finalement, j'ai renoncé à me servir d'une TPV tous les jours, car je ne passe pas assez inaperçu ! C'est effrayant ce qu'on regarde cette voiture, surtout en ce moment, car on a cru, à Clermont, que j'essayais une nouvelle auto mitrailleuse ! (...)*

Les matériaux nobles utilisés dans la construction de la 2 CV Type A de 1939 ont été abandonnés en prévision des lendemains difficiles de la guerre. Mais le Cyclope est né sous l'Occupation et effectuera ses essais sans relâche, malgré le climat difficile.

Sur cette face avant du Cyclope de 1942, le dessin de Citroën montre la présence d'un radiateur de refroidissement.

Premier dessin connu du Cyclope, vraisemblablement de 1942. Les pièces de carrosserie embouties sont en nombre limité, ses formes utilisent encore des angles vifs.

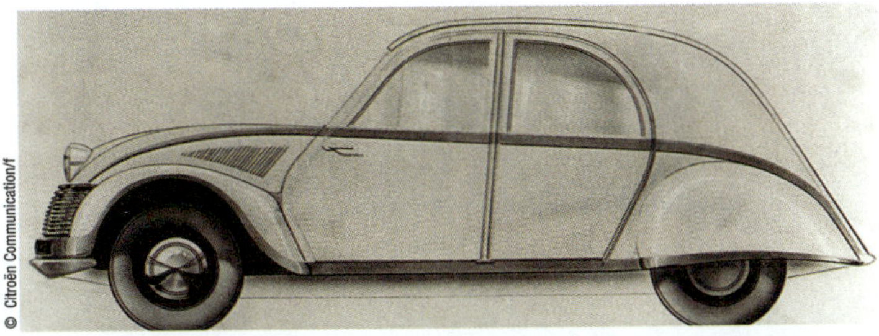

Dessin de 1946. Ce Cyclope commence à dévoiler les formes de la 2 CV définitive, mais cette proposition sera refusée par Pierre-Jules Boulanger, réfractaire à l'emboutissage des ailes.

Dessin de 1947. Comme sur le dessin précédent, une large grille de calandre montre que le refroidissement liquide a été abandonné au profit d'un refroidissement à air.

Lorsque Boulanger est invité à remettre ses plans de la « Toute Petite Voiture » au IIIe Reich allemand par l'officier Von Baumback, qui occupe son fauteuil de président du Quai de Javel vêtu d'un uniforme de la Wehrmacht, le patron français refuse poliment mais fermement. Non seulement Pierre-Jules Boulanger ne se soumettra pas – il fait d'ailleurs dissimuler dans les caves de l'usine quelque 25 exemplaires déjà assemblés, avant qu'ils ne soient réquisitionnés par l'armée occupante –, mais il fait aussi reprendre le développement de son projet dès 1941, dans le plus grand secret, multipliant les tests de nouvelles solutions techniques sensées adapter la 2 CV A d'avant-guerre à un contexte économique d'après-guerre qu'il annonce imminent. Pour mener ces essais, un prototype de « voiture laboratoire » voit le jour vers 1942. La réglementation en vigueur pour cette catégorie de véhicules autorisant l'utilisation d'un seul phare d'éclairage vers l'avant (et un seul feu de position à l'arrière), cette future 2 CV reçoit un phare unique, noyé dans le centre du capot, qui lui vaudra le surnom de Cyclope. La 2 CV finalisée en 1939 devient alors une base de travail, à partir de laquelle le Cyclope est chargé d'évoluer.

© REYLEC Prod'/h

Crée sous cet angle par l'ordinateur, le Cyclope prend une allure agressive, presque sportive et contemporaine, qui s'éloigne quelque peu du concept de la 2 CV. Il ne lui manque que les largeurs de roues d'une voiture moderne pour simuler un custom des années 2000.

Le Cyclope est d'abord doté du même moteur de 375 cm³ refroidi par eau que celui d'avant-guerre. En revanche, le nouveau prototype est désormais entièrement en tôle d'acier. Le coût des matières premières étant appelé, au sortir de la guerre, à être réévalué en plus de se faire rare pour ce qui concerne certains métaux précieux, l'aluminium, le duralumin et le magnésium sont écartés. Dans ce même souci d'économie, les éléments de carrosserie en tôle emboutie sont, sur le Cyclope, réduits au strict minimum.

L'équipe technique en charge du projet TPV se voit renforcée de deux membres importants : Walter Becchia et Lucien Girard. Deux techniciens réputés venant de l'usine Talbot, où ils occupaient des postes clés dans le domaine de la recherche et du développement. Walter Becchia, précédemment chef des études, a la faculté rare de savoir concevoir une nouvelle architecture de moteur en quelques jours. Pierre-Jules Boulanger lui confie en avril 1944 la mission de revisiter entièrement, pour équiper le Cyclope, le moteur à refroidissement liquide conçu par Maurice Sainturat avant-guerre. C'est ainsi que Becchia choisit de repartir de zéro plutôt que de s'embarquer dans des solutions de modifications et d'adaptations dont il n'est pas certain du résultat. Avec l'aide de son complice Lucien Girard, Becchia dessine un nouveau moteur bicylindre inspiré de la mécanique d'une moto BMW, conçue quelques années plus tôt par son ami et compatriote italien Bertoni. L'architecture Flat-Twin et la cylindrée de 375 cm³ sont conservées, mais le refroidissement liquide est abandonné et la boîte de vitesses reçoit un quatrième rapport. Avec le nouveau moteur du Cyclope, le refroidissement par air supprime les problèmes d'étanchéité de radiateur et de liquide de refroidissement, tout en permettant de générer un dispositif simple de chauffage de l'habitacle, en récupérant et en canalisant la chaleur du moteur à travers des manchons qui débouchent à l'intérieur de la voiture. Vraisemblablement, entre 1942 et 1948, le Cyclope sera l'objet de nombreuses expériences. Il est même très probable que plusieurs véhicules expérimentaux, du type Cyclope, ont été construits au fur et à mesure des besoins et des progrès obtenus. Nul ne saurait dire ce que cachait vraiment le capot de la voiture photographiée en 1948 par un journaliste téméraire, par-dessus le mur d'enceinte du centre d'essai de La Ferté-Vidame.

[WALTER BECCHIA DESSINE UN NOUVEAU MOTEUR, INSPIRÉ DE LA MÉCANIQUE D'UNE MOTO BMW]

BOULANGER NE CÉDERA RIEN AU DICTAT ALLEMAND

Tandis que les troupes allemandes occupent le sol français, gèrent les droits et réquisitionnent les industries pour alimenter leurs propres besoins, il n'est pas facile pour le bureau d'études de Citroën de poursuivre ses travaux sur la mise au point de la future voiture française. Il est d'ailleurs formellement interdit aux industriels français d'étudier de nouveaux modèles. Mais Pierre Boulanger, ancien combattant de la Grande Guerre, n'est pas homme à se laisser dicter sa conduite par l'envahisseur. Le premier compte rendu du conseil d'administration de Citroën sous l'Occupation, le 23 septembre 1940, est à cet égard sans ambiguïté : *«(...) la vitalité technique de l'entreprise est conservée, les études continuent avec l'espoir d'une reprise (...)»*

LE CYCLOPE EST BIEN GARDÉ

© Archives

Le projet de conception d'une petite voiture populaire est actif chez Citroën depuis le milieu des années 1930, mais le secret est bien gardé. Néanmoins, les années passent et l'imaginaire des uns, conjugué avec quelques bribes d'informations voire d'indiscrétions, finit par soumettre un Cyclope à l'objectif d'un photographe téméraire. Le scoop fait la Une du quotidien *La Presse* en 1948, à quelques mois seulement de la présentation au public de la 2 CV définitive. *« La nouvelle 2 CV Citroën se prépare laborieusement à la conquête du monde »*, titre le journal sur un ton agressif, sans doute agacé par le silence obstiné de Citroën au sujet de sa future 2 CV tant désirée.

© REYLEC Prod'/I

▲ Entre 1942 et 1948, ce capot très typé a subi plusieurs modifications importantes, comme à l'occasion du changement de moteur, qui s'est débarrassé de son radiateur. Il n'en demeure pas moins unique en son genre.

2 CV « CYCLOPE » 1942

Moteur :	2 cylindres à plat
Cylindrée :	375 cm³
Alésage x course :	62 x 62 mm
Puissance :	9 ch à 4 000 tr/mn
Puissance fiscale :	2 CV
Alimentation :	par carburateur
Distribution :	arbre à cames central
Transmission :	boîte à 4 rapports
Freins :	hydrauliques à tambours
Suspensions :	à interaction
Pneumatiques :	125 x 400
Voies :	126 cm
Longueur :	378 cm
Largeur :	148 cm
Hauteur :	160 cm
Poids :	450 kg
Vitesse maximale :	70 km/h

Le seul Cyclope formellement observé ne livre en réalité aucun secret, si ce n'est une approche de la silhouette définitive de la 2 CV. L'unique photographie que l'on en connaisse, prise de trois quarts face, est d'une qualité assez médiocre et, vraisemblablement, ne montre qu'un mulet extrapolé d'un Cyclope créé six ans plus tôt, dont la fonction n'était sans doute autre que de tester différentes solutions techniques embarquées anonymement. Quant aux autres représentations soi-disant officielles du Cyclope, elles se bornent à quelques esquisses de la silhouette du véhicule, ainsi qu'à un dessin de sa calandre, dont la qualité d'exécution est plus proche d'un travail de recherche que d'un plan définitif de fabrication. Selon la volonté de Pierre-Jules Boulanger, le secret entourant l'étude de la TPV fut si bien gardé que, pour l'essentiel, il demeure pratiquement entier. Pourtant, dans les salles de rédactions spécialisées, pendant les années 1940, et plus encore dans les années qui ont suivi la Libération, personne n'a fait preuve d'avarice en termes d'investigation. Certaines informations ont même filtré, présentées parfois comme d'authentiques révélations, alors qu'il n'en était rien.

[VERS LA FIN DES ANNÉES 1940, LE CYCLOPE EST DEVENU UN LEURRE POUR LES JOURNALISTES]

Depuis 1939, toute la presse française sait que Citroën prépare la sortie imminente d'une petite voiture populaire particulièrement économique. Et depuis le premier Salon de l'Auto d'après-guerre, organisé en octobre 1946, chacun s'attend à découvrir enfin les lignes de la Petite Citroën. Mais il n'en est rien. La presse spécialisée s'impatiente et transmet son agacement à ses lecteurs, qui sont parfois même invités à douter du sérieux de Citroën. Pas davantage de TPV au Salon de 1947, dont le stand Citroën ne propose que des Tractions Avant noires on ne peut plus connues et en guise de nouveauté, une camionnette Type H qui ne ressemble en rien à la petite voiture populaire tant attendue. La situation est d'autant plus oppressante, voire décevante, que parallèlement, depuis le Salon de 1946, d'autres petites voitures voient le jour avec un succès certain ; la Renault 4 CV, le Panhard INA, la Simca Cinq ou la Simca Six. Et pendant ce temps-là, à défaut de la 2 CV définitive qui ne sera dévoilée qu'en octobre 1948 alors que personne n'y croyait plus, sans mot dire, le Cyclope poursuivait son bonhomme de chemin expérimental loin des regards indiscrets.

■ Il reste très peu des 49 exemplaires produits entre 1949 et 1950 : la cote varie entre **2 000 €** pour un véhicule en mauvais état et **8 000 €** pour un état satisfaisant déjà restauré.

LA 2 CV DE « RÉGLAGE DE CHAÎNE » 1949

Présentée au service des Mines le 24 juin 1949, la 2 CV Type A aux phares noirs n'est qu'une ultime version de présérie. Sa mission sera terminée lorsqu'elle aura servi à régler les machines-outils et les chaînes de production de l'usine de Levallois.

© Citroën Communication/a

Avant d'être lancée en série, la 2 CV est longuement testée, améliorée, affinée. Ce modèle, photographié en situation, a été assemblé à la main.

Dévoilée au public le jeudi 7 octobre 1948, dans le cadre du Salon de l'Automobile de Paris, la 2 CV n'est alors pas encore tout à fait opérationnelle. Les trois modèles exposés ne montrent d'ailleurs que l'enveloppe de la voiture. L'ouverture de leur capot est condamnée pour cacher l'absence du moteur, remplacé par des gueuses en fonte afin de conserver l'assiette horizontale de la voiture. Immédiatement décriée par la presse, la 2 CV Citroën suscite cependant la curiosité, puis la sympathie du grand public. Les automobilistes français voient déjà en elle une voiture différente. Elle ne sera pas mise en vente avant «courant 1949», comme l'indique le petit catalogue distribué chaque jour à des milliers d'exemplaires sur le stand Citroën. Ce dépliant publicitaire la présente en outre comme moderne, avec quatre roues indépendantes, des roues avant motrices, des freins hydrauliques, un moteur refroidi par air, une boîte de vitesses à quatre rapports, quatre vraies places assises, quatre portières et un chauffage.

© Citroën Communication/b

Cette 2 CV Type A de 1949 aux phares noirs, ultime modèle de présérie, servira aux diverses démonstrations et séances photo précédant le Salon. Elle tiendra ensuite le rôle d'étalon pour régler les chaînes de fabrication.

AGRESSION MYSTÉRIEUSE

Entre octobre 1948 et octobre 1949, Citroën entretient le secret autour du moteur de sa future 2 CV. Dans la presse automobile, chacun y va de ses supputations ou de ses renseignements obtenus chez Citroën plus ou moins indirectement. La Petite Citroën annoncée semble également rendre nerveuse la concurrence. Le 7 septembre 1949, à quelques jours du grand rendez-vous du Salon de l'Automobile de Paris où la 2 CV daignera enfin ouvrir son capot moteur devant tout le monde, dans les environs du centre d'essais de La Ferté-Vidame, un essayeur est assommé par deux automobilistes non identifiés circulant en Traction Avant. Après avoir ouvert le capot afin d'examiner la mécanique, ils disparaîtront sans laisser de trace...

RÉGLAGE DE CHAÎNE
Quelques rares clichés photographiques, datés du 28 juin 1949, montrent certaines phases d'assemblage d'une 2 CV A sur une chaîne de l'usine de Levallois. D'après cette date avancée, il ne s'agit donc pas de produire des voitures destinées à la vente, mais bel et bien d'ajuster et d'apporter les derniers réglages à l'outil de production. Ces 2 CV A furent ensuite soumises à divers essais afin de valider leur construction. Pour attester de la date de ces prises de vues, certains experts ont pu mettre en évidence quelques points de mécanique : à cette époque, le montage du démarreur n'est pas encore définitif. Il s'agit d'un modèle sans levier, actionné par le câble de la tirette. De plus, la cloche d'embrayage ne possède pas encore la petite arche qui passe au-dessus du nez du démarreur et forme ainsi un logement fermé. Enfin, le moteur possède une plaque « Essai » systématiquement positionnée sur le côté droit.

© Citroën Communication/c

Pour illustrer le catalogue distribué au Salon de 1948, et montrer que la 2 CV est une 4 places, Pierre Boulanger, PDG de Citroën, fait appel à son personnel pour la figuration : sa propre secrétaire est ici au volant.

Son prix de vente, fixé à 185 000 francs – contre 245 000 francs pour une 4 CV –, sa faible consommation et ses quatre points de graissage sont autant d'arguments supplémentaires. Mais, si la 2 CV est apte à fonctionner correctement plusieurs semaines avant l'ouverture du Salon de 1948, la nouvelle Citroën ne peut pas se contenter de son démarreur à manivelle archaïque, comme sur un moteur de hors-bord ou de tondeuse, dans le contexte de la concurrence de l'époque. La décision est donc prise, au dernier moment, de lui préférer un classique démarreur électrique et de ne rien dévoiler, pendant le Salon, de cette mécanique perfectible. De nombreuses améliorations seront finalement apportées au modèle d'exposition, tout au long d'une dernière année d'essais, qui déboucheront sur un modèle étalon, destiné à servir de cobaye pour régler les machines-outils et les chaînes d'assemblage de l'usine chargée de la produire en série. Et, le vendredi 24 juin 1949, une 2 CV enfin aboutie est réceptionnée par le service d'homologation des Mines, conformément à une demande faite par le Quai de Javel trois jours plus tôt. Il s'agit de la voiture portant le numéro de châssis 0001, et équipée du moteur dont la plaque porte la mention « Essai 002 280 ». Cette 2 CV A est évidemment identique à celles qui seront commercialisées quelques semaines plus tard. Cependant, elle ne peut pas être considérée comme une voiture de série, puisqu'elle ne figure pas sur les registres de fabrications comptabilisant les véhicules construits à l'usine de Levallois et destinés à être vendus à travers le réseau national des représentants de la marque. Vraisemblablement assemblée elle aussi dans l'usine du quai Michelet, cette voiture peut, en réalité, être considérée aujourd'hui comme un exemplaire de « réglage de chaîne » sur lequel ont été portées toutes les spécifications définitives du modèle destiné à être fabriqué en série. Si l'on en croît ces mêmes registres de fabrications, les six premiers exemplaires de 2 CV A destinés à la vente sont livrés au service commercial le 11 juillet 1949, et trois sont vendus depuis le 8 juillet.

[LA 2 CV PRÉSENTÉE AU SALON DE 1948 NE SERA FINALEMENT PAS LA VERSION DÉFINITIVE]

Pour symboliser l'extrême simplicité du moteur de la 2 CV, cette photo montre comment régler le ralenti, avec un simple tournevis.

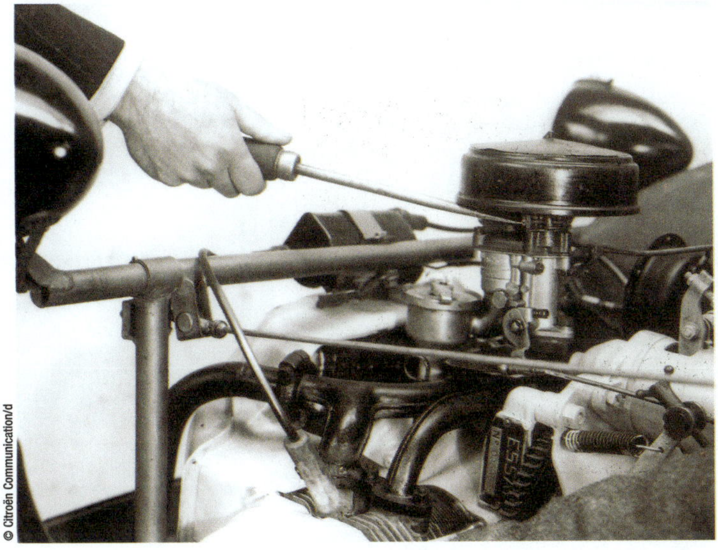

© Citroën Communication/d

© Citroën Communication/e

Présentée au public comme un véhicule utilitaire, la 2 CV est photographiée en situation, avant d'être commercialisée, en mettant en scène divers corps de métiers susceptibles de s'intéresser à elle. Ainsi, cette 2 CV Type A de 1949 est-elle sensée séduire les boulangers français.

À trois mois de l'ouverture du Salon de l'Automobile de 1949, le moteur de la Petite Citroën n'a toujours pas été dévoilé au public. Les premiers clients, livrés peu de temps avant l'exposition du Grand Palais, le 6 octobre, sont de véritables privilégiés. Ils ont en effet sous le capot de leur 2 CV ce fameux moteur qui fait couler tant d'encre depuis maintenant un an ! Beaucoup espéraient que la cylindrée de 375 cm³ annoncée un an plus tôt ne serait finalement pas retenue, mais il n'en est rien. Le petit moteur si précieusement gardé secret est conforme à la description qu'en fait le dépliant diffusé depuis octobre 1948. La Petite Citroën n'est donc ni une 3 CV ni une 4 CV mais bien une 2 CV. Et la découverte de cette réalité fait oublier le reste, une foule de détails que Citroën s'était bien gardée de mettre en exergue sur la 2 CV présentée un an plus tôt, même si chaque point a depuis été amélioré par rapport au modèle initial. La 2 CV Type A de 1949 n'a plus les lanternes d'ailes rouges et blanches de 1948. La patte de fixation du sommet des phares est désormais plus courte dans sa partie arrière. Les écrous de roues sont toujours du type Traction avec olivettes indépendantes, mais les roues Michelin sont peintes d'un gris légèrement plus foncé que celui de la carrosserie. Le rétroviseur intérieur est fixé sur la face supérieure de la traverse horizontale. La molette du volet d'aération est différente de celles des essuie-glaces et du réglage de hauteur des phares. La grille du volet d'aération est faite d'une fine tôle percée de petites fentes horizontales…

[ENTRE 1948 ET 1949, LA 2 CV VA BÉNÉFICIER DE NOMBREUSES AMÉLIORATIONS DE DÉTAILS]

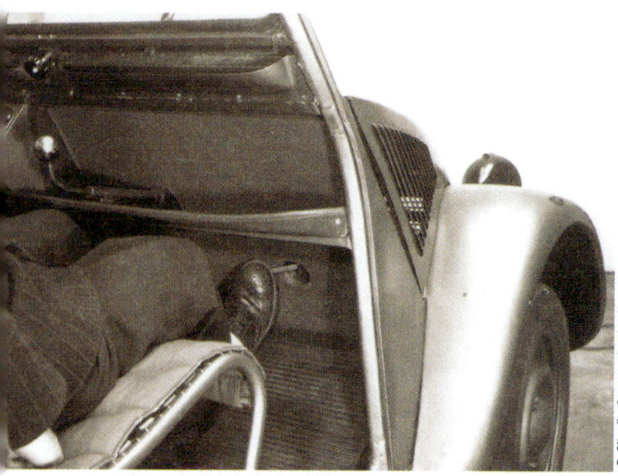

© Citroën Communication/f

Avec son pied, le passager avant peut actionner une bouche de chauffage individuelle. De son côté, le conducteur de la voiture dispose du même dispositif.

© Citroën Communication/g

Le petit *flat-twin* français n'est dévoilé au public qu'en octobre 1949, soit une année après la première présentation officielle de la 2 CV au Salon de Paris.

RÈGLEMENT DE COMPTE

À la veille de l'ouverture du Salon de 1948, agacé par les nombreuses élucubrations journalistiques publiées sans vergogne autour de la future Petite Citroën, Pierre Boulanger, patron de la marque aux chevrons et père de la 2 CV, envoie gentiment balader Charles Faroux, journaliste automobile très réputé de l'époque, en lui déclarant qu'il ne fallait s'attendre à aucune nouveauté sur le stand Citroën. Mais un an plus tard, Faroux n'a toujours pas digéré la façon dont Boulanger s'est moqué de lui. Dans le numéro d'octobre 1949 d'*Englebert Magazine* (n°45), il écrit un texte empreint de mauvaise foi et prenant le contre-pied de tous ses confrères de la presse automobile : *« (…) il n'y a aucun secret dans la pauvre voiture. Elle est équipée d'un moteur 2 cylindres 4 temps, d'une cylindrée de 375 cm³ ; on est surtout enchanté de savoir que sa transmission comportera 4 vitesses, comme l'imposait la raison mécanique. Et l'on enregistrera avec joie ce retour vers la logique d'une maison qui semblait vouloir demeurer le dernier refuge de la boîte à 3 vitesses seulement. »* Manufacturier de pneumatiques, et donc concurrent de Michelin, la société Englebert ne pouvait pas non plus faire ouvertement les louanges d'une voiture produite par une société dirigée depuis Clermont-Ferrand et qui ne lui achètera vraisemblablement jamais un seul pneumatique…

Un seul pare-soleil, un tableau de bord réduit à sa plus simple expression, une spacieuse tablette de rangement sous le levier de vitesses, la 2 CV Type A ne s'embarrasse pas de fioritures !

© Citroën Communication/h

RÉCLAME

À la fin du mois de juin 1949, une première campagne de photographies publicitaires est réalisée dans le département de l'Eure-et-Loir, dans les environs immédiats du centre d'essai de La Ferté-Vidame. Mais la production industrielle de la 2 CV n'étant pas encore commencée, Citroën doit utiliser une doublure parfaite : la fameuse 2 CV de présérie aux phares noirs. Durant quatre journées entières, une quarantaine de professions, activités et catégories sociales diverses sont ainsi mises en scène, en décor naturel, avec la 2 CV qui servira, ultérieurement, à procéder aux ultimes réglages de la chaîne de production.

Les garnitures de la tablette et de la garniture de carrosserie, au niveau des pieds des passagers avant, sont faites d'une sorte de moquette aux bordures bouclées, à l'instar des garnitures de banquettes ourlées de similicuir. Le tableau de bord comporte désormais trois tirettes : contact en haut à gauche, starter en haut à droite et démarreur en bas à droite. La découpe de peinture de la plaque minéralogique arrière a elle aussi été simplifiée. En 1948, elle ne comprenait que la partie plane des deux médaillons. Maintenant, elle est d'un seul tenant et englobe l'embouti d'épaisseur faisant le pourtour de ces mêmes médaillons, ainsi que le support en tôle de la lanterne, assurant aussi l'éclairage de la plaque d'immatriculation.

[LE 16 OCTOBRE 1949, À LA CLÔTURE DU SALON, CITROËN SAIT QUE LA 2 CV SERA UN SUCCÈS]

À l'ouverture du Salon de 1949, Pierre Boulanger, PDG de Citroën, est radieux lors de l'inauguration de son stand par Robert Lacoste et Antoine Pinay, respectivement ministre du Commerce et de l'Industrie et secrétaire d'État aux Affaires Économiques. La Petite Citroën est promise à un bel avenir. L'usine de Levallois va maintenant pouvoir mettre les bouchées doubles afin d'augmenter ses cadences. Avant la fin de l'année, les premières modifications apparaîtront déjà sur les voitures de série. Quant à la 2 CV de « réglage de chaîne » de 1949, ultime présérie de la Petite Citroën avec ses phares noirs, elle sera vite oubliée au profit d'innombrables grandes séries de 2 CV, berlines et camionnettes, fabriquées partout dans le monde pendant plus de quarante ans !

Les artisans français de tout poil sont rapidement séduits par la capacité de chargement qu'autorise la 2 CV Type A. Ce gros volume de sabots de bois, prêt à être embarqué, est en effet révélateur de cette capacité hors normes.

© Citroën Communication/i

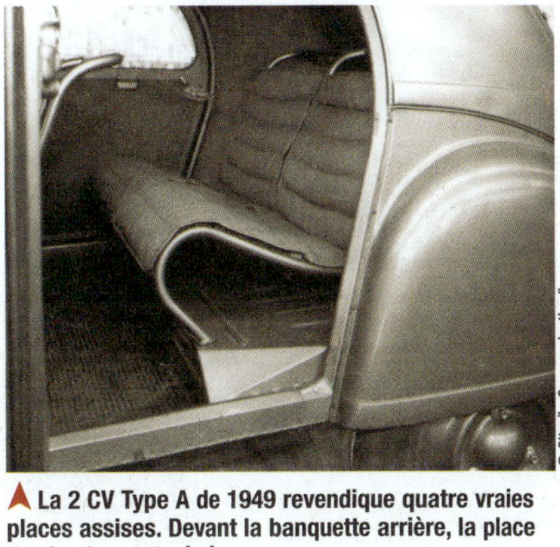

© Citroën Communication/j

La 2 CV Type A de 1949 revendique quatre vraies places assises. Devant la banquette arrière, la place des jambes est généreuse.

■ On entre véritablement dans la série avec cette version qui se négocie entre **800** et **3 800 €**.

LA 2 CV AZL 1956

Malgré l'arrivée de la 2 CV AZLP en 1957, avec sa porte de malle montée en série, la basique 2 CV AZL de 1956 conservera sa capote longue pendant dix ans. C'est grâce aux accessoiristes de l'époque qu'elle arbora souvent une malle bombée.

▲**La 2 CV gagne très vite toutes les régions de France et séduit toutes les couches sociales.**

Dans la France des années cinquante, la 2 CV présentée officiellement en 1949, après avoir surpris par sa laideur et sa rusticité, n'en finit plus de séduire. Les citadins comme les habitants des campagnes sont impatients d'acquérir cette voiture économique, sans souci, symbole d'une nouvelle liberté sans fioritures. Les délais de livraison, après avoir dépassé les cinq années, deviennent finalement raisonnables. Les cadences de production (100 voitures par jour en 1951) commencent à trouver leur vitesse de croisière et, avant même qu'elle ne soit institutionnalisée, la 2 CV plaît beaucoup. Son succès d'estime est d'autant plus soutenu que, aux côtés de la Berline, une 2 CV Camionnette sort en mars 1951. Les fermiers, artisans, et commerçants rêvent de posséder cet utilitaire rationnel, ce qui consolide l'attrait spontané de la Petite Citroën. La 2 CV de cette époque se caractérise par son moteur à 4 temps refroidi par air, doté de deux cylindres à plat opposés (375 cm^3 pour 9 ch), et surtout par son toit en toile descendant jusqu'au pare-chocs arrière. Une particularité qui invite certains plaisantins à l'appeler « boîte de sardines » !

La première génération de 2 CV devient vite une voiture populaire, surprenante et attachante, que Citroën va s'employer à faire évoluer lentement mais sûrement. Initialement, elle dispose d'une mécanique solide, fiable, d'un entretien réduit et au bruit reconnaissable entre mille. Sa motorisation est néanmoins un peu faible, mais sa cylindrée passe à 425 cm^3 en 1954, ce qui permet à l'auto de revendiquer 12 ch.

LES APPELLATIONS DES 2 CV

La 2 CV A (375 cm^3) de 1949 est la première Berline, suivie en 1954 par la 2 CV AZ (425 cm^3). La 2 CV AZL de 1956 prend un « L » pour Luxe, puis la 2 CV AZLP de 1957 ajoute un « P » pour Porte de malle. Quant aux appellations AU (375 cm^3) et AZU (425 cm^3) de la 2 CV, elles désignent la Camionnette.

Dotée du moteur de 425 cm^3 depuis 1954, la 2 CV AZ devient AZL en octobre 1955 (à gauche), avec un L comme Luxe tout en conservant le concept de sa capote longue, qui descend jusqu'au pare-chocs arrière. Pour pallier l'absence de porte de malle, qui expose le contenu du coffre aux voleurs, de nombreux accessoiristes proposent, depuis le début des années 1950, toutes sortes de portes de malles fermant à clé, dont les modèles bombés (à droite) permettent également d'améliorer le volume du coffre.

© Archives JC Contenant D.R./d

La 2 CV AZL de 1956, modèle basique qui succède à la 2 CV A, conservera sa longue capote jusqu'en 1966, en dépit de l'arrivée du modèle AZLP, en 1957, qui réduit la longueur de sa capote au profit d'une porte de malle.

© Citroën Communication/e

La première porte de malle fabriquée par Citroën n'est proposée en série qu'à partir de septembre 1957.

© Citroën Communication/f

La première porte de malle est articulée sous la lunette arrière. Elle offre une ouverture suffisante et est équipée d'une fermeture à serrure.

LES DIFFÉRENCES

La 2 CV AZL se distingue des Type A et AZ par un nouvel aménagement extérieur et intérieur, tourné vers une finition optimisée : les roues et les pare-chocs, l'armature métallique des sièges et la boule du levier de vitesses se parent d'une teinte gris clair ; des baguettes en aluminium poli ornent les bas de caisse, le milieu du capot et les contours de pare-chocs ; la surface de la lunette arrière passe de 15 à 26 dm^2 ; des teintes inédites apparaissent dans l'habitacle — bleu, vert ou bordeaux — ainsi qu'une buse de dégivrage au-dessus du volant ; les emplacements de l'indicateur de direction et de l'interrupteur des feux de position sont modifiés.

En revanche, sa longue capote de toit, qui descend jusqu'à la plaque minéralogique arrière, est relativement vulnérable. Depuis le début des années 1950, divers accessoiristes se sont penchés sur le problème, proposant notamment d'interrompre la partie arrière de cette longue capote, sous la lunette arrière, par une porte de malle. Redoublant d'imagination, ils vont progressivement inventer différents modèles de portes, cherchant à rationaliser l'accessoire afin qu'il permette d'augmenter le volume du coffre. Les portes de malles bombées connaîtront ainsi un succès important jusqu'à devenir une mode.

[LA PORTE DE MALLE ARRIVE EN 1957, MAIS LE CONCEPT DE LA CAPOTE LONGUE Y SURVIVRA]

Pourtant, chez Citroën, personne n'envisage de remettre en question le concept de la capote longue. Le constructeur maintiendra même son existence jusqu'en 1966. En 1956, la porte de malle n'est donc toujours pas d'actualité chez Citroën. La popularité de la 2 CV de base est si importante que ses concepteurs ne voient aucune urgence à redéfinir un produit qui se vend bien. Par ailleurs, la 2 CV est par définition un véhicule simple et bon marché, deux paramètres décisifs qu'il convient de privilégier pour préserver l'engouement dont elle est l'objet depuis plusieurs années. Le modèle de base doit demeurer tel quel aussi longtemps que possible, quitte à ce qu'il faille, éventuellement, créer d'autres versions de 2 CV plus modernes, plus élaborées mais aussi plus chères, qui se chargeront d'élargir le champ de séduction de la Petite Citroën auprès d'un public plus large et plus exigeant. Les évolutions importantes de la 2 CV seront donc simultanément confiées à de nouveaux modèles. La 2 CV A (1949), la 2 CV AZ (1954), puis la 2 CV AZL (1956) tiendront tour à tour le rôle d'entrée de gamme sans empêcher la création de nouveaux modèles.

© Citroën Communication/D

La 2 CV AZL de 1956 se voit épaulée l'année suivante par une AZLP, qui évoluera à partir de 1958 pour devenir un outil de séduction formidable. Équipée de son option «Radioën», dont on aperçoit ici l'antenne fixée le long de la portière, la 2 CV sera bientôt de plus en plus irrésistible.

Au mois d'octobre de 1957, lors du salon de l'auto, l'effervescence règne à nouveau sur le stand Citroën. Une nouvelle 2 CV y est présentée, qui possède enfin une porte de malle, sa capote s'arrêtant désormais sous la lunette arrière. Cerise sur le gâteau, cette porte en tôle plate, dotée de trois nervures verticales, possède une poignée d'ouverture tournante munie d'une serrure, verrouillable avec la clé de contact. Elle peut être maintenue en position ouverte, à l'aide d'une tige montée sur le côté gauche et, comme les portières et le capot, elle est aisément démontable grâce à des charnières. Enfin, une astucieuse gouttière empêche l'eau de pénétrer dans le coffre.

[LE MODÈLE AZLP COIFFE LA GAMME DES 2 CV DÈS 1958, MAIS L'AZL RESTE AU CATALOGUE]

La silhouette de cette nouveauté reprend les particularités de la 2 CV AZL, c'est-à-dire une lunette arrière agrandie de plusieurs centimètres (34 x 86 au lieu de 27 x 64), un jonc en aluminium sur la nervure centrale du capot, des joncs sur les portières et les bas de caisse, des joncs de pare-chocs en alu plus larges. La palette de couleurs de carrosserie ne se résume encore qu'à un gris clair (AC 132), mais les roues de couleur ivoire font place à un gris acier (AC 121) mieux assorti à l'ensemble. Une élégante fantaisie apparaît sur ces deux versions (AZL et AZLP) avec le choix entre une capote teintée d'un joli grenat, d'un bleu foncé ou d'un vert foncé. À l'intérieur, les sièges s'habillent de tissus à fines rayures Bayadères accordées au ton de la capote, c'est-à-dire rouge, bleu ou vert. L'habitacle est traité très simplement et le poste de pilotage réduit au minimum. Dans le coin inférieur gauche du pare-brise prend place la buse de dégivrage ainsi que le rétroviseur (agrandi en 1957). De plus, le conducteur bénéficie d'un pare-soleil. La somme de ces innovations, et notamment la sortie en série d'une 2 CV AZLP (P pour Porte de malle) efface soudainement tout l'attrait des malles bombées. Plus rationnelles et efficaces,

MERCI MONSIEUR LE MARQUIS

Malgré son statut aristocratique, le marquis Jean-Marie de Pontac se passionne pour le devenir de la plébéienne 2 CV. Ainsi, à la fin de la saison 1956, il propose une porte arrière bombée, formée en matière plastique, dont la lunette n'est autre qu'un pare-brise emprunté à une Isetta Velam. Dans ce montage, la capote est arrêtée au niveau des sièges arrière.

LES PRIX EN ANCIENS FRANCS

Au salon d'octobre 1956, une Citroën 2 CV Type A coûte 352 100 F alors qu'une 2 CV Type AZ s'échange contre un chèque de 373 600 F. Mais il faut débourser 399 500 F si l'on veut s'installer aux commandes de la dernière née du catalogue, la 2 CV AZL.

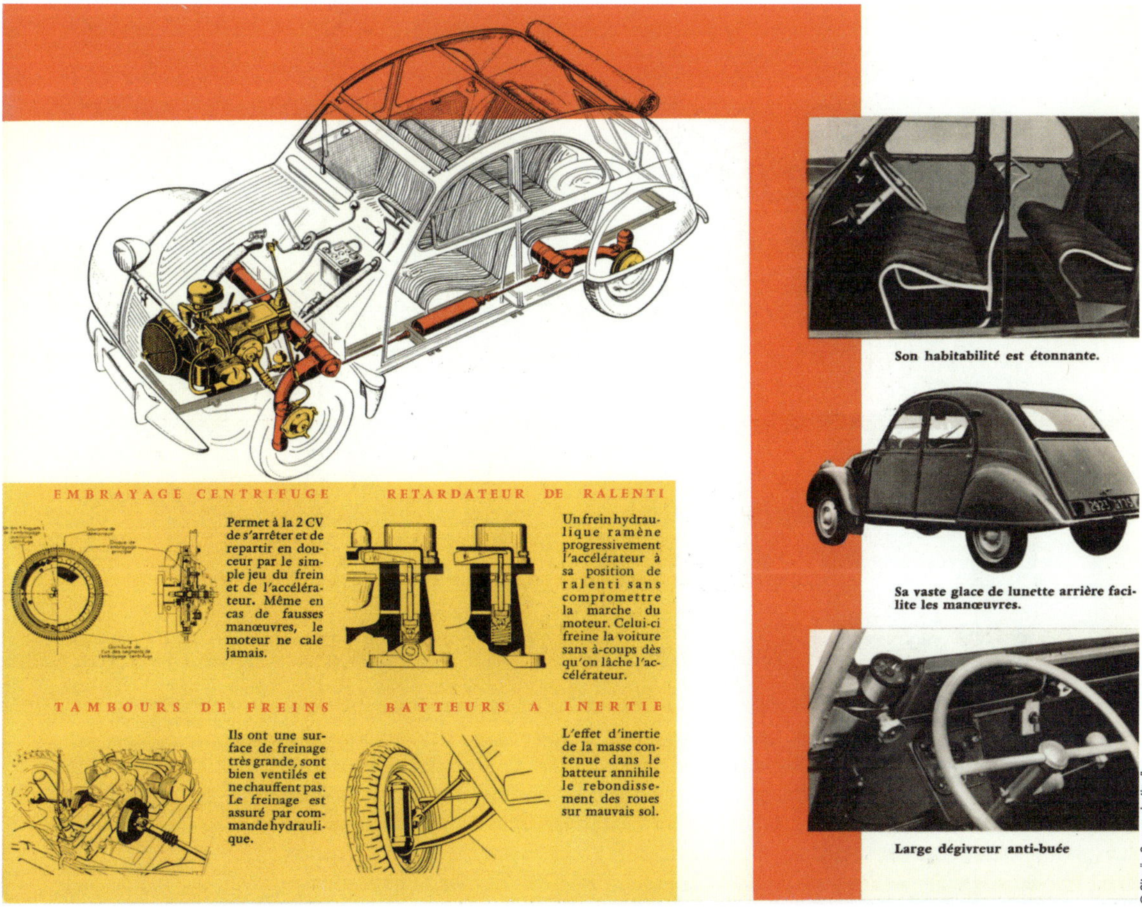

▲ **À l'époque de sa sortie, la Petite Citroën illustre un concept véritablement original. Les solutions techniques choisies pour elle, dès l'apparition du modèle A, s'avèrent modernes et fiables. Tant et si bien qu'en 1958, soit dix ans plus tard, le nouveau modèle AZLP s'est bien gardé d'évoluer en profondeur. Cette 2 CV «moderne» cultive au contraire ses originalités initiales, comme le montre ce dépliant édité à l'époque par le constructeur.**

FICHE TECHNIQUE

Marque :	Citroën
Modèle :	2 CV AZL
Moteur :	2 cylindres à plat
Cylindrée :	425 cm³
Alésage x course :	66 x 62 mm
Puissance :	12 ch à 4 000 tr/mn
Alimentation :	carburateur inversé
Distribution :	arbre à cames central
Transmission :	boîte à 4 rapports
Pneumatiques :	125 x 400
Empattement :	240 cm
Voie avant :	126 cm
Voie arrière :	126 cm
Longueur :	378 cm
Largeur :	148 cm
Hauteur :	160 cm
Poids :	490 kg
Vitesse maximale :	80 km/h

ces dernières remettent néanmoins en question la silhouette originelle de la Petite Citroën et cela suffit pour mettre fin à l'engouement déployé précédemment pour elles. La 2 CV AZLP de 1957 conserve le moteur à deux cylindres à plat, en position longitudinale avant, d'une cylindrée de 425 cm³ et délivrant une puissance de 12 chevaux ; cela lui permet d'atteindre une vitesse de pointe de 80 km/h, contre 65 km/h avec le moteur de 375 cm³. Cette motorisation, livrée avec l'embrayage centrifuge en série, est couplée à une boîte de vitesses manuelle à quatre rapports, dont la quatrième est surmultipliée. Le système de freinage adopte classiquement des tambours sur les quatre roues.

[LES 2 CV AZL ET AZLP ÉVOLUERONT DE CONCERT SANS JAMAIS SE FAIRE DE L'OMBRE]

Si la 2 CV AZLP a marqué les esprits à sa naissance, elle se contentera ensuite de vivre une carrière en commun avec la 2 CV AZL, dont elle était issue, en se renouvelant sur les plans esthétique et mécanique. Il faudra attendre 1959 pour voir la 2 CV évoluer de façon importante : les clients potentiels auront alors le choix entre le sempiternel gris et un bleu glacier accordé au bleu nuage des roues, pare-chocs, volant, tube fixe de direction et armatures de sièges. L'intérieur recevra un nouveau système de chauffage pourvu d'une fonction désembuage, et, comble du luxe, un poste de radio de marque Continental Edison, le Radioën, sera proposé en option en septembre 1959.

■ Extrêmement rare puisque deux ou trois exemplaires sont répertoriés en France ; leur cote peut être estimée de **4 000** à **10 000 €**.

LA 2 CV CITRONETTA 1959

De 1959 à 1970, l'usine chilienne de Citroën produit près de quinze mille 2 CV à la silhouette très particulière. Et c'est à la fabrication locale de multiples éléments de carrosserie que l'on doit la ligne si originale de la 2 CV Citroneta.

▲ La Citroneta est assemblée dans l'usine chilienne de Citroën, sur la base de 2 CV importées de France, avec des éléments de carrosserie fabriqués localement. Ce modèle de 1969, appelé AZAM, est plus élaboré que la version pick-up initiale, qui ne comportait pas de porte de malle.

Après la Seconde Guerre mondiale, le Chili voit son parc automobile grandir progressivement. Mais, à la fin des années 1950, l'industrialisation du pays est à un tournant et le gouvernement chilien ne peut se permettre d'importer en trop grand nombre des voitures étrangères. Pour assurer du travail à ses concitoyens, il instaure des droits de douanes très élevés à l'importation, ce qui amène les constructeurs étrangers à envisager de construire une usine au Chili. Citroën, jugeant l'installation d'une chaîne de montage complète trop cher, choisit une solution intermédiaire : les pièces de carrosserie seront fabriquées localement, mais la base des véhicules sera acheminée depuis la France. Et les voitures seront assemblées dans l'usine d'Arica, au nord du pays. L'ensemble des opérations sera réalisé par Citroën Chili, créé pour l'occasion, en 1958. Située non loin de la frontière bolivienne, la ville d'Arica est dotée d'un port. Les Deuches «pré-montées» arrivent donc par la mer et les éléments de carrosserie indispensables à la finition par la route. La production commence en 1959, et la 2 CV ainsi réalisée au Chili prend le nom de Citroneta. Durant les onze années de sa production, elle sera équipée du moteur de 425 cm³ conçu et monté dans l'usine de Levallois. En revanche, sa carrosserie changera selon l'évolution du modèle et les versions (2 ou 4 portes).

CITRONETA ET RENAULETA

Littéralement, «Citroneta» signifie «la petite Citroën». Un terme tout désigné pour la 2 CV qui verra sa production chilienne suivie par celle de la Renault 4 L, près de douze ans après son lancement, comme en France. La firme au losange nommera sa petite dernière la «Renauleta», copiant l'idée de la marque au double chevron !

© Alvaro Rojas Lamoza/b

▲ Contrairement à la 2 CV traditionnelle, la Citroneta est dotée à l'arrière de glaces ouvrantes. Cette pièce rare était fabriquée localement et n'équipait pas toutes les Citroneta de série.

© Alvaro Rojas Lamoza/c

◄ À l'intérieur de la voiture, rien ne laisse supposer que l'on est à bord d'une 2 CV différente. Pourtant, de nombreux composants de l'habitacle étaient fabriqués au Chili.

À Santiago, capitale du Chili, siège le *Club de la Citroneta*, une association dédiée à la Petite Citröen locale. Francisco Fernandez, membre actif du club et propriétaire de cette voiture, est un collectionneur soigneux qui n'échangerait pour rien au monde sa Citroneta, strictement d'origine.

© Alvaro Rojas Lamoza/d

HORS DE L'HEXAGONE
Hormis la Citroneta au Chili, Citroën a produit la 2 CV dans de nombreux pays, comme l'Argentine, l'Angleterre, la Belgique, le Cambodge, le Portugal... Une délocalisation avant l'heure qui visait surtout à rapprocher le produit fini des futurs clients et à réduire ainsi les frais d'acheminement.

UNE MINIATURE COLLECTOR
Avant la miniature au 1/43ᵉ que propose Norev, un seul modèle réduit de Citroneta a été réalisé, en 1979. Fabriquée par Plastic Model (PM), cette miniature en résine reproduit une des premières versions de la Citroneta, avec la roue de secours accrochée à l'extérieur de la malle arrière. Cette mini-Deuche est aujourd'hui extrêmement rare.

Dans sa version deux portes, à mi-chemin entre le pick-up carrossé et l'utilitaire, la roue de secours est d'abord placée à l'extérieur du coffre, puis à l'intérieur. Dépourvue de portes à l'arrière, elle est équipée de vitres à la taille généreuse, tant sur les côtés que par sa lunette. Le capot est celui des 2 CV AZ, c'est-à-dire celui communément appelé « à petites nervures ». Par la suite, un capot de type Dyane, avec deux médaillons emboutis sur toute la longueur du capot, sera également proposé. Aucune capote n'est disponible sur la Citroneta, le « hard-top » (toit métallique en dur) étant le seul choix possible, ce qui rapproche encore un peu plus la Citroneta de la famille des 2 CV Camionnettes. Les portes avant sont des portes « suicide » s'ouvrant vers l'arrière, et seront les mêmes tout au long de la carrière de la Citroneta. Un choix effectué par Citroën pour des raisons pratiques, et notamment une facilité de montage accrue. La version quatre portes est plus proche des 2 CV classiques, puisqu'elle dispose de deux portes arrière.

[LA CITRONETA SORT EN 1959, ÉQUIPÉE DU MOTEUR DE 425 CM³ CONÇU ET MONTÉ À LEVALLOIS]

© Pascal Irlinger/e

Modèle rare en France, cette Citroneta, propriété de l'*Alsace Club 2 CV*, est exposée au Musée de la 2 CV, à Schirmeck (67), près de Strasbourg.

© Pascal Irlinger/f

Un des traits caractéristiques de cette Citroneta 2 portes est sa malle de coffre ouverte qui lui donne un aspect pick-up.

© Alvaro Rojas Lamoza/g

Pour les deux modèles, les optiques de phare à l'avant sont identiques à ceux d'une 2 CV classique tandis que ceux de l'arrière sont plus discrets. Ils sont fabriqués localement, ainsi que les faisceaux électriques, les vitres, les roues et les pare-chocs. De même, la peinture finale du véhicule est réalisée dans l'usine d'Arica. Dans les dernières années de production, les optiques arrière seront identiques à ceux d'une Dyane. La coordination entre Citroën Chili, basé à Santiago, la capitale du Chili, et l'usine d'Arica pose de nombreuses difficultés : plus de 2 000 km séparent les deux sites et les moyens de communication sont sommaires.

[CETTE 2 CV CHILIENNE COÛTE DEUX FOIS LE PRIX D'UNE 2 CV ACHETÉE EN FRANCE]

Au cours des années 1960, différents changements de direction compliquent encore le travail de production de cette 2 CV exotique. De plus, le prix de vente de cette 2 CV chilienne, environ le double de celui d'une 2 CV achetée en France, rend difficile sa vente auprès des ménages modestes. Vers la fin des années 1960, la production de la Citroneta se ralentit nettement, et Citroën opère des rapprochements entre ses usines chilienne et argentine. L'apparition d'un nouveau modèle au catalogue de Citroën Chili, le Furgon Comercial, une fourgonnette réalisée sur la base d'une 2 CV Camionnette, compromet la carrière de la Citroneta, les acheteurs potentiels préférant opter pour un véritable utilitaire.

Cette photo a été prise à Santiago (Chili), dans un petit centre d'achat nommé El Pueblito del Inglés, lieu de réunion du *Club de la Citroneta*. D'autres 2 CV chiliennes accompagnent cette Citroneta, pour la plupart des 2 CV 6, qui appartiennent aux membres du club.

À l'exception de son toit rigide et de sa partie arrière tronquée, la silhouette de la Citroneta reste fidèle à celle d'une 2 CV berline.

© Archives Martin Houdan/h

Cette version 2 portes de la Citroneta est dotée d'une porte de malle horizontale, surdimensionnée, un élément de berline adapté grossièrement.

© Archives Martin Houdan/i

Quelques dizaines de Citroneta ➤ sillonnent encore le Chili, certaines ayant allègrement dépassé les 400 000 km !

© Philippe Pétré/j

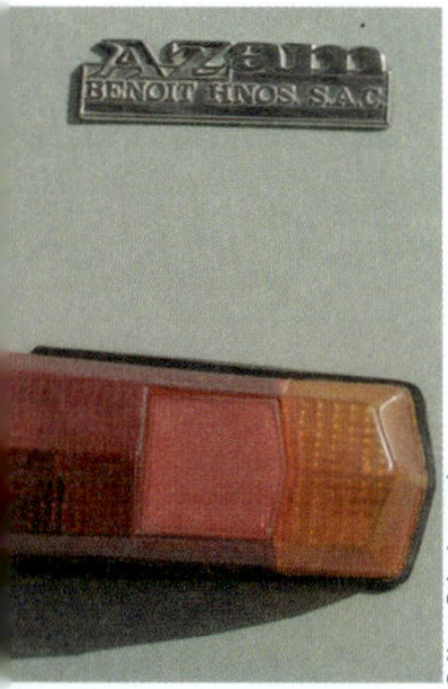

© Alvaro Rojas Lamoza/m

▲ Au Chili, le mot Citroneta ne désigne pas un modèle particulier mais a une valeur générique au même titre que 2 CV. Sur cette porte de malle, le logotype mentionne le modèle AZAM.

© Archives Martin Houdan/k

▲ Située à plus de 2 000 km au nord de la capitale du Chili, Santiago, l'usine Citroën d'Arica s'étend sur près de quinze hectares !

© Archives Martin Houdan/l

▲ Fabriqué sur la base d'une 2 CV Camionnette, le Furgon Comercial prend la suite de la Citroneta sur les lignes de production de Citroën Chili en 1970.

ÉVOLUTIONS

Après 1970, les 2 CV produites par l'usine d'Arica, à la suite des Citroneta, sont proches des berlines françaises, avec des pare-chocs plus conséquents, des vitres arrière à compas et une ligne d'échappement raccourcie qui débouche sur le côté du véhicule. Suite au retrait de Citroën au Chili, au début des années 1980, la Citroneta continue d'être produite en Argentine, quelques années, avec un moteur différent. Des essais de phares avant intégrés aux ailes sont aussi tentés, ainsi que des capots sensiblement redessinés.

L'APPEL DE LA DEUCHE ?

Si Jean-Claude Baudot et Jacques Séguéla ne croisèrent aucune Citroneta lors de leur tour du monde en 2 CV, puisqu'elle fut mise en production quelques mois après leur passage, en février 1959, on peut imaginer que l'événement donna envie à de nombreux chiliens de posséder leur Petite Citroën.

En 1970, la firme met en production une nouvelle version de la 2 CV « made in Chile », plus proche de la 2 CV berline qui circule en Europe. Plus d'une décennie après le début de sa production, la 2 CV Citroneta cède sa place à ce modèle plus récent, équipé d'un moteur de 602 cm³ et doté, notamment, d'une grande porte de malle semblable à celle de la Dyane. Près de 15 000 voitures seront sorties de l'usine d'Arica. La Citroneta continuera toutefois de circuler de nombreuses années sur les routes chiliennes et, en particulier, des Citrotaxis, au rapport qualité-prix imbattable. Peints en jaune et noir, comme la plupart des taxis sud-américains, ils emmènent leurs clients jusque dans la Cordillère des Andes ! Mis à rude épreuve, ces taxis Citroneta ont complètement disparu de la circulation. En revanche, quelques dizaines de Citroneta sillonnent encore le pays, certaines ayant allègrement dépassé les 400 000 km ! Une volonté de conservation qui montre que la passion pour la Deuche n'a pas de frontières. Elle s'est même étendue jusqu'au bout du monde, dans le pays qui a produit cette 2 CV Citroneta si étrange et si attachante.

■ La première 2 CV équipée d'une porte de malle est aussi la première à recevoir une autre couleur de carrosserie que le gris, deux ans plus tard : une version bleu Glacier affiche une cote entre **600** et **3 500 €**.

LA 2 CV AZLP BLEU GLACIER 1960

Grise, selon le cahier des charges imposé par Pierre Boulanger, le grand patron de Citroën, depuis sa sortie en 1948, la 2 CV le restera durant onze années et quatre nuances. Jusqu'au mois de septembre 1959 où se produit une révolution… bleutée.

© Mathieu Goutelle/a

Cette 2 CV AZLP bleu Glacier possède des jantes d'une couleur plus claire que le gris Acier (réf. AC 121) en vigueur en 1960. Le rétroviseur de portière, un ajout, n'était pas proposé par Citroën à l'époque.

En septembre 1959, alors que la 2 CV est associée au traditionnel gris de sa carrosserie depuis son lancement en 1948, le modèle 2 CV AZLP se pare d'une inattendue robe bleue. Sa carrosserie est traitée en un bleu nommé Glacier (réf. AC 606). La finition Luxe – le L de AZLP – de ce modèle le pare d'une capote bleu marine assortie et de tissu Bayadère bleu, apparu en novembre 1956, sur ces banquettes. Cependant, afin de ne pas dérouter une clientèle d'habitués, le gris Clair (réf. AC 135) apparu en septembre 1954 reste au catalogue, jusqu'en septembre 1961 soit deux mois après la disparition du bleu Glacier.

EN 1960, LES PRIX GRIMPENT

Apparue en septembre 1957, la 2 CV AZLP grise caracole en tête des ventes, au détriment des trois versions précédentes toujours en vente. Le catalogue offre un large éventail de prix. En 1959 : 389 400 anciens francs pour la 2 CV A, 420 400 pour la 2 CV AZ, 441 400 F pour la 2 CV AZL et 447 600 F pour la 2 CV AZLP. La 2 CV 4x4, un modèle spécial et marginal, coûte 815 000 F ! En 1960, après dévaluation par 100 de la monnaie française, les prix grimpent : 4 449 F (678 euros) pour l'AZ, 4 671 F (712 euros) pour l'AZL, 4 736 F (732 euros) pour l'AZLP et 8 620 F (1 314 euros) pour la 4x4. Le bleu Glacier dope encore les ventes de l'AZLP, tandis que la 2 CV A, produite jusqu'en 1959, disparaît du catalogue.

NUAGE

Le bleu Nuage (réf. AC 604) est présent sur la 2 CV AZLP bleu Glacier au niveau de la buse du dégivrage du pare-brise ainsi que sur l'entourage métallique des clignotants latéraux (de marque Labinal), alors que ces éléments sont peints en gris Acier (réf. AC 121) sur les AZLP gris Clair (réf. AC 135), ainsi que les jantes de ces deux voitures.

© Mathieu Goutelle/b

Tout comme l'AZL, dont elle est issue, l'AZLP possède des baguettes métalliques au niveau des portières, des bas de caisse, du capot et des pare-chocs. La lunette arrière mesure 86 x 34,5 cm.

LES PREMIÈRES COULEURS

En présentant sa 2 CV AZLP bleu Glacier, en septembre 1959, Citroën innove avec modération, de peur de heurter une clientèle tout acquise à l'esprit de la 2 CV grise depuis près de dix ans, même si la démarche du constructeur consiste à introduire du neuf, à moderniser l'image de la Deuche. La tonalité choisie pour ce bleu est donc sombre plutôt que lumineuse. Ce bleu Glacier inaugure une tendance qui sera gérée par la suite avec parcimonie. Le vert Embrun (réf. AC 511) de janvier 1961, puis le jaune Panama (réf. AC 307) de septembre de 1961 seront eux aussi assez discrets, et il en sera ainsi des évolutions successives des coloris de carrosserie jusqu'en 1970, avec l'arrivée des 2 CV 4 et 2 CV 6 qui célèbreront « en couleur » la nouvelle génération de 2 CV. Seul le rouge Pavot (réf. AC 410), lui aussi apparu en septembre 1961, se risque sur la voie d'un colori plus audacieux.

RADIOËN

Autre nouveauté de 1960, l'option Radioën, un poste à transistors détachable.

En 1960, la 2 CV peut être équipée, en option, d'un poste de radio portatif qui s'installe au-dessus de la planche de bord, dans l'évidement qui fait face au passager. De marque Continental Edison, l'équipement comporte le nec plus ultra du moment, des transistors au germanium. Il est complété d'une longue antenne latérale fixée en arrière des ouïes du capot, et l'ensemble est au tarif de 36 300 anciens francs, soit 8,1 % du prix de l'AZLP !

© Mathieu Goutelle/c

Les quatre Deuche au catalogue de 1959 (de gauche à droite) : une 2 CV A antérieure à juin 1953, une 2 CV AZ, une 2CV AZL et la 2 CV AZLP bleu Glacier qui apparaît en septembre de cette année-là.

© Mathieu Goutelle/d

Les roues de 380 mm sont une nouveauté en 1960. Elles se distinguent des précédentes par la disparition des quatre ouies de leur voile de jante.

© Mathieu Goutelle/e

La mécanique de 425 cm³ connaît des évolutions progressives depuis 1954, touchant principalement son taux de compression et son alimentation.

En 1960, la gamme des 2 CV Berlines propose cinq modèles : la 2 CV A – écartée du tarif Citroën en 1960 mais encore disponible de façon sporadique – avec un moteur de 375 cm³ et une capote longue à petite lunette venant d'être retirée du catalogue, la 2 CV AZ avec le moteur de 425 cm³ et la longue capote originelle, la 2 CV AZL avec le même 425 cm³ mais une capote longue à grande lunette, la 2 CV AZLP, identique à l'AZL mais avec une porte de malle rigide, et enfin la 2 CV 4x4, dite Sahara, dotée de deux 425 cm³ et d'une porte de malle spécifique avec écope de refroidissement, alors disponible en quelques rares exemplaires mais qui sera produite en série dès 1961.

La 2 CV AZLP bleu Glacier apporte quelques nouveautés, comme les jantes de 380 mm de diamètre contre 400 mm auparavant, ou encore la fixation, par un profilé d'aluminium, du tube en caoutchouc d'étanchéité à l'avant de la capote. Par ailleurs, le pare-soleil, placé côté conducteur, est en plastique gris clair et l'unique rétroviseur central – le rétroviseur extérieur n'apparaît sur la 2 CV Berline qu'en septembre 1966 comme option – est d'un nouveau type avec rebord en plastique. Toujours dans l'habitacle, le levier de vitesses dispose désormais d'un cercle moleté pour indiquer l'emplacement du point mort, en remplacement de l'anneau peint. Côté mécanique, le moteur est toujours le type A53 de 425 cm³, développant 12,5 ch à 4 200 tr/mn avec un taux de compression de 7 à 1, apparu sur l'AZ en octobre 1955 (en remplacement du 12 ch à 3 500 tr/mn de 1954 avec taux de 6,2 à 1) toujours alimenté par un carburateur 26 BCI et simplement doté de fils de bougies antiparasités rouges au lieu des ordinaires, noirs. L'AZLP ne cesse d'évoluer tout au long de l'année 1960, d'abord par l'adoption d'une nouvelle manivelle, en avril, puis d'un nouveau capot à fines nervures en décembre. Avec l'apport de la couleur, dont le bleu Glacier n'est que la première proposition, la 2 CV est dorénavant bien armée pour affronter encore trois décennies.

[LES BANQUETTES SONT COUVERTES DE TISSU BAYADÈRE BLEU, APPARU EN 1956]

■ Baptisé 2 CV Sahara, ce drôle d'engin fait rêver nombre de passionnés. Un porte-feuilles bien garni est requis en regard d'une cote qui va de **5 500 €** à **22 000 €**.

LA 2 CV 4 X 4 BIMOTEUR 1961

La 2 CV 4 x 4, appelée à tort « Sahara », est une voiture dotée de deux moteurs. Initialement conçue par un ingénieur en aéronautique, cette 2 CV particulière sera finalement fabriquée par Citroën, mais en quantité limitée.

▲De face, la 2 CV 4x4 se distingue de la berline de base par sa roue de secours intégrée dans le capot et par son pare-chocs tubulaire emprunté à la 2 CV PO.

Si l'on en croit un article paru dans L'Auto-Journal en 1958, la 2 CV 4x4 serait à l'origine l'invention d'un certain M. Bonnafous, ingénieur aéronautique reconverti dans les travaux publics en Savoie. Vers la fin de l'année 1954, celui-ci se lance dans la construction d'un premier prototype équipé de deux moteurs de 375 cm³. Son souci est alors de créer une voiture simple, susceptible de remplacer avantageusement une Jeep, qu'il utilise pour se déplacer sur les chantiers, car ces utilitaires à vocation militaire consomment beaucoup de carburant et leurs pièces détachées, dix ans après la fin de la Seconde Guerre mondiale, sont devenues rares et chères. Il est vrai qu'avec une 2 CV, même dotée de deux moteurs, Bonnafous résoud à la fois la question de la consommation et les problèmes de disponibilité et de coût des pièces détachées. La modification de cette première 2 CV expérimentale à quatre roues motrices, immatriculée 625 K 73, est terminée au mois de février 1955. Elle est présentée au service d'homologation des Mines le 28 juin suivant et réceptionnée le 22 juillet. Après avoir été équipée de deux moteurs de 425 cm³, elle parcourt sans encombre quelque 100 000 kilomètres.

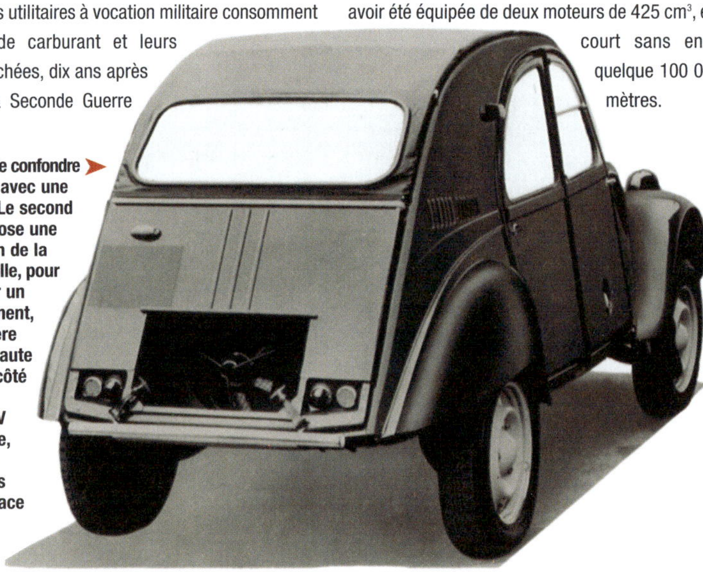

Impossible de confondre ➤ la 2 CV 4x4 avec une autre 2 CV. Le second moteur impose une modification de la porte de malle, pour lui ménager un refroidissement, la face arrière est moins haute de chaque côté et les feux, de type 2 CV Camionnette, comme les catadioptres prennent place dans des logements emboutis.

© Citroën Communication/b

RECORD AUX ENCHÈRES

Le 6 mai 2002, au Palais des Congrès de Paris, alors qu'il dispersait les voitures de l'écurie Prost de Formule Un, maître Hervé Poulain crée la surprise en adjugeant une 2 CV 4x4 de 1962 pour 36 000 €. L'anecdote précise que son acquéreur serait un riche Américain ignorant tout de la 2 CV, et qui aurait été séduit par le seul fait que cette voiture possède deux moteurs.

PRIX D'ÉPOQUE

La commercialisation effective de la 2 CV n'intervient qu'à partir du mois de février 1961, mais elle figure au catalogue du constructeur depuis le mois d'octobre 1958. Elle est alors affichée au prix de 815 000 anciens francs (AF), tandis que la plus chère des 2 CV berline est à 447 600 AF ! Elle apparaît pour la dernière fois au tarif en septembre 1966, au prix de 10 259 NF, soit un peu plus d'un million d'anciens francs.

La planche de bord de la 2 CV 4 x 4 ne peut renier sa parenté avec celle de la 2 CV Berline de la fin des années cinquante. Elle reçoit cependant deux contacteurs à clefs et deux commandes de démarreur que surmontent deux voyants lumineux de contrôle de fonctionnement des moteurs. Les fameux essuie-glaces mécaniques sont ici remplacés par des essuie-glaces électriques nettement plus efficaces. Sur la colonne de direction, au centre du volant, se trouve un indicateur de braquage, très pratique pour éviter de partir en tonneaux lorsque l'on évolue sur des terrains dont la pente est particulièrement prononcée...

© Citroën Communication/c

ÉVOLUTIONS

La 2 CV 4 x 4 ne connaîtra que très peu d'évolutions au cours de sa courte carrière. Elle se contentera d'adopter, comme sa grande sœur la 2 CV Berline à un seul moteur et deux roues motrices, des clignotants latéraux plus gros et entièrement en plastique, à partir du mois d'avril 1963, ainsi que des portes avant ouvrant dans le bon sens à partir du mois de décembre 1964.

DEUX RÉSERVOIRS

Les concepteurs de la 2 CV 4 x 4 ont choisi de la doter de deux réservoirs d'essence de 15 litres, un pour le moteur avant et un pour le moteur arrière. Ils sont placés sous les sièges avant et leurs orifices de remplissage débouchent à travers les portières. Afin de les protéger des chocs et d'éviter qu'ils ne se cabossent et se percent, ils sont chacun enfermé dans une coque de tôle, constituée de deux éléments. Les planchers droit et gauche sont spécialement percés, pour permettre l'accès aux vis de vidange logées sous chacun d'eux.

© Citroën Communication/d

© Citroën Communication/e

Sur ce prototype datant de la fin des années cinquante, les réservoirs d'essence sont déjà positionnés sous les sièges avant mais leur orifice de remplissage ne débouche pas encore à travers les portières.

Un deuxième exemplaire est alors construit, tout en recevant quelques améliorations significatives, comme la suppression des embrayages centrifuges ou un nouvel étagement des rapports des deux boîtes de vitesses.

À la même époque, quelques agents Citroën ont eux aussi entrepris, dans une 2 CV, de monter un second moteur dédié aux roues arrières. Mais sans résultat convainquant. Au printemps 1957, la direction de Citroën est informée de l'existence de cette voiture aux capacités étonnantes par son agent d'Oloron et prend contact avec M. Bonnafous. Ainsi, dans une lettre datée du 12 juin 1957, le constructeur français demande à pouvoir faire essayer par ses techniciens cette étrange 2 CV bimoteur. Impressionné par ses capacités et convaincu par une étude de marché, selon laquelle une clientèle pour une telle voiture existerait, Citroën construit deux prototypes et charge son unité de production Panhard, qui lui appartient depuis avril 1955, d'en construire deux autres. Les deux modèles seront ensuite confrontés et comparés sur un terrain d'essais militaires, dans les environs de Fontainebleau.

Le 4 mars 1958, la presse automobile reçoit un communiqué de Citroën annonçant l'existence de la *«2 CV Citroën à quatre roues motrices étudiée pour le Sahara»*. Ce véhicule révolutionnaire est présenté en ces termes : *«Consciente des problèmes de la recherche pétrolière au Sahara, la Société Citroën vient de mettre au point une 2 CV à quatre roues motrices, ajoutant aux qualités depuis longtemps reconnues de la voiture* (NDLR : légèreté, sobriété, robustesse, économie d'entretien, refroidissement à air...) *de stupéfiantes possibilités d'évolution dans les sables.»* (...) *«La nouvelle 2 CV 4x4 est capable, à pleine charge, de franchir dans le sable des pentes de plus de 40 % ; ce qui représente près de trois fois l'inclinaison du haut de la route du col de l'Izoard, une des côtes les plus abruptes du réseau français.»*

Photographiée au sommet de la dune du Pilat, qu'elle vient de gravir avec brio, la 2 CV 4x4 affiche son appartenance à la catégorie des voitures exceptionnelles.

Les Parisiens se feront une idée de la capacité de franchissement de la 2 CV 4x4 en visualisant une inclinaison trois fois supérieure à celle de la Côte de Gardes ralliant Meudon à Versailles, dans son passage le plus raide. *«Cette 2 CV, véritable mulet mécanique, spécialement conçue pour le Sahara, n'en est pas moins appelée à rendre de grands services partout où les conditions de terrain rendent impossible la circulation de véhicules classiques.»* (...) *«Qui peut le plus peut le moins. Elle pourrait ainsi être utile aux Travaux Publics, aux barrages, à la construction de funiculaires, comme véhicule de liaison dans les territoires d'Outre-mer, pour les entreprises agricoles... etc.»* Ce même document invite les journalistes à se rendre, le matin du vendredi 7 mars 1958, à la Mer de sable d'Ermenonville où un prototype leur sera présenté dès dix heures.

La «2 CV Sahara» pèse alors 640 kg et consomme entre 9 et 11 litres d'essence aux 100 km selon le terrain. Elle est par ailleurs équipée de pneumatiques Michelin X de 155 x 400 gonflés à 0,7 kg de pression.

[LA 2 CV 4X4 EST PRÉSENTÉE À LA PRESSE EN 1958, SUR LES DUNES DE LA MER DE SABLE]

Malgré toutes les belles promesses de cette voiture, les candidats à son achat devront attendre quelques années avant de pouvoir en posséder une. En effet, sa mise au point et son industrialisation semblent poser quelques problèmes à Citroën. Pour faire patienter ces clients potentiels, divers prototypes sont régulièrement présentés, comme au Salon de Paris d'octobre 1958, ou au Pré-Catelan de septembre 1959. La voiture figure au catalogue de Citroën à partir du mois d'octobre 1958. Elle est alors proposée au tarif de 815 000 AF (anciens francs), soit près du double du prix d'une 2 CV AZLP, sachant qu'une DS 19 coûte à cette époque 1 109 700 AF. Et les vingt premiers exemplaires de la 2 CV 4x4 sont produits en 1960. Mais le modèle n'est homologué par le Service des Mines que le 11 octobre de cette année-là, sous l'appellation officielle «2 CV AZ 4/4», et sa commercialisation n'est effective qu'à partir du mois de février 1961. La production industrielle est confiée à l'usine Panhard de l'avenue d'Ivry qui, depuis 1955, assemble déjà les 2 CV AZU Fourgonnette.

VOITURES À DEUX MOTEURS

Dans l'histoire automobile du XXe siècle, l'on trouve trace de voitures plus ou moins expérimentales équipées de deux moteurs. La plus célèbre étant l'Alfa Romeo Bimotore, engagée en Grand Prix dès 1935 par la Scuderia Ferrari. Mais rares sont celles qui possèdent quatre roues motrices, à l'instar de la 2 CV 4x4. Pourtant, fin 1932, tandis qu'il travaille sur une version tout terrain de sa célèbre Mini pour l'armée de sa Gracieuse Majesté, le constructeur Britannique Austin Morris équipe de deux moteurs l'un de ses prototypes. Mais le projet n'aboutira pas. La voiture tout terrain n'aura finalement qu'un seul moteur, deux roues motrices et sera baptisée Mini Moke. Dans les années 1980, le constructeur allemand Volkswagen présente plusieurs prototypes de voitures 4x4 de rallyes équipées de deux moteurs, sur des bases de berline Jetta puis de coupé Corrado. Mais là encore, ces tentatives resteront sans suite et les VW bimoteur ne seront même pas engagées en rallyes. En fait, il semble que Citroën soit bel et bien le seul constructeur automobile à avoir su produire et vendre une telle voiture !

CHEZ PANHARD

La production de la 2 CV 4x4 est confiée aux usines Panhard qui, depuis 1955, assurent déjà l'assemblage des 2 CV Camionnette afin que l'usine de Levallois se consacre exclusivement à la 2 CV berline. Compte tenu de son prix relativement élevé, la demande ne sera jamais très importante. Moins de 700 exemplaires seront produits entre 1960 et 1966.

Du fait du montage d'un second moteur, la 2 CV 4 x 4 n'est pas vraiment une voiture qui permet d'emporter des bagages pour quatre personnes. Cependant, elle est capable de tracter sans difficulté une remorque de 250 kilos soit le tiers de son poids à vide !

© Citroën Communication/g

2 CV 4X4... À 2 MOTRICES SEULEMENT

Sur route, en mettant la boîte de vitesse arrière au point mort, il est possible de rouler en marche économique avec le seul moteur avant. Il est également possible, à titre de dépannage, de rouler avec le seul moteur arrière, grâce à un outil spécial fourni avec la voiture, destiné à maintenir l'embrayage avant en position débrayée. Évidemment, dans chacun de ces deux cas de figure, la 2 CV 4x4 n'a plus alors que deux roues motrices...

EXPORT

La 2 CV 4x4 connaîtra un certain succès en Suisse ainsi que dans le Benelux. Elle sera également très prisée par la Guardia Civile espagnole.

© Citroën Communication/h

Les établissements Faussurier, spécialisés dans la construction et le montage d'équipements de chasse-neige, présenteront en 1962 une 2 CV 4x4 dotée d'une lame-étrave.

Ce cliché, réalisé pour des besoins publicitaires, montre la volonté de Citroën de séduire, avec sa 2 CV 4x4, les entreprises de travaux publics et de prospection pétrolière.

© Citroën Communication/i

2 CV 4X4 DE 1961

Marque :	Citroën
Type :	2 CV 4x4
Moteurs AV et AR :	2 cylindres horizontaux opposés
Cylindrée unitaire :	425 cm³
Alésage x course :	66 x 62 mm
Puissance :	14 ch à 4 500 tr/mn
Alimentation :	carburateur Solex 26 CBIN
Distribution :	soupapes en V, arbre à cames central
Transmission :	2 boîtes à 4 rapports
Pneumatiques :	155 x 400 ou 155 x 380
Empattement :	240 cm
Longueur :	378 cm
Largeur :	148 cm
Hauteur :	154 cm
Poids :	735 kg
Vitesse maximale :	100 km/h

La 2 CV 4x4 est alors disponible dans les mêmes couleurs que la 2 CV berline et se voit dotée des mêmes modifications. Ainsi, elle reçoit des gros clignotants latéraux en plastique rouge (mars 1963) et des portes avant ouvrant dans le bon sens (décembre 1964). Équipée d'origine de pneumatiques Michelin X de 155 x 400, elle peut aussi recevoir des enveloppes de même marque et de même type dans des dimensions plus étroites (155 x 380). Capable de dominer quasiment tous les terrains et tous les obstacles, ce modèle atypique de 2 CV satisfait des clients aussi divers que les compagnies pétrolières, les médecins de montagne suisses, la Garde Civile espagnole, les constructeurs de barrages en haute montagne ou la Gendarmerie française des îles de l'océan Pacifique.

[ENTRE 1961 ET 1967, LA 2 CV 4X4 FUT CONSTRUITE EN 693 EXEMPLAIRES... PLUS UNE !]

La 2 CV 4x4 est aujourd'hui très recherchée par les collectionneurs, du fait de sa rareté bien sûr, mais aussi de son intérêt mécanique. Bien que son appellation « 2 CV Sahara » soit très répandue, ce nom semble erroné : tous les documents d'époque – communiqués de presse, catalogues publicitaires, tarifs et articles de presse – ne la désignent que sous son appellation commerciale, à savoir « 2 CV 4x4 ». Émanant de Citroën, un seul document, datant de la fin des *fifties*, utilise le terme « 2 CV 4x4 Sahara ». Mais son type constructeur est en fait « 2 CV Type AW » et son Type Mines « 2 CV AZ 4/4 ». Sa production est arrêtée en 1967, après 693 voitures construites. Pour l'anecdote, un mystérieux 694ᵉ exemplaire fut assemblé en 1971, sans que l'on sache, aujourd'hui encore, à qui il fut destiné.

■ Elle commence de s'émanciper de son rôle de véhicule rustique et lorgne du côté des petits détails confortables ; comptez entre **400** et **3 200 €**.

LA 2 CV AZAM 1963

Sorti en mars 1963 et destiné à changer l'image de la 2 CV, le type AZAM bénéficie d'équipements de luxe uniques. Cette Petite Citroën chromée ne restera pourtant que quatre ans au catalogue, prolongée par l'éphémère 2 CV Export.

© Archives Jean-Claude Contenant/a

Sorti en mars 1963, le type AZAM est la première 2 CV dotée d'enrichissements de confort et d'élégance. Afin de perdre son image rurale et de séduire une nouvelle clientèle urbaine, elle déploie de nombreux atours : des baguettes en aluminium poli ornent le dessus du capot, les bas de caisse latéraux, la baie de pare-brise, les joints des vitres de portières et les pare-chocs. Bien qu'ils soient dépourvus des traditionnelles bananes, remplacées à l'avant par des tubes chromés en forme de boucle et à l'arrière par deux tubes coudés en forme de pont protégeant les feux rouges, ces pare-chocs sont dotés des larges barres horizontales apparues seulement un mois auparavant avec la 2 CV de type AZA. La 2 CV AZAM reprend d'ailleurs de nombreuses caractéristiques de l'AZA – qui n'est autre qu'une AZLP remaniée – comme le moteur de 18 ch, les couvre-culasses renforcés, le reniflard d'huile plus haut et plus fin, la boîte de vitesses ré-étagée, les plaquettes de freins collées et non plus rivées, une nouvelle pédale de frein, une nouvelle barre de phares, un nouveau galbe pour les ailes et des fixations de garnitures de porte invisibles. De plus, la 2 CV AZAM est disponible dans toutes les teintes proposées pour la 2 CV AZA de 1963 : vert Embrun (réf. AC511), beige Antillais (AC309), bleu Monte-Carlo (AC605) et gris Rosé (AC136). Et sa capote peut être grise, marron ou rouge.

▲ La 2 CV AZAM arrive à point nommé pour raviver l'image de la Petite Citroën vieillissante.

CHÂSSIS

Pour le millésime 1963, les châssis fabriqués portent les numéros 1 300 001 à 1 434 390 indifféremment pour les 2 CV AZA ou AZAM. Le millésime 1964, s'il reprend le même principe des châssis communs aux deux types, comporte une particularité : de septembre 1963 à mai 1964, les numéros vont de 1 440 001 à 1 475 903 tandis qu'entre juin 1964 et août 1964, ils vont de 1 490 001 à 1 595 316. La coupure semblant correspondre à l'adoption du nouveau type de roues sans chambre à air.

© Citroën Communication/b

◄ Immédiatement reconnaissable à ses pare-chocs sans banane pourvus de généreux tubes chromés, la 2 CV AZAM est aussi la première berline de la gamme à adopter deux feux stop à l'arrière.

Les banquettes de l'Ami 6 ➤ améliorent le confort de la 2 CV AZAM. Ce modèle est l'un des tout premiers.

© Citoën Communication/c

ÉVOLUTIONS DE LA 2 CV AZAM ENTRE 1963 ET 1965

> **Avril 1963 :** nouveaux clignotants latéraux

> **Septembre 1963 :** le gris Typhon (réf. AC147) remplace le beige Antillais (AC309)

> **Janvier 1964 :** attaches pour ceintures de sécurité avant ventrales

> **Février 1964 :** cosses de batterie serties

> **Mars 1964 :** plaque d'immatriculation arrière en une partie et disparition de l'éclaireur central

> **Avril 1964 :** référence de peinture inscrite sur une rondelle métallique en haut et à droite du tablier

> **Mai 1964 :** une rondelle de nylon s'intercale entre les tubes chromés et les pare-chocs avant et arrière

> **Juin 1964 :** nouvelles jantes avec pneus Michelin X à chambre à air incorporée

> **Juillet 1964 :** nouveau carter de boîte de vitesses

> **Septembre 1964 :** le vert Agave (AC514) remplace le vert Embrun (AC511) et le bleu Ardoise (AC105) le bleu Monte-Carlo (AC605)

> **Décembre 1964 :** changement du sens d'ouverture des portières avant

> **Mai 1965 :** un plafonnier rectangulaire avec interrupteur remplace le rond

> **Juin 1965 :** disparition du feu de stationnement du clignotant latéral et allumage simultané d'une veilleuse avant et d'une lanterne arrière à la place. Le bleu Brouillard (AC117) remplace le bleu Ardoise (AC105) et le gris Etna (AC118) remplace le gris Typhon (AC147)

> **Juillet 1965 :** nouveaux batteurs fixés sans goupille.

> **Septembre 1965 :** apparition d'une troisième vitre latérale. Le jonc de pare-chocs chromé devient noir.

Les jantes, traditionnellement peintes en gris Rosé, sont en outre dotées des enjoliveurs chromés de l'Ami 6. La grande sœur de 3 CV, dont le confort est jugé supérieur à celui de la 2 CV, fournit également à l'AZAM ses banquettes, aisément reconnaissables à leur tissu enveloppant, celle de l'avant coulissant sur des rails. Elle est équipée d'un volant de marque Quillery en bakélite, dont la partie centrale est en forme de simple chevron. L'habitacle dispose par ailleurs de deux pare-soleil (avec un miroir de courtoisie sur celui du passager), d'un plafonnier rond, fixé en haut du pied-milieu droit de portières, qui s'allume par rotation du cabochon. Autre nouveauté de confort, un hamac porte-objets est tendu entre le dossier de la banquette arrière et la fixation de la porte de malle. Les poignées intérieures des portières sont d'un nouveau modèle, doté d'un manche en plastique. Sur le tableau de bord, le compteur de vitesse trapézoïdal surplombe une jauge à essence. La commande des clignotants est désormais fixée à la colonne de direction, tandis que la tirette de starter, toujours marquée d'un grand «S», est située sous la tablette vide-poche, à gauche du volant. La tirette «D» du démarreur étant, elle aussi, sous la tablette, mais au centre, à l'aplomb du levier de vitesses.

[L'AZAM CONSERVE NOMBRE DES CARACTÉRISTIQUES DE LA 2 CV AZA]

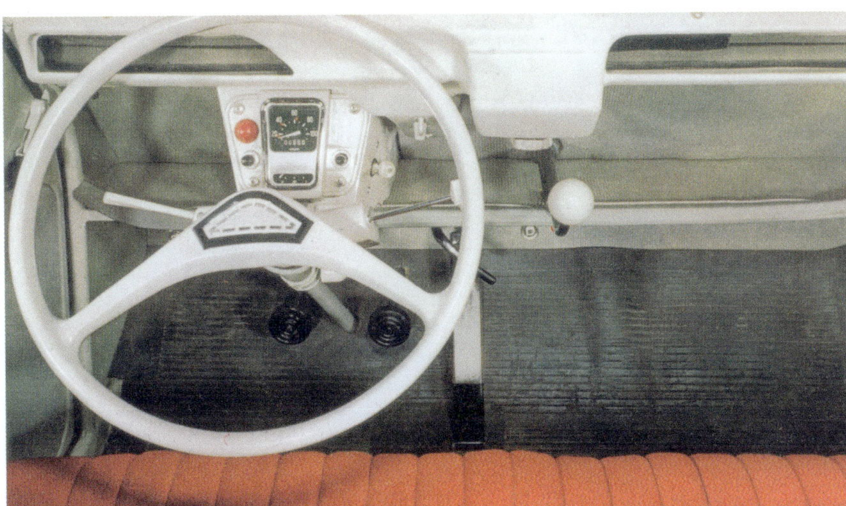
© Archives Jean-Claude Contenant/d

▲ **La principale nouveauté intérieure de l'AZAM 1963, outre le volant Quillery, est la commande des clignotants au volant, du côté gauche. L'utilitaire AZU adoptera ce dispositif en novembre 1963.**

© Archives Jean-Claude Contenant/e

▲ Reprenant un visuel créé dans les années 1950, où une famille pique-niquait sur les banquettes d'une 2 CV type A, une scène bucolique réutilisée une première fois en 1958 pour montrer l'aspect pratique de la Radioën «portable», Citroën persiste et signe, en 1963, avec cette photo pour la promotion de la 2 CV AZAM.

Première berline de la gamme à adopter deux feux stop à l'arrière, la 2 CV AZAM de 1963 est équipée de portières avant «suicide», le changement de sens d'ouverture intervenant en décembre 1964, et ne dispose pas encore de troisième vitre latérale, qui sera montée en série à partir de septembre 1965. Son capot, à cinq fines nervures, supporte la plaque d'immatriculation avant et possède une calandre séparée en aluminium incorporant un gros double-chevron central. Les fixations des phares et des essuie-glaces sont chromées, tandis que les clignotants latéraux possèdent un plastique blanc transparent à l'avant de leurs cabochons. Ils seront remplacés dès avril 1963 par des modèles plus gros. Au niveau mécanique, le moteur de 425 cm³ hérité de la 2 CV AZA comporte un vilebrequin modifié, de nouvelles bielles, de nouvelles chemises de cylindre et de nouveaux pistons portant le taux de compression à 7,5:1. Sa puissance augmente ainsi de 4 ch au régime maximal de 4 000 tr/mn (inchangé), ce qui permet à l'AZAM d'atteindre les 95 km/h sur route plate. Le différentiel adopte un couple conique de 8x29 (contre 8x31 précédemment), tandis que le carburateur est de type 26 CBI avec frein de ralenti pour le modèle courant. La version de l'AZAM équipée de l'option embrayage centrifuge utilise, elle, un carburateur 26 IBC sans frein de ralenti.

[L'HABITACLE REPREND DES ÉLÉMENTS DE CONFORT DE L'AMI 6, APPARUE EN 1961]

© Citroën Communication/f

▲ La 2 CV AZAM de 1963 étincelle de tous ses chromes. Ce modèle gris Rosé possède un jonc de pare-chocs en aluminium poli. Il deviendra noir à partir de septembre 1965.

© Citroën Communication/g

▲ À l'arrière, sa plaque d'immatriculation est scindée en deux avec un éclairage central. Le bouchon d'essence est gris Rosé, comme les pare-chocs. Le jonc en aluminium comporte l'inscription *«Citroën»*.

PRIX

En mars 1963, la 2 CV AZAM s'acquiert auprès d'un concessionnaire Citroën contre 5 635 francs (859 euros). L'option embrayage centrifuge se paie 45 francs (6,9 euros) supplémentaires, soit 0,8 % du prix de la voiture. Ce nouveau modèle est proposé à un prix de vente 7,3 % supérieur au type AZA, qui coûte 5 250 francs (800 euros) en 1963, 5 295 francs (807 euros) pour la version avec embrayage centrifuge, ce qui n'est pas énorme mais ne suffit pas toujours à décider les acheteurs potentiels.

Citroën Communication – R. De Seynes/j

La 2 CV belge AZAM 6 est un hybride utilisant une plate-forme et un moteur d'Ami 6. Ici, l'un des premiers modèles, de 1965.

2 CV AZAM 6

Dévoilée au Salon automobile de Bruxelles de janvier 1965, et produite en Belgique jusqu'en septembre 1967, la 2 CV AZAM 6 combine une caisse de 2 CV AZAM 3 avec un châssis et un moteur M4 d'Ami 6. Les acheteurs du Benelux, de Suisse et d'Allemagne peuvent ainsi s'offrir une « super 2 CV » de 602 cm³ cinq années avant la sortie en France de la 2 CV 6. Mais contrairement à cette dernière, qui possèdera un équipement électrique en 12 volts, l'AZAM 6 fonctionne en 6 volts. Équipée de phares Ducellier Eurocod 131, elle possède le système de fermeture de capote des 2 CV belges (verrouillage par fermoirs à boucle), ainsi que des feux arrière Seima, d'aspect similaire au modèle français mais incluant des clignotants orange en partie haute. La ligne d'échappement est identique à celle de la 2 CV AK 350 produite entre 1963 et 1968. Les phares, jantes, pare-chocs et armatures des banquettes sont gris Satiné (réf. AC226), tandis que le filtre à air, la buse de chauffage, le volant Quillery et la colonne de direction sont gris Rosé (AC136) puis noir. Un autre modèle AZAM 6 est fabriqué en Espagne dans l'usine de Vigo entre 1966 et 1972, mais sans clignotants avant.

© Citroën Communication/h

Ce modèle de 2 CV AZAM est un millésime postérieur à décembre 1964 – abandon des portes suicides – et antérieur à septembre 1965 – adoption de joncs de pare-chocs noir et de vitres de custode.

Malgré son surcroît d'équipement par rapport au type AZA et ses évolutions de 1964 et 1965 – sens d'ouverture des portes et troisième vitre latérale –, la 2 CV de type AZAM peine à trouver son public. Si bien que sa commercialisation en France cesse en avril 1967, l'AZAM Export, légèrement différente et destinée au marché international, prolongeant quelque temps sa carrière. Cette dernière est notamment munie de clignotants rectangulaires intégrés aux ailes avant. Ce modèle sera toutefois éphémère, avec seulement cinq mois de présence au catalogue, laissant sa place à la nouvelle Dyane à partir d'octobre 1967. Parallèlement, l'usine Citroën belge de Forest, près de Bruxelles, a lancé, en 1965, une 2 CV type AZAM 6, repris une année plus tard par l'usine espagnole de Vigo. Cette nouvelle venue fut réalisée en montant une carrosserie de 2 CV sur un ensemble châssis-mécanique d'Ami 6 légèrement retouché. L'AZAM 6 possède également une finition luxe, comme souvent pour les modèles d'outre-Quiévrain.

[MALGRÉ SES ATOUTS, LA 2 CV AZAM DISPARAÎT DU CATALOGUE CITROËN EN AVRIL 1967]

© Citroën Communication/i

Ce modèle 1966 apporte un plus attendu depuis longtemps par certains Deuchistes : une troisième vitre latérale. Toutefois, ce montage n'est pas l'apanage de la 2 CV AZAM, l'AZA en bénéficiant également au même moment.

■ Adieu les portières suicide, bonjour le confort pour ce modèle qui figure comme une des versions ayant marqué la carrière de la 2 CV ; entre **300** et **3 200 €**.

LA 2 CV AZAM 1965

Au cours de 1965, comme toutes les 2 CV Berline, la 2 CV AZAM reçoit de profondes modifications. Sa physionomie, son confort et sa tenue de route sont transformés. Cette année-là, l'image tenace de la 2 CV rustique commence à se faire oublier.

© Citroën Communication/a

Jusqu'au mois de septembre 1965, la 2 CV AZAM présente un visage qui, outre les coloris de carrosseries partiellement renouvelés tous les ans, est même depuis le début de sa carrière au mois de mars 1963. Quant à sa calandre démontable et à son capot à cinq nervures, ils sont présents depuis le mois de décembre 1960 sur toutes les 2 CV Berline.

Lorsque la 2 CV AZAM entre dans l'année 1965, elle vient de connaître une des modifications parmi les plus marquantes de l'histoire de la Petite Citroën. La 2 CV vient en effet de perdre ses fameuses portières avant ouvrant à contresens, qui caractérisent la plupart des automobiles produites jusque dans les années 1950. Ce sens d'ouverture des portes est reconnu comme très dangereux par les pouvoirs publics et se voit officiellement bâni des voitures neuves à partir du 1er janvier 1965. Au Quai de Javel, on se serait bien passé d'une telle modification et de l'investissement qui en découle, en termes d'études et de transformation de l'outillage de fabrication. Cela faisait quand même plus de quinze ans que la 2 CV était équipée de « portières suicide » !

En outre, la 2 CV de ce début d'année 1965 arbore de nouvelles couleurs apparues au mois de septembre précédent. Le vert *Agave* et le bleu *Ardoise* remplacent le vert *Embrun* et le bleu *Monte Carlo*. Seuls le gris *Typhon* et le gris *Rosé*, disponibles en 1964, le sont encore en 1965. Après un début de décennie un peu fou et haut en couleur, Citroën retrouve ses vieilles habitudes et retombe dans le gris.

© Citroën Communication/b

Vue sous cet angle, la 2 CV AZAM met en évidence le montage de glaces supplémentaires, au-dessus des ailes arrière, au mois de septembre 1965. La 2 CV était une berline, elle s'offre désormais un air de limousine.

LA FIN DE LA 2 CV AZAM

La carrière de la 2 CV AZAM débute au mois de mars 1963 et s'achève au mois d'avril 1967. Elle est alors remplacée par la 2 CV Export, dont la présentation est encore plus soignée et sophistiquée. Cette même 2 CV Export sera retirée des tarifs à partir du 28 août suivant, date de lancement de la toute nouvelle Dyane. Afin d'éviter une concurrence inutile et de reporter sur la Dyane une partie de la clientèle 2 CV, Citroën supprime deux des trois modèles de 2 CV Berline, la 2 CV AZL et la 2 CV Export, pour ne conserver que la 2 CV AZLP.

AZAM = AZ AMÉLIORÉE

L'appellation AZAM vient de « 2 CV AZ améliorée ». Mais il ne faut pas non plus perdre de vue que de nombreuses références sont faites à l'Ami 6 et à son confort lors de son lancement. Les lettres AM sont aussi les deux premières lettres du nom « Ami 6 ». Il est d'ailleurs intéressant de constater que, sur les premiers catalogues, cette nouvelle 2 CV est tout simplement appelée 2 CV AM. De plus, la 2 CV AZAM ne peut pas nier que sa sellerie est « inspirée » de celle de l'Ami 6 ou que ses enjoliveurs de roues proviennent directement de cette dernière. Comme l'Ami 6, la 2 CV AZAM possède aussi des éléments de pare-chocs additionnels tubulaires. La 2 CV AZAM est bel et bien une 2 CV AZ améliorée, mais avec une forte référence à l'Ami 6...

© Citroën Communication/c

Comme toutes les 2 CV, la 2 CV AZAM peut recevoir l'équipement Enac comprenant une malle à grande ouverture, un plancher arrière plat, une banquette arrière repliable et la roue de secours sous le capot.

© Citroën Communication/d

Grâce à ce hamac porte-objets en tissu, propre à la 2 CV AZAM, le contenu du coffre est désormais à l'abri des regards extérieurs.

© Citroën Communication/e

La planche de bord de la 2 CV AZAM se distingue de celle des autres 2 CV par son grand volant en Bakélite gris clair, mais aussi par sa commande de clignotants fixée à gauche, sur la colonne de direction.

MOTEUR 18 CHEVAUX

Faussement désigné « moteur de 2 CV AZAM », le bicylindre de 18 chevaux est en réalité monté indifféremment sur la 2 CV AZU, la 2 CV AZL et la 2 CV AZLP. D'ailleurs, et cela est paradoxal, le moteur de 18 chevaux apparaît au mois de février 1963, soit un mois avant la 2 CV AZAM. Il équipe alors uniquement la 2 CV AZL et la 2 CV AZLP. Quant à la 2 CV AZU, elle n'en est équipée qu'à partir de mars 1963.

LES ÉVOLUTIONS DE LA 2 CV AZAM

Assemblée sur les mêmes chaînes de montage que les 2 CV AZL et les 2 CV AZLP, la 2 CV AZAM profite des mêmes évolutions techniques et mécaniques. Dans le même esprit, la 2 CV AZAM n'a aucune couleur spécifique, puisqu'elle reçoit les mêmes teintes que celles destinées à toutes les 2 CV Berline.

Il est vrai que cette couleur demeure, encore aujourd'hui, indissociable de la 2 CV : comme une Traction est noire, une 2 CV est grise. Nonobstant, si les nouveaux coloris donnent une élégance indéniable à la Petite Citroën, ils ne suffisent pas à la rendre plus attrayante auprès d'un public jeune et potentiellement acheteur. Ces quatre couleurs sont associées à des selleries tendues du fameux tissu diamanté en bleu, rouge, vert ou marron.

Sur le plan mécanique, la 2 CV AZAM est équipée du même moteur que ses devancières. Sa cylindrée est toujours de 425 cm^3 et il délivre 18 chevaux réels, qui lui permettent d'atteindre 95 kilomètres à l'heure. Il est associé à une boîte de vitesses à quatre rapports. Bien entendu, sur la 2 CV AZAM, le génial embrayage centrifuge est disponible ; mais en option. Apparu au mois de septembre 1954 sur la 2 CV AZ, qui en fut équipée en série, cet embrayage semi-automatique est en effet proposé en option depuis février 1961.

[DANS LE DÉTAIL, LE CONFORT DE LA 2 CV AZAM EST TRÈS SENSIBLEMENT AMÉLIORÉ]

Extérieurement, la 2 CV AZAM se distingue des autres 2 CV par sa présentation plus soignée. Ainsi, au centre du capot, autour de toutes les glaces et du pare-brise comme autour des optiques de phares, l'on trouve des joncs enjoliveurs. Ils sont en aluminium poli, en inox ou en métal chromé. Les pare-chocs avant et arrière reçoivent des crosses tubulaires spécifiques, qui rappellent certains accessoires commercialisés depuis les années 1950. À l'intérieur, les banquettes sont constituées d'une sellerie d'excellente facture, offrant un confort digne de celui de l'Ami 6, mais on trouve aussi quelques équipements particuliers comme ce grand volant en Bakélite, de marque Quillery, très confortable pour les mains et bien plus agréable, notamment en hiver, que l'inusable volant métallique qui équipe la Petite Citroën depuis le début de sa production, en 1949. Les poignées intérieures de portières sont en plastique noir, et le passager avant bénéficie désormais, lui aussi, d'un pare-soleil.

© Citroën Communication/f

La 2 CV AZAM de couleur gris *Rosé*, avec son intérieur en tissu diamanté rouge, est un grand classique de la gamme 2 CV des années 1960. À partir du mois de septembre 1966, pas moins de trois gris différents seront proposés au catalogue !

Au sommet du dossier de la banquette arrière, l'on trouve un hamac porte-objets, bien pratique pour poser un parapluie, un chapeau ou une baguette de pain, et permettant de dissimuler le contenu du coffre aux regards indiscrets. À l'arrière, chaque feu accueille une lanterne et un feu de stop. Sur les autres 2 CV Berline, seul le feu arrière gauche assure la fonction de feu de stop.

L'année 1965, jusqu'au mois de septembre, se déroule sans grand changement pour la 2 CV en général, ni pour la 2 CV AZAM en particulier. Au mois de mai, cette dernière perd son plafonnier rond, dont l'allumage se fait par rotation de son cabochon, au profit d'un boîtier plus imposant et doté d'un interrupteur plus conventionnel. Le mois suivant, le faisceau électrique est modifié. Les feux de position ne se trouvent plus dans les clignotants fixés sur le côté de la carrosserie, mais dans les phares et les feux rouges, offrant ainsi une bien meilleure signalisation en cas de stationnement nocturne. C'est donc en septembre 1965 que la 2 CV connaît une réelle évolution ; l'une des plus importantes modifications esthétiques de son histoire. Ainsi, toutes les 2 CV Berline commercialisées sont depuis cette date équipées d'une troisième glace latérale. Mais le rôle de cette dernière n'est pas uniquement esthétique. Depuis plus de quinze ans, les utilisateurs de 2 CV Berline se plaignent effectivement d'une très mauvaise visibilité latérale arrière. De fait, les voitures de cette époque ne sont pas équipées en série de rétroviseurs extérieurs, ni droit ni gauche. Certains accessoiristes ont d'ailleurs saisi l'opportunité d'en fabriquer depuis longtemps, et des sociétés plus compétentes, comme *Glaçauto*, ont même proposé, dès la première moitié des années 1950, le montage de glaces latérales arrière en découpant la carrosserie de la 2 CV. Pourtant, les responsables de l'usine de montage Citroën belge, installée à Forest, dans la banlieue bruxelloise, se sont intéressés très tôt, plus tôt que les Français, à cette solution. En effet, dès la fin de l'année 1957, Forest présente un nouveau modèle de 2 CV Berline baptisé 2 CV AZL 3, le chiffre trois faisant bien sûr allusion à la troisième glace latérale.

[UNE VRAIE 2 CV DE LUXE POUR FAIRE FACE À LA CONCURRENCE]

© Citroën Communication/g

Sur la 2 CV AZAM, les glaces reçoivent toutes un entourage avec un petit jonc en aluminium. La troisième glace latérale ne fait bien sûr pas exception.

MIEUX QUE LA 2 CV AZAM !

L'usine belge de Forest assemble depuis le début des années 1950 des modèles de 2 CV particulièrement soignés, destinés à être commercialisés au Benelux et en Suisse, où la concurrence des autres constructeurs automobiles est très sensible. En toute logique, la 2 CV AZAM figure aussi au programme de la production belge.
Mais, très vite, à partir du mois de janvier 1965, l'usine d'outre-Quiévrain propose une 2 CV AZAM dont le châssis, la suspension et la mécanique ne sont ni plus ni moins que ceux de l'Ami 6. Baptisée 2 CV AZAM 6, cette 2 CV Berline est la première à recevoir un moteur de 602 cm^3, cinq ans avant l'apparition de la 2 CV 6. À noter toutefois que, depuis avril 1963, la 2 CV AK 350 est commercialisée composée d'une carrosserie de 2 CV AZU rallongée de vingt centimètres et posée sur un châssis d'Ami 6 spécialement adapté.
C'est en fait ce même châssis que l'usine belge habillera avec une carrosserie de 2 CV AZAM...

DES TRACES DE LA 2 CV AZAM

Certains éléments caractéristiques de la 2 CV AZAM lui survivront et on les retrouvera montés sur des modèles postérieurs. Ainsi, le fameux volant en Bakélite gris *Rosé* connaîtra une longue carrière. Après avoir été noir sur la 2 CV Export, il réapparaîtra en bleu-gris puis en marron sur la 2 CV 4 et la 2 CV 6 à partir du mois de février 1970. Il en est de même avec son second plafonnier, monté à partir du mois de mai 1965. Celui-ci équipera encore les dernières 2 CV 6 Spécial et 2 CV 6 Charleston, assemblées au mois de juillet 1990 à l'usine portugaise de Mangualde. La commande de clignotants, fixée sur la colonne de direction, à l'opposé du Comodo, est un autre élément propre à la 2 CV AZAM dont le montage sera étendu à tous les autres modèles de 2 CV, Berline et Utilitaire, mais aussi à la Méhari jusqu'à la fin de leurs productions. Cette commande de clignotants, apparue avec la 2 CV AZAM, est en fait montée sur la 2 CV AZU à partir du mois d'octobre 1963, sur la 2 CV AZL et la 2 CV AZLP à partir du mois de février 1964. Quant à la 2 CV AK 350, apparue au mois d'avril 1963, elle en a pour sa part toujours été équipée.

2 CV AZAM 1965

Moteur :	2 cylindres à plat
Cylindrée :	425 cm³
Alésage x course :	66 x 62 mm
Puissance :	18 ch à 5 000 tr/mn
Puissance fiscale :	2 CV
Alimentation :	par carburateur
Distribution :	arbre à cames central
Transmission :	boîte à 4 rapports
Freins :	hydrauliques à tambours
Suspensions :	à interaction
Pneumatiques :	125 x 380
Voies :	126 cm
Longueur :	378 cm
Largeur :	148 cm
Hauteur :	160 cm
Poids :	580 kg
Vitesse maximale :	95 km/h

Sous le capot de la 2 CV AZAM, on trouve le même moteur de 425 cm³ que celui des autres 2 CV. L'embrayage centrifuge est disponible en option.

Bénéficiant d'une tenue de route légendaire et d'un chauffage terriblement efficace, la 2 CV AZAM est à l'aise dans toutes les conditions climatiques.

Commercialisées essentiellement dans tout le Benelux ainsi qu'en Suisse, les productions belges bénéficient d'un luxe et d'une qualité de finition que les 2 CV assemblées en France, à l'usine de Levallois, n'atteindront qu'au cours des années 1960. L'apparition de cette troisième glace s'accompagne d'une autre modification esthétique majeure. Pour la deuxième fois depuis le début de son existence, la 2 CV adopte une nouvelle calandre. Celle en aluminium embouti comportant deux gros chevrons, apparue au mois de décembre 1960 sur les 2 CV Berline, est remplacée par une calandre à trois lames horizontales. Les deux chevrons sont dès lors fixés au centre du capot, juste au-dessus de la calandre. Mais si, en cette fin d'année 1965, la 2 CV change de physionomie pour se rapprocher de la 2 CV moderne telle qu'elle sera commercialisée au cours des années 1970 et 1980, sa mécanique évolue aussi, offrant une voiture plus performante et confortable.

Il se trouve que Renault commercialise sa R 4 depuis la fin de l'année 1961, une petite voiture française qui représente pour la 2 CV une concurrence réelle, dont le potentiel est pris au sérieux par Citroën. C'est ainsi que la suspension arrière abandonne ses sempiternels frotteurs et adopte des amortisseurs hydrauliques télescopiques, semblables à ceux montés en série sur l'Ami 6, à l'avant et à l'arrière, depuis le mois de juin 1963. La transmission est elle aussi améliorée, dont les demi arbres, sur la 2 CV AZAM, reçoivent des joints homocinétiques en série. Ceux-ci permettent de gommer les désagréables à-coups dans le volant, ressentis lors des démarrages avec les roues braquées. Enfin, en matière de couleurs, Citroën persiste et signe dans la sobriété de ses choix. Deux nouvelles teintes font tout de même leur apparition : le bleu *Brouillard* et le gris *Etna* aux dépens du bleu *Ardoise* et du gris *Typhon*. En revanche, le gris *Rosé* et le vert *Agave* resteront disponibles jusqu'à nouvel ordre.

Avant le mois de septembre 1965, la 2 CV AZAM offre un profil qui a finalement peu changé depuis les débuts de la 2 CV en 1949. L'apparition de la troisième glace constituera une véritable rupture esthétique.

■ Peu courant, ce modèle se singularise par quelques détails que remarquent les passionnés ; une cote honnête entre **600** et **3 200 €**.

LA 2 CV EXPORT LUXE 1967

Produite à partir d'avril 1967 et supprimée du catalogue en septembre de la même année, la carrière de la 2 CV Export Luxe est éphémère. Elle prolonge de quelques mois la carrière de la 2 CV AZAM, avec un degré de finition jamais égalé.

© Citroën Communication/a

Lorsque la 2 CV AZAM fait sa première apparition publique, au cours du Salon de Genève, en mars 1963, elle incarne un profond renouveau de la Deuche. Après quelque quinze années d'existence, la petite voiture populaire commence à souffrir du syndrome de « déjà vu » et se doit de faire des efforts pour séduire une clientèle plus exigeante, constituée notamment de jeunes conducteurs. Cette nouvelle 2 CV fait bénéficier toute la gamme – les 2 CV AZL, AZLP et AZU – de ses nombreuses modifications. À commencer par un nouveau moteur, toujours de 425 cm³, mais qui délivre désormais 18 ch à 5 000 tr/mn au lieu de 15 ch à 4 500 tr/mn, ce qui permet de porter la vitesse maximale de la voiture à 95 km/h au lieu de 85 km/h. Son arbre à cames, sa boîte de vitesses, ses freins avant et sa pompe à huile, désormais dotée d'un pignon à 4 dents au lieu de 13, constituent autant d'améliorations décisives qui transforment son comportement. C'est ce même moteur qui animera l'éphémère 2 CV Export, quatre ans plus tard.

▲ Entre autres inovations, la 2 CV Export Luxe apporte un nouveau coloris à la palette des couleurs de Citroën : le rouge Cinabre. Le modèle est également proposé avec une capote assortie.

AZAM, EXPORT, ET LUXE !

Durant les cinq mois de production de la 2 CV Export, plusieurs appellations ont circu sur les diverses brochures publicitaires éditées pour cette voiture. Elle s'est appellée d'abord 2 CV AZAM Export, pour souligner clairement son appartenance à la famille des 2 CV AZ « AMéliorées », pui 2 CV Export Luxe, mais aussi 2 CV Export, ou 2 CV AZAM Luxe et encore 2 CV AZAM Export Lu En revanche, tous les connaisseu s'accordent sur un point : elle est la plus luxueuse de toutes les 2 CV jamais construites !

© Citroën Communication/b

◄ Les nombreuses évolutions techniques inaugurées par la 2 CV AZAM, puis installées sur la 2 CV Export ne se contentent pas d'améliorer le confort de la voiture. Sa tenue de route est meilleure, et Citroën le fait savoir en publiant des photos de sa 2 CV Export en situation extrême.

OUVERTURE DES PORTES
En 1965, la 2 CV renonce enfin à ses portières avant s'ouvrant dans le sens inverse de la marche, présentes sur la plupart des automobiles jusque dans les années 1950. Conscients du danger de ce sens d'ouverture, les pouvoirs publics décident d'en interdire la fabrication sur les voitures neuves à partir du 1er janvier 1965. Pour Citroën, cette modification a des conséquences coûteuses, en termes d'études et de transformation de l'outillage de fabrication, sans compter le changement profond que cela représente au niveau de l'image de la 2 CV, la voiture la plus populaire de France ayant parfaitement intégré cette particularité dans sa silhouette. Mais il faut dire que cela faisait quand même plus de 15 ans que la 2 CV était équipée de « portières suicide » !

© Citroën Communication/c

La 2 CV Export Luxe est la première Petite Citroën à disposer de feux clignotants avant encastrés dans les ailes.

Le moteur de la 2 CV AZAM se distingue des précédents grâce à une tubulure plus galbée, à ses 8 écrous par culasse, au lieu de 6, à ses couvre-culasses aux plans de joints renforcés, à son reniflard d'huile plus fin et plus haut, ainsi qu'aux 2 emboutis horizontaux, de part et d'autre de l'entrée d'air du collecteur de refroidissement. En outre, l'embrayage centrifuge est disponible sur ce modèle, quoiqu'en option. Apparu en série en 1954, sur la 2 CV AZ, ce dispositif semi-automatique est en effet proposé en option depuis février 1961. Au niveau des accessoires, cette nouvelle génération de 2 CV n'est bien entendu pas en reste. Ses pare-chocs, plus gros et plus épais, comportent désormais un jonc en aluminium décoratif sur toute leur longueur, et ses bananes avant sont de plus grande taille. Un jonc en aluminium poli orne l'arête centrale du capot, d'autres soulignent les encadrements en inox de ses glaces. À l'arrière, son châssis est modifié et intègre de nouveaux supports de pare-chocs. Ses pots de suspension sont plus longs et ses roues sont de type Ami 6, avec un trou de fixation central protégé par un enjoliveur. Ses garnitures de freins sont collées et non plus rivées. À l'intérieur, on trouve d'épaisses banquettes de type Ami 6, un plafonnier circulaire fixé au-dessus de la portière du conducteur, un pare-soleil passager doté d'un miroir de courtoisie, des nouvelles serrures actionnées par des poignées en plastique, une plage arrière en forme de hamac et un volant Quillery en Bakélite. Sa commande de clignotants est désormais fixée sur la colonne de direction, ses tirettes de chauffage sont plus courtes, celle du frein à main est dotée d'un caoutchouc d'étanchéité, ses garnitures de portières ainsi que celle du vide-poches sont en vinyle granulé et son pédalier est modifié. La somme de ces évolutions fait de la 2 CV AZAM une véritable locomotive pour toute la gamme des 2 CV et, entre 1964 et 1965, l'adoption par Citroën de points d'ancrage sur la banquette avant, destinés à recevoir des ceintures de sécurité, et surtout de quatre portières s'ouvrant enfin dans le même sens achèvent de rendre la 2 CV résolument moderne.

[LA 2 CV AZAM EST UNE VÉRITABLE LOCOMOTIVE POUR TOUTE LA GAMME 2 CV]

En 1967, avec la 2 CV Export, la Petite Citroën abandonne pour la première fois son tableau de bord traditionnel et rustique. L'influence de l'Ami 6 est omniprésente à son bord. Le compteur de vitesse et le grand volant Quillery sont les principaux éléments nouveaux.

© Citroën Communication/d

© Citroën Communication/e

En octobre 1966, sur le stand Citroën du Salon de l'automobile de Paris, une 2 CV avec des enjoliveurs blancs est exposée dans une ambiance de foire à la brocante. Il s'agit sans doute d'un clin d'œil, discret, à l'arrivée prochaine de la 2 CV Export, en avril 1967.

Le 17 avril 1967, la 2 CV AZAM est remplacée par la 2 CV Export. Intrinsèquement, c'est pourtant la même voiture. Mais un certain nombre d'améliorations tendent à rendre cette 2 CV, d'une finition déjà remarquable, encore plus luxueuse et justifient le changement de nom. Extérieurement, la 2 CV « AZAM Export » se distingue de sa devancière par l'adoption de clignotants supplémentaires installés sur les ailes avant, tout en conservant ses clignotants latéraux fixés au-dessus des glaces de custode, et par des enjoliveurs de roues Gala en plastique thermoformé qui singent des pneus à flancs blancs. Mais, c'est dans l'habitacle que se situe l'effort de Citroën pour justifier l'appellation Luxe de la voiture. La 2 CV Export est dotée d'un tableau de bord avec compteur de vitesse de type Ami 6, comportant une jauge à essence électrique et un témoin lumineux de charge de batterie. Sur le côté droit, le contacteur d'allumage, la commande d'essuie-glaces et celle des feux de position sont regroupés de haut en bas. La plupart des éléments de la nouvelle instrumentation sont de couleur noire.

[LA 2 CV EXPORT EST PRODUITE ENTRE AVRIL ET AOÛT 1967... EN ATTENDANT LA DYANE !]

UNE 2 CV À PART

Aujourd'hui, la 2 CV Export de 1967, plus encore que les 2 CV AZAM de 1963 à 1966, est une excellente valeur refuge pour les collectionneurs. Non seulement cette 2 CV est rare, mais elle arbore en plus un degré de finition inégalé, très valorisant, et d'autant plus précieux que certains de ses accessoires d'origine sont extrêmement fragiles et donc encore plus rares. À cet égard, les collectionneurs peinent particulièrement à restaurer le revêtement originel de ses banquettes, fait d'un tissu diamanté fragile et introuvable. De même, ce modèle est le seul à avoir utilisé ce type de clignotants rectangulaires et, surtout, ces enjoliveurs de roues Gala, en plastique thermoformé, excessivement fragiles, qui ont rarement résisté au temps et encore moins à la température dégagée par les freins arrière.

© Citroën Communication/f

Des enjoliveurs en plastique sont ajoutés sur les roues, entre l'enjoliveur central chromé et les pneus. Ils assurent ainsi l'effet « flancs blancs », en vogue à l'époque.

© Citroën Communication/g

De face, seuls les clignotants encastrés dans les ailes avant différencient la 2 CV Export de la 2 CV AZAM.

Haut de gamme des 2 CV de la collection printemps-été 1967, la 2 CV Export plaît beaucoup et semble promise à un bel avenir. Mais elle est retirée de la vente en août 1967 pour ne pas faire d'ombre à la prochaine Petite Citroën : la Dyane.

POURQUOI EXPORT ?

Certains spécialistes de la 2 CV attribuent le nom «Export» à la finition exceptionnelle de cette voiture, comparable à celle des 2 CV produites en Belgique. Pourtant, la 2 CV Export était fabriquée à l'usine de Levallois et n'était pas spécialement destinée à l'exportation.

OPTIONS

En 1967, la 2 CV Export et la 2 CV AZL – dont la production continue sans modifications – peuvent être équipées en option d'un lave-glace semblable à celui de l'Ami 6 pour 20 F (3 €), c'est-à-dire avec gicleur à double jet, d'un rétroviseur extérieur, pour 15 F (2,3 €), fixé sur le montant de la portière ainsi que d'un embrayage centrifuge pour 95 F (14,5 €). Le prix d'une 2 CV Export est par ailleurs fixé à 5 863 F (900 €) avec un embrayage classique.

© Citroën Communication/h

Même photographiée en noir et blanc, cette 2 CV Export rouge Cinabre avec capote assortie fait montre d'une élégance naturelle.

© Archives E.T.A.I. (D.R.)/i

À partir du 28 août 1967, pour favoriser le lancement d'une toute nouvelle Petite Citroën, la Dyane, la production de la 2 CV Export Luxe est arrêtée. Ainsi d'ailleurs que celle de la 2 CV AZL à capote longue. Par la suite, jamais une 2 CV ne sera plus luxueuse que la 2 CV Export. Cette version de la Petite Citroën constitue le point d'orgue de l'histoire de la 2 CV encore équipée du moteur de 425 cm^3 et de son circuit électrique en 6 volts, caractéristiques incontournables des années 1950 et 1960. En seulement cinq mois d'existence, la 2 CV Export Luxe aura été l'inspiratrice de toutes les 2 CV à venir, à commencer par les 2 CV 4 et 2 CV 6 qui régneront à partir de 1970. Sans jamais rassembler tous les éléments de confort de l'Export, les futures 2 CV recevront ça et là des accessoires inaugurés par elle.

■ Ce modèle d'entrée de gamme a aussi ses aficionados qui devront débourser entre **400** et **2 200 €**.

LA 2 CV SPÉCIAL 1975

Vingt-sept ans après le lancement de la 2 CV au salon de l'Auto de 1948, Citroën sort un modèle économique et dépouillé qui renoue avec la simplicité d'origine : la 2 CV Spécial. Elle sera la dernière Deuche dotée de 2 CV fiscaux.

© Citroën Communication - Guyot /a

La barre de phares de la 2 CV Spécial est celle des modèles rectangulaires, aussi l'écartement des phares ronds est-il plus important que sur les versions antérieures à 1974.

À partir de février 1970, deux types de 2 CV coexistent au sein du catalogue Citroën : la 2 CV 4 mue par un bicylindre de 435 cm³ développant 24 ch (prélevé sur la Dyane 4) et la 2 CV 6, une 3 CV fiscaux, dotée d'une mécanique de 602 cm³ de 28,5 ch. Ces deux modèles héritent en septembre 1974 d'un nouveau nez comportant une calandre en plastique et, surtout, de phares rectangulaires. Ces nouvelles optiques sont loin de remporter l'adhésion du public et nombre d'acheteurs regrettent les phares ronds présents depuis la présentation de la Petite Citroën, en 1948. Aussi, dès l'année suivante, en septembre 1975, la marque aux chevrons présente-elle un modèle d'entrée de gamme renouant avec la simplicité du véhicule d'origine : la 2 CV Spécial. Sans glace de custode, elle est dotée du 435 cm³, d'un petit compteur trapézoïdal des types AZA (1963-1970) et, subtile concession, de phares ronds. Débarrassée de tout équipement superflu comme le cendrier, le pare-soleil passager et le hamac porte-objet liant le dossier de la banquette arrière au bas de la lunette, cette 2 CV est en outre équipée des pare-chocs étroits de l'AZA. Elle perd ses baguettes en aluminium courant sur les portes et le long des ailes arrière et n'est disponible qu'en un seul coloris, le jaune Cédrat (réf. AC331). Néanmoins, il existera d'autres couleurs, comme le beige Nevada (réf. AC074), sur les modèles de la dernière année, à partir de septembre 1978.

ÉVOLUTIONS

En quatre années d'existence, la 2 CV Spécial connaît peu de changement : en juillet 1977, elle est équipée de ceintures de sécurité avant à enrouleur ; en septembre de la même année, le rapport de démultiplication de la direction passe de 1/14 à 1/17 (comme sur la 2 CV 4 depuis septembre 1976 et sur toutes les 2 CV 6 depuis avril 1977), évolution couplée avec l'adoption d'un volant de 380 mm de diamètre au lieu de 490 mm ; en septembre 1978 des ceintures de sécurité ventrales sont montées en série à l'arrière et la troisième glace latérale refait sont apparition au niveau de la custode.

MONOGRAMME

L'inscription *« 2 CV Spécial »*, apposée sur la porte de malle, en partie droite, est située à une hauteur inhabituelle. Elle n'est pas proche du bloc optique comme cela est le cas généralement sur les autres modèles de la gamme, mais flotte à la limite du premier et du deuxième tiers de la hauteur, correspondant en fait avec l'orifice de remplissage du carburant qui se trouve à proximité, sur l'aile droite. Ce monogramme est en métal argenté avec les inscriptions gravées en noir.

© Citroën Communication - Guyot /b

La capote de ce modèle dépouillé se déverrouille de l'extérieur et le ba de caisse est dépourvu de baguette en aluminium, laissant apparents les points de soudure.

PHARES RONDS
Officiellement abandonnés sur les 2 CV de série en septembre 1974, les phares ronds, très demandés par le public, équipent néanmoins nombre de modèles ultérieurs comme la 2 CV Spécial, la 2 CV 6 Spécial et la 2 CV 6 Spécial E, ainsi que la majorité des séries limitées : Charleston, France 3, Dolly, Cocorico... Seules la Spot et la 007 conservent des phares rectangulaires.

HÉRITIÈRES
En juillet 1979, la 2 CV Spécial disparaît et lègue son nom à sa grande sœur de 602 cm^3 jusque-là nommée 2 CV 6. Appellation cohérente, la 2 CV 6 Spécial devenant le modèle d'entrée de gamme, la version supérieure étant la 2 CV 6 Club, à l'équipement plus complet bien que possédant une motorisation identique. Une éphémère 2 CV 6 Spécial E, possédant de série le mécanisme d'embrayage centrifuge (célèbre durant les années 1950), sera disponible entre juillet 1981 et juillet 1983. La carrière de la 2 CV 6 Spécial ira jusqu'aux dernières productions portugaises de 1990.

La calandre de plastique, réalisée à l'économie, ne comporte aucun insert chromé pour les chevrons, ni pour son entourage. Les supports de clignotants sont gris comme la barre de phare et le pare-chocs.

Dans l'habitacle, les banquettes sont recouvertes de skaï marron perforé, sans rabat latéral. Les charnières des portières avant ne sont pas camouflées par des caches en plastique et elles sont gris clair, comme les bloque-vitres, alors que le reste de l'équipement intérieur est noir, y compris les panneaux des portes. Le volant, noir, est en matière plastique avec les deux branches disposées en accent circonflexe à 120°. Au niveau du châssis, la 2 CV Spécial bénéficie dès sa sortie du nouveau modèle équipant les autres 2 CV de la gamme, dont la principale différence est de posséder des fixations pour des amortisseurs avant et arrière. En effet, le système batteurs-frotteurs est définitivement supprimé en septembre 1975. Les quatre freins de la 2 CV Spécial sont à tambours, les disques avant n'apparaissant que sur les 2 CV 6 en 1981. D'abord produite en type AZA2 entre février 1970 et août 1976, puis en type AZKB, à l'instar de la 2 CV Spécial, à partir de septembre 1976, la 2 CV 4 disparaît du catalogue Citroën en septembre 1978. La 2 CV Spécial est donc l'ultime bicylindre titrant réellement 2 CV fiscaux. Et avec elle s'éteint, en juillet 1979, la «vraie» 2 CV.

[ELLE EST DÉBARRASSÉE DU SUPERFLU, TELS LE CENDRIER ET LE PARE-SOLEIL PASSAGER]

Selon les années, la 2 CV Spécial est équipée de sièges couverts de skaï marron ou noir. Froid en hiver, ce matériau devient redoutable pour les jambes nues après un stationnement prolongé en plein soleil l'été…

Les pare-chocs étroits sont des modèles repris des 2 CV AZA des années 1960. Les jantes possèdent un petit cabochon gris obstruant le trou central de fixation d'un enjoliveur.

■ Des phares redessinés ainsi qu'une couleur qui ne passe pas inaperçue, capote incluse, voilà une version qui se singularise et explique une cote entre **500** et **2 700 €**.

LA 2 CV 6 « VERT TUILERIES » 1974

En réponse à l'accueil mitigé fait à la Dyane, Citroën décline la 2 CV en deux versions : la 2 CV 4 et la 2 CV 6. Et pour faire bonne figure, les nouvelles Petites Citroën se parent de couleurs et adoptent des phares modernes, rectangulaires !

© Archives JC Contenant (D.R.)/a

La 2 CV vert Tuileries succède en septembre 1974 à la 2 CV vert Palmeraie, avec un «visage» modernisé grâce à une nouvelle calandre et surtout des blocs de phares rectangulaires.

Au vu du succès constant que sa petite voiture remporte auprès du public, et force de constater que la Dyane ne «prend» pas comme prévu, Citroën décide de poursuivre la production de la 2 CV et d'améliorer un peu son confort, en proposant une 2 CV 6 bien plus puissante que les modèles précédents. Dès septembre 1970, le type AZL laisse la place à deux nouveaux modèles, la 2 CV 4, équipée d'un moteur de 435 cm³ et la 2 CV 6, qui bénéficie de la puissance de l'Ami 8 puisqu'elle est dotée du moteur 602 cm³, développant 35 ch SAE. Pour répondre aux nouvelles normes anti-pollution, le carter moteur reçoit une cartouche filtrante d'huile. Toujours côté moteur, le régulateur se déplace en 1973, pour quitter le tablier et s'installer sur des glissières, directement sur la batterie.

Les améliorations investissent également l'intérieur de la petite berline. Les sièges avant seront désormais montés sur des glissières, au lieu du réglage par série de trous.

La planche de bord utilisée est celle de la 2 CV Export de 1967, à large cadran. Le rétroviseur intérieur est plus large, avec un dos en plastique noir. Dès 1972, on y installe un nouveau système de chauffage, commandé par câble et assorti du montage des gaines de chauffage en carton garni de mousse. En 1973, l'insonorisation est améliorée par le collage d'une thibaude plus épaisse sur le tablier, sous le capot moteur et sur le plancher du pédalier. De plus, un cendrier fait son apparition sur le tableau de bord.

L'arrière de la 2 CV 6 est souligné d'un nouveau pare-chocs plus large, avec une bande de protection en caoutchouc noir et ponctué de nouveaux blocs d'éclairage avec les clignotants.

© Archives JC Contenant (D.R.)/b

OUBLIÉE DES COLLECTIONNEURS

Alors que les 2 CV anciennes en 6 volts bénéficient d'un traitement de faveur auprès des collectionneurs, qui les conservent depuis les débuts, les Deudeuches des seventies ont été souvent remplacées par une 2 CV de la fin des années 1980. Résultat : la vivacité des couleurs de l'époque et de toute la culture dont elles ont été témoins tend à se faire rare.

SUPERSTITION DES *SEVENTIES*

En voyage, pour passer le temps, les enfants s'amusent à compter les voitures de telle ou telle couleur. Et sur tout le parc automobile roulant, une seule voiture porte bonheur : la 2 CV vert bambou, «avec ses gros phares carrés». Il suffit de faire un vœu dès qu'on l'aperçoit et de pincer une personne proche exactement en même temps.

© Archives JC Contenant (D.R.)/c

La capote est livrée dans la même teinte que la voiture, avec un nouveau système de verrouillage intérieur commandé par deux simples crochets. Cette version orange Ténéré de la 2 CV 6 est commercialisée en même temps que la vert Tuileries : en 1974.

GAMMES DES COULEURS DES 2 CV 6 AVEC PHARES RECTANGULAIRES

Vert Tuileries (AC 531) de sept. 1974 à juil. 1975
Bleu Pétrel (AC 643)1975-1976
Beige Vanneau (AC 083) 1975 -1976
Orange Ténéré (AC 329) 1974-1975
Rouge Rio (AC 424) 1974-1975
Vert Bambou (AC 533) 1975-1979
Bleu Myosotis (AC 645) 1976-1979
Rouge Soleil (AC 432) 1976-1977
Beige Gazelle (AC 079) 1976-1978
Rouge Géranium (AC 435) 1977-1978

LES PHARES MODERNES

Plus larges que leurs prédécesseurs, ces nouveaux phares nécessitent d'être montés sur un support de phares lui-même plus long, afin qu'ils ne frottent pas de part et d'autre du capot. Ces phares seront installés sur la 2 CV 6 jusqu'en 1979, puis sur la 2 CV Club jusqu'en juillet 1987.

© Archives JC Contenant (D.R.)/d

L'habitacle arbore un tableau de bord à grand cadran et reçoit un volant Quillery. Sur les portières, un bandeau de plastique vient habiller le système d'ouverture.

© Citroën Communication/e

La malle arrière s'orne du nouveau logotype 2 CV 6. Les nouveaux blocs d'éclairage arrière réunissent tous les modes de signalisation.

En 1974, la clé de contact «plantée» sur la colonne de direction permet le démarrage direct, supprimant le bouton-poussoir du tableau de bord qui actionnait le démarreur depuis plus de vingt ans. Enfin, les portières sont soulignées d'une large bande en plastique qui intègre le système d'ouverture de porte. À l'extérieur, les clignotants de custodes disparaissent pour aller orner les ailes avant, tandis que des feux arrière multifonctions, empruntés à l'Ami 6, s'installent de part et d'autre de la plaque d'immatriculation arrière. Les pare-chocs sont quant à eux renforcés, élargis à l'arrière, et soulignés d'un jonc en plastique noir.

© Archives JC Contenant (D.R.)/f

Les phares rectangulaires ont exigé l'allongement de leur barre de support. Toutes les 2 CV seront par la suite livrées avec cette même barre de support, même lorsque Citroën réhabilitera les phares ronds, avec la 2 CV 6 Spécial, en septembre 1979.

En réalité, septembre 1974 est une date charnière pour la Petite Citroën des années 1970. La traditionnelle 2 CV change de visage. Elle troque sa calandre alu à trois lames horizontales contre une nouvelle grille, résolument moderne, en plastique gris à quatre lames, intégrant les chevrons en son centre. La célèbre emblème de Citroën disparaît ainsi du capot. La 2 CV 6 adopte également une capote avec fermeture intérieure, de la même couleur que la carrosserie. Mais le changement le plus radical, le plus surprenant, le plus déroutant, réside dans le choix délibéré de l'abandon des projecteurs ronds, au profit de gros phares rectangulaires en plastique, nécessitant ainsi l'allongement de leur barre de support, ce qui va donner à la 2 CV un regard curieusement excentré. La physionomie générale de cette nouvelle Deuche est complètement transformée par ce détail, qui divise encore aujourd'hui bon nombre de Deuchistes et marque un tournant dans l'évolution de la Petite Citroën.

© Archives JC Contenant (D.R.)/g

C'est un véritable souffle de modernité qui rafraîchit la 2 CV, servi en sus par une palette de couleurs vitaminées qui tranchent avec les nuanciers précédents, et encore plus avec le parc automobile général. Car c'est l'époque des verts flashy (Palmeraie, Tuileries, Bambou), des oranges pétillants (Ténéré, Mandarine) des bleus pleins de gaîté (Lagune, Pétrel, Myosotis), des rouges éclatants (Rio, Soleil, Géranium). Le gris sera banni de la décennie et seul le beige saura satisfaire une clientèle soucieuse d'un peu de sobriété. Amorcée dans la deuxième moitié des années soixante, cette explosion de couleurs illustre bien l'époque et la volonté de Citroën de rajeunir sa célèbre voiture populaire, plébiscitée par les Français depuis plus de vingt ans. Pour s'en convaincre, le constructeur français va ajouter dans l'un de ses encarts publicitaires, en 1974 : *«Elle est même devenue jolie !»*

ÉCOPLAN

En 1976, Citroën lance plusieurs actions commerciales, dont l'Écoplan. Il s'agit d'un système de crédit mensuel allant de un à quatre ans, selon le choix du client. Ce «loyer longue durée» favorise une plus grande accessibilité par tous, et notamment pour les jeunes couples, que Citroën met en scène sur une affiche de promotion pour Écoplan en titrant «La vie est belle».

L'ANNÉE 2 CV

1974 reste la meilleure année pour la 2 CV, avec 163143 exemplaires fabriqués, un record inégalé qui, hélas, retombera comme un soufflet dès l'année suivante. Or, 1975 est justement l'année de vente du modèle modernisé de la 2 CV, présenté en septembre 1974, dénommé 2 CV 6 et millésimé 1975. Les clients restent perplexes face à ce modèle, ce qui conduira Citroën à proposer très vite un modèle doté à nouveau de phares ronds : la 2 CV Spécial.

1

Plaquette de présentation de la gamme «petites voitures» chez Citroën, en 1976 : 2 CV 6, 2 CV spécial et Dyane. Un visuel publicitaire qui affiche des couleurs vives.

2

Pour annoncer la 2 CV 6, la voiture est féminisée et personnalisée. Les phares deviennent des yeux aux longs cils, les clignotants des pommettes, le radiateur est transformé en une petite bouche souriante et le double chevron fait office de nez. Ainsi humanisée, la« jeune fille» s'approprie plusieurs déclarations : «La gourmandise est un vilain défaut » , «Disposez d'une voiture neuve sans dépenser toutes vos économies» et «Je déteste me faire entretenir».

3

Ce visuel publicitaire présente la gamme «petites voitures» de Citroën, en 1975 : les 2 CV 6 orange Ténéré et Dyane Rouge Rio arborent des couleurs «gourmandes».

4

Cette plaquette publicitaire de présentation de la gamme inclut la Méhari, un véhicule à tout faire dérivé de la 2 CV.

© Archives JC Contenant (D.R.)/h

© Archives JC Contenant (D.R.)/i

© Archives JC Contenant (D.R.)/l

© Archives JC Contenant (D.R.)/k

2 CV 6 DE 1974

Marque :	Citroën
Type :	2 CV 6
Puissance fiscale :	3 CV
Moteur :	AK 2 (M28/1)
Cylindrée :	602 cm³
Alésage x course :	74 x 70 mm
Puissance :	33 ch à 6 750 tr/mn
Alimentation :	carburateur Solex inversé simple corps 34 PICS 4 ou 5 carburateur Solex inversé simple corps 34 PICS 4 ou 5 pour embrayage centrifuge en option
Batterie :	12V 25 Ah
Alternateur :	Puissance 400W
Démarreur :	Puissance 0,75 CV
Boîtier de 3 fusibles:	2 X 10A, 16A
Empattement :	240 cm
Longueur :	383 cm
Largeur :	148 cm
Hauteur :	160 cm
Poids :	575 kg

© Archives JC Contenant (D.R.)/l

Au milieu des années 1970, grâce aux quelques aménagements esthétiques sensés la moderniser, la 2 CV 6 s'expose sans dépareiller en présence des modèles phare Citroën de l'époque : la GS et la CX.

■ On peut être populaire et ne pas dédaigner le luxe, exemple cette Club qui se négocie entre **500** et **2 700 €**.

LA 2 CV 6 CLUB 1979

En 1979, la 2 CV 6 est remplacée par deux modèles distincts : la 2 CV 6 Spécial, entrée de gamme qui succède à la 2 CV Spécial de 1975, ainsi que la 2 CV 6 Club, version dotée d'une finition supérieure. Gros plan sur cette Petite Citroën « de luxe ».

▲ En 1979, la 2 CV 6 Club est disponible aussi en bleu Azurite. Malgré le succès de la teinte bleue en général, celui-ci ne restera au catalogue que deux années, remplacé par le bleu Lagune (réf. AC 639).

Lancée en juillet 1979, la 2 CV 6 Club n'est pas un nouveau modèle fondamentalement différent. Il s'agit d'une 2 CV 6, voiture sur le marché depuis février 1970, dotée d'une finition enrichie et rebaptisée à l'occasion d'une réorganisation de la gamme par Citroën. Extérieurement, la 2 CV 6 Club hérite donc de tous les attributs qui caractérisent la Petite Citroën berline de trois chevaux fiscaux. Les phares sont rectangulaires (depuis 1974), contrairement à ceux de la Spécial qui sont redevenus ronds en 1978, et montés sur une barre grise élargie. Des clignotants ronds sur supports gris sont intégrés aux ailes avant. La calandre est une pièce uniformément grise et en plastique. Le capot ne possède ni baguette ni chevrons. La capote est de la même couleur que la carrosserie. Les custodes sont équipées d'une troisième glace latérale. Une bande adhésive noire court le long du bas de caisse. Des joncs enjoliveurs en aluminium poli sont fixés sur les quatre portières et le haut des ailes arrière. Les optiques arrière ne sont autres que les blocs trapézoïdaux de l'Ami 6, mais dépourvus d'entourage en aluminium poli, et le pare-chocs arrière est un modèle de plus grande hauteur. Enfin, la porte de malle arbore un logo « *2 CV 6 Club* » en aluminium.

© Olivier Devos www.la2cvmania.be/b

▲ La calandre monobloc en plastique est d'un gris légèrement plus foncé que le gris Perle (réf. AC 126) des pare-chocs et de la barre de phares.

© Olivier Devos www.la2cvmania.be/c

▲ En 1979, les supports de clignotants arrière sont du même gris que le pare-chocs, leur entourage en aluminium poli ayant disparu en septembre 1972.

ORANGE

De toutes les couleurs qui habillent la 2 CV, entre 1948 et 1990, l'orange est l'une des moins présentes. Seulement trois nuances existeront dans la gamme : orange Ténéré (réf. AC 329), de septembre 1973 à août 1976, employé aussi en combinaison avec le blanc Meij (réf. AC 088) sur la série spéciale 2 CV Spot de 1976 ; orange Mandarine (réf. AC 437), de juillet 1979 à août 1980, et le orange Cuivre indien (réf. AC 334), de septembre 1980 à août 1982. À l'inverse, le bleu est décliné en 15 teintes sur la seule 2 CV, le rouge en 9, le gris en 8, tandis que le vert, le beige et le jaune font jeu égal avec 7 variantes chacun. Le blanc, comme l'orange, n'existe qu'en trois teintes différentes.

L'orange Mandarine (réf. AC 437) est une teinte gaie et lumineuse. Disponible uniquement pendant une année, il habille autant la 2 CV 6 Club de 1979 que la 2 CV 6 Spécial de la même année, comme ici.

© Olivier Devos www.la2cvmania.be/d

© Olivier Devos www.la2cvmania.be/e

Depuis avril 1964, la référence de la peinture est portée sur une rondelle de tôle rivée sur la partie supérieure du tablier, dans le compartiment moteur, côté droit. Ici, la référence de l'orange Mandarine, couleur peu fréquente.

PHARES

Apparus en septembre 1974, les phares rectangulaires qui équipent les 2 CV Club, bien que reconnus comme éclairant légèrement mieux que leurs homologues ronds, restent une incongruité esthétique pour de nombreux puristes. Ce qui explique que les 2 CV Spécial (1975-1978), 2 CV 6 Spécial (1979-1990) et la majorité des séries spéciales de 2 CV sont équipées de phares ronds. Ces éléments étant très faciles à remplacer, il est toutefois assez courant de rencontrer des 2 CV 6 Club à phares ronds, leurs propriétaires préférant souvent allier l'équipement de la version haut de gamme à l'esthétique traditionnelle de la Deudeuche.

Évolution notable, la 2 CV 6 Club, comme la 2 CV 6 Spécial dispose d'un réservoir en plastique de 25 l, à la place de celui en tôle de 20 l qui équipait leur devancière, la 2 CV 6. De plus, un voyant de pression d'huile est ajouté aux tableaux de bord 1979. En revanche, de manière assez surprenante, la 2 CV 6 Club n'est pas équipée d'origine des enjoliveurs chromés de type Dyane qui se retrouvent pourtant sur nombre de séries spéciales. Depuis sa première présentation au public, à l'automne 1948, la 2 CV n'a pratiquement pas évolué au niveau de ses dimensions et la 2 CV 6 Club ne fait pas exception à la règle. En longueur, elle ne mesure hors tout que 5 cm de plus (3,83 m au lieu de 3,78 m). En revanche, elle conserve les mêmes empattement (2,40 m), largeur (1,48 m) et hauteur (1,60 m) depuis plus de trente ans. Son poids à vide, lui, évolue significativement puisqu'il culmine à 575 kg au lieu de 495 kg en 1948.

[C'EST DANS L'HABITACLE QUE LA 2 CV 6 CLUB SE DISTINGUE DE LA 2 CV 6 SPÉCIAL]

© Citroën Communication/Dieleman/f

Un exemplaire de présérie de la 2 CV 6 Club, assemblé en 1978, a été réalisé dans la couleur vert Tuileries. Elle ne sera pas retenue pour la série.

2 CV 6 CLUB VERT TUILERIES, L'EXCEPTION

La couleur baptisée vert Tuileries (réf. AC 531) n'habille la 2 CV qu'entre septembre 1974 et septembre 1975. Ce coloris ne peut donc en aucun cas concerner la 2 CV 6 Club. Cependant, il en existe au moins une, assemblée par Citroën dans l'année qui précède la sortie officielle de la 2 CV Club. Il s'agit vraisemblablement d'un modèle de présérie et il se distingue des modèles qui suivront par quelques détails. Par exemple, bien que la capote soit assortie à la couleur de carrosserie, ce n'est pas le cas de la sellerie, elle est ici beige-brun-rouge. Ou encore, les ceintures de sécurité arrière sont à fixation haute, alors que ce ne sera plus le cas ensuite, et la bande noire adhésive qui souligne le bas de caisse est plus haute que celle du modèle définitif. De plus, la calandre comporte un entourage noir, qui ne sera pas présent par la suite. Enfin, l'immatriculation arborée par cette voiture, *« 48 CDT 75 »*, a été attribuée en 1978, soit une année avant la sortie du modèle de série.

© Citroën Communication/g

En 1980, la 2 CV 6 Club orange Mandarine laisse la place à la rouge De Castille (réf. AC 442). Ses différences sont minimes : le circuit de freinage comporte des filtres et son rétroviseur intérieur possède une position nuit.

Qui dit finition supérieure, dit équipement intérieur complet. C'est donc dans l'habitacle de la 2 CV 6 Club que se situent les principales différences par rapport à la Spécial. Avec cette dernière, la Club partage néanmoins un certain nombre d'éléments comme les ceintures de sécurité avant à trois points à enrouleur, les ceintures de sécurité arrière, le cendrier sur la planche de bord, les boutons-poussoirs pour les essuie-glaces et les feux de détresse, le témoin lumineux de niveau de liquide de frein avec bouton test, le démarreur par clef de contact placée sur la colonne de direction (avec antivol de direction couplé en option) et le verrouillage de la banquette arrière en deux points à hauteur des roues. Mais la version Club propose plusieurs autres équipements. Dans l'habitacle, elle a un volant monobranche en plastique souple, un nouveau tableau de bord et le large compteur de vitesse de type Ami 6, déjà monté sur la 2 CV AZAM de 1967. Elle détient également une ouverture de capote interne, via deux crochets et une barre pivotante, des caches de portières en plastique faisant office de poignées, une banquette avant montée sur glissières et une commande du système de chauffage par câble. Au niveau de la sellerie, la Club reçoit de série un tissu Jersey, rayé beige-brun-rouge, bleu-noir ou orange-noir, disponible uniquement en option sur la Spécial. Au niveau de la mécanique, la principale caractéristique des 2 CV 6 depuis 1970 est l'adoption du bicylindre de 602 cm³, originellement dévolu à l'Ami 6 et, par la suite, aux 2 CV Fourgonnettes de type AK. Les 2 CV 6 Club et Spécial partagent ce même groupe motopropulseur, qui évolue suivant les années.

[LA 2 CV 6 CLUB EST ANIMÉE PAR LE 602 CM³ ALIMENTÉ PAR UN CARBURATEUR DOUBLE-CORPS]

MILLÉSIMES

Le nombre de 2 CV 6 Club assemblées à partir de l'été 1979 n'est pas connu, car non distingué de la production des 2 CV 6 Spécial, la berline aux phares ronds de finition inférieure. La première année de production de la 2 CV 6 Club, les numéros de série de l'ensemble des 2 CV 6 commencent à 56KA4001. L'année suivante, ils débutent par 68KA0001, puis 77KA5001 pour les modèles assemblés à partir de l'automne 1981, 88KA2001 pour ceux de 1982, 96KA6001 fin 1983, KA38501 fin 1984, KA110001 fin 1985 et, enfin, ils démarrent par KA192501 pour l'ensemble des 2 CV 6 assemblées entre l'automne 1986 et l'été 1987, dernière année de production de la version Club.

© Olivier Devos www.la2cvmania.be/h

Le tissu Jersey rayé orange-noir équipe en série les 2 CV 6 Club orange Mandarine et, en option, les 2 CV 6 Spécial de 1979, comme ici.

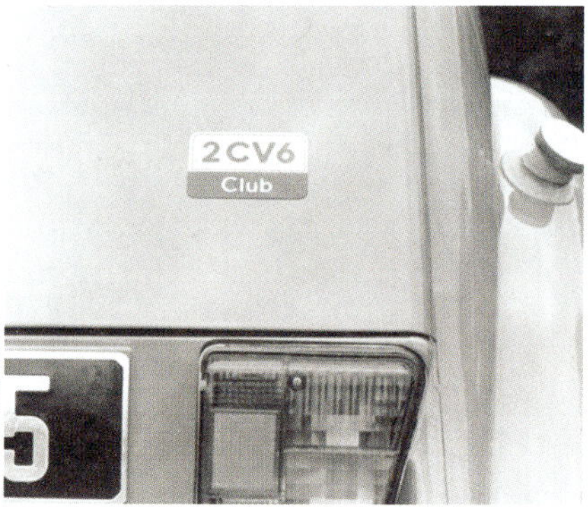

© Citroën Communication/i

En 1979, la dénomination des 2 CV 6 Club est précisée sur une petite plaque d'aluminium collée sur la porte de malle. Aucune plaque ne mentionne la marque Citroën côté gauche.

▲ **Dans les années 1970, la production argentine de 2 CV utilise une couleur très proche du orange Mandarine de 1979, pour un modèle produit localement, nommé 3 CV, avec pare-chocs chromés et clignotants rectangulaires.**

APPELLATION CONTRÔLÉE

L'appellation Club apparaît chez Citroën en 1968 pour désigner la meilleure finition dans la gamme Ami 6. Elle est reprise quelques années plus tard pour la plus complète des finitions de l'Ami 8, puis pour les Citroën GSA, LNA et Visa.

En juillet 1979, il s'agit du moteur type AK2 (ou M28/1) avec culasses à ressort de soupape unique, filtre à huile en cartouche et bouchon de vidange du carter moteur aimanté, qui fixe les débris métalliques dus à l'usure – au lieu de tomber au fond du carter au repos. Ce moteur utilise un démarreur Paris-Rhône A11 M12, d'une puissance de 0,75 ch, et il est alimenté par un carburateur double corps – CSIC 26x35 repère 225 avec les embrayages conventionnels, ou CSIC 26x35 repère 226 sur la Spécial E et autres 2 CV équipées d'un embrayage centrifuge. Ce carburateur double corps possède un dispositif inviolable sur la vis de richesse, permettant au moteur, doté d'une course de 70 mm pour un alésage de 74 mm, de développer 29 ch. Il est refroidi par un ventilateur à neuf pales, lui-même protégé par une grille à quatre branches. Le filtre à air comporte un panier solidaire du couvercle dans lequel se loge la cartouche filtrante. Concernant les éléments de liaison au sol, toutes les 2 CV 4 et 2 CV 6 de 1979 sont équipées de quatre amortisseurs, deux à l'avant et deux à l'arrière, qui proviennent de l'Ami Super – la berline Ami mue par le quatre cylindres à plat de 1015 cm³ et 55 ch des premières GS. La suspension est toujours de type interactive entre les roues avant et arrière d'un même côté, via des pots de suspension repris de la Dyane, mais les batteurs à inertie et les frotteurs sont abandonnés depuis septembre 1975. Les freins sont à tambours sur les quatre roues, commandés par un maître-cylindre en tandem avec un réservoir à deux compartiments distincts. Le rapport de direction, revu sur la 2 CV 6 de 1975, est désormais de 1/17 (au lieu de 1/14). Les roues demeurent des 15 pouces équipées de pneus de 125 mm de large. Au niveau de l'électricité, l'alternateur recharge une batterie de 12 volts et 25 Ah tandis que les éléments sont protégés par un boîtier de trois fusibles, une fois 16 A et deux fois 10 A.

[LA 2 CV 6 CLUB SERVIRA DE BASE À LA PLUPART DES SÉRIES LIMITÉES, DONT LA CHARLESTON]

Le catalogue Citroën de la fin de l'année 1979 propose cinq couleurs différentes, pour la 2 CV 6 Club, qui sont le beige Nevada (réf. AC 074), le jaune Mimosa (réf. AC 333), le vert Jade (réf. AC 539), le bleu Azurite (réf. AC 650) et l'orange Mandarine (réf. AC 437) dont profite également la 2 CV 6 Special du moment. Pour la 2 CV elle-même, cette dernière teinte ne reste disponible qu'une seule année. Mais elle habillera plus longuement d'autres modèles Citroën, comme la Dyane, la GSA et, plus surprenant, la CX. Version la plus aboutie de la Deuche, la 2 CV 6 Club servira de base à la plupart des séries limitées, y compris la Charleston, plus tard déclinée en série et dernière 2 CV produite avec la 2 CV 6 Spécial. La Club, elle, sera assemblée jusqu'à l'été 1987.

© Roland Reichert/k

Cette 2 CV 6 Club allemande ➤ est orange Cuivre indien (réf. AC 334), disponible entre l'automne 1980 et l'été 1982. Les phares chromés, la calandre ancien style, les enjoliveurs globaux et le rétroviseur de droite sont des modifications du propriétaire.

■ Un petit parfum d'Amérique du sud qui, du coup, fait grimper la cote, de **4 000** à **10 000 €**.

LES 2 CV IES AMERICA 1986

En 1982, la société Industrias Eduardo Sal-Lari (IES) rachète l'usine Citroën argentine. Durant sept ans, elle va produire une 2 CV locale. D'abord réalisés à partir des stocks de la firme, les modèles s'éloigneront peu à peu de la 2 CV originale.

© Jean-Claude Contenant/a

▲ **L'IES Super America est dotée de pare-chocs avant et calandre en plastique, de phares encastrés dans les ailes avant et d'un pare-brise agrandi.**

À la fin des années 1970, Eduardo Sal-Lari est à la direction de la société Citroën Argentine, sise à Buenos Aires, qui importe notamment des 2 CV sur le continent sud-américain depuis 1960. En 1979, la production s'arrête en raison de l'instabilité du régime, et, en 1982, lorsque la guerre des Malouines avec la Grande-Bretagne éclate, toutes les importations sont arrêtées par le gouvernement. Eduardo Sal-Lari décide alors de racheter l'usine Citroën et de relancer la construction de la petite voiture française, devenue populaire en Argentine. Il monte la société Industrias Eduardo Sal-Lari (IES). Et, sans attendre, il propose sur le marché l'IES 3 CV, dernier modèle local de la 2 CV avec un moteur de 602 cm³, en rachetant des stocks de pièces laissés par Citroën. Seuls quelques détails de finition distinguent cette voiture des Deuches précédemment assemblées dans le pays. Cette 3 CV reste au catalogue de la marque IES jusqu'en 1985. L'année suivante, Eduardo Sal-Lari lance un nouveau modèle, toujours sur la base d'une 2 CV, l'IES America.

LES AUTRES MODÈLES IES

En dehors des toute premières IES, qui ne sont autres que des 3 CV Prestige de 1978 rebaptisées, la production d'IES commence en 1986 avec un modèle dit Safari décliné de la Méhari française. Cette même année sort l'IES America, puis la Super America en 1987 et, en 1988 sort un pick-up nommé IES Gringa ainsi que son pendant masculin, l'IES Gringo qui rappelle la mini-jeep Cherokee. Une version 4x4 de ce modèle tout-terrain est présentée au Salon de l'automobile de Madrid en 1989, mais la société ferme la même année et le véhicule ne sera jamais produit.

© Pascal Irlinger/b

◀ **La goulotte de remplissage du réservoir de la Super America est située sur l'aile arrière gauche, et non pas l'aile arrière droite comme sur la 2 CV.**

Vue de profil, la filiation de l'IES Super America avec la 2 CV est évidente. Ce modèle argentin comporte pourtant bien des différences.

© Pascal Irlinger/c

DES MODÈLES RARES

Bien que fabriquées à plus de 10 000 exemplaires, les America et Super America sont devenues des voitures rares. Il est encore possible d'en croiser quelques-unes sur les routes d'Argentine, mais il semble qu'une seule IES soit présente sur le sol européen : le prototype Super America 4x4 exposée au Salon de Madrid en 1989.

LES PREMIÈRE IES

En 1982, Eduardo Sal-Lari reprend la production du dernier modèle local de la 2 CV, la 3 CV Prestige de 1978. Il l'appelle IES 3 CV M83, les deux derniers chiffres correspondant à l'année de fabrication, qui deviendront M84 puis M85 par la suite. L'IES M83 est identique à une 2 CV 6 française, mis à part des phares ronds, la présence d'un hayon arrière, de freins à tambours et d'une boîte de vitesses argentine. Une 2 CV Fourgonnette à la carrosserie semblable au modèle français est également produite sur le même principe, l'IES 3 CV Carga.

Entre 1970 et 1980, les 2 CV 6 argentines se distinguent par un pare-buffle et des enjoliveurs spéciaux. C'est ce modèle qui servira de base aux premières IES.

L'IES America prend le relais de la 3 CV dont elle se différencie essentiellement par sa silhouette. Les modifications importantes se limitent au pare-chocs avant en matière plastique surmonté d'une calandre noire, elle aussi en plastique, à des phares carrés accrochés sur les ailes et à des nouveaux feux arrière. Sinon, sa conception reste globalement fidèle à celle du modèle original en utilisant la plate-forme de la 2 CV et son système de suspension. Il faut attendre 1987 pour que la Deuche argentine subisse une mutation : sort alors l'IES Super America. Cette fois, les évolutions sont consistantes. L'apparence de la voiture n'est fondamentalement pas remise en cause, les ingénieurs du constructeur argentin s'étant concentrés sur l'intérieur et la mécanique. L'habitacle et son confort sont totalement revus. Le tableau de bord est modernisé, la sellerie est en tweed, les vitres arrière s'entrouvrent, le levier de vitesses est placé au plancher… La 2 CV sud-américaine a aussi un pare-brise plus grand, la trappe d'aération ayant disparu, et un système antivol à carte magnétique de série. Le châssis d'origine est remplacé par un châssis tubulaire en double Y et la suspension de la 2 CV est supprimée au profit d'un dispositif à lames à 4 roues indépendantes et à amortisseurs hydrauliques verticaux. Les freins à disques sont placés au niveau des roues avant, et non plus en sortie de boîte comme sur le modèle français. Le réservoir, installé dans le coffre, a une capacité accrue de 30 l, pourtant le poids de la voiture est inférieur à celui d'une 2 CV 6 standard. Seule la motorisation de la 2 CV reste inchangée, bien que fabriquée avec des pièces de fabrication locale.

[EN 1987, LA DEUCHE ARGENTINE VIT UNE MUTATION AVEC L'IES SUPER AMERICA]

En 1989, IES devient une marque de voiture à part entière, avec son propre châssis, son moteur développé par un ingénieur argentin et ses carrosseries. Mais la société disparaît en raison de la crise économique que traverse, une fois encore, l'Argentine.

© Pascal Irlinger/d

L'intérieur de la Super America est profondément redessiné : nouveaux sièges, nouveaux tableau et planche de bord, levier de vitesse au plancher.

© Pascal Irlinger/e

Sur l'IES Super America, le châssis et la suspension d'origine sont remplacés par un châssis tubulaire et une suspension à lames à 4 roues indépendantes.

© Pascal Irlinger/f

L'ouverture des fenêtres arrière est une spécificité de la Super America que ne connaîtra pas la 2 CV.

Chapitre 2
2 CV Séries spéciales

LA 2 CV BARBOT SPÉCIALE 1953

Construite à l'unité entre 1951 et 1953, la 2 CV Barbot portera au plus haut les couleurs de Citroën et de la 2 CV. Créée par un ingénieur en physique-chimie et pilotée par un jeune surdoué du coup de volant, la petite barquette fera couler beaucoup d'encre.

© REYLEC Prod'a

▲ Cette 2 CV Barbot n'est pas la vraie, mais une imitation réalisée par Bruno Viet, en Picardie. Malgré les imperfections de ce travail inachevé, la rencontre de cette barquette spectaculaire n'empêche pas l'émotion.

La 2 CV barquette de Pierre Barbot n'est pas une simple extrapolation du modèle de base. Sa réalisation est le fruit de deux années d'études très poussées, en termes de mise au point du moteur et d'adaptation du châssis. Aucune des modifications effectuées sur la 2 CV d'origine n'est anodine, puisque la plupart de ses éléments est fabriqué spécifiquement, selon les directives de Pierre Barbot, un metteur au point très exigeant. Au début des années 1950, les voitures sont encore rares et les engins de compétition plus encore. Quant à la course automobile, très onéreuse, son développement est contrarié par un enthousiasme très relatif ; malgré les signes de croissance naissants, cette période d'après-guerre demeure. Dans ce contexte difficile, le cahier des charges de Pierre Barbot respecte la voie de la raison. Pour courir avec de faibles moyens, autant partir sur la base la plus humble possible, en se donnant les moyens de devenir le meilleur de sa catégorie. Pierre Barbot estime en effet qu'il est préférable de partir de la voiture la plus légère possible, puis d'adapter sa mécanique. Son choix se porte sur la catégorie *Sport moins de 350 cm³*, pour laquelle il va procéder aux modifications nécessaires sur une 2 CV, dont la cylindrée d'origine, de 375 cm³, est proche de la mesure requise par le règlement sportif visé, et dont la faible consommation est un atout.

NEUF RECORDS DU MONDE

À peine remise de sa brillante prestation au Bol d'Or, la 2 CV Barbot est révisée soigneusement et s'attaque, avec la société Yacco, à une série de records du monde de vitesses sur longues distances, sur l'autodrome de Montlhéry. 9 records mondiaux sont ainsi établis en 24 heures, le 27 septembre 1953, parmi lesquels ceux des 2 000 km, des 1 000 km, des 1 000 miles, des 12 heures à 90,260 km/h (1091,577 km), des 24 heures à 85,020 km/h (2040,469 km).

◄ Les éléments de carrosserie qui composent cette réplique ont été prélevés sur une 2 CV de récupération, sans en modifier la taille. Pierre Barbot ayant raccourci son châssis de 25 cm, il avait été obligé, lui, de tout réajuster.

Jean Vinatier est récompensé, à son arrivée victorieuse du Bol d'Or, le 7 juin 1953. Il vient de courir, seul au volant, sur l'autodrome de Montlhéry, pendant 24 heures et en pulvérisant le record précédent.

© Archives Dominique Pascal/c

PIERRE BARBOT

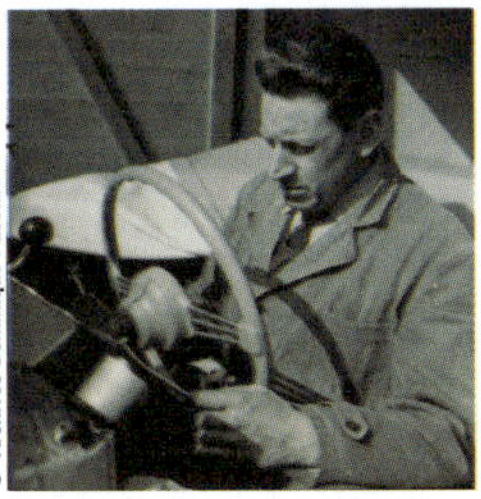

© Archives Dominique Pascal/f

Cet ingénieur en physique et chimie, passionné d'automobile, de compétition et de mécanique, choisit la 2 CV comme base de travail avec l'ambition de lui faire gagner des courses. Étant donné le profil de la Petite Citroën, et notamment ses modestes performances affichées, le défi de Barbot n'est pas loin de paraître saugrenu pour certains. Mais au terme de deux années de travail et d'ingéniosité, son pari sera tenu bien au-delà de tous soupçons !

Les premières interventions de Barbot sur la 2 CV d'origine concernent bien entendu la carrosserie, d'autant plus que la conception d'une 2 CV s'y prête de façon particulièrement aisée. En effet, sachant que la carrosserie n'est ici qu'un élément ajouté au châssis lui-même, qui ne participe donc pas à la rigidité d'ensemble, l'ingénieur a tout le loisir de transformer à sa guise l'aspect extérieur de sa voiture. Néanmoins, afin sans doute d'offrir à sa future voiture de course un gain de poids ainsi qu'une maniabilité optimisée, Barbot entreprend de raccourcir sensiblement son empattement, donc de toucher à l'architecture du châssis. La plate-forme d'origine sera ainsi raccourcie de 25 cm. De la carrosserie initiale, quelques éléments comme les ailes sont conservés, dans le but premier de préserver l'identité de la 2 CV, mais chaque élément devra être ajusté, adapté, voire refabriqué pour que l'assemblage de l'ensemble soit possible et fiable. Le capot de la 2 CV Barbot, par exemple, est complètement remodelé jusqu'à devenir pratiquement plat. Les phares ne sont plus fixés sur une barre transversale mais intégrés aux ailes. Les éléments qui constituaient l'habitacle ont complètement disparu pour laisser toute la place à une silhouette de voiture de course de type barquette. Enfin, dernière particularité connue de la partie-cycle de la Barbot, les roues et les pneus utilisés ne proviennent pas d'une 2 CV. Sur des jantes étroites, les roues sont ajoutées et les pneus d'un tout autre dessin que celui des traditionnels Michelin, équipement pourtant exclusif des 2 CV de l'époque.

[LES MODIFICATIONS APPORTÉES AU CHÂSSIS SONT MAJEURES]

Cette photo permet d'observer la position très verticale de son grand volant, ainsi que les jantes de roues ajourées, qui ne proviennent en aucun cas d'une 2 CV.

© Archives Dominique Pascal/d

© Archives Dominique Pascal/e

Pierre Barbot changera la cylindrée de son moteur et concevra pour lui de nouveaux arbres à cames, comme celui que l'on aperçoit sur son bureau.

Dans la réalisation de cette réplique de 2 CV Barbot, le plus difficile fut de modifier le capot, rendu pratiquement plat pour respecter au mieux la silhouette de la barquette.

Afin de cadrer avec le règlement de la catégorie choisie, Pierre Barbot a réduit la cylindrée de 375 cm³ à 348 cm³, vraisemblablement en jouant sur les alésages des cyclindres, c'est-à-dire en fabriquant des chemises plus épaisses et des pistons plus petits. Cette hypothèse est plus vraisemblable qu'une intervention sur la course des cylindres, qui aurait conduit l'ingénieur à devoir usiner entièrement des nouveaux cylindres ainsi que des bielles plus courtes. Néanmoins, aucune information ne confirme cette supposition. Si les quelques documents d'époque montrent peu de choses concernant les modifications du moteur de ce prototype, Pierre Barbot ne se cache toutefois pas d'avoir travaillé lui même sur la distribution. Il a mis au point un arbre à cames spécial, adapté à la nouvelle cylindrée de son moteur et à sa vitesse de rotation accrue. Concernant l'alimentation du petit bicylindre, sollicité à l'extrême, elle est bien entendu assurée par deux carburateurs à double corps, un dispositif relativement répandu et tenu pour le plus efficace à l'époque.

[L'OPTIMISATION DE RENDEMENT MOTEUR TIENT DU GÉNIE]

Un échappement par cylindre sort directement de chaque côté de la voiture, à quelques centimètres de l'articulation de portière, comme sur la vraie Barbot.

Remarquable travail de carrosserie que ce petit coupe-vent, solidaire du capot, qui épouse le rayon du volant et se coiffe d'un simple morceau de plexiglas.

Le cerclage de calandre et le double chevron ont été entièrement réalisés à la main, de même que les deux coffrages cylindriques qui reçoivent les phares.

Le tableau de bord de cette réplique de 2 CV Barbot reste à faire. Bruno Viet n'en a pas encore eu le temps, mais pour lui, « l'essentiel c'est qu'elle roule ! »

PREMIÈRE VICTOIRE

Les débuts en compétition de la 2 CV Barbot Spéciale sont un coup de maître. Pourtant, il eut été logique que Pierre Barbot étalonne les capacités et la fiabilité de son prototype sagement, en l'engageant d'abord sur des épreuves secondaires, comme c'est généralement l'usage. Rôder aux rudesses de la compétition une toute nouvelle voiture de course exige de nombreux essais et passe, en principe, par nombre de déconvenues. La 2 CV Barbot Spéciale n'échappe pas tout à fait à la règle, bien sûr. Elle subira de longues et fastidieuses séances de mise au point et ne sera opérationnelle qu'avec un an de retard. Mais Pierre Barbot est tellement confiant et motivé qu'il inscrit directement sa barquette au départ de la plus prestigieuse des courses automobiles, le Bol d'Or, sur l'autodrome de Montlhéry en 1953. Audacieux, il choisit même de confier son volant à un tout jeune pilote, Jean Vinatier, qui n'a pas l'expérience des courses d'endurance. Au terme de l'épreuve la plus exigente qui soit, tant pour les mécaniques que pour les pilotes, la 2 CV Barbot Spéciale s'octroie la victoire en catégorie *Sport moins de 350 cm³*, avec 1 649,309 km parcourus à la moyenne de 68,721 km/h sur 24 heures de course. Le record précédent est battu de 214 km !

© REYLEC Prod'/l

La bâche de protection de cette barquette picarde ne quitte jamais sa place. Le dégrafage de sa partie arrière permet toutefois de loger dans le coffre de quoi tenir un siège, à l'occasion d'une balade deuchiste comme son propriétaire les aime.

© REYLEC Prod'/m

Même si les proportions du modèle original ne sont pas respectées à la lettre par cette copie, la 2 CV Barbot *Replica* de Bruno Viet a indéniablement beaucoup d'allure.

JEAN VINATIER, UN FUTUR GRAND PILOTE

Suite à ses exploits de 1953 avec la 2 CV Barbot Spéciale, Jean Vinatier bénéficie d'une certaine renommée. De retour d'un raid en Afrique, il débute une belle carrière de pilote automobile. En 1954, alors qu'il effectue son service militaire, il participe au Tour de Belgique au volant d'une 4 CV préparée dans le garage de son père. Sa carrière professionnelle est alors lancée. Il prend part à différents rallyes sur Simca Aronde, sur Aston-Martin, sur Alpine, sur Alfa Roméo, sur Salmson et se fait repérer par les constructeurs. Dès lors, il courra officiellement pour Alpine, Renault, DB, Citroën, Ford et accumulera les victoires de catégories ainsi que les places d'honneur. Au cours des années 1960, Jean Vinatier s'impose également comme un pilote de circuit et prend part aux 24 Heures du Mans. En 1964, il remporte le Tour de Corse au volant d'une R 8 Gordini dans des conditions dantesques. Son sort est désormais lié à la marque au losange et à Alpine, pour lesquelles il écrira les plus belles pages de leur histoire en compétition.

La mise au point de cette fabuleuse barquette 2 CV de Pierre Barbot a duré plus longtemps que prévu. Faute de réussite, la voiture doit renoncer à son engagement au Bol d'Or de 1952 et devra attendre un an de plus pour pouvoir montrer ce qu'elle sait faire. C'est donc au Bol d'Or de 1953 qu'elle s'aligne enfin au départ d'une course, avec à son volant un jeune pilote qui deviendra grand, Jean Vinatier. Ce jeune prodige n'a ce jour-là que 19 ans, mais déborde de motivation, de talent, et se retrouve aux commandes d'une excellente voiture. Sa victoire au terme des 24 heures de course, agrémentée d'un record de distance parcourue qui pulvérise le précédent, constitue un exploit retentissant. Deux mois plus tard, en partenariat avec les huiles Yacco, la barquette 2 CV se lance à l'assaut d'une nouvelle série de records mondiaux, toujours sur le circuit de Montlhéry, qui seront eux aussi établis sans coup férir.

[LA 2 CV BARBOT EST MORTE, VIVE LA 2 CV BARBOT REPLICA]

Fabriquée à l'unité, la 2 CV Barbot Spéciale a aujourd'hui disparu. D'aucuns se plaisent à entretenir une rumeur selon laquelle elle existerait encore, quelque part, secrètement restaurée et entreposée chez un riche collectionneur, mais la légende vacille. En revanche, cette petite barquette historique a laissé assez d'émotion et de fascination dans le cœur de quelques passionnés pour que son fantôme survive, lui, sous la forme de répliques plus ou moins fidèles mais toujours spectaculaires, comme celle de Bruno Viet, Deuchiste et humble collectionneur de Picardie, qui s'est évertué à ressusciter le célèbre prototype avec les moyens du bord et en un temps record. Cet inconditionnel de la marque Citroën de père en fils ne manque jamais une occasion d'utiliser sa barquette pour participer à des rassemblements de Deuchistes. Un bien bel hommage au génie de Pierre Barbot.

© Archives Dominique Pascal/n

Sur l'autodrome de Montlhéry, pendant le Bol d'Or de 1953, Jean Vinatier pilote la 2 CV Barbot Spéciale vers sa première grande victoire. Vinatier a 19 ans et n'en est qu'au début de sa longue et brillante carrière de pilote.

■ Aucun spécimen de ce véhicule marginal n'est connu en France. Si vous dénichez une de ces ambulances, ce sera à coup sûr une réplique !

LA 2 CV AMBULANCE 1953

Conçue par un carrossier rouennais, la 2 CV ambulance, aménagée avec un brancard et un poste d'infirmier, est une réalisation unique dont il ne reste que peu de traces si ce n'est une réplique privée. Petite enquête sur la 2 CV à la croix rouge.

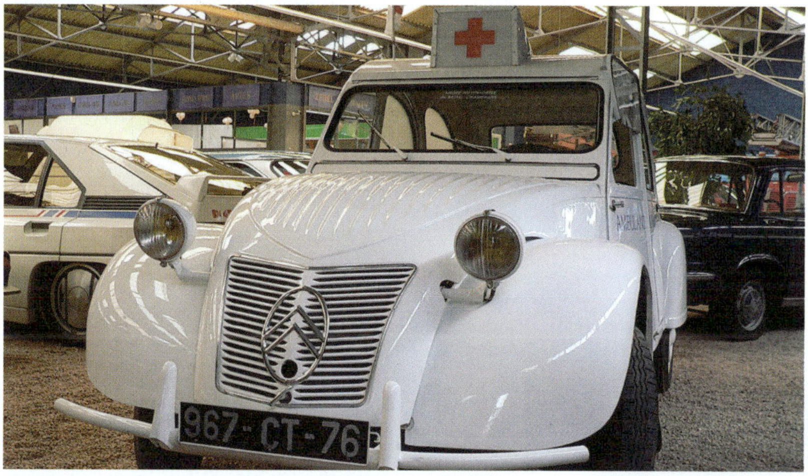

© Alain Brouste/a

Attribuée au carrossier rouennais Le Bastard en raison de son immatriculation en Seine-inférieure – dénommée Seine-Maritime depuis 1955 –, la 2 CV Ambulance de 1953, réalisée pour une municipalité, fut certainement un modèle unique, qui a aujourd'hui disparu. Il reste de ce véhicule quelques photos d'un article de journal et, surtout, une reproduction fidèle, fabriquée à partir de ces documents, par Bruno Viet, un Citroëniste picard collectionneur. Son origine comme sa conception contiennent en conséquence certaines zones d'ombre. La base de cette ambulance est une 2 CV de type A mue par la première génération de bicylindre, le 375 cm³. L'ovale d'aluminium cerclant ses chevrons de calandre la date du premier semestre 1953, celui-ci disparaissant définitivement de la 2 CV en juin de cette même année.

▲ Copie quasi conforme de l'originale, la 2 CV ambulance de Bruno Viet se distingue par une enseigne de toit plus haute et un graphisme de croix différent.

CROIX ROUGE

L'enseigne lumineuse de toit du véhicule original est recouverte d'un motif rouge en croix, reprise à l'identique sur le fanion triangulaire : le croisement des deux branches forme un carré et les quatre branches, égales, sont larges et extrêmement courtes. Bien que différente du logo de la Croix-Rouge et communément admise à l'époque pour désigner tout véhicule de secours, cette croix indispose l'association qui finira par obtenir qu'elle disparaisse de tous les véhicules ne relevant pas de sa compétence.

© Alain Brouste/a

◄ Malgré la greffe de tout un ensemble arrière plutôt volumineux, la ligne de la 2 CV reste équilibrée, principalement en raison de l'absence d'augmentation du porte-à-faux.

Hormis les sièges modifiés, l'ajout d'un plancher arrière recouvrant la roue de secours et la présence d'un plafonnier central et d'une civière coulissante, l'équipement intérieur de la 2 CV ambulance est identique au modèle de série.

© Alain Brouste/c

COÛTS

Le surcoût occasionné par la transformation en véhicule ambulancier pèse nécessairement sur le budget, faisant perdre à la 2 CV un de ses avantages. Pourquoi, à ce moment-là, ne pas opter pour une voiture directement proposée au catalogue constructeur, comme la Peugeot 203 ambulance, commercialisée à 1 280 exemplaires entre 1950 et 1957 ? Simplement en raison du coût d'utilisation et de maintenance de la 2 CV, très bas, surtout en cas d'usage fréquent.

La 2 CV ambulance dispose de trois tirettes au tableau de bord, C pour contact (sous le volant à gauche de l'ampèremètre), S pour starter et D pour lancer le démarreur. Un interrupteur supplémentaire allume l'enseigne du toit.

© Alain Brouste/d

Néanmoins, cette voiture pourrait être plus ancienne d'une poignée d'années. Certains avancent l'hypothèse d'une réalisation sur fonds propres par l'entreprise Le Bastard – donc à partir d'une voiture neuve – afin d'inciter les municipalités à lui en commander, mais deux éléments viennent s'y opposer. D'une part, Le Bastard aurait plutôt choisi une 2 CV Fourgonnette de type AU, apparue en mars 1951, qui ne nécessitait pas une modification aussi importante de la carrosserie, et qui s'inscrivait dans la lignée du travail de cet artisan, connu dès l'après-guerre pour ses réalisations sur base d'utilitaires. Le carrossier rouennais était spécialisé dans la fabrication de véhicules pour les transporteurs ainsi que de modèles publicitaires et uniques, principalement pour la caravane du Tour de France cycliste. D'autre part, si Le Bastard était un exécutant de qualité, cité parmi les meilleurs carrossiers du moment, tels Currus, Amiot ou Faurax et Chaussende, il est rarement l'instigateur de ces réalisations, d'ailleurs souvent dessinées par des stylistes de renom. Cette 2 CV ambulance est donc plus vraisemblablement une commande passée au carrossier par une commune au faible budget de fonctionnement, ayant acquis cette berline neuve ou en jeune occasion. Les missions que devait remplir cette 2 CV étaient variées, surtout dans les lieux reculés où la densité en automobiles particulières est encore faible en ce début des années 1950 : du transport vers la maternité de la femme enceinte à l'accompagnement d'accidentés de la route ou, plus fréquemment, du travail. Cette 2 CV aux caractéristiques mécaniques d'origine était capable d'aller chercher les blessés aussi bien sur les chemins forestiers que dans les champs. La rapidité n'était certes pas une de ses qualités, bien que cela puisse s'avérer nécessaire pour une ambulance dans certains cas désespérés, mais son confort de suspension préservait le malade qui voyageait allongé sur une civière, les pieds sous le tableau de bord.

[SEULE DEMEURE AUJOURD'HUI LA RÉPLIQUE AUX DÉTAILS SOIGNÉS D'UN DEUCHISTE PASSIONNÉ]

© Alain Brouste/e

Si les pneumatiques de la 2 CV de Le Bastard étaient identiques à ceux d'origine, des 125x400, il est fort probable que la suspension arrière a été modifiée pour supporter l'excédent de poids du toit et de la partie arrière.

Un second siège est disposé en tandem derrière celui du conducteur, ce qui permettait à un accompagnateur ou une infirmière de prodiguer des soins au malade tout en roulant. L'aspect le plus spectaculaire de cette transformation sur la base d'une 2 CV Berline est bien évidemment la carrosserie. Tronçonnée au niveau des custodes en suivant le bord supérieur des ailes arrière, la 2 CV a d'abord été mise à nu. La jupe supportant la plaque de police et l'unique feu arrière ont également été découpés, ménageant ainsi un accès direct à la roue de secours, la grande porte de malle venant recouvrir l'endroit. Plate en sa partie basse et articulée sur deux charnières à gauche, elle est très bombée au niveau de la lunette – qui est bien plus large que celle d'origine, montée sur la capote – pour épouser l'harmonieux galbe de la nouvelle custode rallongée. Cette dernière est percée d'une troisième vitre latérale dont la forme caractéristique suggère une inspiration des réalisations de la société Glaçauto, alors leader incontesté du marché français dans ce domaine. Toutefois, la grande dimension de cette glace indique une fabrication sur mesure.

[VÉHICULE MUNICIPAL, LA 2 CV SUPPLÉE LE FAIBLE ÉQUIPEMENT DES CITOYENS EN AUTOMOBILES]

© Alain Brouste/f

Avec ses glaces latérales dépolies, afin de ménager une certaine intimité au malade, les custodes s'ornent, tant sur l'originale que sur la réplique, de clignotants provenant d'une Traction Avant.

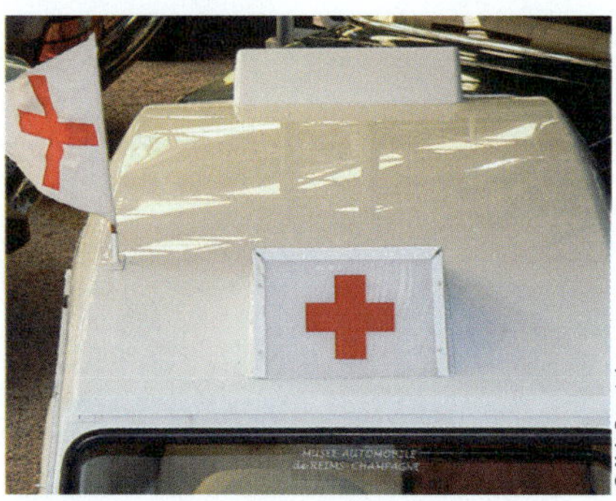

© Alain Brouste/g

Véritable capote en tôle, le toit rigide correspond aux habitudes de Le Bastard qui habillait très lourdement les utilitaires, allant parfois jusqu'à doubler leur poids d'origine. Ce qui était un handicap sur une 2 CV.

COPIE

Alors que la 2 CV de Le Bastard conserve les éléments de série de 1953, les bananes avant et l'ensemble du pare-chocs arrière étant peints en blanc, Bruno Viet a équipé sa réplique d'éléments tubulaires PO, commercialisés en option dans les années 1950.

TANDEM

Citroën adoptera, une dizaine d'années après le véhicule de Le Bastard, l'idée des sièges en tandem pour la réalisation de son Ami 6 Sanitaire, un break ambulance proposé au catalogue constructeur et réalisé par deux carrossiers différents, Carrier et Filca. L'agencement intérieur est similaire à celui de la 2 CV, sauf que le malade voyage la tête vers le tableau de bord.

PIN-PON

Rien n'indique que l'ambulance Le Bastard disposait d'une sirène spécifique. L'ajout d'une lanterne de toit et d'un plafonnier, ainsi que l'équipement électrique d'origine de la Petite Citroën, incitent plutôt à penser l'inverse : la charge serait trop forte pour le circuit électrique.

LE BASTARD

Malgré son talent et ses réalisations uniques très fortes visuellement, aucun ouvrage n'a été consacré à l'entreprise Le Bastard, qui a cessé son activité au début des années 1980. Il est vrai qu'une grande majorité de ses véhicules ont aujourd'hui disparu.

© Alain Brouste/h

MUSEE AUTOMOBILE REIMS CHAMPAGNE

Dépositaire de la copie de la 2 CV Ambulance de 1953, réalisée par Bruno Viet, le Musée automobile Reims Champagne a été constitué, en 1985, à l'initiative de Philippe Charbonneaux, célèbre Deuchiste et styliste automobile rémois. Il héberge plus de 200 véhicules de collection – ainsi que de nombreuses miniatures et autos à pédales, parfois fort anciennes – sous la responsabilité de Bruno Carayon. La Petite Citroën y est bien sûr présente, avec une 2 CV type A des premières années, un ensemble châssis-mécanique sans coque et des jouets à différentes échelles, ainsi que Le Bastard, puisque le musée est le propriétaire et le restaurateur d'un imposant fourgon publicitaire sur base de Renault Gallion, dessiné par Félix Aublet et réalisé en 1958 par le carrossier rouennais pour le journal régional *L'Union*. Également visible à Reims, la 2 CV publicitaire pour le porto Silva, recarrossée par Charbonneaux jusqu'à l'en rendre méconnaissable.

© Alain Brouste/i

▲ La réplique de la 2 CV Ambulance de 1953, réalisée par Bruno Viet dans les années 2000, est conservée au musée automobile de Reims Champagne, qui réserve d'autres surprises aux visiteurs.

▲ Principalement destinée à augmenter le volume du coffre, là où se trouvent la tête du malade et le matériel de premier secours, tout en ménageant un accès aisé au brancard, la transformation imaginée par Le Bastard est élégante.

© Alain Brouste/i

▲ Emmenée par un bicylindre de 375 cm³ de seulement 9 ch réels, la 2 CV ambulance accuse un surpoids en raison de son toit et de sa malle en tôle, ce qui limite ses performances et augmente sa consommation en carburant.

Le toit est recouvert d'une longue tôle qui court jusqu'au pare-brise et est soudée aux fixations de la capote. Contrairement aux glaces latérales arrière, la lunette ne peut avoir un aspect dépoli car le seul rétroviseur dont dispose cette voiture est à l'intérieur. La plaque minéralogique est placée sur le haut du pavillon arrière, ainsi que cela se fait couramment sur les utilitaires, véhicules que Le Bastard à coutume de modifier. Cette plaque est éclairée par un unique feu central, vissé directement sur elle, entre la première série de chiffres et les lettres. Habitué à peindre des véhicules publicitaires avec des couleurs criardes, Le Bastard se voit imposé la sobriété : une ambulance est blanche, teinte dont il va revêtir la 2 CV entièrement, intérieur, extérieur et roues, à l'exception des parties planes du pare-chocs avant, qui restent grises et conservent leurs petites baguettes chromées. Placée sur le toit, à l'avant, une enseigne lumineuse munie d'une croix rouge, est commandée par un interrupteur électrique ajoutée au tableau de bord. Dans l'habitacle, les deux banquettes, avant et arrière, ont été remplacées par deux sièges séparés, provenant probablement d'une 2 CV fourgonnette AU. Ils ont certainement été rétrécis, car le brancard, un châssis en tubes blancs et ronds, est plus large qu'un siège et il faut lui ménager de la place. Deux petits rails métalliques en forme de U sont fixés sur toute la longueur du plancher, reliés entre eux par des traverses similaires, afin de manœuvrer aisément le brancard. Enfin, si un blessé ne peut supporter le contact d'une couverture, un volumineux tunnel de tôle blanche s'engage de part et d'autre du brancard pour le recouvrir. Réalisation de qualité, cette 2 CV ambulance ne fera pourtant pas école, très certainement en raison de son poids important. Le poids, un élément fondamental dans la définition de la TPV par Pierre Boulanger.

[SUR LA CAISSE D'UNE 2 CV A, L'ARRIÈRE DE LA CARROSSERIE A ÉTÉ ENTIÈREMENT REFAIT]

■ Ce modèle recherché doit davantage aux productions étrangères que française son succès relatif. Il intéresse les collectionneurs et la cote s'en ressent, entre **3 000** et **10 000 €**.

LA 2 CV PICK-UP « POMPIER » 1963

Les 2 CV des Sapeurs-Pompiers sont légion, qui ont tenu un rôle sur le théâtre de leurs opérations périlleuses. Voici l'histoire d'un Pick-up alsacien spécialement préparé comme auxiliaire des soldats du feu.

© Pascal Irlinger/a

▲ **Soigneusement restaurée par l'association *Alsace Club 2 CV*, la petite 2 CV Pick-up des pompiers d'Henflingen semble prête à reprendre du service.**

L'histoire des casernes de pompiers recèle parfois des trésors pour les amateurs et passionnés de 2 CV. De nombreuses Petites Citroën y ont en effet subi des transformations spectaculaires, afin d'être adaptées aux contraintes très particulières de leurs missions de sauvetage. La plus extraordinaire de ces 2 CV marginales de pompiers est sans doute la 2 CV bicéphale de la caserne de Cogolin, dans le Var, constituée de deux avants de 2 CV reliés tête bèche — deux moteurs et deux postes de pilotage en positions opposées —, qui permettait de se dégager d'un étroit chemin enflammé en changeant simplement de volant et d'habitacle, sans avoir à manœuvrer un fastidieux et périlleux demi tour. Mais ce véhicule d'exception mis à part, la plupart des 2 CV utilisées par les Sapeurs Pompiers, notamment dans les années 1960, sont des Berlines et des Camionnettes spécifiquement aménagées. En revanche, la 2 CV Pick-up de Citroën ayant été produite en petite quantité, très rares sont celles qui ont été allouées à des casernes de pompiers. La plupart des 2 CV Pick-up affraitées par les soldats du feu, à l'instar de celle des Sapeurs-Pompiers d'Henflingen, sont à l'origine des 2 CV AZU ou AK transformées. Cet engin alsacien en est un bel exemple, dont l'histoire n'est pas banale, puisqu'il fut réalisé «avec les moyens du bord», d'après un véhicule d'occasion, les budgets mis à la disposition des soldats du feu par les collectivités locales n'étant pas à la hauteur de leurs besoins. La 2 CV Pick-up d'Henflingen naîtra d'ailleurs d'une initiative individuelle.

© Pompiers de Henglingen/b

▲ **Les Sapeurs-Pompiers d'Henflingen, en Alsace, posent fièrement en compagnie de leur vaillant auxiliaire d'intervention, afin d'illustrer un calendier régional vers la fin des années 1960.**

VEDETTE D'EXPOSITIONS

La 2 CV Pick-up « Pompier » d'Henflingen quitte parfois son musée pour devenir une vedette d'exposition. Sa première prestation fut organisée en 1997, à l'occasion de *Rétromobile*, le Salon annuel parisien qui accueille des véhicules anciens et de collection. Le Pick-up alsacien y sera admiré durant deux semaines. En octobre 1998, c'est la consécration avec un passage dans l'émission « Combien ça coûte ? » de Jean-Pierre Pernaut, sur TF1. Accompagné de tous ses propriétaires, le célèbre Pick-up participera ensuite à la réunion nostalgique de 1990, sous la Tour Eiffel, pour dire symboliquement adieu à la 2 CV, au moment de l'arrêt de production de cette vénérable dame de l'industrie française. Sa dernière sortie date de 2003, pour une exposition dans le musée technique allemand *Speyer*.

L'ALSACE CLUB 2 CV

Sans la création de l'*Alsace Club 2 CV*, le destin de ce Pick-up aurait peut être été bien différent. Ce club de Deuchistes est créé en 1988, à l'initiative de Martin Fourton, un médecin amoureux de la Petite Citroën depuis l'obtention de son permis de conduire, en 1969. Cette passion lui est d'abord communiquée par la voiture héritée de sa grand-mère, puis il se rendra acquéreur de plusieurs 2 CV d'occasion, d'une 2 CV kitée en 4x4, et enfin, en 1990, d'une Deuche flambant neuve au prétexte que la production de 2 CV est définitivement stoppée cette année-là. En fondant ce club avec quelques copains, Martin Fourton prend soin de choisir l'appellation *Alsace Club 2 CV* dans cet ordre de mots plutôt que *2 CV-Club d'Alsace*, en hommage aux initiales d'André Citroën. *«À partir de 1990,* se souvient Martin, les gens ont commencé à nous demander conseil afin de sauver leur 2 CV, et d'autres nous signalaient tel ou tel exemplaire abandonné». De là naîtra l'idée de créer dans la région un musée de la 2 CV, en 1998, où trône l'une de leurs acquisitions phares : la 2 CV Pick-up des Sapeurs-Pompiers d'Henflingen.

© Pascal Irlinger/c

Les équipements embarqués sur le plateau du Pick-up sont très complets : un dévidoire garni d'un grand tuyau, divers raccords et lances à incendie, une hache, une pelle, un balai et l'indispensable échelle de pompier.

L'étonnante histoire de cette 2 CV Pick-up équipée pour combattre le feu débute au milieu des années 1970, lorsque les pompiers de Bettendorf décident de remplacer leur vénérable charrette à bras, qui leur sert à transporter le matériel d'incendie depuis plusieurs générations. Leur choix se porte sur une 2 CV Camionnette 1963 dont les PTT de Belfort veulent se débarrasser. L'engin a «quelques heures de vol» mais demeure fonctionnel, chacun sait l'extraordinaire robustesses d'une 2 CV et sa simplicité mécanique, qui permet d'envisager à moindre coût sa remise en état éventuelle. La 2 CV AZU du facteur de Belfort est mise à prix 650 F et les treize pompiers de Bettendorf n'hésitent pas à se cotiser pour en faire l'acquisition. C'est leur chef de caserne, monsieur Lebrun, qui se charge lui-même de procéder aux modifications nécessaires pour faire de cette Camionnette un véhicule de pompier fonctionnel, apte à remplir ses nouvelles fonctions. La partie arrière de la caisse est tout simplement découpée en arrière des montants de portes, puis un plateau horizontal et rigide est fabriqué sur-mesure, qui sera fixé juste derrière la cabine. Ce nouveau plancher reçoit le support d'échelle, un dévidoir de tuyaux, un logement pour des tuyaux supplémentaires, des raccords, diverses lances à incendie, une hache, une pelle et un balai. Sous le plateau se niche un large espace de rangement, qui ménage par la même occasion les passages de roues. Enfin, signes ostensibles de sa fonction, cet auxiliaire des pompiers porte un gyrophare bleu, fixé bien en vue, au milieu et sur l'avant du pavillon, ainsi que la fameuse échelle de pompier, modestement courte et en bois.

[13 POMPIERS SE COTISENT POUR ACHETER LA 2 CV DU FACTEUR]

© Pascal Irlinger/d

Fabriquée à Bettendorf en 1975 pour remplacer la charrette à bras des pompiers du village, cette 2 CV Pick-up très spéciale sera ensuite vendue aux Sapeurs-Pompiers d'Henflingen.

© Kingsley Laignel (D.R.)/e

Dans les années 1960, il n'était pas rare de rencontrer des 2 CV Camionnettes transformées en Pick-up pour des casernes de Pompiers. Aujourd'hui devenues voitures de collection, ces vaillantes Deudeuches se rencontrent encore à l'occasion des concentrations de 2 CV.

Détail amusant, la moitié supérieure de la portière gauche a été découpée, privant le conducteur de vitre latérale. D'aucuns interprêtent cette modification radicale comme étant une commodité d'intervention, évitant au chauffeur souvent pressé d'entrer ou sortir de son véhicule de recevoir la demi vitre articulée sur le coude ou sur les doigts… Une mésaventure bien connue des possesseurs de 2 CV ! Les puristes ne manqueront pas non plus de remarquer que les feux arrière proviennent d'une Simca 1000. En 1985, la commune de Henflingen fait à son tour l'acquisition de ce véhicule très spécial, et c'est dans cette petite ville alsacienne qu'il finira sa carrière. Ce Pick-up a servi principalement lors de petites interventions, tels que des feux de cheminées, inondations ou destructions de nids de guêpes. Mais il a également participé à quelques «faits d'armes» majeurs, parmi lesquels deux gros incendies.

[LA COMMUNE DE HENFLINGEN RÉCUPÈRE LE PICK-UP EN 1985]

© Pascal Irlinger/f

La transformation de cette 2 CV Camionnette en Pick-up a été réalisée de façon artisanale, «avec les moyens du bord». Les observateurs avisés reconnaîtront ici les feux arrière typiques, empruntés à une Simca 1000.

MASCOTTE D'UN MUSÉE

Cette 2 CV Pick-up « Pompier » est la propriété de l'association *Alsace Club 2 CV* qui, en 1998, décide de consacrer un petit musée à cette voiture populaire. Dans une usine désaffectée située au pied des Vosges, dans la haute Vallée de la Bruche, près de Schirmeck, les membres de l'association engrangent des 2 CV Berline de série, des véhicules dérivés, des modèles de 2 CV construites en séries limitées ainsi que quelques *specimen* uniques. Le Pick-up 1963 des pompiers de Henflingen fait figure de mascotte au sein de cette collection, parmi une cinquantaine de Petites Citroën. Aux côtés de toutes ces 2 CV exposées se trouvent un espace historique, un autre réservé aux bricoleurs ainsi qu'une réserve de pièces détachées... et d'épaves en attente de démontage.
Point de rencontre dédié aux amateurs éclairés, ce musée offre également l'opportunité de se promener dans « la moins chère des décapotables ». Après seulement cinq ans d'existence, et sans promotion particulière, ce petit musée a déjà attiré quelque 10 000 visiteurs, à raison d'un après-midi par semaine. Preuve que le bouche-à-oreille fonctionne bien en Alsace !
Ce petit musée de la 2 CV est situé à Granfontaine, près de Shirmeck, à quarante minutes de Strasbourg et est ouvert chaque samedi après-midi.

© Pascal Irlinger/q

▲ Aucune paroi verticale ne ferme l'arrière de l'habitacle. Ce qui permettait aux passagers avant de communiquer avec d'autres hommes, embarqués précipitemment sur le plateau.

Au musée de la 2 CV, à Schirmeck, le Pick-up des pompiers de Henflingen occupe une place de vedette. ▼

© Pascal Irlinger/h

Il s'en est fallu de peu pour que la 2 CV Pick-up des pompiers de Henflingen ne disparaisse, abandonnée, oubliée parmi les « vieillerie » de la commune. Sa découverte par un hydraulogue, en charge de parcourir les routes d'Alsace pour analyser la qualité de l'eau, par ailleurs Deuchiste avisé et membre de l'équipe de l'*Alsace Club 2 CV*, lui sera salutaire.

[LE PICK-UP « POMPIER » EST LA SUPERSTAR DE SON MUSÉE]

Arrivé à Henflingen pour y accomplir sa mission d'hydraulogue, Daniel doit se procurer la clé du réservoir d'eau de la commune, qui se trouve être traditionnellement rangée dans l'habitacle du vieux Pick-up des pompiers, dont la rareté et l'originalité n'échappent pas à notre homme. En accord et en partage avec l'Amicale des Sapeurs Pompiers, le maire de Henflingen acceptera, quelque temps plus tard, de vendre le véhicule à l'*Alsace Club 2 CV* moyennant 1000 F. Le véhicule sera soigneusement restauré, avec le précieux concours de monsieur Bérraud, agent Citroën de la région. Si le châssis du Pick-up doit être entièrement remplacé par un identique et sa caisse solidifiée par de nouveaux planchers et un bas de caisse, en revanche, sa mécanique a peu souffert, conformément à la légende des 2 CV. Seuls les freins devront être remis à neuf. Parallèlement à cette petite renaissance, l'équipe du club s'emploiera ensuite à reconstruire son histoire, glanant renseignements techniques et anecdotes. La 2 CV Pick-up des pompiers de Henflingen commence ainsi sa troisième vie, celle de véhicule de collection, par ailleurs mascotte du musée de Schirmeck.

■ Extrêmement rare, pour ne pas dire disparue, cette voiture « de démonstration » n'affiche aucune cote officielle.

LA 2 CV AZL VERSION TAXI 1957

À la sortie de la nouvelle 2 CV AZL, fin 1956, l'équipe décisionnaire de la firme Citroën, présidée par Pierre Bercot, estime que la voiture, à la fois frugale et fonctionnelle, pourrait séduire les professionnels du taxi à Paris et leurs clients.

© Citroën Communication/a

L'idée de mettre une 2 CV au service des taxis, parisiens dans un premier temps, est justifiée par un contexte politico-économique particulier : la nationalisation du canal de Suez et ses conséquences sur la disponibilité de l'essence. La situation politique internationale, surtout dans la région du Proche-Orient, devient vite une préoccupation majeure pour les automobilistes européens et donc français. En effet, Gamal Abdel Nasser, le bouillant président égyptien, décide au cours de l'été 1956 de nationaliser le canal de Suez, puis les compagnies étrangères au cours du mois de janvier 1957. Cette fois, les intérêts provenant de l'industrie pétrolière des gouvernements français et britannique sont menacés dans le pays. Ces derniers, en coopération avec l'État d'Israël, tentent une pression militaire sur les territoires égyptiens proches du canal, une démarche risquée pour la stabilité mondiale, compte tenu du soutien fervent des autorités soviétiques envers le maître du Caire.

▲ Sous cet angle, mis à part sa livrée tricolore et les équipements liés à la fonction, l'allure de la 2 CV Taxi ne diffère que très peu du modèle AZL de série. Changement de taille néanmoins, mais méconnu pour le non initié : la présence d'une mécanique de 435 cm³ au lieu de 425 cm³.

© Citroën Communication/b

▲ Un plancher en tôle, recouvrant la fosse à roue de secours, permet d'entreposer le siège passager dans le coffre de la voiture. Les tissus sont du type Bayadère, soit un motif à rayures.

© Citroën Communication/c

▲ Le siège passager amovible offre au client la possibilité d'allonger ses jambes.

© Citroën Communication/d

▲ **La célèbre face avant de la 2 CV fait désormais partie intégrante du paysage automobile hexagonal ; le dessin de la calandre et du capot sera profondément remanié en 1960. La plaque WO correspond à une immatriculation usine.**

© Citroën Communication/e

▲ **Le taximètre, ou plus exactement le compteur horokilométrique, est placé en avant de la portière gauche. Le lumineux est fixé sur une barre de toit.**

LA RÉVÉRENCE D'UNE STAR

L'année de cette 2 CV Taxi est aussi celle d'un événement marquant chez Citroën. Nous sommes le jeudi 25 juillet 1957, une cérémonie aussi discrète qu'émouvante se tient au bout de la ligne d'assemblage de l'usine du quai de Javel. Il s'agit d'honorer la fabrication de l'ultime Traction Avant. Ce modèle historique est une Familiale 11 D, qui sera exposée dans la concession Citroën de Saint-Malo tenue par Monsieur Dufour. Le même homme avait vendu la première carrosserie de ce type en... 1934 !

C'ÉTAIT POURTANT UNE BONNE IDÉE

En 1957, les automobilistes français s'exercent à un nouveau geste civique, celui de coller sur leur pare-brise un carré de papier rapidement connu sous le vocable de vignette. La création de cette « taxe de possession », lancée l'année précédente, doit générer des sommes destinées à alimenter le Fonds National de Solidarité. Une digne résolution qui prêta par la suite à sourire.

© Citroën Communication/f

▲ **Le pare-chocs arrière est d'une largeur jusqu'alors inconnue, protection contre la circulation parisienne. Deux joncs en aluminium poli font leur apparition.**

© Citroën Communication/g

▲ **Les enjoliveurs chromés sont fournis par la maison Robri. Selon les prototypes, les mêmes roues seront peintes en blanc ou en rouge.**

Pour contrer cette attitude belliqueuse, les pays arabes mettent en place une politique de représailles et limitent d'une manière draconienne les livraisons de pétrole vers la France et la Grande-Bretagne. Dès le 17 novembre 1956, les automobilistes français renouent avec les mauvais souvenirs du rationnement de ce précieux liquide qu'est l'essence. Si cette nouvelle donne pénalise immédiatement les voitures de grosse cylindrée, elle favorise l'épanouissement des machines économiques et, dans ce domaine, la 2 CV se présente en toute logique comme la championne toutes catégories.

[LA CRISE DU CANAL DE SUEZ INCITE CITROËN À PROPOSER UN TAXI PARISIEN BON MARCHÉ]

En 1957, la firme de Javel dispose de trois modèles. L'offre de base demeure le classique Type A équipé de la mécanique 375 cm³ et développant 9 ch à 3 500 tr/mn. Mais dès le Salon d'octobre 1956 (millésime 1957), elle ajoute la nouvelle 2 CV AZL, laquelle, à l'instar de la version AZ, adopte une mécanique de 425 cm³. Cette nouvelle génération de Petite Citroën est dotée d'un carburateur Solex de diamètre 26, en lieu et place du modèle de diamètre 22, ce qui permet à son bicylindre à plat de délivrer 12 ch à 3 500 tr/mn et autorise la voiture à atteindre les 80 km/h. Soit 15 km/h de plus !

© Citroën Communication/h

La lunette arrière passe d'une surface de 15 à 26 dm^2, ce qui améliore un peu la visibilité vers l'arrière. La longue capote descend jusqu'à la plaque de police, une habitude qui sera remise en cause en octobre 1957, avec l'arrivée de la 2 CV AZLP et sa porte de malle en tôle d'acier.

Autre avantage : la présence d'un embrayage centrifuge, un dispositif semi-automatique qui facilite la conduite urbaine. En effet, en-dessous d'un régime moteur de 1 000 tr/mn, la mécanique est débrayée sans l'intervention du conducteur. Compte tenu de la sobriété de la 2 CV et des rationnements en carburant engendrés par la crise du canal de Suez, les cadres de la maison Citroën estiment qu'il existe un marché potentiel en faveur d'une version taxi de la petite de Javel, et qu'il serait judicieux d'attirer l'attention de ces artisans du transport. Le 29 Janvier 1957, la presse découvre donc une version Taxi de la 2 CV AZL, un prototype spécifiquement préparé en faveur de cette profession. Extérieurement, l'auto se présente dans une livrée tricolore. La partie supérieure de la caisse est peinte en blanc, un mince bandeau de couleur rouge court sur les flancs de la caisse, du capot avant au pare-chocs arrière. Les portières, agrémentées des armoiries de la ville de Paris, ainsi que les ailes sont recouvertes quant à elles d'un bleu très clair. Les jantes de roues optent pour une teinte rouge soutenue, bien qu'elles fussent aussi proposées de couleur blanche, sur un exemplaire exposé sur le stand Citroën, au Salon de Paris, fin 1957. Comble du raffinement, ces mêmes roues sont dotées d'enjoliveurs chromés, provenant de la maison Robri, montés à l'aide d'un écrou central. Les pare-chocs sont renforcés, en comparaison de ceux d'une 2 CV habituelle, et celui de derrière intègre deux barrettes d'aluminium.

[QUELQUES MODIFICATIONS ET ADAPTATIONS SIMPLES SUFFISENT À TRANSFORMER LA 2 CV AZL]

La capote descend très bas, s'arrêtant au-dessus de la plaque de police. Indispensable pour sa nouvelle fonction, sur le toit de la 2 CV Taxi, au-dessus des places avant, une simple barre transversale de galerie sert de support à un lumineux affichant le mot « Taxi ». Fixé sur l'aile gauche, légèrement en amorce de la portière avant, trône l'autre appareil indispensable à cette activité, le taximètre. Le siège du passager avant peut être démonté, afin d'offrir au client la possibilité d'allonger ses jambes, mais reste stocké dans la partie arrière, derrière la banquette, afin de pouvoir retrouver sa place en cas de besoin.

© Citroën Communication/i

Peintes sur chaque portière avant, les armoiries de la ville de Paris tentent d'officialiser le taxi parisien.

L'AVENTURE RÉCOMPENSÉE

À la fin des années 1950, le goût de la liberté et de l'aventure est très en vogue. Depuis 1952, alors que la carrière commerciale de la 2 CV ne faisait que commencer, de nombreux candidats à l'aventure ont choisi la Petite Citroën pour vivre leur condition de globe-trotters. Adoptées spontanément par ces baroudeurs pour sa simplicité, sa robustesse et ses valeurs économiques, la 2 CV aventurière contribue pour beaucoup à la notoriété de la Deuche et de Citroën à travers le monde. En 1957, l'entreprise du quai de Javel fonde le « Prix Citroën », qui consiste à encourager ces promoteurs de la marque et notamment de la 2 CV. Le plus élaboré ou pertinent de leurs éventuels reportages photos (ou films) effectués lors de ces périples lointains sera désormais salué, chaque année, par la coquette somme de 500 000 F !

LES PRIX ET LA CONCURRENCE

Une Citroën 2 CV Type A, en 1957, s'échange contre la somme de 352 100 F (anciens francs, soit 3 521 F), alors que la version AZ coûte 373 600 F et la nouvelle AZL 399 500 F. Pour comparaison, la moins onéreuse des Renault 4 CV, le type Affaires, est tarifée 399 000 F, tandis que le bon de commande du modèle le plus luxueux du catalogue, la décapotable Grand Luxe, indique la somme de 564 500 F.

Ce beau document d'ambiance parisienne nous montre des taxis en attente du client. Au premier plan : un break Panhard Dyna 110 Type X85 disponible à partir de décembre 1950. Plus loin : deux berlines Renault Vivaquatre datant de 1933-1934, des modèles qui resteront en service jusqu'au milieu des années soixante !

Avec sa mécanique à deux cylindres à plat opposés refroidis par air, de 850 cm³ de cylindrée, la Panhard Dyna se rapproche techniquement de la 2 CV. Elle entre néanmoins dans la catégorie des 5 CV, mais demeure très économique à la conduite tout en étant plutôt nerveuse et performante. Cette flotte, destinée à la compagnie G7, prouve que la Dyna est une excellente candidate à la vocation de taxi.

Dans le domaine du confort, aucune conduite intérieure ne peut rivaliser avec la Citroën DS-19. Les passagers en apprécient la douceur de fonctionnement lors des courses. Rappelons que la DS-19 est animée par un quatre cylindres de 1 911 cm³ (75 ch), soit une 11 CV, et que l'auto est uniquement disponible en berline cinq places.

Bien évidemment, par sa cylindrée de 1 468 cm³ qui la place dans la catégorie fiscale des 8 CV, la Peugeot 403 ne peut pas être comparée, en matière d'économie, à la Citroën 2 CV AZL. Mais les chauffeurs apprécient grandement la solidité proverbiale de la mécanique de la Peugeot, ainsi que son excellente habitabilité.

2 CV AZL Taxi 1957

Moteur :	2 cylindres à plat
Cylindrée :	435 cm³
Alésage x course :	67 x 62 mm
Puissance :	13 ch à 4 000 tr/mn
Puissance fiscale :	2 CV
Alimentation :	carburateur inversé
Distribution :	arbre à cames central
Transmission :	boîte à 4 rapports
Freins :	à tambours (AV et AR)
Empattement :	240 cm
Voies :	126 cm (AV et AR)
Longueur :	378 cm
Largeur :	148 cm
Volume du coffre :	220 dm³
Poids :	490 kg
Réservoir :	20 litres
Vitesse maximale :	80 km/h

Le plancher de la malle est nivelé à l'aide d'une plaque plate en tôle d'acier, qui recouvre la fosse où se trouve la roue de secours. En plus de ces aménagements de carrosserie, la 2 CV Taxi abrite sous son capot une mécanique inédite, dont le potentiel est porté à 435 cm³. Malgré tous ces efforts, la carrière de cette 2 CV sera irrémédiablement contrariée par les instances en charge des homologations de ce type de véhicule professionnel, au sein de la Préfecture de Police. Une fragilité structurelle est reprochée à la voiture, symbolisée notamment par sa longue capote en toile. Autre point d'achoppement : l'habitabilité de la 2 CV est jugée trop restreinte pour une mission de taxi. Ses cotes ne correspondent pas au cahier des charges exigé par la Préfecture. Son espace intérieur est chichement mesuré, surtout si on le compare à celui d'autres taxis avérés, comme la vaste et confortable DS-19, très appréciée des chauffeurs. Ainsi sera scellé le destin de la Citroën 2 CV Taxi, mais il semble qu'au moins six prototypes de cette voiture aient été effectivement assemblés, dont deux immatriculés au printemps 1957 et placés en circulation dans les artères de la capitale, pour évaluation. Reste que, si la fonction officielle de taxi parisien a finalement échappé à la 2 CV AZL de 1957, la valeur de ses prototypes a fait la fortune de quelques collectionneurs.

[UNE FRAGILITÉ STRUCTURELLE EST REPROCHÉE À LA 2 CV, QUI NE DEVIENDRA DONC JAMAIS TAXI]

■ Elle a écrit une nouvelle page de la 2 CV en devenant la première série limitée et pour cette raison sa cote s'affiche entre **1 000** et **5 500 €**.

LA 2 CV SPOT 1976

Fidèle à son image de précurseur, Citroën lance en 1976 la première voiture française en série limitée : une 2 CV aux couleurs des années pop. Première Deuche bicolore, la 2 CV Spot affiche un caractère ludique et vacancier.

© Benoit Meurie/a

▲ **La 2 CV Spot arbore des phares rectangulaires, une tendance typique du milieu des années 1970.**

Dans les années 1970, pour ranimer un marché automobile qui s'essouffle, les États-Unis produisent déjà des séries spéciales, en proposant aux acheteurs potentiels un véhicule différent du modèle de série, en nombre limité, et sur un thème supposé attractif. L'idée est reprise par Citroën qui fait plancher Serge Gevin sur l'élaboration d'une série spéciale, à partir du modèle 2 CV. Les projets sont multiples, parmi lesquels se détachent quelques idées originales et variées. Les deux premières sont imaginées dans l'esprit «vacances», avec la 2 CV Transat bicolore orange et blanc (dessiné en 1972), en même temps que la 2 CV Trèfle jaune et noir, en souvenir de la 5 CV d'André Citroën. Un peu plus tard, un autre concept dans l'esprit «BD» avec une 2 CV Saloon, bicolore rouge et blanche, avec le dessin, sur le coffre, d'un double portillon battant de saloon de western. Puis une 2 CV Églantine d'esprit «romantique», bleue avec une fleur sur le capot et dont les sièges seraient recouverts de tissu Laura Ashley, en vogue à l'époque est imaginée. Enfin, une ultime proposition s'inspirera de l'esprit «rétro». Seul sera retenu le prototype Transat, qui sera commercialisé au printemps 1976 sous le nom de 2 CV Spot.

Cette 2 CV Transat, conçue sur la base d'une 2 CV antérieure au *restyling* de septembre 1974, est équipée de phares ronds, d'une calandre flanquée de trois barres horizontales en aluminium et de petits pare-chocs. Les flancs sous fenêtres sont blancs, la partie supérieure est orange, ainsi que la malle arrière et le capot.

© Benoit Meurie/b

▲ **Si la 2 CV Spot est reconnaissable entre toutes, curieusement, sa porte de malle n'affiche aucun signe distinctif.**

© Benoit Meurie/c

▲ **Extrapolée d'un prototype initialement nommé Transat, la 2 CV Spot en a conservé l'esprit «vacances» et le code couleur.**

DÉTAILS SPÉCIFIQUES DE LA SPOT

Extérieur :

> Carrosserie bicolore Orange Ténéré (AC329) et Blanc Meije (AC088)
> Jantes blanches
> Phares rectangulaires blancs
> Supports de phares blancs
> Calandre plastique à 4 branches
> Pare-chocs arrière large
> Capote orange, ouvrante de l'intérieur.

Intérieur :

> Volant Quillery marron
> 2 pare-soleil orientables, rayés orange et blanc
> Bandeaux de porte
> Sièges séparés à l'avant
> Tissu jersey orange pour les assises
> Tendelet rayé orange et blanc
> Panneaux de portes rayés orange et blanc.

LA SIGNATURE SPOT

Aisément reconnaissable à son code couleur, la Spot arbore aussi sa signature en lettrage surligné de blanc, sur une bande latérale orange qui traverse les deux portières.

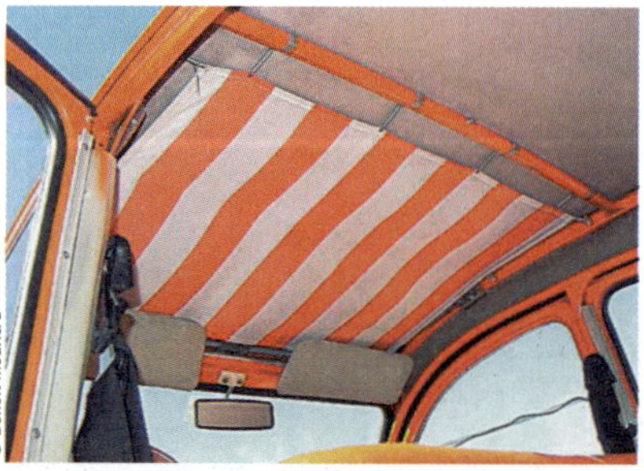

© Benoit Meurie/d

Au-dessus de la tête des occupants, un tendelet en tergal orange et blanc est tendu entre la barre centrale du toit et le pare-brise, comme un store.

Le tableau de bord est typique des 2 CV 6 du milieu des années 1970, avec la couleur marron des plastiques et du volant. Mais la forte luminosité des couleurs de son environnement lui confère une lisibilité contrastée.

En harmonie avec la capote et son tendelet bicolore, inspirés d'un motif de transat estival, les sièges, de couleur orange, sont en tissu jersey vénitien.

UNE COUSINE ESPAGNOLE

En Espagne, la Spot n'est pas diffusée, mais le public espagnol bénéficiera de l'exclusivité de la Marcatelo (Tir au but), joyeusement rebaptisée Zapatillo (la savate) et dont l'année de naissance est soumise à controverse, en raison d'une erreur relayée par la presse spécialisée : en effet, celle-ci fit une confusion avec l'année où naquit l'idée qui aboutit à la Marcatelo. En 1976, année de sortie de la Spot, Citroën a organisé un concours de décoration de 2 CV. Claire Pagniez, la lauréate, étudiante en art à l'école Camondo, transformait la 2 CV en chaussure de basket bleu-blanc-rouge. Citroën construira deux exemplaires de ce modèle pour faire la paire. C'est à partir de ce modèle, daté de 1976, que sera dessinée, en 1982, la Marcatelo blanc-orange-rouge, en forme de chaussure de foot. Cette série spéciale, limitée à 300 exemplaires, est destinée en exclusivité au marché espagnol, où se tient la Coupe du Monde de football de 1982. La 2 CV Marcatelo est numérotée sur la partie gauche de la malle arrière, laquelle reçoit également un logo 2 CV 1982 en partie droite.

Pour accentuer l'effet «transat au bord de la mer», la capote est rayée en orange et blanc, tandis que les jantes oranges s'ornent d'enjoliveurs Gala, en provenance de l'ami 6 Club et utilisés pour la première fois sur la 2 CV Export de 1967. À l'intérieur, la décoration du prototype Transat est également harmonisée à la carrosserie : les sièges sont recouverts d'un tissu jersey vénitien orange, à l'arrière le hamac est en skaï orange et les panneaux de portes sont rayés, orange et blanc. Enfin, la motorisation prévue est celle d'une 2 CV 6, soit de 602 cm³. Ce projet aboutira à la création de la 2 CV Spot, motorisée en 435 cm³. Contrairement à la rumeur, «SPOT» n'a aucun lien avec «SPécial Orange Ténéré», du nom de la couleur dominante.

[LA 2 CV SPOT EST MUNIE D'UN TENDELET EN TERGAL, RAYÉ ORANGE ET BLANC]

La 2 CV Spot reprend les caractéristiques globales du projet Transat, à la différence qu'elle intègre les modifications apportées aux modèles 2 CV postérieurs à 1974, c'est-à-dire les phares rectangulaires, le pare-chocs arrière plus large et le bandeau de porte intégrant le système d'ouverture sur les portières. La capote rayée est abandonnée au profit de la capote de série orange. Cependant, le véhicule est muni d'un tendelet en tergal rayé en orange et blanc, qui part de la barre centrale pour s'accrocher au-dessus du pare-brise, couvrant ainsi la tête des occupants de l'avant de la voiture à la manière d'un store estival. Ce sera là le trait esthétique principal de la Spot.

© Citroën Communication.org

▲ **Cette image de la 2 CV Spot, stationnant sur une plage à marée basse et mettant en scène un jeune couple des années baba cool, fut l'une des plus abondamment diffusées par Citroën en 1976.**

Oubliées les jantes orange : elles seront blanches et ornées d'un enjoliveur, de type Dyane 6 ou Ami 8, au lieu des enjoliveurs Gala initialement prévus. Mais l'harmonie intérieure n'a pas été abandonnée et les portières sont bien tendues de rayures orange et blanc, les pare-soleil restant unis, tandis que les sièges sont revêtus de tissu orange. Seul oubli de cette décoration, le hamac, qui restera en feutre gris au lieu de la version skaï orange prévue dans le projet Transat. La fabrication de la série limitée 2 CV Spot débute à Levallois, le 26 février 1976 ; 1 800 exemplaires pour la France et quelques centaines destinés aux marchés étrangers : le Benelux, la Grande-Bretagne, l'Italie et la Suisse. La Spot originale ne sera jamais diffusée en Espagne ni en Allemagne. Selon les pays pour lesquels elle est destinée, la 2 CV Spot reçoit une motorisation différente : 2 CV 4 (435 cm^3) pour le Benelux et l'Italie ou en 2 CV 6 (602 cm^3) pour la Suisse et la Grande-Bretagne. Les 200 véhicules suisses sont numérotés sur les portes avant, dans la bande orange. La France n'a droit qu'à la petite motorisation, la plus fragile hélas. En effet, le « 435 » tourne trop vite et sa boîte de vitesses est mal étagée, contrairement au « 425 ». Ainsi, la durée de vie du moteur passera difficilement le cap des 100 000 km, raréfiant d'autant plus un modèle déjà peu diffusé.

[LA 2CV SPOT EST LA PREMIÈRE VOITURE EUROPÉENNE VENDUE EN SÉRIE LIMITÉE]

La 2 CV Spot est présentée au public français le samedi 10 avril 1976 en version 2 CV 4 (24 ch. DIN - 102 km/h). Son lancement printanier coïncide avec la commémoration des cinq millions d'exemplaires de bicylindres vendus par Citroën (2 CV, Ami 6, Ami 8, Dyane et Méhari) et sa finition est exemplaire par rapport à celle des modèles de série de l'époque (2 CV Spécial 4 glaces jaune cédrat, 2 CV 4 et 2 CV 6).

© Citroën Communication/h

▲ **À la sortie sur le marché de la 2 CV Spot, tous les concessionnaires Citroën disposent d'une affiche publicitaire dédiée au nouveau modèle. Aucune autre ne sera éditée par la suite.**

Cette 2 CV Spot entièrement d'origine est l'une des plus belles restaurations connues en France. Elle appartient à Benoit Meurie, co-fondateur du 2 CV Spot Club de France, particulièrement fier de sa réfection de l'habitable.

© Benoit Meurie/J

2 CV SPOT CLUB DE FRANCE
Créé en septembre 2003, ce club a pour vocation de recenser les 2 CV Spot encore en circulation en France et à l'étranger et d'aider leurs propriétaires dans leur restauration. Six mois après sa création, le club dénombrera déjà une trentaine de 2 CV Spot sur le territoire français, ainsi qu'une bonne dizaine en Europe, réparties sur les pays suivants : Allemagne — 2 CV Spot importées d'Italie —, Belgique, Grande-Bretagne, Hollande, Italie et Suisse.

© Citroën Comminication/J

Sur la version française de la Spot, le nom de la voiture n'est apparent que sur les portières.

Le lancement de la 2 CV Spot est annoncé quelques jours avant, chez tous les concessionnaires Citroën, au moyen de cette affiche montrant la voiture bâchée, histoire de faire augmenter le suspense.

Le prix de vente était à l'époque de 13 600 F (presque 1 000 F de plus que la 2 CV 4 de série). Ainsi destinée à servir de « monument mémorial » du succès des bicylindres, la 2 CV Spot entre également dans l'histoire comme la toute première voiture européenne vendue en série limitée. À cet effet, son lancement commercial est parfaitement orchestré. Quelques jours auparavant, les concessionnaires Citroën reçoivent une affiche titrant *« Que la fête commence »* au-dessus d'une forme recouverte d'un tissu à rayures orange et blanche, à la manière d'une statue attendant son inauguration. Et le public découvrira enfin la 2 CV Spot le 10 avril, dans sa robe bicolore : blanc *Meije* et orange *Ténéré*. La signature « Spot » se détache en lettres blanches détourées dans une bande orange, sur les portes. L'intérieur coloré et le motif transat impriment l'idée de loisir, la voiture est séduisante et le public est conquis. La seule et unique plaquette publicitaire qui va accompagner la découverte du véhicule présentera la 2 CV Spot garée sur le port d'Honfleur, ou sur une plage normande, mettant en scène un jeune couple de type baba cool. Le ton est donné : la Spot est résolument une voiture dédiée à l'insouciance, à la jeunesse, au temps libre. Fort de son succès, et du bien fondé du concept de la série limitée, Citroën organise ensuite un concours de vitrines destiné à promouvoir cette 2 CV bicolore. Le réseau prend parfaitement le relais, proposant notamment des mises en scène et diaporamas particulièrement réussis. Ainsi, la sortie de la Spot marque la fin de la série de 2 CV Orange *Ténéré*, apparue en septembre 1973, et sonne également le glas des plastiques de couleur marron – lesquels deviendront noirs à partir de septembre 1976.

[LA 2 CV SPOT EST DÉDIÉE À L'INSOUCIANCE, À LA JEUNESSE, AU TEMPS LIBRE]

Du fait de son nombre d'exemplaires limité, de la faible endurance de son moteur et de certaines lois françaises concernant la prime de reprise d'un véhicule ancien, cette série limitée historique est devenue rare et donc très recherchée par les collectionneurs.

2 CV SPOT de 1976

Moteur :	2 cylindres à plat et opposés
Cylindrée :	435 cm³ refroidi par air
Compression :	8.5
Nombre de soupapes :	2 par cylindre
Alésage x course :	67 x 62 mm
Puissance :	24 ch DIN à 6 750 tr/mn
Couple :	2,9 mkg à 4 500 tr/mn
Boîte de vitesses :	à 4 rapports
Embrayage :	monodisque à sec
Direction :	à crémaillière
Freins AV et AR :	à tambours
Suspension AV /AR :	amortisseurs
Pneumatiques:	125 - 15X
Volume du coffre :	220 dm³
Poids :	495 kg
Réservoir :	20 litres
Vitesse maximale :	120 km/h

■ Seuls deux exemplaires de cette voiture ont été construits et il n'existe aucune cote pour cette version née d'un concours.

LA 2 CV BASKET 1977

Dans le cadre d'un exercice scolaire, une étude de personnalisation de la 2 CV aboutit à une cinquantaine de projets. Un modèle de 2 CV inspiré d'une chaussure de basket se détache du lot. Et sera fabriqué par Citroën en série extrêmement limitée : deux exemplaires seulement !

▲ La 2 CV Basket a été réalisée en 1977 en deux exemplaires et n'a pas survécu au temps. Aucune n'a été conservée par un musée ou un collectionneur.

En 1976, monsieur Henri Malvaux, le directeur de l'école de décoration, d'architecture d'intérieur et de design Camondo, ainsi qu'un professeur spécialiste de la couleur, Carlos Cacérès, décident de mettre leurs étudiants en contact avec les réalités professionnelles. Ils proposent alors aux élèves de 2e année de *«déterminer les moyens graphiques et chromatiques propres à personnaliser un produit industriel de grande diffusion»*. Pour ce faire, ils choisissent la berline Citroën 2 CV, dans laquelle ils voient non seulement une réussite mécanique, mais aussi un phénomène sociologique : la 2 CV aura bientôt 30 ans et, après avoir été le véhicule de l'agriculteur, du facteur, du curé ou du médecin de campagne, elle est désormais la voiture des jeunes. Cette année-là, la Petite Citroën passe la barre des 100 000 exemplaires vendus ! Ainsi, ce qui fut à l'origine un simple exercice scolaire se transforme rapidement en concours, dans lequel Citroën décide de s'impliquer directement. La firme entrepose une 2 CV dans la cour de l'école et en fournit les plans cotés et les dessins. Les élèves, qui ont la possibilité de travailler en solitaire ou en binôme, doivent rendre des plans avec vues de côté, de l'avant, de l'arrière, de dessus et de trois-quarts, en travaillant à la fois le graphisme et la colorimétrie. L'expérience est une réussite. Quelque cinquante projets originaux voient le jour, exécutés avec talent et non sans humour.

À travers l'imagination de ces élèves studieux, la 2 CV se pare de couleurs et de graphismes parfois spectaculaires : une 2 CV tortue bleue côtoie une Deuche panthère et une savane, une autre est couverte de gouttelettes… Mais, la star de cette collection est sans conteste la 2 CV Basket proposée par Claire Pagniez. Cette étudiante a littéralement transformé la voiture en chaussure de sport : coloris bleu-blanc-rouge, avant blanc pour signifier le bout caoutchouté de la chaussure, ligne de semelle rouge, lacet blanc

Claire Pagniez, parmi les élèves de seconde année de l'école Camondo en 1976, avec leurs professeur et directeur. Cette école accueille 270 élèves par an. On y entre sur concours, et un diplôme sanctionne cinq ans d'études. ▼

LA 2 CV MÀRCATELO, UNE COUSINE ESPAGNOLE

C'est à partir du modèle 2 CV Basket, mâtiné de la 2 CV Charleston pour le dessin des portes et de la 2 CV Spot pour les couleurs, que sera dessinée, en 1982, la Màrcatelo blanche, orange et rouge, en forme de chaussure de football. Cette série spéciale, limitée à 300 exemplaires, est produite à Mangualde, l'usine Citroën du Portugal. Elle est destinée en exclusivité au marché espagnol, à l'occasion de la Coupe du Monde de football de 1982 organisée dans ce pays. Cette 2 CV Màrcatelo sera en fait la seule « 2 CV chaussure » véritablement commercialisée par Citroën.

La 2 CV imaginée par le gagnant du concours devait être fabriquée à l'unité, puis exposée. Mais, pour assumer le thème choisi par Claire Pagniez, c'est finalement une paire de 2 CV Basket qui sera produite.

sur le capot, languette bleue, trous rivetés d'aération dans le bas de caisse rouge, découpe soulignée de blanc pour les coutures, renfort et languette de talon. Le résultat est saisissant. *«Pour exprimer le côté jeune et aventurier de la 2 CV,* raconte Claire, *j'ai tout de suite rejeté le graphisme pur. J'ai pensé à la chaussure de basket ou de tennis portée par la jeunesse américaine, souvent avachie et déformée après de longs périples en auto-stop ou à pied. Elle symbolise bien l'idée que l'on se fait de la 2 CV : la voiture qu'on achète à 20 ans et avec laquelle on entreprend des voyages un peu fous qu'on ne refera jamais.»*

[L'EXERCICE SCOLAIRE DEVIENT UN CONCOURS DE STYLISME PARRAINÉ PAR CITROËN]

La lauréate gagne le premier prix et un voyage « 2 CV Cross» au Portugal. Claire Pagniez est ravie : elle adore les voyages. Après son bac à Paris et la préparation au concours Camondo, à l'atelier Clouet, elle a passé un an à Boston. C'est sans doute cette expérience américaine qui l'a influencée dans la réalisation de son projet : à cette époque, aux États-Unis, la basket est la chaussure des jeunes. Mieux encore, Claire intègre l'histoire de la 2 CV devenue aventurière au long cours : 13 588 km en 37 jours pour un tour de la Méditerranée par Michel Bernier ; 51 000 km en 367 jours pour la traversée de trois continents par Jacques Cornet et Henri Lochon ; 100 000 km pour le voyage la Terre en rond réalisé par Jacques Séguéla et Jean-Claude Baudot. Sans compter le Prix du tour du monde organisé par Citroën durant plus de 10 ans (Prix Citroën), et les expéditions Paris-Kaboul-Paris en 1970, Paris-Persépolis-Paris en 1971, ou le Raid Afrique en 1973.

En 1976, la Petite Citroën symbolise déjà l'aventure et la jeunesse, et la 2 CV Basket véhicule cet esprit. Apothéose du concours, une exposition de tous les projets dessinés par les élèves de Camondo est organisée en avril 1977, dans le magasin Citroën des Champs-Élysées. Les différentes études sont encadrées et mises en valeur sur les murs, tandis que trois voitures finalisées sont montés sur roues et exposées dans le hall.

Présentation du projet de Claire Pagniez, ici entre son professeur, monsieur Carlos Cacérès (à gauche), et le directeur de l'école, monsieur Henri Malvaux.

En avril 1977, une exposition de tous les projets des étudiants de l'école Camondo est organisée dans le magasin Citroën des Champs-Élysées. La firme présente deux exemplaires de la 2 CV Basket «habillée» par Claire Pagniez.

En vedette de cette exposition, la 2 CV Basket de Claire Pagniez, lauréate du concours, a été fabriquée par Citroën en deux exemplaires, pour faire la paire, clin d'œil et élégante réponse au talent et à l'enthousiasme déployés par les élèves de l'école Camondo. Quant à la troisième voiture, la 2 CV Blanc-Bleu-Noir du binôme Loïc Le Sabazec et Stéphane Jean, elle a été réalisée par leurs soins et figure elle aussi en bonne place dans le magasin. À l'issue de cette exposition, comme la famille Pagniez, souvent à l'étranger, ne possède pas de véhicule, le père de la lauréate, diplomate de son état, achète l'un des deux modèles Basket. Ce sera la voiture familiale durant de longues années. Elle fera fureur lors du gala pour la venue du Président des États-Unis, Jimmy Carter, au château de Versailles, auquel Valéry Giscard d'Estaing, Président de la République, invite les parents de Claire Pagniez.

[CITROËN PRODUIRA FINALEMENT DEUX EXEMPLAIRES DE LA 2 CV BASKET, POUR FAIRE LA PAIRE]

La deuxième 2 CV Basket est mise à la disposition du 44e Gala de l'Union des Artistes, une manifestation institutionnelle et prestigieuse qui permet de récolter des fonds pour les artistes démunis. Il réunit au Cirque d'Hiver Bouglione tout le gratin parisien. Pas moins de six présentateurs animent le spectacle, fait de numéros qui sortent des attributions habituelles des artistes. La 2 CV Basket, événement Citroën 1977, fait partie du spectacle. Transformée en voiture téléguidée, la Deuche décapotée effectue quelques tours de piste avec le musicien Michel Legrand, dans un numéro riche en gags. La 2 CV Basket n°2 est remportée à la tombola du Gala par le chef de la Police Criminelle de Paris, lequel la remet à son fils.

Au fil des ans, la flamboyante 2 CV Basket va s'avachir comme une vieille chaussure. Claire se séparera d'une voiture en piteux état, mais non sans avoir impulsé un mouvement de personnalisation de la 2 CV.

LA 2 CV DES *SEVENTIES*

Dans les années 1970, la petite voiture populaire dispose d'une réputation d'aventurière au long cours. Elle a traversé le désert et parcouru tous les continents avec une facilité sans égal, renforçant à chaque fois son image de véhicule infatigable. À partir de 1972, ses aptitudes à encaisser les chocs sont même sollicitées à l'extrême, à travers la création d'une épreuve nommée Pop cross, qui deviendra plus tard un véritable championnat : le 2 CV Cross. La Petite Citroën a plus de 20 ans et affiche une éternelle jeunesse, à tel point qu'elle incarne la voiture favorite des conducteurs de son âge.

LA BASKET ET L'AIR DU TEMPS

En choisissant la chaussure de basket comme illustration du côté juvénile de la 2 CV, Claire Pagniez rejoint Jean-Loup Laffont, qui anime sur Europe 1 une émission quotidienne destinée aux jeunes et baptisée «Basket». À thème identique, rencontre non fortuite : le 18 avril 1977, l'animateur donne son émission en direct du magasin Citroën des Champs-Élysées, installé entre les deux 2 CV Basket de Claire.

QU'EST DEVENUE LA LAURÉATE ?

En sortant de l'école Camondo, Claire Dussart-Pagniez a travaillé quelque temps avec l'architecte Jean-Michel Wilmotte, puis a rejoint le département Design et environnement de Renault.

La 2 CV Basket, lauréate du concours de l'école Camondo, a donné lieu au visuel publicitaire ci-contre. Parmi les autres projets réalisés par les élèves, certaines propositions ne manquent pas de talent, ni d'humour.

© Citroën Communication/f

Claire Pagniez

Chantal Rouillard

© École Camondo/h

Martine de Dunast

© École Camondo/i

Aryane Blet

© École Camondo/i

Soizic Morault

© École Camondo/g

Catherine Rietzler

© École Camondo/k

SPÉCIFICITÉS DE LA 2 CV BASKET

Extérieur

> Carrosserie quadricolore blanc *Meije*, rouge, bleue et bleu *Ardoise*
> Jantes blanches
> Phares rectangulaires blancs
> Support de phares blanc
> Calandre plastique 4 branches
> Pare-chocs arrière large
> Capote bleu marine ouvrante de l'intérieur
> Logo type 2CV 6 positionné au centre du pare-chocs arrière

Intérieur

> Volant en plastique noir avec double chevrons au centre
> 2 pare-soleil
> Bandeaux de porte en plastique noir
> Sièges séparés à l'avant
> Tissu jersey bleu uni pour les assises
> Panneaux de porte en skaï noir

2 CV BASKET

Cylindrée :	602 cm³ refroidi par air
Moteur :	2 cylindres à plat et opposés
Soupapes :	2 par cylindre
Puissance fiscale :	3 CV
Puissance développée :	26 chevaux à 5500 tr/mn
Boîte de vitesses :	à commande mécanique à 4 rapports
Embrayage :	monodisque à sec
Direction :	à crémaillère
Freins :	AV à tambour, AR à tambour dans les roues
Suspensions AV et AR :	batteurs à inertie
Pneumatiques :	125 – 15X
Volume du coffre :	220 dm³
Capacité du réservoir :	25 litres

© Citroën Communication/l

LA CX REVISITÉE PAR L'ÉCOLE CAMONDO

Suite au succès du concours 2 CV, Citroën propose à l'école Camondo, en 1977, de lancer un autre concours pour la décoration des CX du service Compétition de la firme. Le graphisme de la voiture lauréate, créé par Philippe Donati, est appliqué aux 17 véhicules du service : 9 voitures de course sont colorées en bleu foncé avec bandes rouges et blanches, tandis que 8 voitures de service reçoivent une livrée brune avec bandes oranges et blanches. En 1978, les CX ainsi décorées remportent une victoire éclatante au rallye du Sénégal.

■ C'est la première des 2 CV qui swinguent tout en passant de la série limitée à la version permanente. S'il s'agit d'une rouge et noire authentifiée entre octobre 1980 et août 1981, sa valeur peut atteindre **8 000 €**. Sinon, elle se négocie entre **1 000** et **5 000 €**.

LA 2 CV CHARLESTON 1980

Longtemps vêtue d'une simple robe grise, la 2 CV aborde les années 1980 en carrosseries colorées. Mieux, la 2 CV Charleston, dès octobre 1981, ouvre la voie des séries limitées, dans une parure néo-rétro qui la fait entrer dans l'ère de la voiture chic.

© Citroën Communication/a

Présentée en octobre 1980 au Salon de l'Automobile, la 2 CV 6 Charleston sort d'abord en série limitée. Elle intègre le catalogue Citroën dès octobre 1981.

Durant la deuxième moitié des années 1960, la 2 CV accuse une sérieuse baisse de régime en terme de ventes. Mais à l'annonce de la sortie prochaine du modèle Dyane, son successeur, la Petite Citroën reprend des couleurs et retrouve aussitôt ses parts de marché. Il est clair que la 2 CV a pris la dimension d'un mythe. C'est à ce moment qu'une nouvelle dénomination lui est attribuée, la 2 CV 6, assortie d'un moteur plus performant qui servira de base mécanique au fameux modèle Charleston. C'est également à la fin des années 1970 que sont créées des séries spéciales de 2 CV, communément lancées pour animer le marché, toucher une nouvelle clientèle et revaloriser un modèle de voiture devenu ancien. Dans ce domaine, Citroën se montre encore précurseur. Ce genre de produit, original et attrayant, est en effet nouveau.

Alors que la gamme de 2 CV tend à se simplifier, un nouveau coup de génie du constructeur français propulse soudain la vénérable auto au premier rang de l'actualité automobile. Au Salon de Paris de 1980, Citroën dévoile sa 2 CV 6 Charleston, une appellation qui symbolise les années 1920-1930 et synonyme d'une époque de folle insouciance. Ce clin d'œil rétro, appliqué à une auto qui entame sa quatrième décennie de

Les séries limitées ou spéciales de la 2 CV 6 sont dessinées par Serge Gevin. Ce designer très inspiré signe bien entendu la Charleston, mais aussi la Dyane Caban ou encore la Visa Carte Noire.

COTE DE LA VOITURE DE COLLECTION

Pour la cote de la Charleston, il convient de différencier le premier modèle de série limitée des autres. Un modèle en bon état du millésime 1981 peut être négocié sur la base de 3 000 euros, tandis qu'une base de 2 500 euros (seulement) est en principe nécessaire pour acquérir les versions suivantes.

PRIX D'ÉPOQUE

En octobre 1980, lors de sa première présentation au Salon, la 2 CV Charleston est commercialisée à 24 800 F. La deuxième mouture, en jaune et noir, sera affichée à 29 500 F et la troisième, en gris et noir, à 32 880 F.

Dans une période où les ventes de 2 CV commencent à décliner, Citroën propose sa 2 CV 6 Charleston au dessin de carrosserie original. Paradoxalement, la connotation de son nom avec les Années folles de 1920-1930 constitue pour la 2 CV à bout de souffle une cure de jouvence. Les ventes reprennent dès 1981 grâce à la Charleston, qui accompagnera jusqu'au bout et avec brio le fabuleux destin de la petite voiture populaire.

© Citroën Communication/c

ÉVOLUTIONS

Les deux Charleston bénéficieront des mêmes évolutions que la gamme 2 CV. En juillet 1983, le pare-brise trempé est remplacé par un feuilleté qui répond aux nouvelles normes de sécurité. En option, elles peuvent disposer d'une ouverture de malle agrandie, grâce à une armature, en forme de U renversé, qui s'appuie sur les montants du coffre. Ce système demande quelques aménagements de détails : déplacement de certains éléments, nouveaux supports et ajout d'emboutis. En 1987, un feu arrière antibrouillard rectangulaire prend place sous le pare-chocs arrière, qui fonctionne avec les feux de croisement. Sur le tableau de bord, un bouton de commande et un voyant de contrôle confirment la présence de cet équipement supplémentaire. L'auto perdra également le double chevron apposé sur l'écusson Citroën, situé sur le couvercle de malle. Les Charleston recevront enfin quelques aménagements esthétiques personnalisés. En 1984, la caisse est peinte en noir ou en gris, les filets adhésifs latéraux sont supprimés, comme ceux entourant la capote, et un jonc en plastique chromé souligne les gouttières.

© Citroën Communication/d

Le moteur de 2 CV 6 est de 602 cm³. Il délivre 29 ch et fait appel à des soupapes en V, un arbre à cames central, des culasses et cylindres en alliage léger, des chemises amovibles sèches, un vilebrequin à deux paliers et un carburateur inversé à registre Solex.

L'habitacle de la Charleston est plus cossu que celui des premières 2 CV. Il demeure toutefois très sobre, mais ne manque de rien.

production, se veut humoristique et, paradoxalement, rafraîchissant. Sa carrosserie bicolore met en valeur ses formes. Le rouge tirant sur le bordeaux, réservé au capot, à la porte de malle, à l'intérieur des roues et aux portières selon un arrondi très esthétique, souligne le style nouveau de la voiture. Un noir profond habille les quatre ailes et entoure la troisième vitre latérale jusqu'au toit, dont la capote est noire également. Un élégant liseré gris, matérialisé par un adhésif, soutient les courbes des portières et entoure les glaces. Les puristes apprécient la présence des phares ronds à cuvelage rouge et, sur la série limitée, les sièges avant et la banquette revêtus d'un superbe jersey pied de coq noir et blanc. Toutes les Charleston recevront ensuite un tissu gris avec un motif en losanges et le cuvelage des phares sera chromé. Les dessins de toutes les séries limitées ou spéciales de la 2 CV 6 sont dus à Serge Gevin, ancien étalagiste de grands magasins parisiens devenu styliste.

© Citroën Communication/c

Ce designer signera également la Dyane Caban, ou encore la Visa Carte Noire. La première série spéciale élaborée sur la base d'une 2 CV, la Spot, est créée en 1976. Et c'est quelques mois après seulement que le dessinateur esquissera les premiers traits de la Charleston. Pendant sa première année de commercialisation, en 1981, les 8 000 exemplaires programmés sont vendus si rapidement que, dès octobre 1981, la direction de

À partir de juillet 1983, une nouvelle version de Charleston vient épauler l'original avec des coloris différents : un gris cormoran associé à un gris nocturne. Cette proposition, à la fois classique et élégante, trouve rapidement son public et restera au catalogue jusqu'à la fin.

Citroën décide de faire de la Charleston un modèle permanent intégré au catalogue 1982. Une décision dont les dirigeants et les commerciaux de Citroën n'auront pas à se plaindre, même si, du côté des fabricants en charge de sortir les Charleston des chaînes de montage, la tâche ne fut pas de tout repos. Ce modèle était en effet difficile à produire, en raison notamment de la réalisation complexe de sa peinture. Mais grâce à celui-ci, Citroën s'ouvre un champ d'exploitation salvateur pour la 2 CV et, dans le sillage de la Charleston, toute une famille de séries limitées verra bientôt le jour, comme la 2 CV « France 3 », la 2 CV « Cocorico » ou encore la 2 CV « Dolly ».

[D'ABORD FABRIQUÉE EN SÉRIE LIMITÉE, LA CHARLESTON INTÈGRE LE CATALOGUE 1982]

Afin de bien cibler la clientèle visée et de remettre « la vieille Deuche » au goût du jour, Citroën programme fin 1980 une publicité amusante, dédiée à la naissance de la Charleston, où l'on voit un jeune couple faire les pitres sous le slogan « La Deuche folle ». Ce visuel est accompagné

Après la fermeture de l'usine de Levallois, la production des 2 CV se reporte essentiellement sur l'usine portugaise de Mangualde. C'est également dans cette usine que sortiront des chaînes de montage les toutes dernières 2 CV.

DÉMÉNAGEMENT

La production des Charleston coïncide avec un important remue-ménage chez Citroën. En effet, le siège social fait officiellement ses adieux au site originel du quai de Javel, en plein cœur de Paris, pour se transporter à Neuilly-sur-Seine dès 1983. Le site industriel, quant à lui, avait déjà quitté Paris en 1974. Enfin, en 1988, la vénérable usine de Levallois, où furent fabriquées toutes les premières 2 CV, ferme ses portes. La dernière voiture sortie de ses chaînes, le 29 février 1988, est une 2 CV 6 Spécial. Cet arrêt de production en France signifie que les temps changent. La « Deuche » ne peut plus se conformer aux nouvelles normes imposées par l'Europe. La Charleston ne dispose plus que d'un répit de quelques mois, mais pour être construite en terre étrangère.

LA DER DES DER

La série Charleston aura l'insigne honneur de clore en beauté la longue vie de la 2 CV. C'est en effet une livrée habillée de gris cormoran et gris nocturne qui clôt officiellement sa production, le 27 juillet 1990 à l'usine portugaise de Mangualde. Son numéro de série est à marquer d'une pierre blanche : VF7AZKA00KA376002. Une page essentielle de l'histoire de l'automobile est définitivement tournée.

DEUX NOUVELLES ROBES

Afin de poursuivre la belle histoire de cette série Charleston, les stylistes élargissent la palette des coloris. Une Charleston jaune Hélios et noir apparaîtra durant l'été 1982. Ses portières, son capot ainsi que sa malle sont en jaune, ses ailes et sa capote sont en noir et ses roues sont assorties à la teinte la plus claire. Las, ce nouveau cocktail de couleurs ne fait pas l'unanimité. Trop clinquant, pas assez classique, le jaune ne plaît pas et, très vite, la direction décide de l'arrêter. Elle n'aura donc vécu qu'une seule année. Un retour sur le classicisme le plus extrême s'établit alors. Une nouvelle version est proposée en juillet 1983, fondée sur deux tons de gris, un gris cormoran clair et un gris nocturne. Classique et élégante, cette combinaison trouve son public et sera proposée de concert avec la version rouge et noir jusqu'à la fin de sa carrière, en 1990. Le découpage de ses couleurs est calqué sur celui des modèles antérieurs, mais la teinte de ses roues est accordée avec celle des pare-chocs et non plus avec le gris clair de la carrosserie.

CHARLESTON 1981-1990

Marque :	Citroën
Type :	2 CV 6 Charleston
Moteur :	2 cylindres horizontaux opposés
Cylindrée :	602 cm³
Alésage x course :	74 x 70 mm
Puissance :	29 ch à 5 750 tr/mn
Alimentation :	carburateur Solex PCIS 4, Ø 34
Distribution :	soupapes en V, arbre à cames central
Transmission :	boîte à 4 rapports
Pneumatiques :	125 R 15
Empattement :	2 40 cm
Voies :	1 26 cm
Longueur :	3 83 cm
Largeur :	1 48 cm
Hauteur :	1 60 cm
Poids :	600 kg
Vitesse maximale :	115 km/h

© Citroën Communication/h

C'est une livrée gris cormoran et gris nocturne de la Charleston qui a l'insigne honneur de clore définitivement au Portugal, le 27 juillet 1990, la production en série des 2 CV.

© Citroën Communication/i

Une version jaune et noire de la Charleston est proposée dès l'été 1982, mais sans succès. En contrepartie, cette voiture deviendra une pièce précieuse pour les collectionneurs.

d'un texte explicite : *« La Deuche est hyper sympa, ça tout le monde le sait ! La Deuche est agréable à vivre, c'est la " décapotable " la moins chère du marché, elle a une suspension confortable, une santé de fer et elle grignote à peine… Ça tout le monde le sait aussi ! Mais quand, en plus, elle s'offre une nouvelle garde-robe, au charme un tantinet rétro, elle est tout simplement géniale… »* Les enquêtes le montreront plus tard, la Charleston aura un grand pouvoir de séduction auprès des moins de 35 ans et drainera une nouvelle clientèle, avide de se singulariser et pas forcément adepte des produits Citroën. Selon le langage des services de *marketing*, le modèle Charleston aura offert à Citroën son meilleur taux de conquête, loin devant la 2 CV 6.

[LA CHARLESTON, DERNIÈRE DES 2 CV PRODUITES, UTILISE LES TECHNIQUES LES PLUS FIABLES]

Enfin, sur le plan technique, la Charleston assure sa fiabilité en mettant à profit la grande expérience de la gamme 2 CV. Sous le capot, on retrouve embarquées les solutions éprouvées de la 2 CV 6. Le bicylindre opposé revendique une cylindrée de 602 cm³ délivrant 29 ch. Sa configuration fait appel à des soupapes en V, un arbre à cames central commandé par des pignons, des culasses et des cylindres en alliage léger, des chemises amovibles sèches et un vilebrequin à deux paliers. Il est alimenté par un carburateur inversé à registre Solex. Les suspensions sont indépendantes sur les quatre roues, actionnées par des bras de leviers longitudinaux, l'interaction des roues avant et arrière se faisant par des ressorts hélicoïdaux horizontaux ; les amortisseurs sont télescopiques. La transmission incorpore une boîte de vitesses manuelle à quatre rapports, avec un levier au tableau de bord. Le dispositif de freinage utilise des disques à l'avant et conserve des tambours à l'arrière. À travers le modèle Charleston, ces atouts techniques, à la fois simples et fiables, vont offrir à la 2 CV une fin de carrière sereine.

- C'est la plus rare des trois Charleston avec seulement une année de carrière. Pour cette raison, elle affiche une cote stable entre **1 500** à **7 500 €**.

LA 2 CV CHARLESTON JAUNE 1982

Sur la lancée du succès de la Charleston rouge Delage et noir, Citroën sort un modèle jaune Hélios et noir en juillet 1982. Identique à sa devancière, cette Petite Citroën disparaîtra pourtant du catalogue après un an.

© REYLEC prod'a

Forte du succès de la 2 CV Charleston rouge Delage et noir, produite en série depuis 1981 après le très bon accueil réservé aux 8 000 exemplaires de la série spéciale créée par Serge Gevin et sortie en octobre 1980, Citroën lance une déclinaison jaune lumineux de sa voiture au style Art déco. Les premiers exemplaires sont assemblés en juillet 1982, pour l'année-millésime 1983. La teinte au nom évocateur d'Hélios (signifiant «soleil» en grec) et référencée AC336 est toujours associée au noir brillant AC200. Ce jaune n'est pas nouveau sur la 2 CV, ayant déjà été utilisé l'année précédente sur la série spéciale 007. Pourtant, la clientèle est partagée : soit elle adore, en assez petit nombre toutefois, soit elle boude, en majorité. Mise à part la couleur jaune, cette 2 CV est identique en tout point avec le modèle rouge Delage : réalisée à partir d'une 2 CV 6 Club, elle en possède les éléments caractéristiques comme le grand compteur de type Ami 6, le volant monobranche et les sièges avant séparés. Détails propres aux Charleston de grande série, elle dispose de cuvelages de phares chromés et des jantes, jaunes, équipées d'enjoliveurs chromés à rebord, comme la Dyane. Dans l'habitacle, les garnitures de sièges sont en tissu avec coutures en forme de grands losanges, dit «gris 1930 à piquage».

▲ Jeune et fraîche à la teinte vive, la 2 CV Charleston aurait été digne d'agrémenter une œuvre d'un peintre impressionniste. Pourtant, la clientèle la boude à sa sortie, écourtant sa carrière.

ALLEMAGNE

La 2 CV Charleston jaune Hélios et noir commercialisée en Allemagne possède certaines spécificités, comme un moteur de 597cm³ pouvant fonctionner au carburant sans plomb et des phares équipés d'origine d'ampoules blanches. La réduction de cylindrée, commune à toutes les 2 CV d'outre-Rhin, est destinée à éviter une taxation fiscale dans une catégorie supérieure pour 5 cm³ de plus.

◄ Les chromes et l'aluminium poli sont très présents sur la 2 CV Charleston : cuvelages de phares, rétroviseurs, poignées de porte et baguettes latérales, y compris en bas de caisse.

AUTOCOLLANTS
Les adhésifs de portières sont déterminants dans l'aspect de la 2 CV Charleston, ce sont eux qui donnent tout le chic de la décoration Art déco. Ce mouvement, aussi appelé Art nouveau, correspond à un style architectural et mobilier du début du XXe siècle aux formes très organiques. La Charleston Hélios possède plusieurs liserés gris : un sur chaque portière, intercalé entre les parties noires et un sur le toit de part et d'autre de la capote. Ces liserés gris disparaissent avec l'arrêt de la voiture et ne seront pas repris sur la version gris Cormoran qui lui succède, ni sur la rouge Delage des millésimes ultérieurs.

CHARLESTON DE 1966
Citroën a assemblé dans les années 1980 des prototypes de Charleston vert/noir et bleu/noir qui n'ont pas été commercialisés. Néanmoins, une rumeur affirme qu'une entreprise américaine aurait vendu aux États-Unis des 2 CV Charleston vert/noir. Ce qui est possible. Dans ce pays, des sociétés comme Target vendaient, jusqu'en 1989, des Charleston en kits, afin d'échapper aux règles drastiques imposées par le DOT (Department Of Transportation) destinées à faire cesser les activités des importateurs indépendants. Importateur également, Michel Fournet a contourné les règles du DOT, jusqu'au début des années 1990, en substituant le châssis des 2 CV Charleston qu'il faisait venir d'Europe par des châssis des années 1960 déjà immatriculés aux États-Unis et reconditionnés. Il est ainsi courant de trouver des Charleston 1966 ou 1974 dans les petites annonces américaines !

Les enjoliveurs chromés de la 2 CV Charleston sont identiques à ceux des Dyane, 2 CV Cocorico et Dolly. Ils nécessitent de fixer les roues avec des boulons particuliers, référencés 154010.

Suivant le principe des premières séries de Charleston, le modèle Hélios possède une caisse entièrement jaune qui est repassée en cabine de peinture pour recevoir du noir au niveau de ses custodes et de son pavillon de toit. Le noir s'arrête au niveau de la barre d'attache de la capote, au-dessus de la baie de pare-brise. Sa jupe arrière est, elle, jaune. Le changement de méthode de peinture des 2 CV Charleston, avec la caisse entièrement peinte en noir, à l'exception des flancs de tablier, et le volet d'aération noir, n'interviendra qu'en juillet 1984, après le retrait du catalogue de la Charleston jaune Hélios. Le capot, les joues d'aile, la porte de malle et les quatre portières sont jaunes, les quatre ailes étant noires et la capote gris anthracite. Alors que les autres 2 CV de la gamme, la Spécial, la Spécial E et la Club possèdent toujours des supports de clignotants avant et de feux arrière en plastique gris, ceux des Charleston jaune Hélios et rouge Delage sont noirs. Ce type de support sera étendu au reste de la gamme l'année suivante, moment où les Charleston seront aussi équipées d'un entourage de calandre noir, de joncs de gouttières en plastique chromé et d'un pare-brise feuilleté. Ces trois derniers éléments n'équiperont jamais d'origine la 2 CV Charleston jaune Hélios.

[LA CAISSE DE LA CHARLESTON HÉLIOS EST ENTIÈREMENT PEINTE EN JAUNE]

© REYLEC prod'/d

La calandre en plastique d'origine de la Charleston Hélios est gris Perle, avec une bordure amovible grise, et désormais introuvable. Sa barre de phare est noire.

Le monogramme *« 2 CV 6 Charleston »*, au-dessus du feu arrière gauche, est d'un nouveau type apparu en 1982. Son lettrage est chromé sur fond noir.

Une belle brochette de futurs Deuchistes apprécie d'ores et déjà la Charleston jaune Hélios familiale. C'est un modèle rare, à conserver précieusement pour les générations futures.

L'année-millésime de la Charleston jaune correspond à l'apparition des dossiers de sièges avant aux angles arrondis sur les deux côtés, tandis que certains équipements sont déjà disponibles sur la Charleston depuis l'année précédente comme les freins avant à disques. À cet effet, un maître-cylindre d'un type spécial est monté, fonctionnant avec un fluide typique de Citroën, le LHM (Liquide hydraulique minéral) vert. Ce liquide est utilisé dans les suspensions hydropneumatiques des Citroën DS depuis 1967 (remplaçant le LHS rouge puis le LHS2 incolore, jugés trop corrosifs) et, partant, des GS, GSA et CX. En revanche, l'option grande ouverture de coffre ne sera proposée qu'à partir de juillet 1983 sur les Charleston, après l'arrêt du modèle Hélios. Le bas de caisse possède une large baguette chromée et la porte de malle comporte un monogramme *«2 CV 6 Charleston»*. Dans l'habitacle, la Charleston Hélios possède des caches en plastique de poignées de portière et des ceintures de sécurité avant communément appelées «de troisième génération», possédant des brins semi-rigides et de nouvelles boucles. Sa tirette de starter est munie d'un voyant lumineux rouge et les éléments de carrosserie visibles de l'intérieur sont jaunes.

[TROP VOYANTE, LA 2 CV JAUNE HÉLIOS ESSUIERA UN ÉCHEC COMMERCIAL]

La Charleston jaune Hélios d'origine possède une capote gris anthracite, qui ne se fait plus. Elle est ici remplacée par une capote noire.

©REYLEC prod'/h

Le volant monobranche et le grand compteur sont conformes au modèle Club. Mais les dossiers des sièges avant sont biseautés des deux côtés.

HELIOS

Cette teinte de jaune est assez proche du jaune Mimosa (réf. AC333) utilisé sur la 2 CV Spécial entre septembre 1978 et août 1980, l'Hélios étant toutefois un peu plus profond et tirant d'avantage sur le doré. Ces deux teintes sont souvent l'objet d'un débat car elles ont toutes les deux orné les carrosseries de la série spéciale 007. Il semblerait que les 500 premières spéciales 007, produites en septembre 1981 pour la Grande-Bretagne, ainsi que les 500 premières prévues pour la France aient été jaune Hélios. Commercialisées en octobre 1981, elles comportent des freins avant à disques. Seulement, des invendus de l'année précédente, de couleur jaune Mimosa, ont été convertis par Citroën en 2 CV 007, ce qui donne également raison à ceux qui soutiennent que cette couleur est celle de la série spéciale dédiée à un film de James Bond. Toutefois, ces dernières sont normalement équipées de freins avant à tambour.

Le double liseré gris ornant les portières de la Charleston jaune Hélios ne sera pas repris sur sa remplaçante, la Charleston gris Cormoran. Sur cette dernière, le liseré supérieur est noir, l'interstice restant gris.

FICHE TECHNIQUE

> **Type :** 2 CV 6 Charleston
> **Moteur :** M28/1
> **Cylindrée :** 602 cm^3 (597 cm^3 en Allemagne)
> **Course x alésage :** 74 x 70 mm
> **Compression :** 8,5 : 1
> **Couple maximum :** 39,2 Nm à 3 500 tr/mn
> **Puissance :** 29 chevaux DIN (21kW) à 5 750 tr/mn
> **Carburant :** au plomb (Allemagne : sans plomb)
> **Longueur :** 383 cm
> **Largeur :** 148 cm
> **Hauteur :** 160 cm
> **Empattement :** 240 cm
> **Voies AV et AR :** 126 cm
> **Diamètre de braquage :** 11,6 m

En juillet 1983, cette Charleston trop voyante, rappelant le véhicule loufoque du célèbre personnage de bande-dessinée Gaston Lagaffe – qui, imaginé par le dessinateur belge André Franquin, roule en Fiat 509 bicolore jaune et noire – cède sa place à une déclinaison gris Cormoran/gris Nocturne. Le nombre total de 2 CV Charleston jaune Hélios assemblées n'est pas connu avec précision. Des estimations réalisées à partir du nombre total de Charleston produites et de la cadence annuelle de fabrication l'évaluent à 400 modèles, tous pays confondus. Divers passionnés tentent également de recenser toutes les Charleston Hélios restantes – parfois hors d'état de rouler ou très abîmées. La tâche est malaisée car ces voitures sont parfois jalousement gardées à l'abri en raison de leur rareté, mais ils s'accordent à penser que, en 2001, il restait environ 50 Hélios authentiques à travers le monde, dont 10 en Allemagne. Il s'en rencontre beaucoup, en particulier sur les concentrations deuchistes, mais il s'agit de réalisations personnelles copiant le modèle original, parfois avec une exactitude de détails et un soin de réalisation surprenants. Contrairement à la Charleston Hélios, le modèle gris Cormoran, qui lui succède, trouvera une clientèle aux côtés de la version rouge Delage. Il sera commercialisé jusqu'à la fin de la production de la 2 CV, en juillet 1990.

[LA CHARLESTON HÉLIOS CÈDE SA PLACE À UN MODÈLE GRIS CORMORAN DÈS JUILLET 1983]

La partie noire du pavillon de toit s'arrête au-dessus de la baie de pare-brise. Le second rétroviseur latéral, côté droit, est un ajout du propriétaire de cette 2 CV.

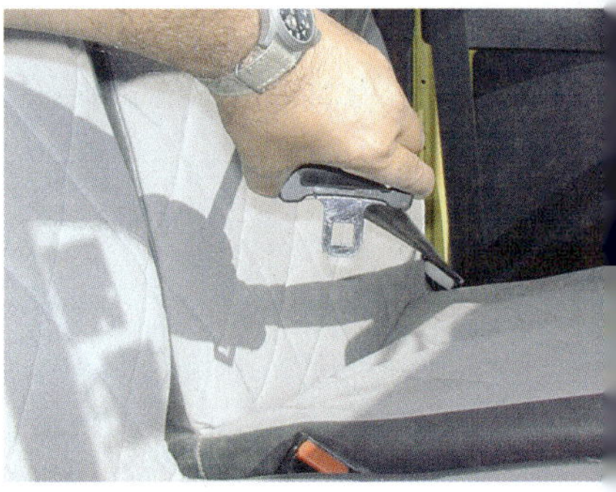

Avec les autres 2 CV de 1982, la Charleston jaune inaugure de nouvelles ceintures de sécurité dotées d'un boîtier de verrouillage et de nouvelles boucles.

■ Élégante avec ses tons de gris, cette Charleston n'en constitue pas moins la plus commune dans cette famille de triplées, comptez entre **1 000** et **5 000 €**. Attention à l'inflation des prix sur cette série.

LA 2 CV CHERLESTON GRISE 1983

Née de l'échec commercial de la Charleston jaune Hélios/noir, qui disparaît du catalogue, la troisième et ultime version de la plus chic des 2 CV sera le dernier modèle produit par Citroën, dans son usine portugaise, en juillet 1990.

© Citroën Communication – Ph. Perrin/a

▲ Déclinant sobrement deux tonalités de gris, la nouvelle Charleston rejoint le modèle rouge Delage et noir au catalogue Citroën en juillet 1983.

Sage et sobre, la Charleston grise sort en juillet 1983. Elle se situe à l'opposé du jaune tape-à-l'œil de sa devancière, lancée en novembre 1981 et qui n'a pas rencontré le succès commercial. La nouvelle arrivante chasse donc le modèle jaune Hélios/noir, après un peu plus d'une année au catalogue. La Charleston rouge Delage/noir, la référence, reste, elle, proposée à la vente. Sans autre nouveauté que son discret coloris, la Charleston gris sur gris est entièrement copiée sur la rouge, dont elle reprend tous les éléments et les principes de fabrication. Lors de sa sortie, en 1983, la caisse est entièrement peinte dans la teinte la plus claire, gris Cormoran (réf. AC057), tandis que la teinte foncée, gris Nocturne (réf. AC099) est appliquée lors d'un deuxième passage en peinture. En juillet 1984, ce procédé sera inversé sur les deux modèles de Charleston, la caisse étant dès lors peinte dans la couleur la plus foncée (noir pour la Delage et gris Nocturne pour la grise). Cette modification découle d'une logique de production : la première mise en peinture impose de recouvrir une importante surface de l'arrière de la caisse avec la teinte foncée, alors que la deuxième méthode ne concerne plus qu'une superficie réduite de teinte claire au niveau du tablier.

CONCEPTION

À l'instar de Flaminio Bertoni (1903-1964), l'inventeur des lignes de la 2 CV, de la DS et de l'Ami 6, connu pour avoir conçu la carrosserie de la Traction Avant en la sculptant directement dans de la glaise, le styliste Serge Gevin crée les élégantes courbes latérales de la 2 CV Charleston en travaillant lui aussi en volume. En effet, en 1979, Citroën lui livre à sa demande une 2 CV rouge Delage avec les quatre ailes et la porte de malle noires. Installée dans le jardin des parents de Gévin, la 2 CV se voit ornée de papiers que le styliste découpe, colle et recoupe jusqu'à obtenir le résultat escompté : la Charleston.

© Citroën Communication – Ph. Perrin/b

◀ Sur le modèle de 1983, le gris Nocturne de la custode est réalisé lors d'un deuxième passage en peinture, la jupe arrière supportant la plaque restant gris Cormoran.

La première version de la Charleston grise possède une baie de pare-brise gris Cormoran, le gris Nocturne s'arrêtant aux attaches frontales de la capote. Jusqu'en juillet 1984, la barre des phares est noire.

Le monogramme arrière de la Charleston est en plastique noir. Les feux sont ceux de l'Ami 6, installés sur la 2 CV depuis 1970, ce qui explique leur forme biseautée qui ne suit pas la jupe arrière.

Le tissu des sièges est identique sur toutes les Charleston de série, gris surpiqué de gros losanges. Il équipera aussi certaines séries spéciales Dolly et est vendu aujourd'hui sous forme de housse.

Extérieurement, les Charleston d'avant juillet 1984 se distinguent aisément de celles qui sont postérieures, l'entourage de la baie de pare-brise et la jupe arrière étant clairs dans le premier cas, foncés dans le second. Réalisée à partir d'une 2 CV 6 Club, la Charleston de 1983 en reprend l'équipement complet : embrayage avec mécanisme à diaphragme, volant moteur allégé, disques de frein à l'avant actionnés grâce à du Liquide hydraulique minéral (LHM) vert, maître-cylindre et réservoir de LHM avec filtres, amortisseurs avant et arrière de type Ami Super, réservoir de carburant en plastique de 25 l, pare-brise feuilleté de 5,5 mm d'épaisseur, porte-balais d'essuie-glace raccourcis de 6 mm, grand compteur de vitesse de type Ami 6, dossiers des sièges avant arrondis des deux côtés, capote à ouverture extérieure et tirette de starter avec voyant lumineux. L'habitacle comporte en outre un cendrier, deux pare-soleil à l'avant et un hamac porte-objets à l'arrière. La Charleston grise est équipée d'une calandre à entourage noir et, comme sur la série limitée originale et le modèle rouge Delage, les embases de clignotants et de blocs optiques arrière sont en plastique noir. Ces derniers éléments ne seront étendus aux autres modèles de 2 CV qu'en juillet 1985. La Charleston gris Cormoran/gris Nocturne survivra trois ans au modèle dont elle est tirée, la 2 CV 6 Club, et sera la toute dernière 2 CV finie d'assembler le 27 juillet 1990 à 16 h dans l'usine Citroën portugaise de Mangualde.

[JOUANT LA SOBRIÉTÉ, ELLE ASSOCIE LE GRIS CORMORAN ET LE GRIS NOCTURNE]

COLORIS

Le gris Nocturne (réf. AC099, également référencé EVR ou GVR selon la nomenclature de PSA) est exclusif à la Charleston dans la gamme 2 CV. Mais cette teinte n'est pas nouvelle, puisque disponible pour l'Ami 6, l'ID, l'ID break et la DS pendant l'année 1968. Quant au gris Cormoran (réf. AC057, référencé selon PSA EVP ou GVP), il est utilisé comme teinte globale sur les 2 CV entre juillet 1984 et juillet 1989, notamment sur la 2 CV 6 Spécial. Le gris Cormoran est aussi présent sur la première série de 2 CV Dolly de 1985, décliné sur chacun des trois modèles en association avec le blanc Meije, le jaune Rialto et le rouge Vallelunga. Par ailleurs, il existe aussi des capotes de 2 CV gris Cormoran.

HORS GAMME

Envisagés par le service marketing de Citroën, d'autres coloris de 2 CV Charleston sont allés jusqu'au stade du prototype : quelques unités conjuguant le bleu et le noir et le vert et le noir auraient été assemblés. De plus, une société américaine aurait commercialisé aux États-Unis, durant les années 1980, des 2 CV Charleston vert/noir. Aussi certains Deuchistes n'hésitent-ils pas à réaliser eux-mêmes ces modèles introuvables. Trois possibilités existent : la version proche de la série limitée originale avec le tissu intérieur pied-de-coq et les cuvelages de phares en teinte claire, le modèle de type 1981-1984 avec la caisse en dominante claire ou le type 1984-1990 avec la caisse à majorité noire. La logique voudrait que ce soit le deuxième choix qui l'emporte, les Charleston bleu/noir et vert/noir auraient en effet pu intégrer la production de série à l'instar de la jaune Hélios/noir millésime 1982.

■ C'est l'archétype du modèle qui a suscité des vocations de faussaires, alors ayez l'œil et comptez entre **1 000** et **6 500 €**.

LA 2 CV 007 1981

Le 14 octobre 1981, sort sur les écrans *Rien que pour vos yeux*, un James Bond dans lequel une 2 CV tient un rôle très inhabituel. Le même jour, une réplique presque conforme déboule en France. Retour sur la Petite Citroën avec le permis… de voler.

© Citroën communication/a

▲ Lors de la présentation du film à Paris, plusieurs dizaines de 2 CV 007 sont exposées place Vendôme, en présence de Roger Moore et de nombreuses «James Bond girls».

En 1981, James Bond, alias Roger Moore, se trouve en mission en Espagne. Alors qu'il doit échapper à une dangereuse bande de tueurs sa Lotus Esprit est inutilisable. Il monte donc dans la 2 CV d'une séduisante «Girl», Carole Bouquet, qui après avoir fait un tonneau avec la Petite Citroën lui laisse le volant. James prend alors la tête d'une inoubliable course-poursuite. À un moment, la 2 CV, dans une cascade parfaitement orchestrée par Rémi Julienne, va sauter par-dessus la route et une voiture des méchants avant d'atterrir sur un bosquet moelleux ! Cette scène de quelques secondes de *Rien que pour vos yeux*, qui succède à une course effrénée sur les routes tortueuses de Grèce, a demandé une soigneuse préparation. Recruté par le réalisateur John Glen pour régler toutes les cascades du film, Rémi Julienne a fixé un cahier des charges très strict. La 2 CV a subi une transformation aussi radicale qu'invisible. Et… inaudible, l'échappement reproduisant le son d'une Deuche grâce à de savants travaux. La 007 a d'abord troqué son bicylindre pour le moteur 4 cylindres d'une GS, le bloc 1015 cm^3 délivrant 61 ch à 6 750 tr/mn. L'auto est rallongée en reposant sur un châssis d'Ami Super. Elle conserve sa suspension à roues indépendantes, mais équipée d'amortisseurs hydrauliques, durcie et rehaussée, après quelques aménagements.

SOUVENIRS

À l'évocation du tournage de *Rien que pour vos yeux*, Rémi Julienne a les yeux qui pétillent : «*C'était la première fois que je travaillais avec cette grosse structure, où la production s'appuie sur une équipe anglaise et américaine. Il a fallu composer, effectuer des repérages, en référer, définir la poursuite et faire ensuite des propositions. Les préparatifs ont pris six semaines dans la région de Corfou, en Grèce. Ensuite, une fois la conception de la poursuite validée, il a été nécessaire d'effectuer le découpage technique et la mise en scène, sachant que les séquences devaient s'enchaîner*».

◀ En 2007, cet exemplaire de 2 CV 007 est exposé au Salon Rétromobile. Elle a effectué la majorité du tournage de James Bond et en a subi les épreuves.

Roger Moore, alias James Bond, marque la pause devant l'un des exemplaires de la série limitée qui porte son matricule d'agent secret, 007.

© Citroën communication/c

AUTOCOLLANTS

Quelque temps après la sortie de la 2 CV 007, Citroën commercialise dans son réseau les planches d'autocollants initialement fournies avec la série limitée. Si bien que beaucoup de 2 CV 007 sillonneront les routes, sans être le modèle d'origine.

UNE FILMOGRAPHIE DE VEDETTE

La 2 CV a été vue dans de nombreux films. Parmi ses « grands rôles », il faut rappeler en1958 sa participation dans *Les Amants* de Louis Malle, qui précède son apparition dans *La Belle Américaine* en 1961, de Robert Dhéry et Pierre Tchernia. Toutefois, avant de connaître une gloire internationale dans un James Bond, la 2 CV fait une courte mais géniale prestation dans *Le Corniaud* de Gérard Oury, en 1981. Elle franchit l'Atlantique en 1992 et tourne dans *Proposition indécente* d'Adrian Lyne. Claude Chabrol la fait jouer en 1995 dans *La Cérémonie*, avec Sandrine Bonnaire et Isabelle Huppert.

L'habitacle, lui, est doté d'une cage de sécurité. Les passagers sont retenus par un harnais caché sous leurs vêtements et intégré dans des sièges provenant d'une voiture anglaise de marque Hilmann. Une tôle de protection, en forme de ski, passe sous la caisse pour protéger le moteur et la boîte de vitesses. De plus, afin de supporter la cascade principale, la 2 CV a subi des modifications profondes, comme l'explique Rémi Julienne : *« La voiture comporte de nombreux renforts supplémentaires, destinés à rigidifier la plate-forme. Ainsi, après la scène du tonneau, réalisée dans une rue en pente, la 2 CV remise sur ses roues par des habitants du village peut repartir normalement, sans trop de dommage. D'autre part, le fait d'adopter le moteur de la GS a entraîné une augmentation sensible du poids sur le train avant, dont nous avons modifié les angles de chasse. Je me souviens que cette auto accélérait comme une balle, mais elle avait du mal à tourner »*. En faisant appel à Rémi Julienne, John Glen fut bien inspiré. Son film recevra l'Oscar de la meilleure cascade.

[QUATRE VOITURES SONT ASSEMBLÉES POUR LES BESOINS DU TOURNAGE]

© Vincent Roussel/d

Pour les besoins du film dans lequel la 2 CV effectue un tonneau, l'habitacle a été entièrement renforcé par un arceau cage.

La 2 CV de James Bond dans son jus : ailes enfoncées, phares et pare-chocs de travers et diverses rayures témoignent de la rudesse de certaines cascades.

© Citroën communication/r

Lors de la présentation du film à Paris, plusieurs dizaines de 2 CV 007 sont exposées place Vendôme, en présence de Roger Moore et de nombreuses « James Bond girls ».

STAR PARMI LES STARS

L'automobile joue un rôle capital dans l'histoire des James Bond. La 2 CV vedette de *Rien que pour vos yeux* succède à la fameuse Aston Martin DB5, vue dans *Opération Tonnerre* en 1965. Les producteurs ressortiront ce modèle mythique en 1995 pour *Goldeneye* et en 1997 pour *Demain ne meurt jamais*. Dans ces deux derniers films, Pierce Brosnan a succédé à Sean Connery et Roger Moore, au volant de la sublime DB5.

Cette 2 CV 007 de James Bond girl a des phares rectangulaires et une peinture jaune exclusive. Quatre voitures sont assemblées pour les besoins du tournage. La préparation des véhicules est le fruit d'une coopération franco-britannique : produites en Espagne, les 2 CV 6 ont été envoyées à Levallois avant de prendre la direction de l'Angleterre, ou elles sont passées entre les mains de Ken Shepard, un spécialiste des effets spéciaux outre-Manche. *«Les travaux ont été effectués suivant nos directives»*, précise Rémi Julienne. Les quatre véhicules ont joué un rôle différent dans le film : la première a été détruite lors d'une cascade. La deuxième a pris le relais et effectué l'ensemble du tournage, tandis que la troisième tenait le rôle de voiture de secours. Quant à la quatrième, elle est restée à l'état de maquette et a servi uniquement aux plans de raccord, loin des lieux d'action. Le choix de la 2 CV s'est fait naturellement. Pour que le scénario soit crédible, l'équipe de cascade a jeté son dévolu sur une voiture ordinaire et populaire. *«La 2 CV n'appartient pas aux éléments habituels de James Bond et l'effet de surprise fonctionne à plein. Personne ne s'attendait à une telle prestation de sa part»*, indique Rémi Julienne. Sur l'affiche du film, la 2 CV partage la vedette avec les acteurs, Roger Moore et Carole Bouquet. Citroën y voit l'opportunité de lancer une série limitée 2 CV 007. Mille véhicules seront réalisés, 500 pour les sujets de sa Gracieuse Majesté, avec conduite à droite, et 500 pour la clientèle française.

[LA PETITE CITROËN A TROQUÉ SON BICYLINDRE POUR LE MOTEUR 4 CYLINDRES D'UNE GS]

Les impacts de balle visibles sur la malle de la 2 CV du tournage sont réels. Il ne s'agit pas d'autocollants comme sur la série spéciale.

© Vincent Roussel/g

Carole Bouquet et Roger Moore, les « autres » vedettes de *Rien que pour vos yeux*, à bord de leur 2 CV.

IAN FLEMING

Comme la plupart des James Bond, *Rien que pour vos yeux* est tiré d'un livre signé par le romancier britannique Ian Lancaster Fleming. Né en 1908 à Mayfair, le père des James Bond a une vie bien remplie et sait de quoi il parle : il a été agent secret avant de devenir auteur. Son premier roman, *Casino Royal*, sort en 1953.

M 1026 A

Son nom de code est presque aussi célèbre que celui de son illustre conducteur : M 1026 A. Il s'agit, bien sûr, de la plaque minéralogique de la 2 CV 007. Elle est immatriculée en Espagne, pays où l'action du film est censée se dérouler, même si les principales scènes furent tournées en Grèce.

La firme au double chevron profite de l'effet médiatique suscité par le film pour écouler son stock d'une ancienne génération de 2 CV 6 Spécial. Elle y adjoint uniquement des freins à tambours, de phares ronds et une peinture jaune Mimosa. La 007 embarque le moteur 602 cm³ de 29 ch et bénéficie d'une boîte à quatre rapports. Le lancement de cette édition à tirage limitée fut une véritable prouesse : sa sortie doit coïncider avec la sortie du film dans les salles, le 14 octobre 1981. Les mille spécimens sont réalisés dès septembre à l'usine de Levallois. Outre son coloris, la Spécial 007 se distingue du modèle de grande série par ses logos 007 placés sur les portes et sur la malle, le dessin d'un pistolet sur l'aile arrière et des pastilles rondes autocollantes figurant des impacts de balles. La pose de ces impacts factices est à la discrétion de l'acheteur, qui trouve ses autocollants dans la tablette du vide-poches. Le jour de la sortie du film, quatre cent quatre-vingts 2 CV 007 sont livrées aux concessionnaires Citroën, au tarif de 22 500 francs (environ 3 400 euros), et quelques voitures de démonstration sont exposées place Vendôme, à Paris, en présence de Roger Moore et de nombreux mannequins. Tous acceptent de partager la vedette avec la Petite Citroën qui bénéficie, trente-cinq ans après son lancement, d'un sensationnel coup de projecteur. Un bien joli coup de publicité pour la 2 CV !

[CITROËN LANCE UNE SÉRIE LIMITÉE DE 2 CV 007 FABRIQUÉE À 1 000 EXEMPLAIRES]

Pour les besoins du film, la 2 CV a hérité d'un moteur de GS et emprunté le châssis d'une Ami Super.

- Une série spéciale espagnole, à petit tirage qui ne figure pas dans le marché de la collection dans l'Hexagone.

LA 2 CV 6 CT MÁRCATELO 1982

Série spéciale destinée au marché hispanique, pour la Coupe du monde de football de 1982 se déroulant en Espagne, la 2 CV Márcatelo reprend une idée primée en France en 1976 : grimer la Deuche en chaussure de sport.

© Alain Brouste/a

▲ Réalisée à partir d'une 2 CV 6 CT, un modèle espagnol de série, la Márcatelo possède des phares rectangulaires et des pare-chocs épais.

Série limitée à l'effigie de la Coupe du monde de football de 1982, la 2 CV Márcatelo s'inspire du projet de Claire Pagniez, étudiante à l'école française de stylisme Camondo, qui avait imaginé, en 1976, une Deuche décorée en basket. Le projet a été réalisé par Citroën en 1977, en deux exemplaires pour faire la paire. C'est d'ailleurs sous le nom de *zapatilla*, «chaussure» en espagnol, que les Deuchistes ibériques appellent le plus souvent la 2 CV du *Mundial*. Le terme *Márcatelo*, qui signifie littéralement «*marque-toi le*», dans le sens de «*rappelle-t'en*», provient du dépliant publicitaire paru à la sortie de la voiture. En effet, c'est sur celui-ci qu'apparaît l'inscription, qui est le fait du publicitaire et non le nom officiel de la Petite Citroën, aux côtés de la photo de la 2 CV mise en scène sur un terrain de football. Le logo de la porte de malle précise seulement «2 CV. 82». Cette voiture connaît un succès mitigé et, parmi les 500 exemplaires devant être assemblés à l'usine ibérique de Vigo, selon le même dépliant publicitaire, seules 300 seront finalement produites. Reprenant les couleurs vives de la tenue des joueurs de football de l'équipe d'Espagne, la 2 CV Márcatelo est réalisée à partir du modèle espagnol le plus répandu, la 2 CV 6 CT, qui correspond à l'entrée de gamme.

© Alain Brouste/b

▲ La «chaussure de sport» de la Márcatelo, malgré sa décoration torturée, est beaucoup moins détaillée que le modèle dont elle est inspirée, la 2 CV Basket dessinée par Claire Pagniez en 1976.

2 CV 6 CT

En France, la gamme des 2 CV 6 de grande série comprend un modèle d'entrée de gamme, la Spécial – plus une variante Spécial E avec embrayage centrifuge –, et une version plus cossue, la Club. L'Espagne, elle, propose à son catalogue la CT et la Club. Les lettres «CT», expression de la notion de confort, désignent un modèle équivalent à la Spécial française avec toutefois quelques différences, comme des pare-chocs épais, des commandes intérieures de portes et une capote avec portique tubulaire à l'avant.

Les ampoules des phares sont blanches alors qu'elles sont jaunes en France à la même époque. L'entourage de la calandre est en plastique noir.

© Alain Brouste/c

© Alain Brouste/d

La découpe de peinture des portes arrière ne correspond à aucun repère de la 2 CV : ni l'arête de la porte, ni la poignée, ni le bossage de la bande de ceinture de caisse, ni le petit jonc en aluminium.

© Alain Brouste/e

Les trois traits transversaux blancs représentent les lacets. Les six cercles blancs figurent leurs œillets. L'ensemble imite le coup de pied d'une chaussure.

© Alain Brouste/f

La Márcatelo est une 2 CV 6 CT, comme indiqué sur sa porte de malle. Au-dessus, le chiffre, ici « 185 », désigne le numéro de la voiture dans la série.

SELLERIE

Le tissu utilisé pour l'habitacle de la 2 CV Márcatelo se rapproche de celui commercialisé en France entre septembre 1980 et août 1982 pour la 2 CV 6 Club de couleur cuivre Indien (réf. AC334). Ce tissu se retrouve aussi dans la Dyane de même teinte et, en option, dans la 2 CV 6 Spécial également cuivre Indien.

ONZE

Un club espagnol, le *Club 2 CV de Aragón*, tente de recenser les 2 CV Márcatelo toujours existantes. À l'été 2006, seules 11 voitures ont pu être localisées dans différentes parties d'Espagne, qui portent les numéros 051, 067, 069, 102, 130, 185, 212, 220, 228, 252 et 292. D'autres seraient sur le continent américain.

MUNDIAL 82

Se déroulant en Espagne, la Coupe du monde de football de 1982 accueille 24 équipes qui totaliseront 146 buts pour 52 matches. Le meilleur buteur est Paolo Rossi (avec 6 buts), qui fait partie de l'équipe italienne victorieuse. La finale oppose cette équipe à celle de l'ex-R.F.A. (République fédérale d'Allemagne). Ce match fait suite à celui de demi-finale opposant la R.F.A. à la France, cette dernière perdant suite à la séance de tirs au but, une première dans l'histoire de la Coupe du monde et un triste souvenir dans l'Hexagone.

La décoration de la 2 CV Màrcatelo fait appel autant à de la peinture qu'à des adhésifs, notamment pour le dessus du capot. Au grand dam des collectionneurs et des puristes, ces autocollants perdant facilement leurs couleurs au soleil, il arrive de rencontrer d'authentiques 2 CV Márcatelo avec les bandes de capot devenues pales qui semblent non conformes à l'origine. Partant d'une caisse rouge, la décoration suit des courbes complexes qui ne respectent pas toutes les découpes des éléments de carrosserie, ce qui a compliqué le travail de peinture de cette Deuche. Sur les ailes arrière, des adhésifs circulaires imitent les œillets de chaussure permettant la respiration du pied. Et leur centre rouge est sensé représenter la couleur des chaussettes des footballeurs espagnols lors de la Coupe du monde 1982. Autre clin d'œil au sport, deux bandes obliques sur les portières avant rappellent une célèbre marque de chaussures de sport. Une particularité propre à la Márcatelo est d'avoir des enjoliveurs (de type Dyane) entièrement peints. Chaque voiture se distingue extérieurement par un chiffre orange, sur la gauche de la porte de malle, indiquant son numéro dans la série spéciale. À l'intérieur de l'habitacle, les sièges sont couverts d'un tissu orange rayé inégalement de noir et de rouge, avec des flancs en plastique orange. Quant aux garnitures de portière, elles sont réalisées dans la même toile – les rayures étant horizontales –, avec une large partie supérieure en plastique noir imitant du cuir. À noter que ces derniers éléments sont propres à ce modèle. Malgré sa particularité esthétique et son faible volume de production, qui rendent la 2 CV Márcatelo intéressante à collectionner, seuls onze exemplaires de cette série spéciale ont été recensés de nos jours en Espagne. D'aucun diront que c'est un signe : le bon nombre pour constituer une équipe de football !

[LA 2 CV REPREND LES COULEURS DE L'ÉQUIPE DE FOOTBALL ESPAGNOLE]

■ Elle fait partie de ces séries spéciales qui rencontrent toujours un beau succès, mais qui sont parfois des imitations. Estimation entre **900** et **4 500 €**.

LA 2 CV FRANCE 3 1983

Série limitée produite sur la base d'une 2 CV 6 Spécial, la 2 CV France 3 est créée par Citroën, en 1983, pour promouvoir le voilier français du même nom en compétition dans la Coupe de l'America. Sans grand succès commercial.

© Stéphane Declerck/a

Afin de donner une nouvelle dynamique aux ventes de la 2 CV, qui commencent à s'émousser dans les années 1970, Citroën lance la 2 CV Spot, en 1976, première série limitée de Deuche. Avec ses couleurs vives et son allure ludique, cette voiture connaît un succès commercial respectable qui encourage Citroën à renouveler ce type d'opération. Le constructeur produit alors successivement les Dyane Caban (1977), GS Basalte (1978), Visa Sextant (1980) et, surtout, la 2 CV Charleston (1980). Cette politique des séries limitées plaît à la clientèle de Citroën et, en avril 1983, l'engagement du bateau *France 3* dans la prestigieuse Coupe de l'America est une occasion idéale pour créer une nouvelle 2 CV spéciale : la 2 CV France 3. Si toutes les séries limitées de Citroën sont l'œuvre du designer Serge Gevin, exceptées la 2 CV 007 (1981) et la 2 CV Charleston jaune et noire, la 2 CV France 3 est dessinée par l'agence RSCG. Elle est fabriquée en 2000 exemplaires et quelque peu boudée par le public, du moins dans un premier temps…

▲ Si la 2 CV France 3 est l'une des séries limitées les plus couramment rencontrées sur les routes, après la Charleston et la Dolly, toutes ne sont pas authentiques !

AMERICA'S CUP

La Coupe de l'America fut créée en 1851. À cette époque, tous les bateaux Class America peuvent concourir. Mais, à partir de 1983, année de l'engagement du *France 3* dans la course, il faut préalablement passer par les épreuves de sélection de la Louis Vuitton Cup, d'où sort le *challenger* qui ira défier le *defender*. Dans l'histoire de cette épreuve, 1983 est aussi l'année où les États-Unis s'inclinent, pour la première fois après 132 ans, au large de Terre-Neuve, face au bateau *Australia II*.

© Citroën Communication/b

◄ Produite, en 1983, à 2000 exemplaires pour le marché français sur la base d'une 2 CV 6 Spécial, la 2 CV France 3 porte le même nom que le bateau français engagé cette année-là dans l'America's Cup.

Joignant les ailes avant et arrière en traversant les portières selon une courbe élégante, une large bande de couleur dite bleu Océan reprend la forme d'une vague.

© Stéphane Declerck/e

LES 2 CV FRANCE 3 EN KIT

Si l'on rencontre un nombre important de 2 CV France 3 sur les concentrations deuchistes, c'est qu'elles ne sont pas toutes d'origine. Les marchands de pièces détachées et d'accessoires pour 2 CV commercialisent des kits d'autocollants qui permettent de reproduire la décoration d'une 2 CV France 3. Une réplique complète de la voiture est même proposée par un distributeur anglais, pour environ 6 000 euros. La sérigraphie actuelle permet de reproduire sa décoration d'origine avec une excellente qualité : les nuances de bleu Océan sont proches de la perfection, tout comme les couleurs de la capote rayée, si bien qu'il est parfois difficile de repérer les vraies 2 CV France 3 des fausses.

Le seul signe explicite de la démarche de cette série spéciale en faveur du Défi français pour la Coupe de l'America est la présence du monocoque *France 3* sur la porte de malle.

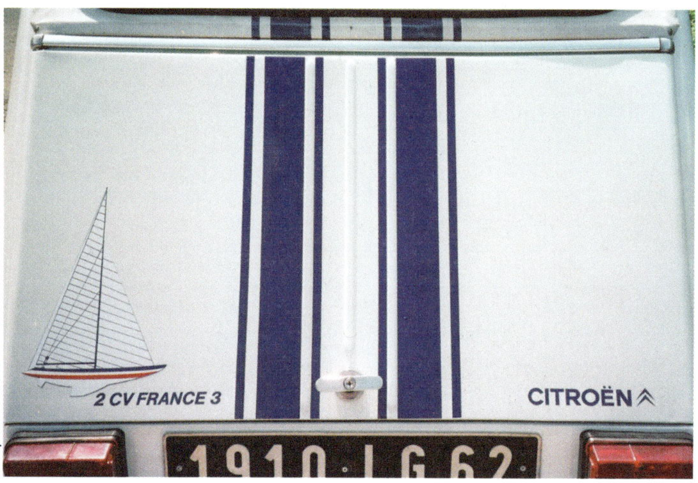

© Stéphane Declerck/d

Réalisée sur la base d'une 2 CV 6 Special, cette Deuche d'inspiration marine est en blanc Meije, avec la capote, les pare-chocs et les roues assortis. La décoration est constituée de deux bandes bleu marine, dit bleu Océan, qui partent de la calandre, traversent le capot et le toit, et se prolongent jusqu'à la base de la porte de malle, ainsi que d'un motif latéral de même couleur, rappelant de chaque côté de la voiture le mouvement d'une vague, qui se déploie depuis l'arrière de l'aile avant, traverse les deux portières et se termine en pointe au-dessus de l'aile arrière. En bas et à gauche de la porte de malle est dessiné de profil le voilier *France 3*, dont la coque tricolore symbolise le Défi français de la Coupe de l'America. La calandre, en plastique, est grise, cerclée de noir, le bas de caisse reçoit des baguettes dont la base est chromée, et la barre du support de phares ronds, les pare-chocs étroits et les roues sont peints en blanc. L'intérieur de la voiture, qui comporte deux sièges séparés à l'avant, a reçu une sellerie spéciale, avec des garnitures de banquettes en toile écrue, teintées de bandes bleu Océan horizontales, sans joues d'assise. Le hamac porte-objets, derrière la banquette, est en skaï bleu, assorti aux panneaux d'intérieurs de portes.

[LES COLORIS FRANCE 3 MARIENT LE TRADITIONNEL BLANC MEIJE À UN NOUVEAU BLEU OCÉAN]

Pour le reste, la 2 CV France 3 reprend des éléments de 2 CV antérieures. Elle est équipée d'une capote à ouverture intérieure, comme la 2 CV 6 Club, et de roues de Dyane 6, comme la 2 CV 6 Charleston. En ce qui concerne la motorisation, elle est dotée, comme les autre 2 CV 6, d'un bicylindre de 602 cm^3 développant 29 ch et alimenté par un carburateur double corps. Sa vitesse de pointe, que les documents publicitaires de Citroën annoncent de « 62 nœuds en vitesse de croisière », est de 115 km/h. L'habitacle de la 2 CV France 3, hormis la décoration particulière des sièges, est également classique : il dispose d'un volant en plastique à deux branches, d'un petit compteur de vitesse et d'un pare-soleil additionnel pour le passager. Les bandeaux de portières, cache-charnières, cendrier et plafonnier sont absents.

© Stéphane Declerck/e

Sur cette authentique 2 CV France 3 de 1983, remarquablement restaurée, deux imperfections subsistent, que seul un œil avisé saurait localiser : ses platines de clignotants et ses enjoliveurs de roues ne sont pas d'origine.

Alors que la presse française n'est pas avare de promotion pour les préparatifs de la Coupe de l'America, Citroën s'engage, avec la 2 CV France 3, à participer au financement du voilier tricolore, en reversant 500 F (76 €) par voiture vendue au Défi français. Mais les ventes espérées ne sont pas au rendez-vous et, aux lendemains de la grande course, de nombreux exemplaires de la France 3 sont toujours exposés chez les concessionnaires.

[EN 1984, UNE NOUVELLE SÉRIE LIMITÉE DE 2 CV FRANCE 3 EST PRODUITE POUR L'EXPORTATION]

En 1984, Citroën tente de remettre en scène la 2 CV France 3. Cette fois-ci, c'est la notion de voiture de loisirs qui est mise en exergue dans la campagne de promotion. Et une nouvelle série limitée, de 2000 exemplaires, de la Petite Citroën marine est produite pour l'export sous des noms différents : 2 CV Transat pour l'Allemagne, l'Espagne, l'Autriche et les Pays-Bas, 2 CV Beachcomber pour la Grande-Bretagne. Si l'appellation « Transat », reprise à l'un des prototypes de la 2 CV Spot, évoque effectivement les vacances et le bord de mer, « Beachcomber » signifie littéralement « qui ratisse la plage » et peut se traduire par « ramasseur d'épaves », ce qui est nettement moins élogieux. Cette série de 1984 se distingue de la précédente par l'absence du bateau du Défi français, qui n'apparaît que sur la version française de la voiture. La version allemande de la 2 CV France 3 est, quant à elle, dotée d'une capote bleue avec des bandes blanches, soit l'inverse du modèle originel. La légende raconte que cela tiendrait à ce que la clientèle d'outre-Rhin aurait craint une ressemblance avec la décoration des voitures de police germaniques !

© Stéphane Declerck/f

Parmi cette douzaine de 2 CV France 3, réunies pour une photo souvenir à l'occasion d'une concentration, il est difficile de repérer les vraies France 3 parmi leurs imitations…

LE SOUCI DU DÉTAIL

Si une 2 CV France 3 d'origine est difficile à trouver, certains passionnés parviennent néanmoins à restaurer leur voiture avec une grande rigueur. C'est le cas, par exemple, de Stéphane Declerck qui possède une 2 CV France 3, mise en circulation le 26 avril 1983. La voiture est entièrement et fidèlement restaurée par ses soins, et il a repris lui-même la sérigraphie sur le modèle d'origine quelque peu effacé. Mais, certaines pièces étant difficiles à se procurer, il est possible de relever sur sa voiture quelques détails non conformes au modèle de série, qui n'échappent pas à certains puristes et au propriétaire lui-même. Les platines des clignotants avant et arrière sont noires, comme celles des 2 CV Charleston et des 2 CV de 1985, et les enjoliveurs de roues sont ceux d'une Ami 6 ou d'une 2 CV AZAM. Mais Stéphane ne renonce pas. Il scrute les annonces de pièces détachées spécialisées et arpente, chaque fois qu'il le peut, les allées des bourses d'échanges et autres lieux de rencontres de Deuchistes, en quête d'un rayon « Pièces France 3 » bien achalandé.

CITROËN SUPPORTER DU DÉFI FRANÇAIS

Se lancer dans la prestigieuse compétition de l'America'cup est un défi extrêmement coûteux, que seul un skipper confirmé et entouré d'un équipage d'élite peut éventuellement relever, à la condition de disposer d'un appui national, car il est sensé représenter son pays dans le cadre de l'épreuve, et d'un matériel de haute technologie qui requiert des compétences et un budget d'exception.

Pour aider le mouvement de supporters lancé en 1983, appelé le Défi français pour la Coupe de l'America, Citroën décide de fabriquer une série limitée de 2 CV portant le nom du bateau. Une affichette publicitaire recto-verso est imprimée et diffusée par l'ensemble du réseau, chaque voiture vendue contribue au financement de l'entretien du *France 3* en reversant 500 F (76 €) au Défi français, et... En avant *France 3* !

© Citroën Communication/g

© Citroën Communication/h

L'ANNÉE 1983

Les années 1982 et 1983 sont très importantes dans l'histoire de Citroën. En 1982 la marque aux chevrons achève le déménagement de son usine de Javel et, en 1983, le siège de Citroën est fini d'installer dans les nouveaux locaux de Neuilly-sur-Seine. Ce début des années 1980 est une période de crise économique internationale et l'abandon par Citroën de son berceau, situé en plein Paris, coûteux et non extensible, est salutaire pour la firme. L'année 1983 est également celle de l'abandon définitif, par Citroën, de l'embrayage centrifuge. Les deux dernières années, ce formidable dispositif d'embrayage semi-automatique, né avec la 2 CV AZ en 1954, n'était plus disponible que sur la 2 CV 6 Spécial E. Cette dernière disparaît du catalogue en juillet 1983, et, avec elle, la géniale invention de Citroën qui fut si étroitement liée à la 2 CV pendant près de trente ans !

CLUB SPÉCIAL

Depuis avril 2004, il existe un 2 CV-Club consacré aux séries spéciales. Créé par Benoît Meurie, fondateur d'un club dédié aux seules 2 CV Spot récemment dissout, le *2 CV-Club séries limitées* réunit tous les modèles de Petites Citroën produits en séries limitées sur le marché français, de la 2 CV Spot à la 2 CV Cocorico en passant par les 007, Charleston, France 3, Dolly... ainsi que les Dyane Caban produites dans les mêmes conditions.

■ On retrouve avec cette grande série des Dolly, les mêmes appréciations que pour les Charleston selon leur chiffre de production ; celle-ci est en cote haute entre **1 000** et **5 000 €**.

LA 2 CV DOLLY BLANCHE ET GRISE 1985

En mars 1985, Citroën sort une nouvelle série spéciale de la 2 CV : la Dolly. Elle est composée de trois modèles, chacun avec des coloris et des décorations différentes. La blanche et grise est la plus discrète et, pour beaucoup, la plus élégante. Pas la plus prisée.

© Mathieu Goutelle/a

▲ **Sobre, la robe blanche et grise de la 2 CV Dolly ne sera pas reconduite sur les séries ultérieures. Sa calandre est uniformément grise, sans cerclage.**

Chez Citroën, les «coups marketing» font partie de la culture d'entreprise. Une tradition de la grande maison inaugurée avec l'illumination de son nom sur la Tour Eiffel, dans les années 1920, et suivie, entre autres, des grandes expéditions en Afrique et en Asie dans les années 1930. Citroën crée encore l'événement dans les années 1970, en lançant la première série spéciale d'un modèle de voiture française : la 2 CV Spot de 1976. Elle donnera naissance à de nombreuses déclinaisons spéciales de la brave Deudeuche. Au milieu des années 1980, toujours pour tenter de redonner un coup de fouet aux ventes inexorablement en déclin de la Petite Citroën, le service marketing lance une nouvelle série limitée, avec une idée originale et novatrice : proposer non pas un modèle spécial, mais trois versions différentes d'une même série limitée. Ainsi, le 21 mars 1985, sortent trois 2 CV Dolly, une jaune Rialto et gris Cormoran, une gris Cormoran et rouge Vallelunga, et une blanc Meije et gris Cormoran. Le public est agréablement surpris par ce concept original et séduit par les couleurs fraîches des voitures. Le modèle le plus sage, blanc et gris, n'est pas le moins élégant, loin s'en faut.

▲ **Le bas de caisse de la Dolly blanc Meije et gris Cormoran est orné de baguettes en aluminium poli. Sa capote est celle de la 2 CV Spécial, avec ouverture par l'extérieur.**

NUMÉROS

À partir de 1980, toutes les 2 CV produites s'inscrivent chaque année dans un unique lot de numéros de série. Il ne s'agit plus que d'un seul et même type, le AZKA, puisque seule la 2 CV 6 subsiste, en finition Spécial ou Club, ou bien déclinée en séries spéciales. En mars 1985, comme toutes les 2 CV du moment, la Dolly puise son châssis dans le lot démarrant au n°KA38501. Il est à noter que, de toutes les séries spéciales, seule la 2 CV Spot d'avril 1976 a ses propres numéros de série (à partir du n°03KB5635). Elle est pourtant réalisée sur la base d'une 2 CV 4, modèle assemblé cette même année avec lequel elle partage le même type mine, AZA2. Mais la série de la 2 CV 4 commence au n°00KB0001.

DEUCHES SPÉCIALES
Durant toute son histoire, la 2 CV est déclinée en quatorze séries spéciales commercialisées :

1976
> **Spot** (France, Benelux, Italie, Suisse et sur base 2 CV 6 en Grande-Bretagne)

1980
> **Charleston** (France, Allemagne, Autriche, Belgique, Pays-Bas, Italie, Suède et Grande-Bretagne)

1981
> **007** (France et Grande-Bretagne)

1982
> **Màrcatelo** (Espagne)

1983
> **France 3** (France, sous le nom de *Transat* en Allemagne, Autriche, Espagne, Pays-Bas, Suisse et sous le nom de *Beachcomber* en Grande-Bretagne)

1984
> **Week-End** (Suisse)

1985
> **Ente-Grün** (Allemagne et, sous le nom de *Canard Vert*, en Suisse)
> **Fireball** (Suisse)
> **deux premières vagues de Dolly** (France et autres pays européens)

1986
> **troisième vague de Dolly** (France et autres pays européens)
> **Cocorico** (France)

1987
> **Bamboo** (Grande-Bretagne)

1988
> **Sausss-Ente** (Allemagne)
> **Perrier** (Belgique et Luxembourg)

1989
> **Dakar** (Belgique), ultime série spéciale, c'est une 2 CV 6 équipée d'un kit d'accessoires

© Mathieu Goutelle/c

Harmonieuse et peu utilisée dans l'histoire de la 2 CV, la mise en couleur de la partie haute des ailes arrière est un des éléments caractéristiques de cette version de Dolly.

Si la robe de la Dolly blanc Meije (réf. EWT) et gris Cormoran (réf. EVP) est très classique, la décoration joue harmonieusement des courbes naturelles de la silhouette de la 2 CV. De couleur grise, la partie basse de la voiture comprise entre les ailes avant et arrière s'accorde aux cuvelages des phares et à la capote. La partie haute est blanche, ainsi que le capot et la porte de malle. Cela a nécessité l'application de deux peintures différentes sur les quatre portières, et également au niveau des ailes arrière, dont la partie supérieure est grise, seule la partie bombée étant blanche. Un liseré coloré jaune, et plus finement noir, suit la délimitation entre les deux teintes. Il est légèrement au-dessus de la séparation entre le gris et le blanc, et non exactement sur leur frontière comme cela se pratique d'ordinaire. Toute la « personnalité » de cette Dolly tient dans le subtil raffinement de cette bande jaune et noire. Car, hormis les inscriptions autocollantes « Dolly » noires collées sur le volet d'aération, à droite, et la porte de malle, à gauche (à la place du traditionnel monogramme chromé sur fond noir portant le nom commercial de la voiture), et des enjoliveurs de roue chromés, les autres composants de cette voiture sont identiques à ceux d'une 2 CV 6 Spécial de série. Dans l'habitacle, la garniture des sièges est celle de la 2 CV Charleston de série, c'est-à-dire un tissu gris à surpiqûres en forme de grands losanges.

[À L'ÉLÉGANCE, LE PUBLIC PRÉFÈRERA LA FANTAISIE DES DEUX AUTRES VERSIONS]

Les 1 500 exemplaires de la série de 2 CV Dolly à destination du marché français se vendent si rapidement qu'une deuxième série de trois modèles est lancée dès le mois d'octobre de la même année. Néanmoins, certaines déclinaisons de couleur trouvent plus rapidement preneur que d'autres. Et, à l'élégance du modèle blanc et gris, le public préfèrera la fantaisie des deux autres versions de cette première série. Moins prisée, cette discrète Dolly blanche et grise est donc peu courante de nos jours.

© Mathieu Goutelle/d

Le positionnement de la bande jaune et noire est principalement dictée par le rebord du capot moteur. De fait, elle ne se superpose pas à la limite entre le blanc et le gris et met en valeur la ceinture de caisse.

Regrouper deux Dolly blanc Meije et gris Cormoran n'est pas aisé de nos jours. Cette voiture est rare.

■ Ce mariage fort élégant et tonique revendique également une cote haute de **1 000** à **5 000 €** selon l'état.

LA 2 CV DOLLY JAUNE ET GRISE 1985

En 1985, Citroën lance une nouvelle série spéciale de 2 CV, la Dolly, composée de trois modèles bicolores. Parmi elles, une version reprend la teinte historique de la Deuche, le gris, associé au jaune Rialto. Un modèle unique aux design des années 1930.

© Alain Brouste/a

Dans les années 1980, le bureau d'Étude de Citroën se cherche, ne sait au juste quelle combinaison de couleurs aurait le plus de chances de succès auprès d'une clientèle de la 2 CV renouvelée mais décroissante. En mars 1985, sort la première série spéciale de Dolly, une Deuche bicolore constituée de trois modèles distincts, tant par leurs coloris que par la répartition sur la carrosserie entre la teinte dominante et l'autre, complémentaire. Parmi elles, une version rétro, jaune Rialto (réf. EAA) et gris Cormoran (réf.EVP), possède un authentique charme rappelant les années 1930, avec son flanc de carrosserie jaune assorti à la capote.

▲ Sur la première série de Dolly, tous les éléments sont peints, hormis le filet décoratif blanc et noir et les logos indiquant le nom de la série spéciale.

© Alain Brouste/b

▲ La capote jaune clair est spécifique à ce modèle. Elle sera reprise pour les deuxième et troisième séries de la 2 CV Dolly, sur la version jaune Rialto et rouge Delage, l'une des plus prisées tous modèles confondus.

REVUE DE DÉTAILS

La 2 CV Dolly cumule des équipements classiques avec d'autres spécifiques. Ainsi, elle est équipée d'un pare-brise en verre feuilleté, de deux pare-soleil orientables, d'une capote à ouverture interne, d'une banquette arrière amovible, d'un hamac porte-objets à l'arrière, d'un système de réglage de hauteur des phares depuis l'habitacle et d'un plafonnier.

SEPT DOLLY DISTINCTES

Le cumul des trois séries de trois 2 CV Dolly constitue neuf voitures. Mais seules les six premières, ainsi que l'une des trois dernières arborent des couleurs différentes. Sur le plan du design, la production de 2 CV Dolly se limite donc à sept voitures.

© Alain Brouste/c

Comme la 2 CV Charleston, la 2 CV Dolly possède des supports de clignotants noirs. Cette déclinaison de couleur aurait pourtant gagné à garder les modèles gris montés en série sur la 2 CV Spécial.

© Alain Brouste/d

Comme ses consœurs de grande série, la 2 CV Dolly bénéficie de ceintures de sécurité avant à enrouleur. Le siège conducteur est monté sur glissières, afin d'en régler l'avancement.

© Alain Brouste/e

Les quatre portières subissent deux passages de peinture, l'un pour le gris, l'autre pour le jaune. La limite des deux couleurs, se situe à l'emplacement du petit jonc en aluminium poli.

UNE PRODUCTION TOTALE DE 4 100 DOLLY FRANÇAISES

La multiplicité des coloris de Dolly complique leur recensement, d'autant plus que les chiffres de production ne sont pas différenciés. Citroën indique que la série de mars 1985 comporte 3 000 exemplaires, dont 1 500 commercialisés en France. La discrimination entre chacun des trois coloris n'étant pas établie, il est possible de supposer que les modèles se répartissent en trois tiers, mais ce n'est pas prouvé. La seconde vague, d'octobre 1985, comprend 2 000 Dolly, dont 600 pour la France. Là encore, aucune indication ne précise le nombre d'exemplaires produits pour chacun des trois coloris. Et enfin, en mars 1986, la troisième série de Dolly comprendrait 2 000 exemplaires pour la France. Le nombre de Dolly assemblées pour les autres pays de cette troisième vague n'est pas établi.

Dans cette première série de 2 CV Dolly, le modèle le plus frappant pour les esprits est aussi le plus osé au niveau esthétique. Combinant le gris Cormoran et le rouge Vallelunga, il sera repris sur deux autres vagues de Dolly. Le succès de cette version éclipse légèrement les deux autres modèles de la première série de Dolly, aux coloris plus sages et moins affirmés. La version jaune Rialto et gris Cormoran défend une option raffinée et rétro, avec une subtile répartition des deux couleurs : le jaune pour les ailes, bas de portières, porte de malle et capote, tandis que le gris du capot se prolonge sur la baie de pare-brise, les hauts de portières et souligne la base du coffre. À ces coloris sont adjoints les autres éléments propre à la Dolly : un large jonc en aluminium de bas de caisse, un petit jonc du même alliage le long de la ceinture de caisse et des enjoliveurs chromés de type Dyane. Enfin, un triple filet autocollant suit la ceinture de caisse, dans sa partie supérieure, et se prolonge sur le rebord du capot, jusqu'au niveau de la barre de phares. Cet adhésif comporte trois bandes d'égale largeur, deux blanches en encadrement d'une noire.

[AU NIVEAU MÉCANIQUE, LA DOLLY EST IDENTIQUE À UNE 2 CV SPÉCIAL DE SÉRIE]

À l'intérieur de la voiture, le poste de conduite noir, conforme à celui de la 2 CV 6 Spécial dont la Dolly est issue, est équipé d'un petit compteur de vitesse, de boutons de commande ronds sur le tableau de bord et d'un volant à deux branches. Les sièges avant sont séparés, avec des dossiers arrondis des deux côtés, et couverts d'un tissu gris avec surpiqûres en forme de grands losanges.

En mars 1985, un seul moteur est disponible pour toutes les 2 CV. Il s'agit du bicylindre 602 cm³ de 3 chevaux fiscaux, alimenté par un carburateur à double-corps Solex 3536 CSIC repère 225 (ou 3536 CSIC repère 226), qui développe la puissance de 28 ch. Une des particularités étonnantes de la carrière de la 2 CV est qu'elle continue d'évoluer année après année, même quarante ans après sa conception. Ainsi en est-il de l'embrayage, de l'arbre primaire et du volant moteur, améliorés en février 1982, et du vilebrequin, en janvier 1984. Évolutions dont bénéficient évidemment les trois séries limitées successives de la 2 CV Dolly.

■ Troisième version de la toute première série de Dolly, la grise et rouge a la même cote haute négociable entre **1 000** et **5 000 €** pour un modèle en bon état.

LA 2 CV DOLLY GRISE ET ROUGE 1985

En mars 1985, après les 2 CV Spot et Charleston, Citroën lance une nouvelle série limitée, la Dolly, composée de trois modèles bicolores. La gris Cormoran et rouge Vallelunga servira d'étalon pour les deux autres séries spéciales de Dolly qui se succèderont.

Au début des années 1980, Citroën décide de rajeunir sa 2 CV, dont les ventes ont chuté de 47 % en quelques années. La firme choisit de renforcer le côté ludique de la voiture, en la décorant selon différents thèmes avec des couleurs gaies. L'objectif est de séduire une population jeune, susceptible ensuite de rester citroëniste. Après le succès des premières séries spéciales Spot (1976) puis Charleston (1981), Citroën renouvelle l'expérience en sortant une autre série limitée, la Dolly. Composée de trois modèles aux décorations distinctes, elle est produite à 3 000 exemplaires, dont 1 500 réservés au marché français. L'élément commun à cette vague de Dolly est le gris Cormoran présent sur chacun des modèles. Selon les versions, ce coloris est utilisé à des endroits qui varient et en proportions différentes. Il est seulement présent sur les flancs bas et les phares de la version blanc Meije et gris Cormoran, tandis qu'il est utilisé sur la partie haute du pavillon et pour le capot sur la jaune Rialto et gris Cormoran. Avec une répartition des couleurs assez proche de cette dernière, la Dolly gris Cormoran et rouge Vallelunga est la seule à dominante grise. En plus du pavillon et du capot, cette couleur couvre l'intégralité des portes, à l'exception de la courbe rouge sur celles de l'arrière (peinte sur la première série) et les joues d'ailes.

▲ **Sur le modèle gris et rouge de la première série, les parties colorées des portes arrière sont peintes, contrairement aux deux séries suivantes de Dolly, sur lesquelles elles seront réalisées avec des autocollants.**

▲ **Les courbes naturelles de la 2 CV sont habilement exploitées et soulignées de rouge, jusque dans leur rappel par l'ensemble capote-porte de malle. Cela participe au dynamisme de la silhouette de la Dolly grise et rouge.**

LOGO

Contrairement aux séries suivantes de Dolly, la version grise et rouge de la première série est ornée d'une inscription « Dolly » de couleur noire sur le volet d'aération – le même autocollant que celui de la porte de malle – tandis que, par la suite, il sera du coloris utilisé pour les ailes.

NOM

« Cabriolet » est un des noms envisagés pour la série spéciale Dolly, tout comme « Diabolo ». Finalement, la voiture n'étant ni plus ni moins découvrable que toutes les autres 2 CV, « Cabriolet » est abandonné. Et « Dolly » retenu.

DOLLY... OU 2 CV 6 SPECIAL

La série spéciale Dolly est réalisée sur la base d'une 2 CV 6 Spécial équipée de jantes blanches à enjoliveurs chromés et de sièges avec tissu à losanges identique à celui de la Charleston de série. Son moteur est le 602 cm^3 de 29 ch à 6 750 tr/mn, qui lui permet d'atteindre 115 km/h. Elle possède des freins à disques à l'avant et à tambours à l'arrière. Contrairement à la 2 CV Spécial, la capote de la Dolly peut s'ouvrir de l'intérieur. Dans l'habitacle se trouvent deux pare-soleil orientables, un plafonnier et un hamac porte-objets, derrière la seconde banquette, aisément démontable. L'avant est équipé de deux sièges séparés. Les garnitures intérieures des quatre portières sont uniformément noires. Du côté du tableau de bord, les interrupteurs sont de forme ronde, leur remplacement par des interrupteurs rectangulaires sur toutes les 2 CV, y compris les séries spéciales, n'intervient qu'en juillet 1985, soit quatre mois après la sortie de la Dolly.

▲ **À l'instar de toutes les 2 CV depuis juillet 1984, la Dolly grise et rouge possède des embouts avant de capote et de supports de clignotants noirs. Sa calandre est d'un seul tenant, de couleur grise, bordure comprise.**

Lorsqu'apparaît cette première livrée de la Dolly, le 21 mars 1985, Citroën ne sait pas encore qu'elle donnera lieu quelques mois plus tard à deux autres séries du même modèle. La 2 CV Dolly est alors juste une nouvelle série spéciale, à la production contenue pour limiter la casse en cas d'hésitation de la clientèle, répartie en trois types d'agencement des couleurs et trois choix de coloris bi-ton afin de satisfaire le plus grand nombre. Chacun des trois modèles proposés a reçu une mise en peinture originale et soignée, qui a été relativement coûteuse mais qui constitue un investissement, le but étant de renouer, grâce à cette opération séduction, avec des volumes de vente rentables sur l'ensemble de la gamme. En mars 1985, Citroën ne sait pas d'avantage si l'un des trois coloris proposés ou l'un des trois agencements des couleurs sera préféré. Mais l'été de cette même année donne quelques premières réponses : la série limitée connaît un succès immédiat. Et pas uniquement en France, elle se vend aussi très bien en Allemagne et en Grande-Bretagne, à tel point que Citroën sort une deuxième série de Dolly à peine sept mois après la première, en octobre 1985. Et une troisième, et ultime, vague de trois Dolly dès le mois de mars de l'année suivante. Lorsque Citroën lance la deuxième série limitée de la 2 CV Dolly, la firme a retenu le dessin de la version rouge et grise pour la robe des trois modèles. Et cet agencement sera également reproduit sur la dernière série de mars 1986.

[UNE DEUXIÈME SÉRIE DE DOLLY SORT À PEINE SEPT MOIS APRÈS LE LANCEMENT DE LA PREMIÈRE]

Aujourd'hui, les trois Dolly de mars 1985 sont les plus recherchées. Et, parmi elles, du fait que son dessin a servi d'étalon à toutes les Dolly suivantes, la version gris Cormoran et rouge Vallelunga est la plus symbolique

La Dolly possède un pare-chocs arrière large, comme celui de la 2 CV 6 Club dont elle est issue. Des baguettes chromées lui ont été ajoutées le long du bas de caisse, sur les portières et au-dessus des ailes arrière. ▼

■ C'est la seule version non rééditée de la deuxième série et sa cote s'en ressent entre **900** et **4 000 €**.

LA 2 CV DOLLY BLANCHE ET VERTE 1985

Le lancement d'une série limitée est un moyen efficace de raviver un marché. Le succès de la Charleston en est l'illustration. Pour renouveler cette offre commerciale, Citroën propose sa 2 CV Dolly à partir de 1985, avec plusieurs versions de robes bicolores.

© Citroën Communication/a

En 1983, le bureau d'étude de Citroën travaille sur le projet « Diabolo » : une future série limitée de 2 CV, bicolore, ludique, gaie. Il s'agit de relancer les ventes de la Petite Citroën, qui fléchissent dangereusement ; en cinq ans, sa production est passée de 103 757 à 54 923 exemplaires ! S'il est clair que la 2 CV a toujours son public, il n'en demeure pas moins impératif de rajeunir la dame, qui accuse tout de même 35 ans. En réalité, le but du jeu consiste à insuffler un air de renouveau à la petite berline en misant sur son identité ambivalente : à la fois ancienne et éternellement jeune. Les premières esquisses de cette nouvelle série limitée se nomment « Cabriolet », puis « Dolly », nom qui sera retenu. D'autres projets, appelés « Mickey », « Kodak » et « Cabestan » seront refusés.

En 1985, le public découvre donc la 2 CV Dolly, nouvelle série limitée sur base 2 CV 6 Special. Cette 2 CV bicolore ne revendique rien de particulier sur le plan technique. Chez elle, tout tient dans les couleurs. On ne peut s'empêcher de comparer la 2 CV Dolly avec son aînée, la 2 CV Charleston. Toutes les deux arborent une carrosserie bicolore et font référence à la vague rétro, comme l'indique textuellement un dépliant Citroën des années 1980 : *« Dolly est une série folle de trois 2 CV qui fait un clin d'œil aux Stars du Show-biz des Années Folles »*. En fait, Citroën utilise la mode des véhicules bicolores et l'engouement du public pour les courbes de la voiture, ainsi soulignées. La nouveauté se cantonne dans les couleurs, plus modernes, plus actuelles : exit le rouge *Delage*, vive le gris !

▲ **La première série limitée de 2 CV Dolly, sortie en mars 1985, est fabriquée en 3000 exemplaires. Les véhicules sont proposés en trois variantes bicolores et selon trois dessins distincts.**

▲ **Ce modèle de 2 CV Dolly vert et blanc, sorti en octobre 1985, est l'un des plus rares. En effet, ce choix de couleurs ne sera pas reconduit.**

UNE PETITE SŒUR « ÉCOLO »

En 1985, parallèlement à la sortie de la Dolly en France, les importateurs allemand et suisse lancent la série spéciale « Ente-Grün » (« Canard Vert » en Suisse romande). Il s'agit là encore d'une série limitée bicolore. Contrairement à la Dolly, celle-là reprend le dessin de la Charleston sans ses contrastes de couleurs.
Les deux tons choisis sont très proches et résolument « écolos », c'est-à-dire le vert *Bambou* et le vert *Tuileries* (AC 533/AC 531). Cette 2 CV6 spéciale est reconnaissable à son canard coiffé d'une casquette d'aviateur, apposé sur les portes avant ainsi que sur la porte de malle, accompagné d'un barbarisme anglo-allemand en guise de légende : « I fly Bleifrei » (Je roule au sans-plomb). Équipé d'un moteur 602 cm³, ce modèle accepte en effet le carburant vert d'indice 95.

© Citroën Communication/c

Cette livrée rouge *Delage* et jaune *Rialto* de la 2 CV Dolly, présentée en octobre 1985, sera reconduite dans une troisième série limitée en mars 1986.

© Citroën Communication/d

Le moteur utilisé pour toutes les Dolly est sans surprise. Il conserve la configuration classique propre à la Petite Citroën de la première heure, et sa cylindrée demeure celle des 2 CV 6, c'est-à-dire 602 cm³, qui développe 29 ch (3 CV fiscaux) et peut atteindre une vitesse maximale de l'ordre de 115 km/h.

LA SIGNATURE DOLLY

Chaque série spéciale est caractérisée par une signature. La Dolly n'échappe pas à la règle, même si son signe de reconnaissance officiel reste sobre. Aisément identifiable par sa carrosserie en deux teintes, elle arbore également un logo « Dolly » blanc sur fond couleur apposé en deux endroits de la voiture : à droite du volet d'aération et à gauche de la malle arrière.

Dans sa démarche commerciale, l'originalité de Citroën consiste à proposer, au-delà d'une simple 2 CV Dolly, trois versions distinctes de séries limitées. Non seulement la Dolly s'orne de trois palettes de couleurs différentes (blanc/gris, crème/gris et rouge/gris), mais elle pousse plus loin la variété avec des dessins de lignes différents. La robe bicolore n°1 est blanche et grise : sous la ligne des fenêtres, tout le côté est gris, excepté les ailes qui sont blanches. Le capot est blanc également. À noter que le gris empiète sur l'aile arrière jusqu'à la ligne de courbe. La robe bicolore n°2 est jaune et grise : sous la ligne de fenêtres, tout le côté est jaune, y compris les ailes. Le capot et la malle sont gris. À noter que le gris souligne la ligne de courbe des ailes arrière. La robe bicolore n°3 est rouge et grise : toute la voiture est grise, sauf les ailes, la malle arrière et la capote qui sont rouges. À noter que le rouge empiète un peu sur la portière arrière, pour former un léger arrondi. Ces trois Dolly sont équipées de sièges recouverts du tissu gris de la Charleston, leurs roues blanches reçoivent également l'enjoliveur chromé de la Charleston et, pour chacune, les phares sont de la couleur des ailes.

[À CHAQUE DOLLY SES COULEURS ET SES COURBES PROPRES]

© Archives Dominique Pascal (D.R.)/e/f/g

Pour la sortie de chacune des trois séries limitées de Dolly, un petit catalogue est édité. Sur chacune des couvertures, un même visuel ne se distingue des autres que par ses couleurs. La voiture est la même, mise en scène comme une star américaine, dotée de phares aussi expressifs que des yeux avec des grands cils, clin d'œil à la comédie musicale *Hello Dolly*.

Pour répondre au succès de la première série, trois nouveaux jeux de coloris de 2 CV Dolly arrivent six mois plus tard, toujours en série limitée.

Cette série limitée originale – une base de 2 CV 6, trois couleurs, trois dessins de robes – est commercialisée le 21 mars 1985. Sa production est de 3 000 exemplaires, dont 1 500 pour le marché français. Le succès est immédiat, autant en France qu'à l'étranger. Toutes les voitures trouvent acquéreurs en un temps record, si bien que, six mois après, dès octobre 1985, Citroën lance une deuxième série limitée de Dolly. Afin de préserver l'aspect original de chaque série limitée, cette fois-ci, si la 2 CV Dolly se décline toujours en trois couleurs, elle n'aura qu'une seule robe, le modèle bicolore n°3 colorié différemment. Le gris, jugé un peu sombre et austère, est abandonné au profit du rouge *Delage* emprunté à la Charleston. Et les trois choix bicolores proposés sont le rouge *Vallelunga* avec le blanc *Meije*, le blanc *Meije* avec le vert *Bambou* et le rouge *Delage* avec le jaune *Rialto*. Cette deuxième génération de Dolly est produite à 2 000 exemplaires, dont 600 pour la France. Mais ce n'est pas assez. La série fait un carton. Rien ne semble apaiser la demande de la clientèle pour cette Dolly aux couleurs éclatantes et au patronyme tout en douceur. Une troisième Dolly est donc lancée en mars 1986, avec cette fois-ci une seule variante de coloris, le bleu *Nuit* associé au jaune *Rialto*, qui remplace la version blanc/vert de la série précédente. La gamme bicolore proposée au printemps 1986, un an après la première série, est donc la suivante : le jaune *Rialto* avec le rouge *Delage*, le bleu *Nuit* avec le jaune *Rialto* et le blanc *Meije* avec le rouge *Vallelunga*. De toutes les séries limitées produites autour de la Petite Citroën, la 2 CV Dolly est la plus diversifiée. En un an seulement, elle se décline en trois versions et en sept coloris différents. Un véritable feu d'artifice.

[EN UN AN DE PRODUCTION, LA DOLLY SE DÉCLINE EN TROIS VERSIONS ET SEPT COULEURS]

Représentante spectaculaire d'un concept commercial nouveau, la 2 CV Dolly viendra égayer les catalogues Citroën de sa palette de couleurs vives. Habituellement, les séries limitées ne sont pas assorties d'un catalogue. Exceptée la Charleston, qui a une longévité particulière et qui, par ailleurs, est devenue le modèle «2 CV Luxe» plutôt qu'une simple série limitée. Mais la Dolly s'est distinguée très vite des autres séries limitées et a contribué tout de suite au rajeunissement escompté de la 2 CV pour séduire un nouveau public, jeune et décontracté, à l'image de celui qui a accompagné le succès des différentes 2 CV depuis près de quarante ans. Pour la sortie des premières Dolly, en mars 1985, Citroën édite un catalogue de quatre pages exclusivement dédié à ce modèle. En couverture, un dessin du profil avant de la 2 CV, en gros plan, humanise et féminise la Dolly en remplaçant ses phares par des yeux, dotés de pupilles surmontées de longs cils. Une image dynamique

GAMME COULEUR DES 2 CV 6 DOLLY

Série 1 (de mars à septembre 1985) :

> Jaune *Rialto*/gris *Cormoran* (EAA/EVP).
> Blanc *Meije*/gris *Cormoran* (EWT/EVP).
> Gris *Cormoran*/rouge *Vallelunga* (EVP/EKB).

Série 2 (d'octobre 1985 à février 1986) :

> Blanc *Meije*/rouge *Vallelunga* (EWT/EKB).
> Blanc *Meije*/vert *Bambou* (EWT/AC533).
> Jaune *Rialto*/rouge *Delage* (EAA/EKA).

Série 3 (mars 1986)

> Blanc *Meije*/rouge *Vallelunga* (EWT/EKB).
> Bleu *Nuit*/jaune *Rialto* (ELK/EAA).
> Jaune *Rialto*/rouge *Delage* (EAA/EKA).

© Citroën Communication/I

Bien que cette version blanc *Meije* et gris *Cormoran* n'ait pas été reconduite dans les séries suivantes, elle est l'une des plus sobres et des plus appréciées par les collectionneurs.

Cette 2 CV Dolly, la version rouge *Vallelunga* et gris *Cormoran* de mars 1985, se distingue dans la première série par ses couleurs éclatantes.

SES PRINCIPAUX ÉQUIPEMENTS

> Aérateur frontal
> Banquette arrière amovible
> Capote ouvrante de l'intérieur
> Deux pare-soleil orientables
> Garnissage des sièges en tissus gris piqués
> Pare-brise feuilleté clair
> Phares réglables en hauteur depuis l'intérieur
> Plafonnier
> Tablette arrière hamac

PRÉCÉDENTES SÉRIES LIMITÉES

1976 : la 2 CV Spot, première série spéciale française, bicolore orange et blanc.
1980 : la 2 CV Charleston, un modèle délicieusement rétro, bicolore rouge *Delage* et noir.
1982 : la 2 CV 007, la Deuche de James Bond, de couleur jaune avec impacts de balles !
1983 : la 2 CV France 3, une version « mémoriale » de l'*América's Cup*.
1985 : la 2 CV Dolly, « la reine du show-biz ».

Inspirée du concept bicolore de la Charleston, la 2 CV Dolly en reprend quelques composants, comme le tissu gris de ses sièges ou ses enjoliveurs chromés.

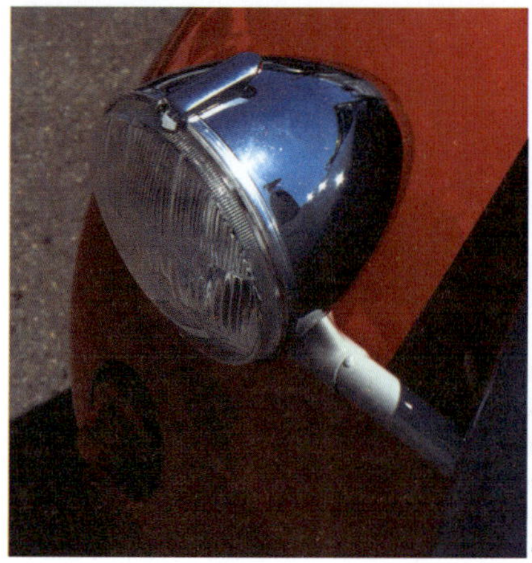

Modifier quelques détails esthétiques d'une Dolly d'origine peut être considéré comme un sacrilège, sauf quand la réalisation est aussi subtile que pour ce phare chromé.

2 CV 6 Dolly 1986

Moteur :	2 cylindres à plat
Cylindrée :	602 cm³
Alésage x course :	97 x 62 mm
Puissance :	29 ch à 6 750 tr/mn
Puissance fiscale :	3 CV
Alimentation :	carburateur inversé
Distribution :	arbre à cames central
Transmission :	boîte à 4 rapports
Freins :	à disques (AV), à tambours (AR)
Suspensions :	à ressorts hélicoïdaux (AV/AR)
Pneumatiques :	125 x 400 (15X)
Volume du coffre :	220 dm³
Poids total en charge :	930 kg
Réservoir :	25 litres
Vitesse maximale :	115 km/h

et gaie, soutenue par un fond bleu et blanc oblique simulant un halo de projecteur et surmontée d'un « Hello Dolly » de circonstance. Comme dans la comédie musicale du même titre, cette Dolly française sera donc une reine du show-biz. La double page centrale du catalogue présente les trois vedettes de la représentation, les trois versions de la 2 CV Dolly. Lors des deux rééditions de la série limitée, en octobre 1985 puis en mars 1986, la couverture n'est modifiée qu'au niveau des couleurs. La double page centrale présente les trois versions de la Dolly éclairées par des projecteurs à halo rond, comme ceux qu'on utilise pour les stars de cinéma.

[C'EST EN GRANDE-BRETAGNE ET EN ALLEMAGNE QUE LA 2 CV DOLLY CONNAÎTRA LE MEILLEUR SUCCÈS]

C'est principalement en Grande-Bretagne et en Allemagne que la Dolly remporte un succès important. Ce public étranger démontre un tel enthousiasme à l'égard de la 2 CV 6 bicolore, un engouement si prometteur, que Citroën décide, fin 1986, que la production des Dolly sera désormais intégrée aux gammes des séries non limitées et poursuivie en Espagne, puis au Portugal jusqu'à la fermeture de l'usine de montage des autres 2 CV, lorsque la Dolly fête ses 4 ans. Dix ans plus tard, la Dolly sera toujours très présente lors des divers rassemblements de Deuchistes, même si celles des deux premières séries limitées sont plus rares.

■ Créée avec la deuxième série, elle est rééditée dans la troisième et est très connue. Comptez entre **700** et **3 000 €**.

LA 2 CV DOLLY BLANCHE ET ROUGE 1985

En octobre 1985, sept mois après le lancement de sa série spéciale bicolore, Citroën sort une nouvelle vague de 2 CV Dolly. Toujours composée de trois modèles, elle est simplifiée à un seul motif et combine de nouveaux coloris.

© Pascal Irlinger/a

Lancée en mars 1985, la série spéciale Dolly, réunissant trois modèles bicolores, blanc Meije et gris Cormoran, gris Cormoran et jaune Rialto, et gris Cormoran et Rouge Vallelunga, se vend si bien, malgré certaines teintes moyennement appréciées par la clientèle, que Citroën sort une deuxième série dès octobre de la même année. Pour cette nouvelle gamme, un seul mode de répartition des couleurs est retenu, celui de la Dolly gris Cormoran et rouge Vallelunga de la première série. La décoration des voitures a également été simplifiée en ce qui concerne la réalisation des portières arrière, pour lesquelles l'arrondi coloré, peint sur les premiers modèles, est ici constitué d'un autocollant. Tout cela permettant de réduire les coûts de production. Mais, coup de génie du marketing, Citroën propose tout de même trois modèles, qui diffèrent par leurs teintes : un blanc Meije et rouge Vallelunga, un blanc Meije et vert Bambou, et un jaune Rialto et rouge Delage. À l'inverse de la précédente série, aucune couleur n'est commune aux trois modèles. Deux d'entre eux – le modèle vert Bambou et le rouge Delage – ont une capote assortie à la teinte claire de la caisse, tandis que le modèle rouge Vallelunga possède une capote assortie à la couleur sombre des ailes.

▲ Sur ce modèle de Dolly, les éléments ni blancs ni rouges sont soit gris Rosé (AC 136), pour la barre de phare et les pare-chocs, soit gris Perle (AC 126) pour la calandre.

La silhouette de la 2 CV Dolly est incontestablement dynamisée par ses coloris, surtout pour cette version décorée de rouge vif. ▼

DISTINGUER DEUX DOLLY BLANCHE ET ROUGE

Inaugurée avec la deuxième série spéciale de Dolly, la blanc Meije et rouge Vallelunga sera reconduite pour la troisième série, commercialisée à partir de mars 1986. Le meilleur moyen pour distinguer les deux modèles consiste à regarder la sellerie, à condition que celle-ci soit d'origine. Sur la deuxième série, les sièges avant séparés sont recouverts d'un tissu gris à grands losanges en surpiqûre (identique à la première série). Sur la troisième série, ils sont habillés d'un tissu velours avec des rabats latéraux en simili cuir de couleur foncée.

BLANC MEIJE

Le blanc Meije (réf. AC 088) tire son nom d'une montagne française des Alpes, dans le département de l'Isère (38), sise dans le massif de l'Oisans. Son sommet, qui culmine à 3 983 m, est souvent couvert d'une neige étincelante.

ROUGE VALLELUNGA

Le rouge Vallelunga (réf. AC 448) fait référence au circuit automobile italien situé sur la commune du même nom, à 32 km au nord de Rome. Construit en 1959, il est utilisé dès 1963 pour les grands prix automobiles. Le rouge vif est une couleur historiquement associée à plusieurs marques italiennes de voitures de course, dont les Ferrari.

© Pascal Irlinger/c

Le filet rouge court tout le long du capot avant, en rappel de la couleur des ailes et des phares. Le blanc Meije possède une clarté permettant aux courbes de jouer avec les reflets du paysage.

En octobre 1985, le compteur de vitesse est encore trapézoïdal, les interrupteurs de tableau de bord sont rectangulaires et les portières, aux garnitures unies noires, sont dépourvues de bandeau plastique.

Pour sa deuxième série de Dolly, Citroën combine des coloris déjà existants sur la 2 CV. Ainsi le blanc Meije (réf. AC 088) est disponible sur la berline de série, entre septembre 1970 et septembre 1971, puis en septembre 1982 jusqu'à l'arrêt de fabrication en 1990. Le rouge Vallelunga (réf. AC 448), quant à lui, habille la 2 CV de septembre 1982 jusqu'à sa fin. Le vert Bambou (réf. AC 533) est proposé en série de septembre 1975 à septembre 1979, puis sur les fabrications portugaises de 1986 à 1990, et le jaune Rialto (réf. EAA) de septembre 1984 à 1990. Seul le rouge Delage (réf. AC 446), apparu avec la Charleston en septembre 1980, est une couleur qui n'est pas disponible sur une 2 CV de série. Le public adhère une fois encore à cette nouvelle édition spéciale de Dolly, si bien qu'elle sera reconduite une troisième fois, en mars 1986, pour une dernière vague. Elle sera toujours déclinée en trois modèles bicolores, dont deux seront directement repris de la deuxième série – le jaune Rialto et rouge Delage ainsi que le blanc Meije et rouge Vallelunga. La deuxième série de Dolly est assemblée à 2 000 exemplaires, dont 600 pour le marché français, ce qui laisse supposer qu'environ 200 Dolly Meije et Vallelunga sont destinées au marché français et environ 650 pour tous pays confondus, chiffres à multiplier par deux pour inclure les 2 CV blanc Meije et rouge Vallelunga de la troisième série. Ces estimations demeurent toutefois incertaines, Citroën n'ayant jamais mentionné la répartition exacte de chacun des coloris.

[LA DEUXIÈME SÉRIE DE DOLLY EST ASSEMBLÉE À 2 000 EXEMPLAIRES]

Les ailes arrière sont soulignées par une fine baguette en aluminium poli que surplombe un filet autocollant rouge. La teinte des autocollants évolue sous l'influence des UV du soleil.

- Une deuxième proposition de la deuxième série rééditée dans la troisième, même cote que la rouge et blanche, à savoir entre **700** et **3 000 €**.

LA 2 CV DOLLY JAUNE ET ROUGE 1985

Fort du succès de la première série spéciale de 2 CV Dolly, sortie en mars 1985, Citroën lance, dès octobre de la même année, une deuxième série de trois modèles avec de nouveaux coloris. Détails de l'un deux : la Dolly jaune Rialto et rouge Delage.

© Alain Brouste/a

A u milieu des années 1980, le service marketing de Citroën sait que les séries spéciales, initiées en 1976 avec la 2 CV Spot, donnent un coup de fouet aux ventes de la 2 CV, notamment auprès de la clientèle jeune. Seulement, l'expérience a montré aussi que le choix des coloris est primordial : autant la 2 CV Charleston rouge Delage/noir de septembre 1980 a été un grand succès commercial, autant la version jaune Helios/noir de l'automne 1982 a été un échec. Aussi, Citroën décide de décliner sa nouvelle série spéciale Dolly en trois duo de teintes différents : jaune/gris, blanc/gris et gris/rouge. La firme va même plus loin en faisant peindre chacun de ces modèles avec une décoration différente. À la clientèle de trancher en faveur de sa préférée. Sortie en mars 1985 et limitée à 3 000 exemplaires, cette série spéciale rencontre un succès immédiat, et une deuxième série est lancée sept mois plus tard. Elle propose trois nouveaux choix de teintes – blanc Meije/vert Bambou, jaune Rialto/rouge Delage et blanc Meije/rouge Vallelunga –, mais le dessin de la caisse est cette fois identique sur les trois modèles, reproduisant la décoration de la version gris Cormoran/rouge Vallelunga de la première série.

▲ **Les quatre portières de la Dolly sont bicolores. Le filet qui prolonge la couleur rouge Delage de l'aile arrière est un autocollant, comme sur tous les modèles de deuxième série.**

▲ **Comme toutes les 2 CV Dolly, la version jaune Rialto/rouge Delage possède des cuvelages de phares assortis aux ailes. Sur cette Dolly, ils sont chromés et ne sont donc pas d'origine.**

CODES COULEURS

Apparu en septembre 1980 avec la première série limitée de 2 CV Charleston, le rouge Delage est un beau bordeaux brillant et profond. Il est d'abord codifié AC446 selon la nomenclature se référant à André Citroën, puis GKB et enfin EKA. Son nom vient du célèbre ingénieur et industriel français Louis Delage (1874-1947), spécialisé dans la voiture de luxe au début du XXe siècle, puis metteur au point de voitures de course à moteur surcomprimé. Le jaune Rialto, très clair, tirant sur le crème, apparaît au catalogue de la firme en septembre 1984. Sa couleur vient du célèbre pont de Venise datant du XVIe siècle et enjambant le Grand Canal. Sa référence est EAA.

Bien qu'issu de la célèbre 2 CV Charleston, le rouge Delage est employé différemment sur la Dolly ce qui lui donne une tout autre esthétique, la couleur complémentaire étant claire sur la Dolly et foncée sur la Charleston.

© Alain Brouste/c

NOMBRES

La première série de Dolly comporte 3 000 voitures en tout, dont 1 500 pour la France. Citroën n'est pas en mesure d'indiquer combien d'exemplaires ont été produits pour chaque teinte, mais des concessionnaires Citroën avancent l'idée de 500 par modèle. La deuxième série de 2 CV Dolly est produite en 2 000 exemplaires, dont 600 pour le marché français, tous coloris confondus. Si le chiffre exact de la troisième série n'est pas connu, certains évaluent la production globale de Dolly à 7 000 exemplaires. Soit une estimation pour la troisième série d'environ 2 000 exemplaires.

FICHE TECHNIQUE

> Moteur : M28/1
> Cylindrée : 602 cm³
> Alésage x course : 74 x 70 mm
> Compression : 8,5/1
> Puissance : 29 ch à 6 750 tr/mn
> Couple maximum : 39,2 Nm à 3500 tr/mn
> Carburant : plombé
> Longueur : 383 cm
> Largeur : 148 cm
> Hauteur : 160 cm
> Empattement : 240 cm
> Voies AV et AR : 126 cm
> Diamètre de braquage : 11,6 m

La 2 CV Dolly jaune Rialto/rouge Delage d'octobre 1985 en reprend la répartition des coloris, à une exception près : la capote n'est pas de la teinte foncée des ailes, comme sur le modèle d'origine, mais de la couleur claire de la caisse. Les quatre portières sont bicolores : un filet souligne le bandeau de porte et s'arrondit en s'élargissant vers le bas, de manière à joindre le galbe de l'aile arrière. Mais, contrairement à la première série, le filet est obtenu grâce à des autocollants et non peint. Si l'esthétique n'en souffre pas en sortie d'usine, il en va différemment au bout de quelques années, la teinte des autocollants se délavant au soleil. Seules les voitures précautionneusement conservées dans un garage offrent encore de nos jours un aspect impeccable. Autre différence, le liseré blanc, à la jonction des deux teintes sur la première série de Dolly, a disparu. À la place, le filet de la même couleur que les ailes est légèrement distant de l'autocollant, laissant paraître la couleur claire de la caisse. Cet habile principe de transition, couramment utilisé, gomme la dureté des contrastes. Enfin, comme les trois séries de Dolly, la jaune Rialto/rouge Delage est équipée de roues peintes en blanc dotées d'un enjoliveur chromé de type Dyane et de joncs chromés sur le bas et en ceinture de caisse. Dans l'habitacle, ses banquettes sont couvertes d'un tissu gris à grands losanges surpiqués, provenant de la 2 CV Charleston de série, identique aux modèles de la première série. Elle dispose aussi, comme toutes les Dolly, d'une capote avec ouverture intérieure. Pour le reste, elle reprend les éléments de la 2 CV 6 Spécial de juillet 1985 dont elle est issue. La deuxième série de Dolly sera un succès, et une troisième série sera lancée en mars 1986. Les coloris jaune Rialto/rouge Delage, très demandés, seront reconduits, aux côtés des blanc Meije/rouge Vallelunga et des nouveaux bleu Nuit/jaune Rialto.

[LES COLORIS JAUNE RIALTO ET ROUGE DELAGE SERONT REPRIS DANS UNE TROISIÈME SÉRIE]

© Alain Brouste/d

La calandre en plastique gris perle AC126 à entourage chromé apparaît sur la deuxième série de Dolly d'octobre 1985.

■ Seule véritable nouveauté de la troisième série de Dolly et donc ultime modèle des générations de Dolly, sa cote s'estime entre **900** et **4 000 €**.

LA 2 CV DOLLY BLEUE ET JAUNE 1986

Alors que le succès de sa série limitée bicolore ne se dément pas, en mars 1986, Citroën sort une troisième et dernière vague de 2 CV Dolly. Parmi les trois modèles proposés, un seul est une nouveauté : la version bleu Nuit et jaune Rialto.

© Alain Brouste/a

En mars 1985, Citroën sort une nouvelle série limitée appelée 2 CV Dolly. Son succès est tel qu'une deuxième série limitée de ce modèle est proposée dès octobre de la même année, puis une troisième en mars 1986. Avec un dessin original, les trois séries limitées de 2 CV Dolly se distinguent par leurs couleurs bi-ton qui varient au cours des séries. S'il est de tradition de distinguer les Dolly en 9 modèles, selon leur millésime et leurs coloris, il est également intéressant de rapprocher les 7 modèles dont les décorations diffèrent afin d'essayer d'évaluer celles qui ont été produites en plus grand nombre. La première série a été fabriquée à 3000 exemplaires, tous pays confondus, la deuxième à 2000, et certaines estimations avancent le même chiffre pour la troisième série. En prenant pour hypothèse que Citroën a produit le même nombre de voitures de chaque coloris pour chaque série, les Dolly blanc Meije/rouge Vallelunga et jaune Rialto/rouge Delage, toutes deux présentes dans les séries 2 et 3, auraient été assemblées à hauteur de 1 300 exemplaires.

▲ La capote de la Dolly est de couleur crème, assortie au jaune Rialto dont les cuvelages de phares et les ailes sont peints. Le nom de cette couleur fait référence au célèbre pont de Venise.

▲ Contrastée, la combinaison bleu Nuit et jaune Rialto est moins gaie que celle des autres modèles de Dolly, tranchant presque avec le côté ludique naturel de la 2 CV.

COPIÉE

À l'instar des 2 CV Charleston, dont l'agencement des couleurs a souvent été copié par les Deuchistes au moment de repeindre la voiture, il se rencontre couramment des 2 CV décorées à la manière des Dolly, parfois même avec des coloris originaux. Face à cet engouement, ainsi que dans le but d'aider les possesseurs de véritables séries spéciales à restaurer leurs véhicules dont les adhésifs ont mal vieilli, il existe des kits d'autocollants Dolly aux couleurs originelles, proposés par plusieurs accessoiristes spécialisés en 2 CV et Dyane.

© Alain Brouste/c

Les pare-chocs, tout comme la barre de phares, sont gris Rosé tandis que la calandre est gris Perle avec un pourtour chromé.

© Alain Brouste/c

Sur toutes les Dolly, les jantes sont blanches. Particularité de la troisième série, elles sont gris Rosé sur leur parties internes.

Le tissu en velours bleu de cette Dolly ne se retrouve que sur la troisième série. Le choix d'une teinte dominante foncée est inhabituel pour les Dolly.

HELLO DOLLY !
Les catalogues publicitaires Citroën des trois versions de Dolly reprennent le titre de la célèbre comédie musicale du même nom, *Hello Dolly*, pour revendiquer un air de liberté et d'insouciance inspiré des Années folles. Et tant pis pour l'anachronisme ! En effet, l'action de la comédie musicale ayant pour thème les péripéties d'une marieuse professionnelle et d'un milliardaire se déroule aux États-Unis en 1880, tandis que les Années folles se situent entre 1919 et le krach bousier de 1929. Bien que l'influence culturelle nord-américaine soit présente, les Années folles désignent une effervescence artistique qui a lieu à Paris. Dolly, l'héroïne de la comédie musicale, en est donc très éloignée. Mais elle n'en a pas moins donné son nom aux séries limitées de 2 CV bicolores, auxquelles il sied plutôt bien.

Les trois modèles distincts de la première série, jaune Rialto/gris Cormoran, blanc Meije/gris Cormoran et gris Cormoran/rouge Vallelunga, auraient été produits à environ 1 000 exemplaires chacun. Enfin, le modèle blanc Meije/vert Bambou de la deuxième série et le bleu Nuit/jaune Rialto de la troisième, autour de 650 exemplaires chacun. Bien que ces chiffres ne soient qu'une estimation non confirmée, l'ordre de grandeur doit refléter la réalité et souligne la rareté de certains modèles, dont la nouveauté de la troisième série : la 2 CV Dolly bleu Nuit/jaune Rialto de mars 1986. Concrètement, la seule originalité de cette ultime Dolly est son bleu profond référencé ELK qui rappelle le bleu Marine (réf. AC 649) employé en 1977 sur la série spéciale Dyane Caban, tout en étant sensiblement plus sombre. Dans le nuancier Citroën, il a existé un bleu Nuit (réf. AC 601), employé en 1959 sur la DS qui a vraisemblablement servi de référent. Le jaune Rialto, lui, n'est pas nouveau, puisqu'il est employé sur deux autres modèles de Dolly, un dans chacune des deux premières séries. Le contraste important entre les deux teintes tranche par rapport aux autres Dolly aux couleurs plus claires. Comme toutes les 2 CV Dolly, cette version bleu Nuit/jaune Rialto est réalisée sur la base d'une 2 CV 6 Spécial avec un équipement standard. Spécificité de la troisième série, elle dispose d'un intérieur couvert de tissu en velours bleu, les deux précédentes vagues de Dolly possédant un tissu uni gris déjà utilisé dans les 2 CV Charleston de série. En raison de leur apparition tardive dans la production de la Petite Citroën, les 2 CV Dolly se rencontrent encore beaucoup sur les routes et lors des meetings de Deuchistes. Mais il faut noter que, sur toutes les Dolly, la teinte des autocollants latéraux s'altèrent avec le temps, notamment à cause du soleil. Une différence de couleur apparaît alors entre les ailes peintes et les bandeaux des portières arrière. Ce défaut est plus flagrant sur la jaune Rialto ; ce qui rend les modèles de cette couleur particulièrement difficile à restaurer.

[SPÉCIFICITÉ DE LA TROISIÈME SÉRIE, L'HABITACLE EST HABILLÉ D'UN TISSU EN VELOURS BLEU]

■ Il vous faudra une sacrée dose de patience pour en dénicher une en France ; prévoyez entre **1 200** et **5 000 €**.

LA 2 CV AZKA FIREBALL 1985

Réservée au marché suisse, la Fireball est une série limitée réalisée sur la base d'une 2 CV 6 Spécial avec pour seule spécificité ses autocollants figurant de grandes flammes. Malgré son air de custom américain, la « boule de feu » passera inaperçue.

© Alain Brouste/a

▲ **Outre des phares munis d'ampoules blanches, la 2 CV Fireball possède un support spécifique de plaque d'immatriculation avant. Elle n'épouse pas la forme du capot comme c'est le cas en France.**

2 CV « boule de feu », la Fireball est une série spéciale, lancée en mars 1985, exclusivement réservée au marché suisse. Réalisée à partir de la 2 CV 6 Spécial avec des phares ronds et un entourage de calandre chromé, elle affiche des flammes rageuses qui sortent de ses joues d'ailes et courent jusqu'aux portes arrière. Sur la porte de malle, un grand logo, également en forme de flamme, laisse apparaître le nom de la série. Les décorations autocollantes, imitant celles des hot rods américains qui combinent sur la base de voitures des années 1920-1940 des gros moteurs survitaminés, sont la seule différence par rapport au modèle de série. La carrosserie est recouverte d'une teinte vive, le rouge Géranium (réf. AC 435), une couleur employée en 1978 sur les 2 CV de série, tandis que la capote reste noire et l'ensemble pare-chocs, barre de phares et jantes gris Clair (réf. AC 140). Dans l'habitacle, les sièges, séparés à l'avant, sont couverts de housses à tissu rayé beige et marron. En France, ce tissu est alors monté en série sur les 2 CV Club en 1984 et 1985 et est disponible en option sur les 2 CV Spécial. Le tableau de bord et les garnitures de portes sont noirs.

▲ **Bien que le cheminement des flammes exploite au mieux l'espace disponible sur la carrosserie de la 2 CV, son dessin assez naïf est assez éloigné de ceux des customs nord-américains auxquels il se réfère.**

UNE DEUCHE POUR LA SUISSE

Les 2 CV commercialisées en Suisse sont fabriquées en Belgique, à l'usine de Forest. Cette production est avant tout pour le marché du Benelux (Belgique, Pays-Bas et Luxembourg). Toutefois, les modèles destinés à l'Allemagne y sont aussi assemblés, et sont également distribués en Suisse. Ce qui explique que des séries limitées allemandes comme l'Ente Grün existent aussi en Suisse – celle-ci ayant été exportée avec une traduction littérale de son nom : Canard Vert. La fabrication d'une série spéciale uniquement pour la Suisse est donc une des particularités étonnantes de la 2 CV Fireball.

HOT ROD
La décoration à base de flammes de la 2 CV Fireball est typique des véhicules américains modifiés, habituellement nommés hot rod. Ce terme, apparu aux États-Unis dans les années 1950-1960, est dérivé de l'expression *hot roadster*. *Hot* (brûlant) signale le caractère excessif de la voiture, un roadster étant un véhicule sportif à usage routier. Un hot rod est généralement réalisé sur la base d'une voiture ancienne, souvent bon marché, allégée des pare-chocs, ailes, capot et, parfois même, du toit ou du pare-brise. Si ces deux derniers sont conservés, ils sont en général diminués par sciage. L'ensemble de la voiture est abaissé et le moteur d'origine remplacé par un autre surpuissant et/ou très préparé. De gros pneus, destinés à encaisser le surcroît de puissance, complètent le véhicule recouvert d'une peinture agressive, souvent des flammes. Par extension, un hot rod désigne aujourd'hui toute voiture transformée de manière radicale sur ce principe.

Le rouge Géranium n'est pas une des teintes répandues de la 2 CV, mais elle se retrouve sur d'autres Citroën comme la GS, la GSA, la LNA et la Visa.

Mue par le classique moteur de 602 cm³ de 3 CV fiscaux, le seul subsistant au catalogue de la 2 CV depuis septembre 1978, la 2 CV Fireball est équipée d'un rétroviseur extérieur droit, ce qui n'est pas encore courant à cette époque. Parée de coloris clinquants et personnalisée dans un style agressif, la voiture semble destinée à une clientèle de jeunes conducteurs. En réalité, la 2 CV Fireball sera boudée par les Deuchistes de tous profils. Certaines de ces voitures ne seront finalement vendues neuves qu'après le retrait de leurs autocollants. C'est pourquoi le nombre exact de 2 CV Fireball assemblées est difficile à évaluer. Certaines sources avancent le chiffre d'une centaine et d'autres trois fois plus. Aujourd'hui encore, cette série spéciale n'attire pas les foules. Quelques exemplaires de Fireball, parfois à l'état neuf, demeurent encore dans des entrepôts de garagistes suisses où elles ont été redécouvertes par des collectionneurs néerlandais. C'est cependant grâce à ces passionnés qu'il est désormais possible d'en rencontrer quelques-unes, de temps en temps, lors de rencontres deuchistes internationales. Mais jusqu'au début des années 2000, même dans ces manifestations dédiées, la 2 CV Fireball brillait par son absence !

[SUR LA PORTE DE MALLE, UN LOGO EN FORME DE FLAMME PORTE LE NOM DE LA SÉRIE]

La porte de malle conserve les monogrammes habituels de la Petite Citroën en plastique noir avec des lettrages en aluminium poli. Aujourd'hui, les adhésifs de la Fireball ne sont plus fabriqués.

■ Une façon originale d'afficher votre identité nationale qui vous coûtera entre **900** et **4 400 €**.

LA 2 CV COCORICO 1986

Dernière série limitée de la Petite Citroën, la 2 CV Cocorico arbore une robe tricolore on ne peut plus cacardière pour revendiquer son identité française. Elle fut dédiée à la victoire espérée de l'Équipe de France, lors de la *Coupe du Monde de Football.*

© Jean-Claude Contenant/a

▲ Colorée de bleu, de blanc et de rouge, la 2 CV Cocorico est la plus patriote des voitures françaises. Elle n'a d'ailleurs été diffusée que sur le marché français.

Au mois de juin 1986, la 13e édition de la *Coupe du Monde de Football* se déroule au Mexique. La France, qualifiée dans le *Groupe C*, rencontre successivement, au premier tour, le Canada, l'URSS et la Hongrie. Cela ne se passe alors pas si mal pour l'équipe tricolore, emmenée par Michel Platini. Le Canada est battu un à zéro, le match nul est obtenu face à l'URSS et la Hongrie s'incline trois à zéro. Les tricolores sont qualifiés pour les huitième de finale où ils seront opposés aux redoutables Italiens. L'Équipe de France continue sur sa lancée, s'impose deux buts à zéro et élimine du même coup de sérieux prétendants au titre. En quart de finale, la France rencontre le Brésil, grande nation *footballistique* et déjà championne du monde à quatre reprises. Certains observateurs ne donnent pas cher de la peau des «Bleus» face aux Sud-américains. Mais les Français se sont déjà imposés par le passé face aux Brésiliens et rien ne leur semble plus insurmontable. Lorsque la fin du match est sifflée par l'arbitre, les deux équipes ont chacune marqué un but et l'on joue alors les prolongations, qui ne permettent pas non plus de les départager. Vient alors la redoutable séance des tirs au but, où les Français font enfin la différence face à leurs nobles adversaires avec un score de quatre à trois. Toute la France exulte, son équipe accède aux demi-finales tandis que les supporteurs brésiliens rangent drapeaux et banderoles déçus par une telle élimination. C'est à cet instant que Citroën décide de participer à l'euphorie générale du public français, en pariant sur la victoire finale des «Bleus»...

▲ Toute la subtilité et toute l'élégance de la robe de la 2 CV Cocorico réside dans un habile dosage entre le blanc, couleur dominante, et le bleu et le rouge, traités en dégradés, qui apportent à la fois sobriété et fantaisie.

DES AILES BLEUES ?

A l'automne 1986, dans le numéro 86 de son magazine *Le Double Chevron*, Citroën présente la 2 CV Cocorico en quelques lignes : *«Ailes et portières avant bleues, caisse blanche, ailes de portes arrière rouges, c'est Cocorico, une 2 CV 6 spéciale tricolore et patriotique commercialisée en France à mille exemplaires au début du mois d'octobre en même temps que 3 200 Visa Leader et 2 000 CX Leader gris métallisé»*. Si la description du nouveau modèle est parfaite, il est cependant indiqué que les ailes avant sont peintes en bleu alors que sur les voitures proposées à la vente celles-ci seront invariablement blanches. Nul ne sait si Citroën a envisagé un moment la première solution.

DES SIÈGES EN *BLUE JEAN*

Comme toutes les 2 CV Spécial, la 2 CV Cocorico est équipée de deux banquettes tendues du fameux tissu *Tep Jean's*, imitant la couleur et la texture des célèbres pantalons américains. Mais le *Tep Jean's* a le défaut de vieillir mal. Il se délave, jaunit et se détend, si bien qu'il est aujourd'hui devenu introuvable.

UNE CAPOTE DE 2 CV 6 CLUB

Les 2 CV Spécial sont dotées en série d'une capote uniformément grise, qui s'ouvre de l'extérieur au moyen de tirettes montées sur des sangles élastiques. La 2 CV Cocorico, réalisée sur la base d'une 2 CV Spécial, est pourtant équipée d'une capote de type 2 CV 6 Club. Celle-ci est en effet de la même couleur que le reste de la carrosserie, mais, en plus, elle reçoit le dispositif d'ouverture intérieur qui permet de décapoter l'avant sans avoir à descendre de la voiture. Ce système est en fait « hérité » de la Dyane qui, depuis le début de sa commercialisation, au mois de septembre 1967, en a toujours été équipée.

© REYLEC Prod'/c

Les ailes arrière de la 2 CV Cocorico, peintes en rouge *Vallelunga*, sont en fait des éléments déjà produits à la chaîne. Ce rouge figure en effet au nuancier des couleurs disponibles pour la 2 CV 6.

Quel que soit l'angle sous lequel la 2 CV Cocorico se présente, elle est facilement identifiable ; soit par sa robe tricolore, soit par ses marquages spécifiques apposés à l'avant comme à l'arrière.

Chez Citroën, au nouveau siège de Neuilly-sur-Seine, le parcours des footballeurs français, et notamment l'engouement qu'il suscite auprès de la population retient toute l'attention du directoire. Toute la France commence à croire en la victoire des « Bleus » et au sein du service commercial de Citroën, l'idée d'exploiter un éventuel succès, qui serait à n'en pas douter retentissant, fait immédiatement son chemin. Décision est donc prise, en cas de victoire, de commercialiser une série limitée de 2 CV tricolores à la gloire de l'Équipe de France de Football. La belle aventure française s'achèvera malheureusement face à l'Allemagne sur un score de deux à zéro. L'Allemagne sera battue en finale par l'Argentine, tandis que la France ne se classera qu'à la troisième place en battant la Belgique deux à zéro. Les Français ont échoué mais réalisé un magnifique parcours et déchaîné les passions populaires. Chez Citroën, tout était prêt pour sortir cette 2 CV « Coupe du Monde », dont la décoration tricolore comportait çà et là des ballons de football. La voiture, une fois de plus signée par le styliste Serge Gevin, était particulièrement attrayante. Néanmoins, victoire ou pas de l'Équipe de France, son résultat est assez probant pour que, moyennant quelques retouches esthétiques comme la suppression des ballons, la direction de Citroën décide de fabriquer tout de même une 2 CV bleu-blanc-rouge, en 1 000 exemplaires, qu'elle commercialise dès la rentrée 1986 sous le nom de 2 CV Cocorico. Serge Gevin, à qui l'on doit déjà la 2 CV Spot, la Dyane Caban, la GS Basalte, la 2 CV Charleston, la 2 CV France 3 ou les 2 CV Dolly signe ici sa dernière réalisation sur base de Petite Citroën.

[LA FRANCE N'A PAS GAGNÉ, MAIS LA 2 CV TRICOLORE EST QUAND MÊME COMMERCIALISÉE]

© Jean-Claude Contenant/e

Sur son proptotype de 2 CV Cocorico, Serge Gevin avait d'abord imaginé de placer le mot Cocorico verticalement, écrit en blanc sur les portières avant, à la fin du dégradé bleu.

La calandre en plastique de la 2 CV Cocorico est un modèle très spécifique, que l'on ne retrouve que sur diverses séries spéciales telles que les premières 2 CV 6 Charleston. Son pourtour n'est pas démontable et elle est peinte en gris métallisé.

LES PRINCIPAUX ÉQUIPEMENTS DE LA 2 CV COCORICO

- Aérateur frontal ;
- Banquette arrière amovible ;
- Banquette et garnissage des sièges en en *Tep Jean's* bleu ;
- Capote ouvrant de l'intérieur ;
- Enjoliveurs de gouttières ;
- Pare-brise feuilleté ;
- Pare-Soleil orientable avec miroir de courtoisie pour passager avant ;
- Phares réglables en hauteur depuis l'intérieur ;
- Plafonnier ;
- Roues blanches et enjoliveurs chromés ;
- Sécurité enfants sur frein de parking ;
- Tablette vide-poches.

La 2 CV Cocorico est la deuxième série limitée de 2 CV commercialisée dans le cadre d'un événement sportif. Au mois d'avril 1983, Citroën avait en effet créé la 2 CV France 3, qui tenait son nom du bateau français alors engagé dans la *Coupe de l'America*, et dont une partie du prix de vente fut reversée par Citroën dans une participation au financement de son entretien. D'abord produite à 2 000 exemplaires, la 132 CV France 3 avait d'ailleurs fait l'objet d'une seconde série, à encore de 2 000 exemplaires, fabriqués à partir du mois d'avril 1984. C'est donc en parfaite connaissance du sujet que Citroën lance la 2 CV Cocorico à l'automne 1986, dans une quantité ne laissant présager aucun risque de mévente, d'autant plus que, quelques mois plus tôt, en mars 1986, Citroën avait lancé sa troisième et dernière série de trois 2 CV Dolly avec le même succès que les deux précédentes. Laquelle 2 CV Dolly, réalisée sur la base d'une 2 CV 6 Spécial, est alors l'un des trois modèles de 2 CV Berline disponibles au catalogue, avec la 2 CV 6 Charleston et la 2 CV 6 Club. Forte du succès de sa série limitée d'octobre 1980, la Charleston est en effet devenue un modèle à part entière depuis juillet 1981.

[LA 2 CV COCORICO MARQUE LA FIN D'UNE ÉPOQUE POUR LA PETITE CITROËN]

Pour sa dernière 2 CV commercialisée en France dans le cadre d'une série limitée, Citroën semble vouloir produire un effort particulier en termes de promotion. Comme en témoigne ce catalogue de quatre pages,consacré à la 2 CV Cocorico, le ton à la fois jeune et dynamique ne manque pas d'audace.

ADEPTE DU DÉGRADÉ
Sur la 2 CV Cocorico, Serge Gevin a imaginé une décoration latérale comportant un double dégradé du plus bel effet. Le génial styliste n'en est toutefois pas à son coup d'essai, puisqu'il avait déjà utilisé cet effet graphique sur la GS Basalte en 1978. Celle-ci arborait en effet des lignes rouges horizontales qui, tout en montant sur les flancs de la carrosserie, voyaient leur largeur diminuer. Serge Gevin travaillera aussi sur un projet de 2 CV blanche baptisée 2 CV Start, dont les flancs arboreront un dégradé rouge et dont la finition sera finalement assez proche de celle de la 2 CV Cocorico.

UN CLUB POUR LES 2 CV COCORICO
Créé il y a plus de vingt ans, le *Club des Amis de la 2 CV* a mis en place une structure consacrée aux 2 CV dites *Séries Spéciales*. Son but est de connaître mieux toutes les spécificités de chaque modèle et d'aider leur propriétaire à les entretenir, voire à les restaurer dans un état conforme à l'origine.
> Contact : Matthieu Bourges
Section Séries Spéciales
30, rue Jules Joffrin,
94100 Saint-Maur-des-Fossés
Tél. : 01 48 89 40 92
matthieu.bourges@free.fr

2 CV COCORICO 1986
Moteur : 2 cylindres à plat et opposés, 602 cm³, refroidis par air
Puissance maxi : 29 ch à 5 750 tr/mn
Puissance fiscale : 3 CV
Boîte de vitesses : à quatre rapports
Embrayage : monodisque à sec
Freins : à disques en sortie de boîte de vitesses (AV) et à tambours dans les roues (AR)
Suspensions : à ressorts hélicoïdaux horizontaux (AV et AR) et amortisseurs hydrauliques
Pneumatiques : Michelin X 125 x 15
Poids total en charge : 930 kg
Réservoir : 25 litres
Consommation : entre 5,4 à 6,8 litres/100 km
Vitesse maxi : 115 km/h

© Jean-Claude Contenant/k

© Jean-Claude Contenant/k

Sur la porte de malle, le logotype Citroën à lettres chromées sur fond noir est remplacé par un adhésif rouge reprenant le lettrage de la mention 2 CV Cocorico. L'inscription 2 CV 6 a quant à elle disparu.

Sous le capot de la 2 CV Cocorico, l'on trouve exactement le même moteur et la même boîte de vitesses que sur la 2 CV 6. La 2 CV Cocorico est en effet réalisée sur la base d'une 2 CV 6 Spécial.

Au mois d'octobre 1986, lors du lancement de la 2 CV Cocorico, la voiture est disponible avec deux robes : rouge *Delage* et noir ou gris *Cormoran* et gris *Nocturne*. Quant à la 2 CV 6 Club, elle se présente comme une 2 CV de luxe, reconnaissable extérieurement par sa capote assortie à la teinte de la carrosserie, ses adhésifs de bas de caisse noirs et surtout ses fameux phares rectangulaires, apparus au mois de septembre 1974. En ce qui concerne la 2 CV 6 Spécial, elle est le bas de gamme de la famille des Petites Citroën, mais surtout la moins chère des voitures commercialisées par la marque aux deux chevrons. Sa finition, sans être aussi austère que celle des 2 CV des années 1950, est relativement dépouillée. Néanmoins, sa mécanique de 602 cm³ est strictement identique à celle des autres 2 CV 6 de l'époque. Quant à la 2 CV Cocorico, elle n'est en fait qu'une 2 CV Spécial sur laquelle on a peint en rouge les ailes arrière et en bleu les écopes latérales du compartiment moteur. Les flancs de son tablier ainsi que ses portières avant reçoivent des adhésifs du même bleu, tandis que ses portières arrière sont dotées d'adhésifs rouges. Mais toute l'astuce de la décoration de cette voiture réside dans un habile dégradé linéaire, intégré dans les adhésifs des panneaux de portières, qui tendent au blanc au niveau du pied milieu. Enfin, sa capote n'est pas grise, contrairement à celle d'une 2 CV 6 Spécial, mais d'une couleur assortie au blanc *Meije* de la carrosserie, tandis que les roues ne sont pas non plus peintes dans le gris habituel, mais en blanc *Meije* elles aussi et reçoivent des enjoliveurs de type Dyane, comme toutes les 2 CV commercialisées en France dans le cadre d'une série spéciale ou limitée.

[LA 2 CV COCORICO EST RÉALISÉE SUR LA BASE D'UNE 2 CV 6 SPÉCIAL]

Avec la 2 CV Cocorico, la plus populaire des voitures françaises tire un trait définitif sur la fantaisie dont nombre de 2 CV furent capables, puisqu'elle incarne la toute dernière série limitée de l'ère Deudeuche. Moins de quatre ans plus tard, la production de 2 CV cessera en effet définitivement, au Portugal…

■ Elle a été produite en Belgique et affiche une carrosserie sobre, à l'image de la marque dont elle reprend le nom.

Avec tous ses accessoires et peut être cotée entre **1 000** et **5 000 €**.

LA 2 CV AZKA PERRIER 1988

Présentée au Salon de Bruxelles de 1988, la 2 CV Perrier est exclusivement commercialisée en Belgique et au Luxembourg. Et, à l'exception du singe Fhou qui « fissure » le capot de son gourdin, elle est d'une sobriété inhabituelle pour une série limitée.

© Citroën Communication/a

Les images officielles de présentation de la 2 CV Perrier font appel à de vieilles recettes : des jeunes gens heureux et insouciants dans une voiture ludique.

Née à l'initiative de l'antenne belge de Citroën qui cherche à s'appuyer sur le succès populaire, surtout auprès des jeunes, de la saga publicitaire « Perrier, c'est fou » pour relancer ses ventes, la 2 CV Perrier est le résultat d'un partenariat entre les deux marques. Elle est présentée au Salon Automobile de Bruxelles en janvier 1988. Réalisée à partir d'une 2 CV 6 Spécial peinte en blanc Meije (réf. AC 088 ou EWT), elle possède une calandre en plastique intégralement grise ainsi qu'une capote gris foncé. Ses principaux signes distinctifs sont un autocollant central de capot en zigzag vert, une mascotte du singe Fhou muni d'un gourdin placé devant le volet d'aération, sous la baie de pare-brise, ainsi que des enjoliveurs de plastique gris, siglés Perrier en leur centre. De fausses légendes tenaces circulent à propos de ces derniers, nombre d'amateurs ayant cru y déceler un design proche d'une capsule de bouteille Perrier, voire le dessin du fond de la bouteille en verre. Ces enjoliveurs seraient en fait un accessoire néerlandais, déjà commercialisé sur les Citroën XM, modifié pour la série spéciale en ajoutant la marque Perrier. Pour l'anecdote, les enjoliveurs sont placés dans le coffre de la voiture en sortie d'usine, pour éviter de les abîmer durant le transport, puis montés par le vendeur des concessions avant de laisser la 2 CV au client.

PRODUCTION

La 2 CV Perrier est assemblée en France dans l'usine de Levallois-Perret (92), l'usine Citroën belge de Forest ayant fermé le 17 décembre 1980. La voiture est ensuite personnalisée en Perrier par Citroën Belux, sur le territoire belge. Les premières 2 CV Perrier sont commercialisées en 1988 et ne possèdent pas de numéros de série suivis. La dernière 2 CV française sortant des chaînes de fabrication le 29 février 1988, les 2 CV Perrier suivantes seront produites au Portugal, dans l'usine de Mangualde. Ces dernières sont vendues courant 1989.

La 2 CV Perrier est le seul modèle à posséder des enjoliveurs de roues intégraux. Hormis ces éléments, la silhouette est très classique.

Comme sur la 2 CV 6 Spécial ➤ dont elle est tirée, la capote de la Perrier, gris anthracite, s'ouvre depuis l'extérieur. Les phares possèdent des ampoules blanches, contrairement aux modèles français, jaunes à l'époque.

RECENCEMENT

Seul un petit nombre de 2 CV Perrier ont survécu aux années. Ce modèle fait l'objet de différents recensements, notamment sur Internet. Si vous êtes possesseur d'une 2 CV Perrier ou si vous en connaissez une, n'hésitez pas : **www.lesfillesdeforest.be**

CARRIÈRE

Ayant eu un problème d'homologation de dernière minute en raison de la présence du singe Fhou sur le capot, jugée dangereux en cas de collision, la 2 CV Perrier est réputée pour ses planchers avant corrodés – les premières produites auraient été stockées en plein air et victimes des intempéries le temps d'obtenir l'autorisation d'être commercialisées. Le singe aurait lui-même une tendance à se faire rapidement subtiliser. Officiellement produite à 1 000 exemplaires, elle est aujourd'hui assez rare, surtout dans un état proche de l'origine. La plupart des 2 CV Perrier demandent généralement une bonne restauration.

Suite à une demande de plusieurs clients désirant une 2 CV Perrier sans singe ni autocollant de capot, une circulaire interne de Citroën proposera aux concessionnaires de leur livrer la voiture avec ces éléments à part, une note expliquant alors comment monter le singe pour qu'il n'y ait pas de corrosion au niveau de sa fixation. Du coup, un certain nombre de 2 CV Perrier sont décorées par leurs acheteurs, qui collent parfois l'adhésif de capot en sens contraire ou qui choisissent de ne jamais monter Fhou afin de le mettre à l'abri des convoitises. Extérieurement, la 2 CV Perrier se reconnaît également au logo figurant sur sa porte de malle, en bas à gauche, au-dessus du monogramme «*2 CV 6 Spécial*». Le mot «*Perrier*» reprend le graphisme de la marque, réalisé au début du XXe siècle, notamment reconnaissable à son «P» dentelé. La collaboration avec Citroën est symbolisée par la présence d'un double chevron au-dessus du premier «e», une conception ingénieuse, bien que Perrier ne comporte habituellement aucun accent. Les jantes, les deux pare-chocs ainsi que la barre de support des phares sont conformes au modèle d'entrée de gamme, qui sert de base à la 2 CV Perrier, de couleur grise (réf. AC 140). Les supports des clignotants des ailes avant ainsi que ceux des feux arrière sont noirs, comme sur toutes les 2 CV depuis juillet 1985. Enfin, la Perrier possède un seul rétroviseur extérieur sur la portière gauche, chromé.

[LES ENJOLIVEURS DE PLASTIQUE GRIS, SONT SIGLÉS PERRIER EN LEUR CENTRE]

© Vincent Beyaert/d

Sur les garnitures de portières, ➤ le singe Fhou foncé tient une bouteille de Perrier alors que le modèle transparent tient un gros bâton.

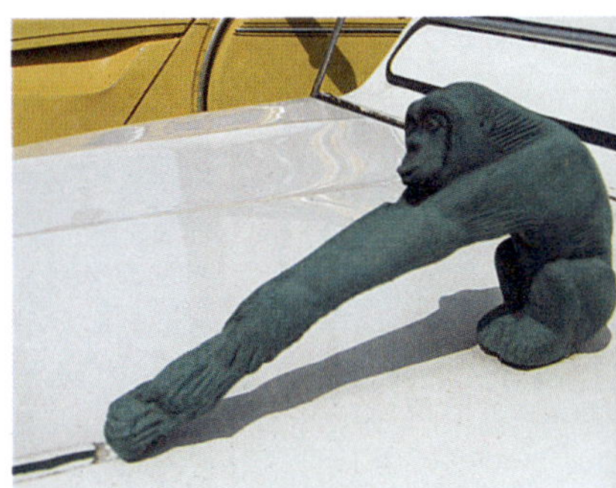

▲ Le singe Fhou assène un coup de massue au capot de la 2 CV, créant une déchirure en zigzag représentée par un adhésif courant jusqu'à la calandre.

Censée inciter au plaisir de posséder une 2 CV Perrier, la séance photo réalisée pour la publicité de l'époque n'a pas été exempte de ratés. Pour l'anecdote, celle-ci n'a pas été retenue par le publicitaire pour cause de « manque de dynamisme » du personnage de droite.

Dans l'habitacle de cette série limitée, les touches « Perrier » sont multiples. L'élément le plus visible est sans conteste la glacière verte placée sur le sol, devant la banquette avant, en position centrale. C'est un équipement électrique fonctionnant en 12 volts, se déclenchant uniquement lorsque le moteur est en route et permettant de loger six petites bouteilles d'eau pétillante Perrier, afin de les maintenir fraîches. L'habillage de cette glacière a été pensé pour s'intégrer à la 2 CV. Il possède notamment un cache de moteur remontant sous la planche de bord, à la manière d'une console centrale d'une voiture de grand tourisme. La partie inclinée de ce cache étant siglée Perrier. Un élément décoratif surprenant ceint la glacière : une grosse corde en plastique imitation chanvre, qui semble la maintenir fixée au plancher avec un énorme nœud, sur le couvercle, qui fait office de poignée pour le soulever. Au niveau du tableau de bord, la voiture est dotée d'une boule de levier de vitesse verte (accessoire noir repeint), qui est monobloc contrairement à l'habituelle boule en deux parties, et un cache central de volant reproduisant le double logo de la série spéciale.

[L'HABITACLE EST ÉQUIPÉ D'UNE GLACIÈRE ÉLECTRIQUE POUR 6 BOUTEILLES DE PERRIER]

Le couvercle de la glacière est maintenu en position fermée par des aimants. Il fait aussi office de plateau, possédant quatre évidements permettant de loger des bouteilles de Perrier.

© Vincent Beyaert/h

Le modèle d'enjoliveur en plastique gris est la norme sur la majorité des voitures actuelles, mais il est encore assez peu courant en 1988, au moment de la sortie de la 2 CV Perrier.

PERRIER

L'exploitation de la source située à Vergèze (30) commence suite au décret signé en 1863 par Napoléon III reconnaissant les vertus de cette eau. Le domaine devient la propriété du médecin Louis Perrier en 1898. Fils d'agriculteurs, il deviendra également politicien. Créant la société des Eaux minérales, boissons et produits hygiéniques de Vergèze, il imagine une bouteille en verre permettant un bouchage hermétique, seul à même de conserver le gaz carbonique naturel de l'eau. Associé au Britannique Sir John Harmsworth, ils exportent bientôt à travers le monde. La société Perrier est la propriété du groupe Nestlé depuis 1992.

FOU

Le célèbre slogan « *Perrier, c'est fou* », décliné à l'envi, apparaît en France en 1970, lancé par Jean Davray, auteur de romans et de pièces de théâtre, mais surtout un des trois propriétaires de Perrier à partir de 1946 (avec Gustave Leven et Maurice Epry) et publicitaire attitré de la marque. À la mort de Jean Davray, en 1985, une incertitude marketing incite Perrier à commander des études qui montrent que le slogan est très positif en termes de notoriété mais moins en volume de ventes. Il disparaît en 1990, puis il réapparaîtra une unique fois en 1995.

Le toile plastifiée imitant du Jean's est un équipement standard de la 2 CV Spécial en Belgique depuis le milieu de l'année 1986, et sera commercialisé jusqu'à l'arrêt de la production de la 2 CV.

«TROP FOU»
Agence publicitaire belge chargée de la communication de Perrier à la fin des années 1980, HDM-Dechy utilise le vol constaté d'affiches de la campagne « Perrier, c'est fou – te gek » (« te gek » signifiant « trop fou » en flamand) sur plusieurs panneaux d'abribus pour inciter les jeunes à décorer les murs de leurs chambres des publicités Perrier. Des communiqués de presse seront publiés pour signaler que des affiches gratuites sont disponibles chez JC Decaux. L'agence devient Dechy-Eurocom Belgique au début des années 1990, puis intègre Garbarski Euro/RSCG en 1992 (actuellement Euro/RSCG Brussels).

CLAUDINE MERGAERTS
Employée par l'agence HDM-Dechy ayant développé la campagne Perrier avec le singe nommé Fhou, Claudine Mergaerts est chargée de concevoir le design de la 2 CV série spéciale. Elle est l'auteur du logo mêlant la marque de boisson surmontée d'un double chevron Citroën placé à la manière d'un accent circonflexe sur le premier « e », des motifs des garnitures de portières et de l'apparence de la glacière électrique disposée dans l'habitacle.

Pour le reste, le tableau de bord est conforme à celui d'une 2 CV 6 Spécial de 1988, notamment avec son compteur de vitesse trapézoïdal. En ce qui concerne la sellerie, les garnitures des quatre portières possèdent un tissu particulier, propre à la Perrier. Sur un fond gris figurent des motifs du singe Fhou, emblème célèbre des campagnes publicitaires de Perrier. Il est représenté de deux manières différentes : de couleur foncée avec une bouteille de Perrier verte à l'étiquette jaune, ou bien par le tracé de son contour et tenant une massue foncée. Les motifs sont répartis sur six lignes avec des espaces vides donnant une impression d'irrégularité. Le dessin de Fhou foncé avec la bouteille est plus présent que celui avec la massue. Alors que le projet initial prévoyait un tissu siglé Perrier pour recouvrir les deux banquettes (les sièges avant ne sont pas séparés sur cette série spéciale), la 2 CV Perrier sera finalement commercialisée avec des garnitures de sièges en toile plastifiée imitant un tissu Jean's, à l'instar de la série spéciale française Cocorico de 1986. Ce choix est décidé afin de minimiser le coût de revient de cette série limitée, qui est alors vendue 194 000 francs belges en 1988 (environ 4 800 euros). La 2 CV Perrier est équipée de la même motorisation que les 2 CV 6 de grande série, soit le 602 cm³ délivrant 29 ch à 5750 tr/mn.

[LES MOTIFS DE LA GARNITURE DES PORTIÈRES DE LA 2 CV REPRODUISENT LE SINGE FHOU]

© Vincent Beyaert/J

Comme bien des 2 CV Perrier, celle-ci a souffert des outrages du temps, ce qui lui a valu de perdre un des deux chevrons chapeautant normalement le « e » de « *Perrier* ».

■ Une série spéciale britannique pratiquement introuvable en France et qui peut se négocier entre **1 200** et **7 500 €**.

LA 2 CV BAMBOO 1987

Série limitée réservée au marché britannique, la 2 CV Bamboo sort en juillet 1987. Elle est réalisée sur la base de la 2 CV 6 Spécial française avec laquelle elle présente peu de différences, à part sa décoration « bambou », et sa conduite... à droite !

© Pascal Irlinger/a

▲ **Même en Angleterre, deux 2 CV Bamboo sont rarement d'origine. Elles ont souvent été transformées par leurs propriétaires, comme ici la calandre et la capote.**

Destinée au marché britannique, la 2 CV Bamboo est lancée en juillet 1987. Elle sera ensuite rapidement millésimée comme un modèle de 1988 et mettra près d'une année à être écoulée. Si la Bamboo est une série spéciale, la plupart de ses spécificités sont purement décoratives et localisées à l'extérieur du véhicule. La différence la plus visible est sa couleur, un vert clair très lumineux nommé vert Bambou (réf. AC53), dont le modèle tire son nom. L'autre signe distinctif apparent est la décoration de la carrosserie, qui reçoit des autocollants blancs mentionnant son nom, Bamboo, et soulignés d'un adhésif rectangulaire, dont le dessin représente un cadre horizontal contenant des silhouettes coupées de pouces de bambous en ombres chinoises. Ces marquages sont de taille relativement discrète et situés en trois endroits : sur les portières avant dans le prolongement des joues d'ailes, ainsi qu'en haut à droite de la porte de malle.

◄ **Depuis 1987, le monogramme «*Citroën*» de la porte de malle ne comporte plus de double chevron accolé. La 2 CV Bamboo s'y conforme.**

LA 2 CV EN GRANDE-BRETAGNE

En 1926, André Citroën établit une nouvelle usine à Slough, à l'ouest de Londres, afin d'y assembler sa 5 CV, dite aussi Trèfle. Par la suite, des Tractions et des DS y seront aussi fabriquées. L'assemblage de la 2 CV à Slough commence en 1953, mais il se termine dès 1960, en raison des ventes très limitées au Royaume-Uni. La 2 CV est ré-introduite en Angleterre en 1975, mais elle est alors fabriquée en France. C'est donc le cas de la 2 CV Bamboo.

BAMBOU

Le vert Bambou (réf. AC 533) est un coloris déjà présent chez Citroën, puisqu'il est disponible pour la 2 CV entre septembre 1975 et août 1979, associé au blanc Meije sur la Dolly d'octobre 1985, puis repris sur la série produite au Portugal à partir de 1986. Très à la mode de nos jours dans les jardins, les bambous proviennent des régions subtropicales, poussent rapidement – jusqu'à 1 m par jour pour le *phyllostachys bambusoïdes* ! – et peuvent atteindre 40 m de haut. Il en existe de multiples variétés qui ne sont pas toutes vertes, tel le premier bambou introduit en France en 1827, *phyllostachys nigra*, originaire de Chine et dont les chaumes (les tiges) sont noirs. D'autres variétés ont les chaumes jaunes. *Phyllostachys viridiglaucescens* est une variété aux chaumes verts comme la couleur de la 2 CV.

Plusieurs éléments de cette Bamboo ne sont pas d'origine, comme la calandre chromée d'un modèle antérieur, la capote verte et les enjoliveurs de roues de 2 CV Charleston.

Les autres différences appartiennent davantage à l'identité britannique de la voiture qu'au modèle lui-même. La 2 CV Bamboo est une 2 CV 6 Spécial, c'est indéniable, même si elle bénéficie des phares ronds chromés, privilège réservé à la 2 CV 6 Charleston de série produite depuis juillet 1981. Sa capote n'est pas verte mais gris anthracite, comme sur la Spécial, dont elle reprend la barre de phares, les pare-chocs avant et arrière, et les jantes, lesquelles conservent leur gris Perle (réf. AC 126) d'origine. Fixées par des écrous noirs – et non gris Perle –, les roues ne sont pas équipées d'enjoliveurs. La plupart des propriétaires de Bamboo se chargeront d'y remédier avec des modèles chromés de type Dyane ou Charleston. Enfin, la Bamboo dispose de clignotants avant additionnels, implantés sur les flancs arrière des ailes avant, en conformité avec la législation imposée au Royaume-Uni depuis 1987. Comme toutes les 2 CV britanniques de l'époque, elle est aussi équipée du feu arrière antibrouillard obligatoire outre-Manche. La 2 CV Bamboo est bien sûr un modèle avec conduite à droite. Mais, hormis cette particularité toute british, le reste de l'habitacle est sans surprise, identique à l'intérieur d'une 2 CV 6 Spécial française de la même époque.

[L'HABITACLE EST CELUI DE LA 2 CV 6 SPÉCIAL, Y COMPRIS LES GARNITURES DE SIÈGE]

La planche de bord de la 2 CV Bamboo est assez sommaire. Elle est ici complétée d'un autoradio, d'une montre et d'un voltmètre.

Reconditionnée à l'état neuf par son propriétaire, la sellerie n'est autre que celle d'une 2 CV 6 Spécial de la même époque, c'est-à-dire identique à celle de toute 2 CV Bamboo d'origine.

© Pascal Irlinger/f

Lorsqu'elle sort de concession, la 2 CV Bamboo possède un unique rétroviseur extérieur à droite ainsi que des bananes sur le pare-chocs avant. Ces dernières ont ici disparu.

Le compteur de vitesse est donc le petit modèle trapézoïdal, gravé en miles/heure tout en conservant le repère des km/h en plus petit. Le volant est de marque Quillery noir, dont le centre est en forme de chevron, le lancement du moteur s'effectue avec la clef de contact, la tirette de starter comporte un voyant rouge, un témoin lumineux et un bouton test veillent sur le niveau de liquide de frein, le rétroviseur intérieur possède une position de nuit, le moteur d'essuie-glace est d'un type apparu en juillet 1981, dont le bouton poussoir actionne les balais raccourcis de 6 mm de juillet 1983. Quant aux sièges, qui sont depuis 1986 soit en tissu jean bleu, soit en tissu chinois gris sur ce modèle, ils possèdent depuis juillet 1982 des dossiers arrondis des deux côtés pour l'avant (sièges séparés) et des joues d'assise en simili-cuir gris foncé. La planche de bord comporte un cendrier et l'habitacle possède quatre ceintures de sécurité, dont deux à enrouleur à l'avant. Depuis juillet 1983, toutes les 2 CV sont équipées d'un pare-brise feuilleté, en remplacement du verre Sécurit banni des véhicules neufs. Du côté de la mécanique, le moteur est sans surprise le bicylindre de 602 cm³, le seul qui subsiste dans la gamme 2 CV depuis l'arrêt de la 2 CV 4 en juillet 1979 – dernière véritable « 2 CV fiscaux » avec son 435 cm³. Le freinage est assuré par deux disques en sortie de boîte.

[LA BAMBOO DISPOSE DU SEUL MOTEUR QUI SUBSISTE DANS LA GAMME 2 CV, LE 602 CM³]

© Pascal Irlinger/g

Le compteur est gradué en miles/heure. La grille de vitesse est inchangée, puisque le levier central reste à sa place… à main gauche du conducteur.

© Pascal Irlinger/h

Le logo de la 2 CV Bamboo utilise un graphisme reprenant la forme d'un segment d'une tige de bambou, avec ses noeuds.

PHARES

Depuis septembre 1974, les phares des 2 CV sont rectangulaires, ce qui déclenche une levée de boucliers des fidèles de la Deuche habitués à ses «yeux ronds». Sans revenir sur son choix, le service marketing de Citroën réintroduit les phares ronds sur la majorité des séries spéciales et sur le modèle 2 CV 6 Club. Cependant, il existe des exceptions selon les pays, comme en Angleterre, où la série spéciale Charleston de 1980 possède des phares rectangulaires, les Britanniques estimant que leur forme offre un meilleur éclairage. Bien que destinée à ce même marché, la 2 CV Bamboo reprend néanmoins les optiques rondes.

SÉRIES SPÉCIALES ANGLAISES

Les ventes de 2 CV n'ayant jamais été excellentes sur le territoire britannique, toutes les séries spéciales de 2 CV produites par Citroën n'ont pas traversé la Manche. Les Britanniques ont toutefois aimé la 2 CV Spot de 1976, la 2 CV Charleston de 1980 avec des phares rectangulaires puis les modèles à phares ronds à partir de 1981, la 2 CV Beachcomber de 1984 – réédition pour l'Angleterre du modèle France 3 de 1983 –, puis les 2 CV Dolly de 1985 et 1986, sans compter la 2 CV Safari – 4x4 bimoteur dite Sahara en France –, qui n'est pas à proprement parler une série spéciale mais dont les anglais furent assez friands dans les années 1960.

Depuis juillet 1985, les supports des clignotants avant et arrière de toutes les 2 CV sont noirs, et la Bamboo britannique n'échappe pas à la règle.

© Pascal Irlinger/i

PINCE-MOI

En septembre 1973, apparaît une 2 CV très voyante, vert Palmeraie (réf.AC 529), avec des garnitures de sièges tricolores vert-jaune-violet. Assez rapidement, un jeu se répand parmi les enfants français, qui consiste à pincer le bras de son voisin en criant *« 2 CV verte ! »* à chaque fois qu'en est croisée une. Plusieurs variantes existent, certaines demandant d'ajouter *« sans retouche »* ou *« sans retour »* afin de ne pas se faire pincer à leur tour. Selon les familles, car cela se joue principalement entre frères et sœurs à bord de la voiture familiale lors des voyages de vacances, des handicaps sont mis et il faut que la 2 CV verte roule et croise leur propre véhicule. D'autres enfants, avides de vengeance après quelques premiers pincements où ils n'ont pas été assez rapides, décrètent que les Dyane vertes comptent aussi. Un dérivé amusant et bien moins connu, plus prisé des filles, consiste à se faire une bise à chaque 2 CV rouge. La 2 CV vert Palmeraie, vendue seulement de 1973 à 1974, a un prolongement l'année suivante avec la 2 CV vert Tuilerie (réf. AC 531), un peu plus sombre, puis le vert Bambou en suivant, permettant de continuer ce jeu durant une décennie.

Les éléments de suspension sont les quatre combinés amortisseurs de l'Ami Super (arrêtée depuis septembre 1976), reliés entre eux par des pots de la Dyane 6 (arrêtée en juillet 1983). Si cette dernière n'a pas réussi à supplanter la 2 CV, du moins en France, elle lui a tout de même fait de petits legs, à l'exception notable de la conduite d'air forcé à destination du carburateur, provenant du bloc moteur AM2 de 602 cm³ de l'Ami 8, alors que la 2 CV 6 Spécial et la Bamboo se contentent du bloc moteur de l'Ami 6.

[SOUVENT TRANSFORMÉES PAR GOÛT, LES 2 CV BAMBOO SONT RAREMENT D'ORIGINE]

Le nombre exact de 2 CV Bamboo produites est difficile à vérifier, mais il est admis que ce chiffre tourne autour de 1 000 exemplaires. La sortie de la 2 CV Bamboo ne suscite pas un engouement particulier. Les Anglais aiment personnaliser leurs 2 CV et il n'existe pas, outre-Manche, le même attachement qu'en France à maintenir une voiture dans son état d'origine, même pour les séries spéciales. C'est la raison pour laquelle il est fréquent d'observer des décorations de portière modifiées, si bien faites qu'elles peuvent parfois provoquer le doute sur l'existence de différentes versions de 2 CV Bamboo. Dans le même esprit, une capote verte assortie est souvent préférée à la grise originale. L'habitacle n'échappe pas lui non plus à ce mouvement, en s'enorgueillant au gré des ajouts d'un radio-cassette, d'un voltmètre de charge de batterie, d'un volant sport ou d'un reconditionnement des habillages dans un autre tissu que celui de la 2 CV Spécial originelle. Ainsi les 2 CV Bamboo strictement d'origine sont-elles très rares.

Les modèles français de 2 CV 6 sont équipés d'un jonc de gouttière avant en plastique chromé depuis juillet 1984. Ce n'est pas le cas de la 2 CV Bamboo anglaise, qui en est dépourvue.

© Pascal Irlinger/j

© Pascal Irlinger/k

Dans le compartiment moteur, certains organes sont à un emplacement inhabituel, en raison de la conduite à droite, notamment les câbles de commande du pédalier.

■ Un seul exemplaire sur les six fabriqués en Angleterre est connu. Sa valeur peut être estimée autour de **4 000 €**.

LA 2 CV RUDOLPH 1987

Dans les années 1980, Citroën incite ses revendeurs britanniques à réaliser leur propre série spéciale de 2 CV. Un concessionnaire lance une série très limitée : elle ne comporte que six voitures, les six rennes du Père Noël. L'un d'eux est Rudolph.

© Pascal Irlinger/a

La vocation première d'une série spéciale est d'améliorer les ventes d'un modèle, en offrant aux acheteurs la singularité, soit une voiture « hors-série » dont la décoration est spécifique, et/ou en y ajoutant des accessoires supplémentaires. Adepte de cette stratégie, notamment avec la 2 CV vieillissante à partir du milieu des années 1970, Citroën a aussi mis à profit des événements médiatiques pour sortir des Deuches spéciales, comme la 2 CV France 3 lors de la Coupe de l'America 1983, la 2 CV 007 à l'occasion de la sortie du film de James Bond *Rien que pour vos yeux*, en 1982, qui met en scène une Deuche, ou la 2 CV Cocorico pour la Coupe du monde de football de 1986. De la même manière, à l'automne 1987, motivée par le réseau Citroën, la concession anglaise Beacon Motors, à Bristol, décide de réaliser une série spéciale à diffusion très limitée.

▲ Le kit Aventure, les longues portées, la calandre et la poignée de capot ne sont pas montés d'origine sur la 2 CV Rudolph, mais ont été ajoutés.

SÉRIES TRÈS SPÉCIALES

À l'instar d'autres pays où la firme est présente, les séries spéciales de Petites Citroën sont proposées pour le marché anglais. Certaines sont réservées au marché britannique, telle la 2 CV Bamboo de 1987 ou la Dyane Côte d'Azur de 1982.
Dans les années 1980, afin d'augmenter les ventes locales du véhicule, le réseau du double chevron incite les concessionnaires à proposer aux clients leur propre série limitée de 2 CV, avec des accessoires et décorations singulières. Chaque proposition doit être inédite.

© Pascal Irlinger/b

◄ Les accessoires de la 2 CV Rudolph ne permettent plus d'apercevoir la décoration d'origine. Deux baies et deux feuilles de houx sont apposées sur le coin supérieur droit de la malle de coffre.

C'est vue de profil que la 2 CV Rudolph dévoile sa décoration spécifique. À l'origine, les bandes rouges s'étendaient jusque sous les vitres de custode. Une petite retouche de peinture en a effacé quelques centimètres.

© Pascal Irlinger/c

JOHN ET HAZEL SOBEY

Passionnés par la Petite Citroën, John et Hazel Sobey s'offrent une Dyane d'occasion en 1979. La voiture a déjà 135 000 km au compteur et elle est en piteux état. Ils l'utilise pourtant pendant plusieurs années, le temps de se convaincre définitivement que la Petite Citroën est une voiture plus que fiable. Ils achètent ensuite une Dyane de 1980, puis une autre de 1982 et la liste s'allonge au fil des années. Ils comptent en leur possession une rare Dyane de 1969, une 2 CV AKA 400 de 1978, une Ami 6 Break de 1969, une 2 CV AZ de 1956 construite à Slough et, depuis 1987, la 2 CV Rudolph. Leurs Petites Citroën sont bien sûr avec la conduite à droite, ce qui en fait des spécimens de collection des plus rares !

LES SIX 2 CV DU PERE NOËL

Tous les enfants sachant compter le savent, le traîneau du Père Noël est tiré par six rennes. Les plus érudis connaissent aussi leurs noms : Blitzen, Comet, Prancer, Dancer, Donna et Rudolph. John Sobey se souvient avoir croisé Prancer, en novembre 1987, lors de sa visite à la concession Beacon, qui a réalisé la série spéciale des six 2 CV du Père Noël. Mais nul ne sait quelle a été la destinée des autres compagnons de Rudolph. Vingt ans après la réalisation de cette série spéciale, il semble que la 2 CV Rudolph soit la seule survivante de cet équipage.

À l'approche de l'hiver, le thème choisi est tout naturellement les fêtes de fin d'année, et en particulier le Père Noël, appelé *father Christmas*, sur son traîneau attelé de six rennes. La très petite série de 2 CV sera donc constituée de seulement six voitures, chacune portera le nom d'un des rennes ! Étant donnée la capacité de production du concessionnaire, le lancement de la mini série commence par deux voitures. La première, blanche et ornée de bandes rouges, est baptisée Rudolph. La deuxième, rouge et ornée de bandes grises s'appelle Prancer. Dès le mois de novembre 1987, la concession de Bristol investit dans un espace publicitaire de la presse locale afin de faire connaître son initiative. L'annonce retient l'attention de John et Hazel Sobey, un couple d'inconditionnels de la Petite Citroën membres actifs du club anglais *2CVGB*. Comme la plupart des adeptes de la 2 CV, ils pressentent la fin proche de la production de leur voiture préférée et songent à faire bientôt l'acquisition d'une 2 CV neuve. Leur cœur balance alors entre une 2 CV Charleston et une 2 CV Dolly, mais la publicité de la concession Beacon réoriente leur réflexion. Ils se rendent à Bristol, en famille, pour voir de plus près à quoi ressemblent les 2 CV très spéciales du Père Noël. Comme ils devaient s'y attendre, leurs enfants sont enthousiasmés par cette voiture au nom magique et le projet d'acquérir une Charleston ou une Dolly s'estompe au profit d'un modèle unique : la 2 CV Rudolph.

[LA FAMILLE SOBEY TOMBE SOUS LE CHARME DE CETTE 2 CV UNIQUE]

© Pascal Irlinger/d

Lorsque la voiture porte le nom d'un renne du Père Noël, quoi de plus naturel que de lui faire transporter quelques peluches de Noël.

© Pascal Irlinger/e

Obéissant à la législation britannique, la 2 CV Rudolph est équipée de répétiteurs de clignotants fixés sur la partie arrière des ailes avant.

© Pascal Irlinger/f

Le 20 novembre 1987, le premier «renne mécanique» du Père Noël arrive au domicile de la famille Sobey. La 2 CV Rudolph est de couleur blanc Meije (réf. AC088) et deux bandes rouges, séparées par un liseré rouge sont apposées sur les flancs de la voiture. Elles commencent sur la partie arrière des ailes avant et courent le long des portières en décrivant une légère courbe vers le haut. La couleur rouge de cette bande décorative s'estompe dans un dégradé progressif à mesure qu'elle progresse vers l'arrière. Au niveau de l'aile arrière, les bandes entament une courbe plus prononcée vers le haut, qui les conduit sous la vitre de custode. La course de la bande inférieure et du liseré n'est interrompue que par l'embouti de l'aile arrière, sur lequel n'est apposé aucun adhésif. Quant au nom du renne du Père Noël, Rudolph, il apparaît en blanc de chaque côté de la voiture, sur la bande supérieure rouge des portes avant, où est également apposée une décoration composée de baies et de feuilles de houx. Ce graphisme typique de Noël se retrouve d'ailleurs en deux autres endroits de la voiture : sur la gauche du volet d'aération et dans le coin supérieur droit de la malle de coffre. La capote est de couleur blanche, ainsi que les pare-chocs. Les roues sont habillées d'enjoliveurs en matière plastique, de couleur blanche eux aussi. Sans accessoires ajoutés, l'allure de la voiture d'origine reste toutefois très sobre, la 2 CV Rudolph étant uniformément blanche avec de discrètes décorations rouges.

[RUDOLPH EST UNIFORMÉMENT BLANC ET ORNÉ DE BANDES ROUGES DÉCORATIVES]

▲ Dans un style très british, cette photo montre l'heureux propriétaire face à la 2 CV qu'il affectionne particulièrement.

2 CV-CLUB *2CVGB*

Crée en 1978, le *2CVGB* regroupe à peu près tous les accros britanniques à la Petite Citroën. Grâce à ses quelque 3000 membres, le club a pu relancer la fabrication de certaines pièces détachées. Il organise régulièrement des rencontres nationales de grande ampleur et édite un magazine mensuel.

BAIES ET FEUILLES DE HOUX

En Angleterre, comme dans de nombreux pays dans le monde, nulle décoration de Noël ne se prive des symboliques baies rouges et feuilles de houx. L'arbuste persistant, qui résiste à l'hiver et vit 300 ans, fait partie de la tradition de la fête de fin d'année. La 2 CV Rudolph n'échappe donc pas à la règle, et le houx est même la seule décoration de Noël qui orne sa carrosserie.

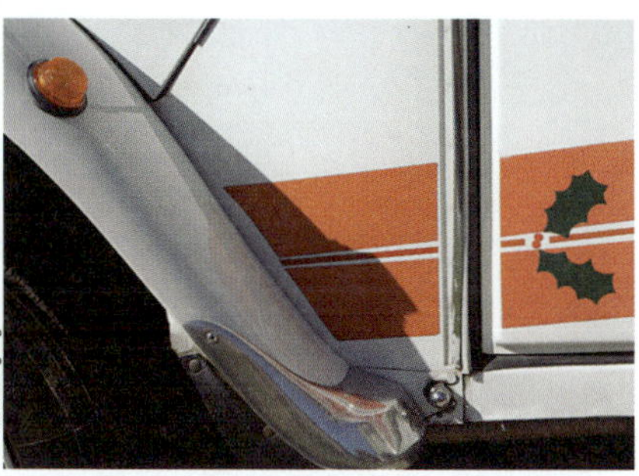

© Pascal Irlinger/g

▲ Les bandes adhésives sont apposées derrière les ailes avant de la 2 CV. La décoration est constituée de deux bandes rouges séparées par un liseré rouge.

© Pascal Irlinger/h

▲ Le nom Rudolph est directement peint en blanc sur la bande adhésive supérieure. Devant se trouvent les décorations typiques de Noël : houx et baies.

La 2 CV Rudolph est réalisée sur la base d'une 2 CV 6 Spéciale. Elle ne dispose donc que d'un seul pare-soleil, côté conducteur, et n'est équipée ni de cendrier, ni de plafonnier.

© Pascal Irlinger/i

RUDOLPH A KELSO

Lors de la Rencontre mondiale des amis de la 2 CV de 2005, organisée en Écosse, un musée temporaire est installé dans la cour du château de Kelso. Parmi les véhicules exposés, de rares exemplaires de 2 CV Berlines et Pick-up *made in Slough*, et les séries spéciales anglaises 2 CV Bamboo et la Dyane Cote d'Azur occupent une place de choix. Mais, la Petite Citroën de collection la plus rare est la 2 CV Rudolph.

RUDOLPH, ALIAS RUDY

En vingt ans de quotidien au sein de la famille Sobey, la 2 CV Rudolph a trouvé sa place, et des liens se sont créés, presque de l'ordre de l'intimité. La voiture familiale se fait donc appeler par son prénom, et elle a même droit à un surnom, Rudy. Plus sérieusement, aux yeux des puristes, et notamment des collectionneurs, un point est essentiel : la famille Sobey s'est attachée à conserver précieusement cette voiture et à la maintenir dans un état irréprochable.

Cette sobriété poussera John et Hazel Sobey à équiper leur nouvelle 2 CV d'accessoires supplémentaires au fil des ans. Ils lui adaptent d'abord un kit Aventure peint en rouge – pare-chocs avant et arrière, grilles de protection des phares et du porte-bagages de la malle de coffre. Ils remplacent les enjoliveurs de roues par des enjoliveurs chromés d'origine 2 CV Charleston, qu'ils fixent après avoir pris soin de repeindre les roues en blanc. Des Robris d'ailes sont installés à l'avant et à l'arrière de la voiture. Ainsi l'extérieur de la voiture est-il enrichi de nombreux ajouts, tandis que l'intérieur reste fidèle à l'origine, celui des dernières 2 CV Spécial. Seules une radio et des peluches sont venues garnir l'habitacle spartiate. Quelques peluches bien évidemment choisies sur le thème de Noël et dont la plupart représentent des rennes, sont placées sur le hamac de plage arrière et n'en bougent plus. Ainsi, depuis ce mémorable hiver 1987, pour John et Hazel c'est Noël tous les jours. Mais, en aparté, chacun des Sobey a reconnu, avec une légère surprise, qu'il envisage de redonner un aspect plus classique à la voiture familiale… Auraient-ils arrêté de croire au Père Noël ?

[LA 2 CV EST DÉCORÉE DE BAIES ET DE FEUILLES DE HOUX À DIFFÉRENTS ENDROITS]

© Pascal Irlinger/i

La mécanique de cette 2 CV anglaise est strictement identique aux mécaniques de toutes les 2 CV 6. Seules adaptations, celles liées au volant à droite, tels que le pédalier, la commande de réglage de hauteur des phares, ou le système de chauffage de l'habitacle.

© Pascal Irlinger/k

Les Robris, ces enjoliveurs chromés qui protègent les ailes arrière, entre autres, des projections de cailloux, ne sont pas d'origine.

■ Micro série limitée assemblée par un concessionnaire britannique, cette 2 CV rarissime peut être négociée autour de **4 000 €**.

LA 2 CV WELLA 1987

En 1987, la société de soins pour cheveux Wella lance un concours en Angleterre pour la sortie d'un baume. Parmi les lots, six 2 CV préparées spécialement. Retour sur cette petite série capillaire, dont un exemplaire a survécu...

© Pascal Irlinger/a

▲ **La 2 CV Wella véhicule à sa façon l'image de la marque Wella, avec les trois bandes brunes ondulées qui figurent une mèche rebelle.**

La 2 CV n'a aucun lien avec la société Wella. Cette entreprise internationale, dont le siège est en Allemagne, mais qui est implantée en Grande-Bretagne, commercialise des produits de beauté. C'est, a priori, un créneau assez éloigné de la Petite Citroën, jusqu'à une opération publicitaire, en 1987, pour le lancement d'un nouveau baume pour cheveux appelé Coco. À cette occasion, Wella organise un concours dans la région de Leeds, ville anglaise du Yorkshire, qui met en jeu un millier de prix, parmi lesquels... six 2 CV personnalisées. L'opération est montée en partenariat avec le concessionnaire Citroën local. Les revendeurs des produits de la gamme Wella, tout comme les agents Citroën de la région de Leeds sont invités à diffuser largement des bulletins de participation auprès de leurs clients. Sur la couverture du bulletin figure l'une des 2 CV 6 Spécial mises en jeu, relookée aux couleurs de la marque Wella et du baume Coco.

▲ **La caractéristique principale de la 2 CV Wella sont ses trois « mèches de cheveux ». Les enjoliveurs de roues, les robris d'ailes arrières, les clignotants latéraux et les trompettes d'avertisseur ne sont pas d'origine.**

WELLA

La société Wella est une firme cosmétique fondée en 1880 par Franz Ströher, un jeune coiffeur allemand de 26 ans, spécialisé dans la confection de perruques, de tresses et de mèches réalisées à base de cheveux. Domiciliée à Darmstadt, en Allemagne, la société est présente dans 150 pays. Elle fournit une large gamme de produits pour la coloration, les permanentes, le styling et les soins du cheveu. Ils s'adressent aussi bien aux professionnels qu'aux particuliers. Au siège de Darmstadt, un musée retrace l'histoire de la marque et permet d'apprécier l'évolution des techniques et de la mode sur une période de plus d'un siècle.

Derrière sa décoration personnalisée et ses enjoliveurs de jantes adaptés, la 2 CV Wella cache une simple 2 CV 6 Spécial.

2 CV SPECIALES

Hormis la 2 CV Bamboo 1987, il n'y a pas de série limitée de 2 CV produite par Citroën exclusivement pour le Royaume-Uni. En revanche, il existe quelques modèles de production locale de très petite série comme la 2 CV Wella de 1987, réalisée à six exemplaires, ou la 2 CV Rudolph, fabriquée, la même année, par un concessionnaire de Bristol à six unités également. Néanmoins, tous les modèles de 2 CV français ont été commercialisés outre-Manche, les grandes séries comme les séries limitées. Ils sont équipés d'une conduite à droite et de quelques spécificités, comme un moteur 602 cm^3 pour la Spot ou des phares rectangulaires sur la Charleston. Les Deuchistes britanniques ont eu une préférence pour la 2 CV Dolly.

La 2 CV Wella est donc une série très limitée, de production purement artisanale et locale. Elle est blanc Meije (réf. AC088) et se distingue des 2 CV 6 Spécial de série par sa décoration personnalisée, réalisée à l'aide d'adhésifs. Trois larges bandes de couleur brune ondulent sur les côtés de la voiture, imitant une mèche de cheveux qui flotte au vent. Elles partent de l'arrière des ailes avant pour s'étendre jusqu'aux ailes arrière. Le mouvement d'ondulation s'inspire du logo de Wella présent sur les produits de la marque. Sur la 2 CV, les bandes brunes sont toutefois doublées d'une fine bande adhésive grise. Le brun, emblématique de Wella, recouvre aussi les pare-chocs. Enfin, les roues, équipées d'enjoliveurs centraux chromés, sont initialement de couleur blanche, de même que la capote.

[TROIS BANDES BRUNES ONDULENT SUR LA 2 CV, IMITANT UNE MÈCHE DE CHEVEUX]

La référence au baume Coco pour cheveux apparaît sur la malle de coffre et sur le volet d'aération. Ce sont deux autocollants figurant une noix de coco fendue en deux avec le mot *«Coco»*. Le visuel de la porte de malle montre également un cocotier, qui est repris sur la page de couverture du bulletin de participation au concours. Le jeu est baptisé *The Balsam Coconut Treasure Trail* (Le chemin du trésor du baume coco). Le tirage au sort des gagnants a lieu à l'automne 1987. Les six Petites Citroën seront gagnées par des habitants du Yorkshire et des comtés avoisinants. Vingt ans plus tard, seul un exemplaire semble avoir survécu. Ce spécimen roule aujourd'hui très peu, dans les environs de Wakefield, et fait le bonheur de Mick Watson. Pourtant, il n'est pas l'un des gagnants du concours Wella…

Comme toutes les 2 CV anglaises, la 2 CV Wella est une conduite à droite. Le levier de vitesses et le frein à main n'ont toutefois subi aucune modification par rapport au modèle français.

Les enjoliveurs sont un ajout du propriétaire. D'origine, la 2 CV Wella se contente de jantes blanches et de petits enjoliveurs centraux chromés. La casquette chromée des phares n'est pas d'origine elle non plus.

© Pascal Irlinger/f

La capote n'est pas blanche comme à l'origine. Les phares antibrouillard et autres fioritures « enjoliveuses » ont également été ajoutées.

En 1989, Mick cherche à remplacer son Land Rover Safari de 20 ans d'âge, dont le châssis est rongé par la rouille. Dans un quotidien local, il découvre alors la mise en vente d'une des six 2 CV Wella, une série spéciale très rare dont quelques amateurs britanniques, comme lui, avaient déjà entendu parler. *« J'ai toujours voulu rouler en 2 CV »*, affirme Mick. La Petite Citroën qu'il convoite comptabilise 30 000 km au compteur et ne satisfait visiblement pas ses précédents propriétaires, qui la jugent trop lente et trop fragile. L'affaire est donc vite conclue. Mais, peu de temps après son achat, le nouveau Deuchiste découvre que sa Wella est atteinte du même mal que son Land Rover Safari : le châssis est fortement corrodé. Sauf qu'un tel remplacement est plus envisageable sur une 2 CV que sur un Land Rover. Le temps pour Mick de trouver un châssis galvanisé, et la pièce maîtresse est aussitôt changée.

[DEUX AUTOCOLLANTS FIGURENT UNE NOIX DE COCO, AVEC LE NOM DU BAUME : *« COCO »*]

HISTOIRE BRITISH DE LA DEUCHE

L'histoire de la 2 CV au Royaume-Uni se compose de deux grandes périodes. La première commence en 1953, avec le montage des 2 CV dans les usines de Slough, près de Londres. Mais, face aux faibles ventes, la commercialisation est arrêtée en 1959. Un millier de 2 CV seulement seront sorties des chaînes d'assemblage anglaises, berlines et pick-up confondus. Malgré une tentative de de relance avec la Bijou, la 2 CV disparaît du catalogue Citroën UK en 1963. La deuxième période commence en 1968, avec la commercialisation de la Dyane, suivie du retour de la 2 CV britannique en 1974. Les Petites Citroën sont dès lors importées de France. Le succès de la 2 CV est enfin au rendez-vous, notamment pour la 2 CV 6 Spécial, qui sera commercialisée jusqu'à l'arrêt définitif de sa production, en juillet 1990.

© Pascal Irlinger/g

Les pare-chocs avant et arrière sont à l'origine de couleur brune. Sur ce modèle, ils ont été changés au milieu des années 1990 et seuls les butoirs du pare-chocs avant ont gardé leur teinte initiale.

© Pascal Irlinger/h

Parmi tous les autocollants qu'arbore aujourd'hui la malle de coffre, subsiste encore l'autocollant « Coco » d'origine. Celui-ci a malheureusement souffert avec les années.

En 2005, l'ultime 2 CV Wella connue a cessé de rouler. Elle totalise quelque 200 000 km et passe la majeure partie du temps à l'abri d'un garage en bois dans un jardin anglais.

© Pascal Irlinger/i

MICK WATSON

Chauffeur routier, Mick Watson est habitué aux véhicules de gros gabarit et à grosse cylindrée. C'est pourtant au volant de la 2 CV qu'il éprouve le plus de plaisir à rouler. *« Cette voiture me convient bien*, raconte-t-il, *parce qu'elle est facile d'entretien, elle passe partout et en plus elle dégage un fort capital sympathie ! »* Mick dit avoir toujours été attiré par la 2 CV, et s'étonne lui-même d'avoir franchi le pas si tard. *« Ce n'est qu'en 1989,* se souvient-il, *que je n'ai plus eu besoin d'un véhicule spacieux. Mes filles étaient alors devenues grandes et j'ai pu me tourner vers la 2 CV, une petite voiture que j'ai toujours beaucoup aimée. »* Il achète alors la 2 CV Wella...

La 2 CV Wella est donc reconditionnée pour affronter à nouveau un usage quotidien, fut-il intensif, dans le climat humide de la région, pour... quelques années. Mick se servira tous les jours de la Deuche Coco jusqu'en 2005. Son compteur totalise alors près de 200 000 km. Comme il l'avait prévu, le châssis galvanisé a bien résisté à la corrosion. Mais ce n'est pas le cas de la coque et des différents éléments de carrosserie. Au vu de son grand kilométrage et de son état général vieillissant, et compte tenu de l'unicité du specimen, Mick décide alors que la 2 CV Wella doit être remisée. C'est le seul moyen de la préserver ce précieux sujet de sa gracieuse Majestée. Elle est conservée avec soin, à l'abri des affres du temps, jusqu'à ce que Mick lui trouve un avenir meilleur que la casse ou une reconversion en donneuse d'organes.

[EN 1989, UNE DES 2 CV WELLA EST MISE EN VENTE DANS UN QUOTIDIEN LOCAL]

© Pascal Irlinger/j

Mick Watson a toujours rêvé de posséder une 2 CV sans en avoir l'occasion jusqu'à la Wella. Le hasard d'une petite annonce lui a fait franchir le pas.

© Pascal Irlinger/k

Les trois adhésifs simulant des mèches de cheveux ont résisté au temps, presque mieux que la carrosserie.

■ Série limitée allemande que l'on trouve aussi en Suisse et rarement en France, ce modèle d'obédience écolo tient une belle cote de **1 000** à **4 000 €**.

LA 2 CV AZKA SAUSS-ENTE 1988

Réalisée par Citroën Cologne pour l'Allemagne, la série spéciale Sausss-Ente vient décorer la 2 CV 6 Club de série sans aucun changement. Ornée d'un canard peinant à s'envoler, cette « Deuche qui fonce » joue sur le sens de la dérision des Deuchistes.

© Pascal Irlinger/a

Sortie en 1988 pour le marché allemand, la 2 CV Sausss-Ente (« canard qui fonce ») succède à la série spéciale Ente-Grün (« canard-vert ») de 1985.

Sausss-Ente, la « Deuche qui fonce », tout un programme… clairement annoncé sous son logo avec sa vitesse d'accélération : *« De 0 à 100 km/h en 59,4 s »*. Si cela prête à sourire aux non initiés, et c'est la raison d'être de cette série spéciale exclusive au marché allemand, cela n'en reste pas moins vrai. Comparée aux précédentes versions de la 2 CV, équipées successivement de moteurs de 375, 425 et 435 cm³, la 2 CV 6 de 602 cm³ est bien la plus rapide. Sa vitesse de pointe est de 115 km/h, chiffre dépendant grandement de la planéité de la route, du chargement de la voiture, de son élan et du sens du vent. La Sausss-Ente commercialisée par Citroën est exclusivement vert Bamboo (réf. AC533). Toutes les Sausss-Ente vert Tuileries (réf. AC531), reconnaissables à leurs capotes vertes, mais aussi les grises et rouges visibles sur les routes ou dans les rassemblements sont donc des réalisations personnelles. Les roues de la Sausss-Ente sont blanches avec des écrous noirs et leur perçage central est doté d'un cabochon blanc. Ce trou permet le montage d'enjoliveurs, ce dont ne se privent pas nombre des conducteurs de cette série spéciale, car le chrome de ces accessoires se marie bien avec celui des phares qui l'équipent.

MOTEURS

La 2 CV Sausss-Ente roule au carburant sans-plomb ayant un indice d'octane de 95, ce qui la différencie des modèles français de la fin des années 1980 équipés du moteur A06/635 pour lequel le plomb est un lubrifiant nécessaire. Suivant sa période de fabrication, la Sausss-Ente accueille trois types de moteurs : A06/642, A06/644 et A06/664.

© Roland Reichert/b

Identique à une 2 CV Club de série, mise à part la décoration, la raison d'être de la Sausss-Ente est l'humour. Ses ornements se rajoutent à celle de la voiture de série, sans la remplacer.

© Roland Reichert/c

La 2 CV Sausss-Ente est équipée d'un feu de recul rectangulaire placé sous le pare-choc arrière. Le monogramme de malle est celui du modèle « Club » de série.

AZKA

Apparue en 1970 avec la sortie de la 2 CV 6, dont c'est le type mine officiel, l'appellation AZKA perpétue la logique de Citroën. La première berline de type A (moteur de 375 cm³) évolue en type AZ au passage en 425 cm³, pour devenir AZA après un passage par AZL, AZLP et AZAM. D'un autre côté, la 2 CV Fourgonnette AU devient AK lorsqu'elle adopte le moteur de 602 cm³ de l'Ami 6. Le mariage d'une 2 CV Berline AZA avec un moteur de 602 cm³ mélange ainsi les lettres AZA et AK pour donner AZKA. De son côté, la 2 CV 4, qui hérite du moteur de 435 cm³ de la Dyane 4, s'appelle tout d'abord AZA2, en 1970, avant de se changer en AZKB en 1976, ce qui constitue une hérésie sémantique.

Outre la capote gris Anthracite, la Sausss-Ente possède les accessoires des modèles allemands, dont des cabochons d'extrémité de pare-chocs noirs. Ces derniers sont montés pour se conformer à la législation de ce pays qui interdit tout angle saillant sur les voitures. La décoration de la Sausss-Ente est apposée sur une 2 CV 6 Club de série, sans rien en retirer, pas même l'inscription de la porte de malle. Une bande vert foncé joint les ailes avant et arrière en une courbe inspirée par la 2 CV Charleston, apparue en 1980, mais plus simple et moins harmonieuse que sur cette dernière : elle court sur la partie basse de la caisse, s'arrêtant bien en dessous des poignées arrière. Scindée en plusieurs parties selon les éléments de carrosserie, cette bande laisse apparaître le vert Bamboo entre chacun des ses morceaux et au niveau des ailes.

[LA SAUSSS-ENTE « OFFICIELLE » EST VERT BAMBOO AVEC DES JANTES BLANCHES]

© Roland Reichert/d

Cette 2 CV Sausss-Ente et sa conductrice sont à l'unisson dans l'autodérision. Les palmes de pare-chocs accentuent le concept « *ente* », c'est-à-dire canard, de la 2 CV, présentée par Citroën Cologne comme une « anti-voiture ».

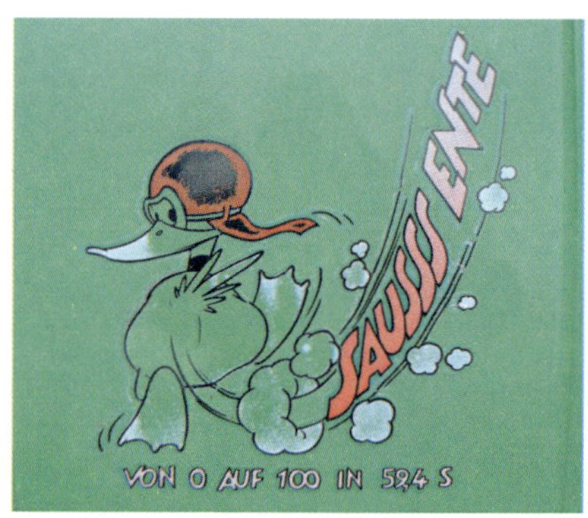

© Roland Reichert/e

« De 0 à 100 km/h en 59,4 s »...
À titre de comparaison, en 1988, une Citroën CX GTI turbo de 2500 cm³ pesant le double d'une 2 CV met 7,8 s pour atteindre la même vitesse, tandis qu'une AX de base, de 954 cm³ met 17,9 s.

© Pascal Irlinger/f

La Sausss-Ente embarque d'origine un autoradio avec haut-parleurs intégrés dans les portières avant, d'où la présence d'une antenne extérieure. Le rétroviseur droit est un ajout.

Un autre autocollant du même vert foncé est apposé sur la partie plane de l'aile arrière, surplombant son galbe. Le célèbre canard, surnom de la 2 CV en pays germanophones (« *ente* » qui signifie littéralement « canard » est l'équivalent du terme « Deuche » en France), occupe une bonne part des portières avant, tandis qu'il apparaît en plus petit sur la porte de malle. Coiffé d'un casque de cuir à la manière des aviateurs de la première moitié du XXe siècle, il fonce avec un air décidé vers l'avant de la voiture en moulinant des pattes pour décoller. À l'intérieur de l'habitacle, se retrouvent tous les accessoires spécifiques aux modèles allemands de 2 CV : le siège conducteur, séparé, est inclinable, les charnières sont munies de caches en plastique noir, une longue manette d'appel de phare est présente sur le tableau de bord et des crochets intérieurs permettent de verrouiller la capote afin d'éviter toute ouverture intempestive. Autour de la découpe du toit, un jonc en plastique rigide améliore l'étanchéité de la capote. La planche de bord est évidemment celle du modèle Club dont la voiture découle, le compteur de vitesse ovale est de type Ami 6 avec un fond marron.

[L'HABITACLE DISPOSE DE TOUS LES ACCESSOIRES DES MODÈLES ALLEMANDS DE 2 CV 6 CLUB]

© Pascal Irlinger/g

Le canard de la 2 CV Ente-Grün *bleifrei* (sans plomb) porte ostensiblement le vert de l'écologie, jusque dans ses émanations. Ce n'est pas le cas de celui de la Sausss-Ente, alors que les deux voitures possèdent les mêmes caractéristiques de carburation.

© Roland Reichert/h

Le nom est un jeu de mots à partir du verbe allemand « *sausen* », signifiant « foncer » dans le langage familier. « *Ente* » est le surnom officiel de la 2 CV, l'équivalent de notre « Deuche » tricolore.

AUTOCOLLANTS

Plusieurs détaillants allemands commercialisent pour un peu moins de 100 € des planches d'autocollants reproduisant fidèlement les motifs et inscriptions de la 2 CV Sausss-Ente. Ce qui est très pratique en cas de restauration ou de réparation suite à un accident. Cela permet aussi aux amateurs de créer de nouvelles Sausss-Ente, parfois réalisées sur base de 2 CV 6 rouges ou grises. De telles planches existent aussi pour la 2 CV Ente-Grün.

2 CV-CLUB ACTION-ENTS-SAAR

Ce 2 CV-Club de la région de la Sarre, en Allemagne, existe depuis février 1992. La Sausss-Ente immatriculée en Allemagne et l'Ente-Grün spéciale présentées ici appartiennent à des membres de l'*Action-Ents-Saar*. Ce club très actif regorge de 2 CV plutôt spectaculaires et sa raison d'être est, selon son président Ronny, s'exprimant en français, de *« conserver les Deuches, travailler ensemble à la technique, rendre visite aux amis de la Deuche et vivre avec la Deuche et ses amis dans tout le monde »*. Comme ce ne sont pas de vains mots, l'*Action-Ents-Saar* est jumelé avec le club *Passion 2 CV de Provence* et il parcourt régulièrement les routes de l'Hexagone. Du 2 au 6 août 2006, ce club allemand organise la 2e Rencontre internationale à Kirkel-Neuhäusel, en Sarre bien évidemment. Une bonne occasion de découvrir leurs étranges bicylindres.

> Contact :
2 CV-Club Action-Ents-Saar,
Roland Reichert,
Goldene-Au-Strasse 32
D-66280 Sulzbach
Site : www.action-ents-saar.de

ENTE-GRÜN SPÉCIALE

Les Allemands ne sont pas tous aussi pointilleux que certains Français sur le respect de l'origine. Leurs séries spéciales font parfois l'objet de transformations, ce qui peut être perçu comme un sacrilège de ce côté-ci du Rhin. Cette Ente-Grün spéciale, avec des ailes élargies et des jantes larges vertes, a été réalisée à partir d'autocollants achetés séparément.

© Roland Reichert/k

Cette Ente-Grün spéciale est une composition personnelle, comme en témoignent l'absence d'inscription sur le volet, l'emplacement différent de l'autocollant de capot et le tour de calandre non chromé.

BAMBOO

D'aucuns prétendent que la Sausss-Ente est la réplique allemande de la série spéciale britannique 2 CV Bamboo. En réalité, si les bases de ces véhicules sont proches et leur couleur verte identique, la première série britannique de 2 CV Bamboo de 1982 n'est pas prévue pour rouler au sans-plomb. La première 2 CV pouvant le faire sera l'Ente-Grün (Allemagne et Suisse) de 1985, la deuxième série de Bamboo (Grande-Bretagne) de 1987 équipée vraissemblablement elle aussi d'un moteur à faible taux de compression adapté au carburant SP95. En 1988, la Sausss-Ente prend la suite logique de l'Ente-Grün, sans se soucier de sa proche cousine anglaise.

© Pascal Irlinger/l

Bien qu'immatriculée en France, cette Sausss-Ente vient d'Allemagne comme le prouvent les embouts latéraux noirs des pare-chocs. Les enjoliveurs de roues, assortis aux phares chromés, ne sont pas d'origine.

Le volant noir est monobranche. Diverses selleries peuvent équiper la 2 CV Sausss-Ente, mais la majorité possède un intérieur en skaï marron. Équipée d'origine d'un autoradio, la Sausss-Ente est dotée de deux haut-parleurs ronds de taille moyenne, un dans chaque porte avant. Ils sont situés en partie basse, vers l'articulation. Le chiffre exact de 2 CV Sausss-Ente commercialisées par Citroën Cologne n'est pas connu, mais il est admis qu'au moins 400 modèles officiels ont existé. Il n'est pas toujours évident de repérer une « vraie » Sausss-Ente, souvent accessoirisée en supplément et parfois radicalement transformée par ses propriétaires successifs, d'une fausse, réalisée *a posteriori* grâce à un kit d'autocollants et respectant plus l'originale. Apparue en 1988, la 2 CV Sausss-Ente prend la relève d'une autre célèbre série spéciale, l'Ente-Grün. Sortie en 1985, elle jouait exclusivement la carte écologique, d'où son nom, « Canard vert », et sa couleur : le vert Bamboo. La raison d'être de cette voiture, commercialisé en Allemagne et en Suisse, est l'apparition sur la 2 CV du premier moteur fonctionnant au carburant sans-plomb. Sa devise, ornant portes, capot et porte de malle est « *I fly bleifrei* », un néologisme mêlant anglais et allemand signifiant « je vole sans-plomb ». Il n'est pas exclu qu'il y ait un humour de second degré dans cette annonce, la canard se vantant aussi d'échapper aux plombs des chasseurs, ennemis traditionnels des mouvements écologistes. Si le canard, vert comme il se doit en la circonstance, est plus petit et plus timoré que sur la Sausss-Ente, les bandes décoratives de l'Ente-Grün sont plus jolies. Les interstices entre ses différentes parties sont plus étroits, elles montent plus haut sur les portes arrière et la partie vert foncé est doublée d'un filet jaune-vert, large et décalé à l'avant, s'amenuisant vers l'arrière, à la manière d'une 2 CV Charleston. Environ 2 000 Ente-Grün ont été vendues, avec la particularité pour celles des cantons francophones de Suisse de s'appeler Canard vert. Un rigorisme linguistique qui fait perdre toute signification à son nom.

[LA SAUSSS-ENTE SUCCÈDE À L'ENTE-GRÜN, SÉRIE SPÉCIALE JOUANT LA CARTE ÉCOLOGIQUE]

© Pascal Irlinger/l

La décoration latérale est symétrique des deux côtés de la 2 CV Sausss-Ente. Le feu de recul, visible entre le pare-chocs et la roue arrière, est placé très en avant sur le longeron de châssis.

Chapitre 3
2 CV Camionnettes

■ Toute une époque avec sa couleur et son nom d'un autre temps ; comptez entre **500** et **3 000 €**.

LA 2 CV AU DES POSTES 1952

La distribution et la collecte du courrier ont toujours été assurées avec les meilleurs moyens de locomotion du moment. Le cheval et la bicyclette en ont longtemps été les instruments privilégiés, avant les premières voitures. Mais la 2 CV fut sans doute l'un des meilleurs auxiliaires des facteurs ruraux.

C'est entre 1924 et 1926 que La Poste met en service ses premiers véhicules motorisés. L'expérience ayant apporté toute satisfaction, en 1929 est créé le fameux Service Automobile de La Poste. Celui-ci se développe jusqu'à la Seconde Guerre mondiale, en fonction des besoins et surtout des crédits alloués. Jusque-là, le service postal était assuré uniquement grâce à la location de voitures à des sociétés extérieures, mais, petit à petit, les services postaux deviennent propriétaires de leur matériel. Au lendemain du conflit, le parc automobile des PTT a plutôt souffert. Seuls 1 100 véhicules sont en état de marche. À la fin de l'année 1946, bien que le contingent automobile soit plus important que ce qu'il était en 1939, le service de distribution et de collecte du courrier ne peut compter que sur 345 véhicules. En ces années de reconstruction, l'heure est à la « débrouillardise ». Heureusement, les surplus de

▲ Le 5 mars 1958, à l'occasion de la journée annuelle du timbre les PTT éditent un nouveau timbre sur lequel figure en bonne place la célèbre 2 CV Camionnette. Il est aujourd'hui une véritable pièce de collection.

POURQUOI SI TARD ?

L'on peut se demander pourquoi la motorisation des tournées rurales n'intervient qu'au début des années cinquante. Au mois d'avril 1953, la revue des PTT de France explique que les routes et les chemins étaient trop mauvais, provoquant dérèglements mécaniques et pannes fréquentes, mais aussi que les voitures d'alors étaient dangereuses et d'un entretien trop compliqué. Il est vrai que la 2 CV fut une solution à tous ces problèmes.

◄ Cette 2 CV AU repeinte en vert foncé est équipée d'un porte-vélo métallique monté sur roulettes qui permet d'accueillir jusqu'à deux bicyclettes.

LES AUTRES 2 CV DES PTT

Dans les années 1950, d'autres 2 CV Camionnettes sont également employées par les Postes pour leurs services techniques d'entretien des lignes et des matériels téléphoniques. Ces voitures sont équipées d'un porte-échelle. Jusqu'à l'apparition de la livrée jaune, au mois de mai 1962, elles resteront peintes en gris d'origine et recevront, sur les portières, le logotype PTT rouge de l'époque.

POUR PASSER PARTOUT

À partir de 1961, Citroën commercialise sa fameuse 2 CV AZ 4 x 4 équipée de deux moteurs de 425 cm³ et de deux boîtes de vitesses à quatre rapports. La pression de ses pneumatiques au sol est inférieure à celle du pied de l'homme, elle est donc particulièrement habile sur les terrains très difficiles. Les PTT en achèteront quelques exemplaires qu'ils utiliseront pour faire des reconnaissances.

ÉQUIPEMENT SPÉCIAL POUR LES 2 CV DES PTT

Très vite les 2 CV des Postes reçoivent en usine un équipement spécial afin de les adapter au mieux à leur utilisation particulière. Celui-ci se compose, entre autre, d'un plafonnier de type Ami 6, de deux gros rétroviseurs extérieurs ronds fixés au sommet des ailes avant, de portières renforcées au niveau de la soudure de la charnière, d'un porte-cartes, d'un panneau de séparation insonorisé avec coffre à outils, d'un plancher renforcé, ou encore d'un dispositif de verrouillage de frein à main.

© Musée de la Poste - Paris/c

Avant l'apparition de leur célèbre robe jaune, les 2 CV Camionnette des Postes, depuis leurs débuts en 1952, arboraient une signalétique plus discrète.

© Musée de la Poste - Paris/d

Grâce à ce dispositif, le conducteur de cette 2 CV AZU emporte avec lui deux facteurs-cyclistes et les dépose là où leurs tournées débutent effectivement. Ensuite, il part distribuer et relever son courrier.

guerre permettent de répondre aux urgences malgré un état général pas toujours satisfaisant. De plus, ces matériels sont équipés dans leur grande majorité de moteurs fonctionnant à l'essence et dévoreurs de carburant.

Ainsi, au cours des premiers jours du mois d'octobre 1949, alors que Citroën commercialise sa petite voiture populaire depuis à peine trois mois, quelques essais sont déjà organisés pour les fonctionnaires des PTT en région parisienne. Cette voiture, économique à l'achat mais aussi à l'usage, avec son exceptionnelle tenue de route, son excellent freinage et son confort digne des grandes berlines d'alors, est une véritable aubaine pour les tournées rurales. De plus, avec le temps, elle va se révéler d'une étonnante robustesse et d'une fiabilité à toute épreuve, même en usage intensif. À l'époque, le facteur de campagne se déplace à pied, à bicyclette ou à motocyclette pour les plus chanceux. Avec la 2 CV, voilà enfin une automobile qui va permettre de relever et distribuer le courrier par tous les temps, en empruntant, sur quatre roues et à l'abri, des chaussées et des chemins parfois difficiles, qu'ils soient boueux, recouverts de neige ou verglacés.

[PRUDENTS, LES RESPONSABLES DES POSTES ATTENDENT QUE LA 2 CV FASSE SES PREUVES.]

Toutefois, dans un premier temps, la petite Citroën ne retient pas l'attention de l'administration. La voiture est nouvelle et personne, à part Citroën, ne l'a suffisamment utilisée pour vérifier les qualités annoncées par le constructeur. En haut lieu, on est apparemment méfiant face à tant d'avantages, soi-disant rassemblés en une seule voiture. Tout cela est décidément bien difficile à croire. Mais le temps passe et, chaque jour, la Petite Citroën fait la preuve de son excellence.

▲ **À la fin des années cinquante, certaines postes disposent d'une véritable petite flotte de 2 CV pour se rendre jusqu'au cœur des campagnes.**

Les listes d'attente s'allongent, le délai de livraison pour le particulier est déjà de plus de cinq ans lorsque, en 1952, la Poste se décide enfin à s'intéresser à elle. Entre-temps, la 2 CV A (berline) s'est vu épaulée par la 2 CV AU (camionnette), présentée au Salon de Paris au mois d'octobre 1950 et commercialisée à partir du mois de mars 1951. Il est vrai que cette version utilitaire de la Petite Citroën en conserve toutes les qualités, mais reçoit en plus une carrosserie spécifique, plutôt spacieuse, autorisant une charge utile de 250 kilos.

[LES PREMIÈRES 2 CV CAMIONNETTES DES POSTES ENTRENT EN SERVICE À PARTIR DE 1952]

Ainsi, en 1952, la 2 CV A est enfin mise à l'essai à Ville-en-Tardenois (Marne), mais aussi à Saverne (Bas-Rhin). Des Camionnettes y sont aussi testées, associées à la bicyclette. Le conducteur continue sa tournée à vélo lorsque l'automobile ne peut pas aller plus loin. Fin 1953, en plus de quatre 2 CV A, La Poste est propriétaire de trente 2 CV AU et attend la livraison de vingt autres. La version utilitaire de la 2 CV commence alors une longue carrière au sein des postes françaises. Qu'il s'agisse de 2 CV A ou de 2 CV AU, puis de 2 CV AZU à partir de 1954, elles sont toutes peintes en gris. À l'usine de Levallois, le dispositif de peinture des voitures n'a été prévu que pour une seule et même teinte de peinture, tant pour les berlines que pour les camionnettes… Le matériel des Postes devrait pourtant revêtir la livrée réglementaire, un vert foncé agrémenté d'inscriptions « Postes » en lettres jaunes et des cocardes tricolores, mais cette exigence devient très vite trop onéreuse compte tenu des quantités commandées. En effet, Citroën n'ayant pas prévu de répondre à une telle demande, les voitures doivent être peintes une seconde fois avant d'être mises en service. Après quelques exemplaires peints malgré tout en vert réglementaire, très vite, la 2 CV se voit donc dispensée de « porter l'uniforme ».

ADAPTER LA 2 CV AU

Les PTT font, en 1953, un premier bilan des essais menés depuis 1952 : *« Les voiturettes utilisées sont en général des fourgonnettes de type 2 CV qui servent dans le privé à des fins les plus diverses. Il n'est donc pas surprenant qu'elles ne répondent pas, d'une façon absolument parfaite, au service qui leur est demandé (arrêt et démarrages fréquents, carrosserie aménagée pour le transport d'une bicyclette, pneumatiques permettant de circuler par tous les temps, etc.). Un certain nombre de mise au point sont, dès lors, nécessaires en vue d'adapter les véhicules aux besoins à satisfaire. »*

Malgré son petit moteur de 375 cm³, cette 2 CV AU permet de distribuer son courrier dans les endroits les plus reculés, y compris en montagne et par tous les temps.

© Archives JC Contenant/f

EN BELGIQUE AUSSI...
À partir du mois d'octobre 1952, la 2 CV Berline et la 2 CV Camionnette sont aussi assemblées en Belgique, à l'usine Citroën de Forest implantée dans la région de Bruxelles. En 1957, la poste belge passe commande de ses premières 2 CV Camionnette. Il s'agit de modèles Luxe baptisés 2 CV AZUL. Produit uniquement en Belgique, ce modèle reçoit une finition particulièrement soignée qui, extérieurement, comprend de nombreuses baguettes, deux demi pare-chocs arrière en aluminium poli et de grandes vitres latérales arrière. Les 2 CV de la poste belge seront en service jusqu'en 1978 et recevront toutes la teinte Rouge Boléro AC 425.

2 CV AU 1951-1955

Moteur :	2 cylindres à plat
Cylindrée :	375 cm³
Alésage x course :	62 x 62 mm
Puissance :	9 ch à 3 500 tr/mn
Alimentation :	carburateur inversé
Distribution :	arbre à cames central
Transmission :	boîte à 4 rapports
Pneumatiques :	135 x 400
Empattement :	240 cm
Voie avant :	126 cm
Voie arrière :	126 cm
Longueur :	360 cm
Largeur :	150 cm
Hauteur à vide :	172 cm
Poids :	600 kg
Charge utile :	250 kg
Capacité :	188 cm³
Vitesse maximale :	65 km/h

2 CV AZU 1954-1970
Différences par rapport à la 2 CV AU :

Cylindrée :	425 cm³
Alésage x course :	66 x 62 mm
Puissance :	12 ch à 4 000 tr/mn
Pneus :	135 x 380 (sept. 59)
Vitesse maximale :	80 km/h

Au mois de septembre 1954, la 2 CV AZU est lancée. Comme la 2 CV AZ, ce nouveau modèle reçoit un moteur plus puissant, 12 chevaux et 425 cm³ au lieu de 9 ch et 375 cm³ pour les 2 CV A et 2 CV AU. Avec cette nouvelle 2 CV Camionnette, les PTT deviennent des inconditionnels de la Petite Citroën. Dans certaines campagnes, elle est équipée d'un porte-bicyclettes, pour transporter trois facteurs et le courrier à distribuer. Le premier préposé qui conduit la 2 CV fait toute sa tournée en voiture ; quant aux deux autres, ils effectuent leur distribution à vélo, après avoir été déposés en pleine campagne. La 2 CV leur évite ainsi d'avoir à parcourir de longs kilomètres de liaison pendant lesquels ils n'ont aucun courrier à distribuer ou à relever. Cette formule astucieuse est d'autant plus appréciée par les facteurs-cyclistes lorsque les conditions météorologiques rendent pénible la pratique de la bicyclette, qu'il s'agisse du vent, de la pluie, de la neige, du gel ou de la chaleur.

[LA 2 CV DEVIENT UN OUTIL DE DÉSENCLAVEMENT DES CAMPAGNES FRANÇAISES]

La 2 CV Citroën devient un outil de désenclavement des campagnes françaises. Elle est partout, elle promène sa silhouette caractéristique sur toutes les routes de France. C'est à partir du mois de mai 1962 qu'elle devient plus populaire encore, parce que plus visible. Elle adopte en effet la célèbre livrée jaune, rehaussée d'un oiseau stylisé bleu sur chacune des portières et d'un filet horizontal.

■ Elle a ses adeptes qui aiment à la garder au plus près de ses particularités ; comptez entre **500** et **3 000 €**.

LA 2 CV AU DE POLICE 1954

À Paris, la brigade motocycliste se voit dotée, en 1954, de quelques 2 CV AU spécialement équipées, qui tiendront un rôle complémentaire à celui des motos. Leur mission consiste à se porter au secours des usagers de la route en difficulté.

La brigade de la rue Chanoinesse, située à deux pas de la Préfecture de police de Paris, est une unité d'intervention de motards. Agencés sur trois niveaux, distribués par une large rampe d'accès, les locaux de cette unité disposent d'un vaste atelier au deuxième sous-sol et ont la capacité d'accueillir des véhicules plus encombrants que de simples motos. En 1953, le directeur de la Police municipale parisienne, monsieur Gobin, décide d'expérimenter la mise en service de quelques voitures, en complément des motos dont le champ d'intervention est limité. Dans un premier temps, le test est réalisé avec une seule voiture, une 2 CV Camionnette. Ses premières prestations sont concluantes et, très vite, une commande de quinze véhicules similaires est passée auprès de Citroën. Chaque voiture transporte deux fonctionnaires de police : un conducteur et un responsable des opérations. Ce dernier, un brigadier, est notamment chargé de la communication avec les autres véhicules. Chacune des camionnettes est équipée d'un émetteur-récepteur à ondes courtes, en liaison avec un poste de la préfecture appelé AZ 1, qui gère en permanence les déplacements des 2 CV d'intervention et les oriente, au cas par cas, sur les « points chauds » de la capitale. Le recrutement des conducteurs a été fait parmi sept cent cinquante chauffeurs des cars de Police-secours, trente-cinq ont été retenus.

▲ Avant que le concept ne soit développé, une première brigade de quatre 2 CV AU est constituée, chargée de porter secours aux Parisiens en difficulté sur le réseau routier. L'expérience sera concluante.

JOUR ET NUIT

En 1954, il existe trois brigades de 15 conducteurs équipés des 2 CV AU du Secours police routier. Chaque brigade est responsable d'une tranche horaire : de 8h à 13h30, de 13h30 à 21h, et de 22h30 à 5h30. Chaque voiture étant en liaison radio avec les autres, par l'intermédiaire d'un poste de relais fixe à la Préfecture de police, les 2 CV peuvent se porter assistance mutuellement mais aussi faire appel au renfort d'une voiture pie ou d'un car de Police-secours.

◄ Les fourgonnettes Citroën 2 CV A qui équipent le Secours police routi sont noires, avec des pneus à flanc blanc et un triangle rouge qui barre les portières en diagonale. Les premiers véhicules sont fabriqu en 1953, mais la majorité d'entre eux rejoint les rangs de cette brigade en 1954.

ATELIER MÉCANIQUE

Au deuxième sous-sol du garage de la rue Chanoinesse, un atelier de mécanique, assez vaste et bien équipé, fonctionne en permanence grâce à 10 mécaniciens. En dehors du travail quotidien de maintenance, cet atelier se doit d'être en alerte permanente, afin de procéder à une réparation complexe et urgente. Également en charge de l'entretien et des réparations de la flotte de motos, ces 10 hommes ne chôment pas !

ARRESTATIONS

Dans les années 1950, notamment la nuit, la capitale connaît une délinquance relativement dense. Bien que les 2 CV du Secours police routier ne soient pas initialement dédiées à ce type d'interventions, parfois musclées, il ne se passe pas un jour ou une nuit sans qu'au moins l'un des équipages deuchistes ne soit impliqué dans une arrestation.

ANGES GARDIENS

En raison de leur fonction initiale de secouristes, les policiers des brigades en 2 CV ont souvent un rôle d'assistance à l'égard de la population parisienne plutôt que de répression. En outre, comme ils couvrent toujours le même secteur, ils acquièrent une certaine familiarité avec les habitants des quartiers, un peu à l'instar de ces policiers à vélo d'avant-guerre, les Hirondelles, que les anciens se souviennent souvent avoir connus serviables et joviaux plutôt qu'agressifs ou renfrognés.

Lors d'un accident de circulation, comme, par exemple, entre ce conducteur de scooter et cet automobiliste, il suffit de faire un signe de la main au chauffeur d'une 2 CV du Secours police routier pour qu'il intervienne.

Certaines 2 CV de la brigade sont équipées d'un brancard dépliable sur toute la longueur de la voiture.

À terme, la section de Secours police routier comptera une centaine d'hommes, répartis en trois brigades de quinze conducteurs, ainsi que leurs passagers. Dans leurs interventions de nuit, les équipages sont d'ailleurs constitués de trois hommes, afin de faciliter, le cas échéant, les arrestations. Ces trois brigades fonctionnent à tour de rôle 24h/24. Chaque homme recruté possède des qualités de conducteur, une bonne connaissance de la topographie et des rues de Paris, une formation de secouriste ainsi que des notions de mécanique. Le travail des 2 CV de Secours police routier est routinier. Chaque matin, à 8 h, un minimum de neuf voitures sortent du garage de la rue Chanoinesse et se répartissent la capitale selon cinq secteurs. Leur premier travail consiste à parcourir rapidement les rues les plus encombrées et à intervenir pour dégager la circulation. Mais, comme l'indique de façon explicite le panneau latéral de chaque 2 CV, s'adressant aux usagers de la route : *«L'équipage de ce véhicule a pour mission de vous secourir. Si vous avez besoin d'une aide quelconque, faites signe au conducteur qui s'arrêtera aussitôt. Un fonctionnaire qui est à la fois mécanicien et secouriste se trouve à bord et se mettra spontanément à votre disposition.»* Ainsi ces patrouilles de Deuchistes policiers ne sont-elles pas seulement au service de la répression. Au contraire, il est fréquent de les voir porter assistance à un usager victime d'une simple crevaison. Quant aux accidentés de la route, à défaut de pouvoir disposer rapidement d'un véhicule de secours spécialisé tel qu'une ambulance, ils peuvent compter, eux aussi, sur l'aide de ces anges gardiens en 2 CV, dont certaines sont dotées d'un brancard pouvant occuper toute la longueur de la voiture, en se glissant à la droite du conducteur une fois le siège passager plié.

[LES 3 BRIGADES DEUCHISTES SE PARTAGENT LA CAPITALE SELON 5 SECTEURS 24H/24]

Le Secours police routier intervient souvent pour de simples dépannages d'usager de la route, comme pour changer la roue crevée de cette automobiliste en Traction 11B de 1952.

■ Des modèles très particuliers qui trouvent preneurs entre **500** et **3 000 €**.

LA 2 CV AZU DE LA GENDARMERIE 1954

La 2 CV rallie les rangs de la Gendarmerie nationale dès le début des années 1950. Aux côtés des berlines, utilisées dans les brigades territoriales, la 2 CV Camionnette est recrutée pour le secours routier.

© Archives Pascal Meunier/a

▲ Seuls les logos de la Gendarmerie et du Touring club de France sont apposés sur les flancs et le panonceau avant. La grenade sur la portière est de rigueur sur la quasi-totalité des véhicules militaires de l'époque.

Dans le courant des années 1950, la modernisation du réseau routier et l'augmentation fulgurante de nouveaux automobilistes génèrent un nombre croissant d'accidents de la circulation. À cette époque, les services de secours et d'assistance aux accidentés de la route sont peu nombreux et leurs équipements sont souvent obsolètes. Pour pallier ce problème récurrent, les services de Gendarmerie et des Compagnies républicaines de sécurité (CRS), qui se partagent le réseau routier français, sont chargés du secours routier. Majoritairement financée par le Touring club de France, l'opération se concrétise par l'installation de bornes d'appel sur les réseaux principaux et secondaires, puis par l'implantation, en divers lieux du territoire, de véhicules adaptés aux missions de secours et d'assistance. C'est la brave 2 CV AZU qui est sollicitée, à partir de 1954, pour assurer ces nouvelles tâches des forces de l'ordre. À l'instar d'un équipage de CRS, celui de la Gendarmerie se compose de deux hommes : un gendarme chauffeur et mécanicien et un gendarme breveté en secourisme.

63 PETITES CITROËN

Avant 1954, le parc automobile de la Gendarmerie nationale est constitué de Juvaquatre et d'Aronde chatelaine. La 2 CV AZU rejoint progressivement les rangs de cette flotte à partir de 1954. Au milieu des années 1960, l'Arme compte 63 Petites Citroën attachées au service du Secours routier de la Gendarmerie, et à peu près autant ont été confiées aux Compagnies républicaines de sécurité (CRS) pour y tenir le même rôle.

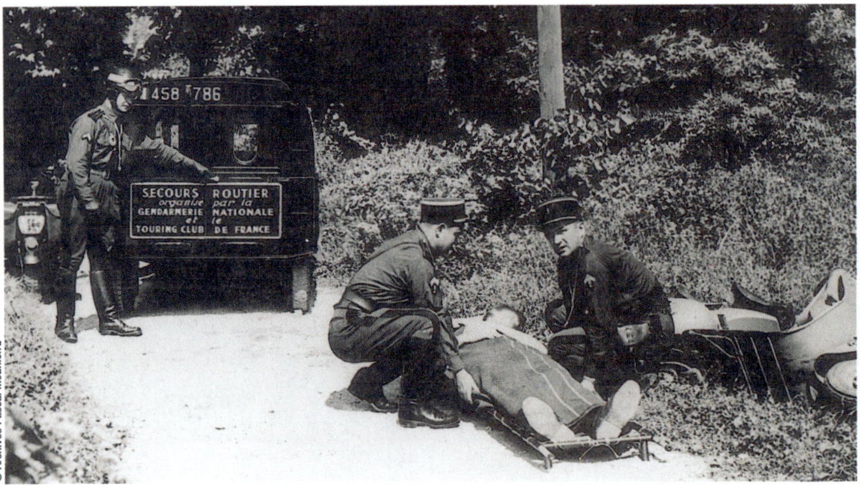

© Archives Pascal Meunier/b

◄ Une intervention auprès d'un accidenté de la route. Les deux gendarmes s'apprêtent à installer le blessé à l'arrière de la 2 CV.

Quelques 2 CV AZU ➤ de la Gendarmerie sont équipées d'un haut parleur supplémentaire ainsi que de phares à longue portée.

© Archives Pascal Meunier/c

ESTAFETTE
C'est la camionnette Estafette de Renault, à la fin des années 1960, qui rend obsolète la 2 CV AZU dans sa fonction de véhicule de secours routier. La Petite Citroën et l'Estafette se partagent le travail de secouriste pendant deux à trois années seulement, avant que soit définitivement préféré le grand volume de l'Estafette.

BLEU GENDARMERIE
Avant que les toutes dernières 2 CV AZU Secours routier ne soient abandonnées par la Gendarmerie, les véhicules de l'Arme changent de couleur. La transition a lieu entre 1969 et 1970 et le coloris réglementaire devient le bleu Gendarmerie, en remplacement du noir. Quelques rares 2 CV AZU encore valides à cette période auraient donc subi elles aussi ce changement de couleur, mais aucun document d'archive connu ne permet de le vérifier.

NOMBREUSES INTERVENTIONS
Dans les années 1950, le nombre d'interventions de secours routier est très important. En 1959, il en est recensé 158 278, parmi lesquelles 6 188 avec transport de blessés. L'activité des secours routiers doublait alors en période estivale, durant les grands chassés croisés des automobilistes, notamment sur les routes nationales 6 et 7.

L'équipement du véhicule se compose d'un brancard, d'une trousse de secours pour l'assistance aux blessés, puis d'un outillage spécifique permettant d'intervenir sur les petites pannes. Plus surprenant, un jerrican d'essence est également en dotation à l'arrière du véhicule, et, de toute évidence, à proximité d'un éventuel blessé. Nous sommes loin des mesures actuelles en matière de sécurité et d'hygiène ! Les 2 CV AZU de dotation sont de couleur noire, coloris réglementaire, à l'époque, sur tous les véhicules de la Gendarmerie. Elles se différencient des autres voitures du corps par un marquage spécifique, apposé sur les flancs ainsi qu'à l'arrière, et ne laissent aucune équivoque quant à leur usage. L'inscription « SECOURS ROUTIER » est complétée d'une mention de l'institution de la Gendarmerie nationale, ainsi que du partenaire de l'opération, le Touring club de France. Un panonceau est également apposé sur le pavillon du véhicule, afin que les usagers venant de face identifient aisément le véhicule et sa fonction. Certaines camionnettes du Secours routier sont parfois dotées d'un haut parleur, fixé lui aussi sur le pavillon, et d'autres se parent de phares additionnels à longue portée fixés sur le pare-chocs avant. Quant à l'immatriculation, bien que les véhicules soient achetés par le Touring club de France, elle est identique à celles des voitures de l'Arme, identifiables par la présence d'une grenade blanche accolée au drapeau français et d'un numéro d'ordre à six chiffres. À la veille des années 1970, avec l'arrivée florissante des ambulances des Sapeurs pompiers et de la Protection civile, beaucoup plus performantes et mieux équipées, la Gendarmerie et les CRS supprimeront définitivement les postes de Secours routier. Les 2 CV rejoindront alors les parcs des domaines en vue de leur revente. Cependant, la Gendarmerie continuera dans les années 1970 à utiliser quelques 2 CV Fourgonnettes, qui seront reléguées aux servitudes diverses de casernement et de liaison.

[LES 2 CV AZU ASSURERONT LA SÉCURITÉ DES AUTOMOBILISTES PENDANT PRÈS DE QUINZE ANS]

© Archives Pascal Meunier/d

La fonction ➤ de cette fourgonnette est immédiatement identifiable grâce à ses marquages spécifiques « Secours routier ».

© Archives Pascal Meunier/e

▲ Une cérémonie officielle lors de la remise de huit 2 CV AZU Secours routier, en 1955, à une brigade territoriale.

LA 2 CV AZU DES SAPEURS-POMPIERS 1955

Entre 1953 et la fin des années 1970, la 2 CV fait partie intégrante du corps des sapeurs-pompiers. Spécialisée dans les interventions sur les feux de cheminées et les missions en ville, elle s'adapte à de nombreuses situations.

En 1950, la plupart des casernes de pompiers ne sont pas encore équipées de camions et de véhicules spécialisés. De nombreuses municipalités se contentent de voitures à bras, des charrettes constituées d'un plateau transportant une pompe et une lance à incendie que les sapeurs-pompiers doivent déplacer jusqu'au lieu d'intervention. C'est seulement à partir de 1953 que les casernes les mieux loties se voient attribuer les premiers véhicules légers, et notamment quelques 2 CV AU, puis des 2 CV AZU à partir de 1955. La petite camionnette Citroën fait cependant une entrée timide auprès des sapeurs-pompiers, qui ont besoin de véhicules spacieux pour transporter à la fois du matériel assez lourd et plus de deux hommes. Néanmoins, grâce à sa polyvalence, sa fiabilité et sa grande faculté d'adaptation, la 2 CV Camionnette va peu à peu trouver sa place auprès des soldats du feu, se montrant particulièrement bien adaptée à certaines missions.

▲ En 1974, la 2 CV AZU des années 1950 est remplacée par le modèle AK 350, puis par l'AKS 400. Sur la plaque minéralogique de celle-ci, on peut lire « SPVF 51 », ce qui signifie : *« Sapeurs-pompiers voiture pour feux de cheminée n°51 »*.

L'AUXILIAIRE DES ADMINISTRATIONS

Dès son arrivée sur le marché, la 2 CV est naturellement prédisposée à servir les administrations françaises. C'est d'abord l'organisation des Postes qui, après avoir testé des 2 CV A depuis 1949, puis des 2 CV AU en 1952, acquiert une trentaine de camionnettes en 1953. EDF suivra son exemple dès l'année suivante.

◄ Un défilé du 14 juillet, sur les Champs-Élysées au début des années 1960. Si les Renault 4, nouveaux véhicules de liaisons des Sapeurs-pompiers ouvrent le cortège, les 2 CV AZU sont au deuxième rang.

PICK-UPS ET PROTOTYPES
Si la 2 CV Camionnette n'est pas l'engin idéal pour tous les types d'interventions des Sapeurs-pompiers, dans les campagnes, certaines casernes aux moyens limités voient tout de même en ce véhicule économique un potentiel d'adaptation exceptionnel. La caisse de la Petite Citroën étant indépendante du châssis, les meilleurs bricoleurs la transforment à loisir, en prenant soin de ne pas réduire la rigidité de la voiture. Ainsi, à partir de 2 CV AZU d'occasion, voire de berlines, et moyennant quelques découpes plus ou moins esthétiques, des pick-ups improvisés et autres prototypes, capables d'accueillir six ou huit soldats du feux au lieu de deux, voient le jour aux quatre coins de l'Hexagone.

© BSPP/c

▲ Dans les années 1980, des Acadiane comme celle-ci remplacent dans les grandes villes les 2 CV AZU et AK pour accomplir des interventions concernant essentiellement l'habitat et le cadre domestique.

Dans les grandes villes, où les «petites» interventions sont nombreuses et fréquentes, le choix de la 2 CV AZU s'impose vite comme étant le meilleur pour l'extinction des feux de cheminées, l'assèchement de locaux inondés, la désinsectisation et le convoyage de renfort matériel sur site. La Petite Citroën ne peut transporter que deux pompiers mais elle est capable d'intervenir vite et partout. À Paris, elle est opérationnelle en grand nombre dans les années 1950 et 1960, équipée d'un matériel complet d'intervention pour les feux de cheminées : cordage, hachette, seau, pompe, hérisson ainsi que l'indispensable miroir permettant de vérifier le conduit après intervention. Ses qualités de véhicule léger ne seront d'ailleurs jamais démenties, puisque la 2 CV AZU sera remplacée en 1964 par la 2 CV AK, sortie depuis avril 1963 seulement, puis, en 1972, par la 2 CV AKS (sortie depuis juillet 1970) et, enfin, par l'Acadiane à partir des années 1980 (sortie en 1978).

[DE LA 2 CV AZU À L'ACADIANE, LA PETITE CITROËN ÉQUIPERA LES POMPIERS PENDANT 30 ANS]

En revanche, l'utilisation de la 2 CV en province, par les corps de sapeurs-pompiers, est plus limitée car elle reste handicapée par son incapacité d'accueil d'un équipage complet et son volume de charge utile réduite. Certaines casernes s'en contenteront toutefois et durant de nombreuses années, faute de moyens, sans jamais s'en plaindre !

Cette 2 CV AZU attachée à la caserne des pompiers de Mulhouse et équipée d'un gyrophare à lentilles, transporte sur sa galerie plusieurs échelles mais aussi un escabeau, qui dévoile le type d'intervention domestique dont elle est le plus souvent chargée. ▼

© BSPP/e

▲ L'Acadiane des Sapeurs-pompiers est un véhicule léger d'intervention qui a l'avantage d'être encore plus polyvalent et performant que son ancêtre la 2 CV.

■ Elle a été produite en Belgique et attire toujours les curieux lors de manifestation : une belle cote entre **800** et **4 500 €**.

LA 2 CV AZUL WEEK-END 1955

Produit en Belgique à partir de 1955, sur la base de la 2 CV Fourgonnette sortie un an plus tôt, le modèle AZU Luxe Week-end combine les qualités de l'utilitaire à celles de la berline. Aperçu d'une Petite Citroën modulable.

© Xavier Blase/a

▲ **Cette 2 CV Week-end de 1963, entièrement restaurée, dispose des principales évolutions pratiquées par l'usine belge depuis 1955.**

En 1954 est lancée la 2 CV Fourgonnette AZU équipée d'un moteur de 435 cm³ à même d'emmener quatre personnes et quelques bagages en sus. Dès le printemps 1955, l'usine Citroën belge de Forest crée un modèle local spécifique : la Week-End type AZUL, association du type AZU et du «l» de luxe, sur le modèle de l'AZL. Bicolore, la 2 CV Week-End est en effet équipée de nombreux accessoires «de luxe», les plus visibles étant ses ornements en aluminium poli sur toute la carrosserie. Une baguette court le long du bas de caisse, tant sous les portières que sur la nervure proéminente située en bas de la trappe de roue de secours, sur le côté gauche, et sur le panneau masquant le réservoir de carburant, sur le côté droit. Les deux délimitations horizontales du second ton de peinture, sur les parties latérales du pavillon, sont également ornées de baguettes polies.

© Xavier Blase/b

LES FILLES DE FOREST

Forts des particularités des modèles produits pour le Benelux, parfois méconnues, deux Deuchistes belges passionnés, Xavier Blase et Vincent Beyaert, créent en 2007 le club *Les Filles de Forest* afin de collecter toutes les informations possibles sur les Citroën d'outre-Quiévrain. Nombre de détails présents dans ces pages leur sont dûs.

> Contact : www.lesfillesdeforest.be

◄ **En 1962, l'AZUL est dotée d'un nouvel éclairage de plaque arrière, de petits feux de position latéraux et des enjoliveurs de l'Ami 6.**

Cette réplique portugaise de la 2 CV AZUL reprend les baguettes polies situées à la limite des deux couleurs.

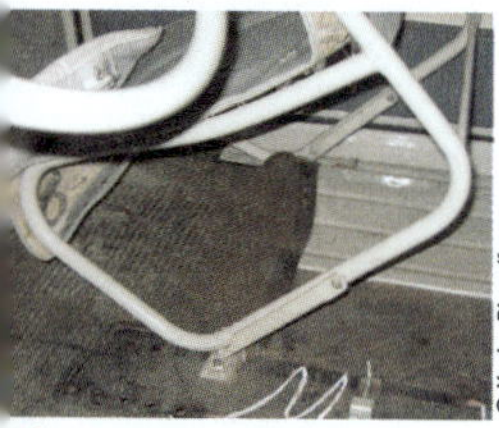

© Xavier Blase/f

Le siège avant droit peut se basculer aisément vers le pare-brise grâce à des profilés munis de charnières.

© Xavier Blase/c

Malgré l'apparition du nouveau nez de la fourgonnette, le modèle AZUL des années 1960 conserve son pare-chocs avant spécifique en aluminium. Le rétroviseur de portière est de marque CIPA.

Dans un souci d'esthétique, des petites baguettes courtes d'apparence similaire sont placées sur les tôles joignant le pavillon aux charnières des portières, toujours à la démarcation des deux couleurs, encadrant les deux médaillons de chaque côté. À l'avant, le pare-chocs à lame polie, robuste et large, est le modèle belge monté à cette époque sur les berlines AZL. À l'arrière, deux semi pare-chocs en angle droit enserrent le bas de carrosserie, masquant la forme en V de la jupe arrière. Parmi les teintes de carrosserie proposées pour l'AZUL, l'usine ayant aussi honoré certaines commandes spéciales, la couleur la plus fréquemment utilisée pour la caisse est le gris Satiné (réf. AC 226). Le deuxième ton, lui, varie selon les années entre le bleu foncé, le bleu moyen et même le bordeaux ou le rosé. Il existe aussi des versions crème à parements latéraux gris clair. Les jantes, fabriquées dans la même usine que celles des Tractions Avant belges – les Établissements Lambert sis dans la ville de Nivelles –, sont équipées d'enjoliveurs du type AZL belge, en forme de calotte sans rebord. À partir de 1962, la voiture sera équipée d'enjoliveurs avec rebord provenant de l'Ami 6. Les teintes des roues sont multiples : elles peuvent être de la même couleur que la caisse, à la différence des modèles français alors gris Acier (réf. AC 121) jusqu'en août 1961, puis gris Rosé (réf. AC 136). Une des spécificités de la 2 CV AZUL est d'avoir de grandes vitres latérales ainsi que des vitres de portes arrière carrées.

[LA CAROSSERIE BICOLORE EST ORNÉE DE BAGUETTES EN ALUMINIUM POLIE]

FEUX BELGES

Dans les années 1960, en Belgique, des feux de position de marque Hella bicolores rouge/blanc sont montés sur les berlines AZM3 et AZAM6 ainsi que sur les fourgonnettes AZU et AZUL. Leur particularité est d'avoir la partie rouge orientée vers l'arrière du côté gauche et vers l'avant du côté droit. La raison est l'obligation, alors que le stationnement des deux côtés de la voie est autorisée, d'avoir une signalisation rouge pour alerter les véhicules appelés à frôler les voitures à l'arrêt. En mai 1961, les clignotants rectangulaires apparaissent sur les ailes avant, ce qui entraîne la suppression des modèles Scintex V55 des custodes et l'apparition d'une partie orange sur le dessus des feux arrière des berlines.

© Xavier Blase/d

Une AZUL de 1958 (à gauche) à côté d'un modèle de 1963. La cadette possède des flancs non nervurés, comme le modèle français de la même année, mais n'a pas les emboutis de capucine.

© Xavier Blase/g

Cette 2 CV AZUL de 1958 est un des seuls modèles survivants connus de cette année-là. Les enjoliveurs sont typiques de la production belge.

LA WEEK-END DE 1984
Une série spéciale exclusivement suisse, commercialisée en 1984, sera également dénommée 2 CV Week-end bien qu'elle n'ait aucun rapport avec une AZUL. Il s'agit d'une berline 2 CV 6 Spécial de couleur beige ornée de deux larges bandes ondulées marron, une claire et une foncée, partant du tablier jusqu'à la porte arrière. Sur sa porte de malle, en haut et à droite, est placé un logo reprenant en réduction les deux ondulations surmontées de l'inscription *« Week-end »*. Les roues et les pare-chocs sont traditionnellement gris tandis que la capote est marron clair.

Les vitres sont fabriquées en Belgique par les Glaceries réunies de Jemeppe-sur-Sambre. Au niveau des équipements lumineux, outre des phares Ducellier de type Eurocod 149, l'éclairage de plaque arrière des 2 CV est assuré à partir de 1955 par deux lanternes « champignon ». Enfin, l'immatriculation belge étant attribuée au conducteur et non au véhicule, elle n'est pas peinte sur la carrosserie, comme en France à cette époque, mais située sur une plaque qui peut être placée sur une autre voiture. Dans l'habitacle, les différences avec le modèle français sont également nombreuses. Le tableau de bord, le lave-glace, le dégivrage et les poignées intérieures sont identiques à ceux de la berline belge AZL, de même que le montant central du volant, évasé et orné d'un double chevron. La commande de clignotant est spécifique au modèle. Les garnitures de portières peuvent être gris unis, gris marbré ou gris moucheté avec une base gris foncé selon les années et comportent des vide-poches jusqu'en 1962. Les sièges sont recouverts d'un tissu de type bayadère jusqu'aux années 1960, et de skaï gris ensuite. Le siège avant droit est monté sur des profilés avec articulations qui permettent de le basculer contre la tablette avant, afin que les passagers accèdent à la banquette arrière. Proposée en option dans un premier temps, celle-ci n'est pas rabattable mais démontable pour restituer tout son volume à l'utilitaire.

[L'ÉQUIPEMENT INTÉRIEUR EST PROCHE DE CELUI DE LA BERLINE BELGE AZL]

© Xavier Blase/h

Caractéristique des 2 CV belges, le feu d'éclairage « champignon » de la plaque d'immatriculation apparaît vers 1955 et est monté tant sur les AZU et AZUL que sur les berlines AZ et AZC. Mais pas sur les AZL.

L'habitacle comprend un volant et des poignées intérieures de portière différents du modèle français, un large tableau de bord et des vide-poches latéraux.

AUTRES CRÉATIONS BELGES

> **2 CV AZC :** produit à Forest de 1955 à 1961, le type AZC (« C », pour commerciale), à l'inverse de l'AZUL qui équipe la fourgonnette d'une banquette arrière, propose de retirer d'une berline le siège avant droit et la banquette arrière, pour offrir un grand volume, et d'ajouter un plancher plat de 10 mm d'épaisseur en deux parties, qui permet d'obtenir une continuité de la surface de chargement. La grande originalité de l'AZC est sa capote longue articulée au-dessus de la lunette arrière. L'ouverture totale du coffre (jusqu'à 80 x 90 cm) s'opère en repliant la partie arrière de la capote sur le toit. La charge utile de l'AZC est de 250 kg, son volume utile de 2 m³ pour une surface de chargement de 2,2 m² : des valeurs très proches de celles de l'AZU.

> **2 CV Radar :** créée vers 1956 par Robert Radar, agent Citroën à Liège, la 2 CV Radar est une barquette profilée avec une carrosserie en polyester associée à un châssis et une mécanique de 2 CV. Après avoir réalisé cinq exemplaires, M. Radar trouve un accord avec Citroën Belgique pour diffuser son modèle dans le réseau de la firme. La calandre est alors ornée du double chevron et le pare-brise avant est une lunette arrière de DS. Des 60 carrosseries construites dans l'usine de Forest, entre 1959 et 1962, seules 20 seront assemblées et vendues au prix de 75 000 francs belges, soit 25 % de plus qu'une 2 CV standard.

© Xavier Blase/j

Les joints des vitres arrière carrées sont montés à l'envers et de petits catadioptres sont présents à côtés des feux de position. Les demi pare-chocs arrière d'origine sont ici absents.

Le plancher de l'AZUL est également spécifique : il est évidé et incliné au niveau des pieds des passagers afin qu'ils puissent s'asseoir sans avoir les genoux trop remontés. Ce logement peut être recouvert d'une tôle pour retrouver un plancher plat. Au cours des années, la 2 CV Week-end va évoluer en suivant les transformations de la fourgonnette qui lui sert de base, comme lors du changement de capot, en juillet 1961. En 1963, avec la sortie de l'utilitaire AK 350, plus long de 20 cm, la 2 CV Week-end prend le type AKL et bénéficie de carrosseries plus gaies, dont une rouge à parties latérales blanches. Mais les vitrages et le principe de seconde banquette restent les mêmes que sur l'AZUL de 1955. Les chiffres de fabrication de l'AZUL, modestes en regard de la production de la 2 CV, se montent à 117 exemplaires pour 1955, 245 l'année suivante puis 381, 525 et 892 pour atteindre 1 073 AZUL en 1960. Une grande partie de ces voitures furent commandées par les Postes belge et suisse, pour lesquelles elles étaient dotées, en outre, d'une aération de toit et de portes-vélos assez similaires à ceux réalisés en France quelques années plus tôt pour les PTT (Poste et télécommunications). La plupart ont été détruits après leur arrêt de service.

[PRODUITE À 117 EXEMPLAIRES EN 1955, L'AZUL ATTEINDRA LES 1 073 UNITÉS EN 1960]

© Xavier Blase/k

Le tissu des sièges est du bayadère vert rayé vert foncé. Le fond du plancher spécial pour les passagers arrière est incliné pour plus de confort et un meilleur maintien au freinage.

■ Regardez bien si les décorations sont d'origine. Dans ce cas, comptez entre **600** et **3 000 €**.

LA 2 CV AZU CAMPING GAZ 1958

La marque Camping Gaz® est née en 1949, année de la commercialisation de la 2 CV. La jeune société s'équipe avec une flotte de 2 CV AZU à ses couleurs, dès 1955. Elles arpenteront l'Hexagone jusqu'au début des *seventies*.

En 1955, lorsque Camping Gaz invente le Bleuet®, cette fameuse petite bouteille de gaz rechargeable qui va changer la vie des campeurs et autres aventuriers de tous poils, la petite entreprise de la région lyonnaise fait l'acquisition de quelques 2 CV AZU, dont la silhouette est déjà populaire, pour doter ses commerciaux d'un outil de représentation efficace. Jusqu'à présent, les livraisons des produits Camping Gaz étaient assurées par des petits camions, comme le Tube 850-1200 de Citroën, le Peugeot D4A ou le 1 000 kilos de Renault. Mais ces véhicules qui servent à transporter la marchandise à livrer peuvent difficilement atteindre les endroits reculés de l'Hexagone ou véhiculer des représentants de commerce. Avec la 2 CV Camionnette, Camping Gaz va pouvoir circuler partout. Dès l'origine, la société s'est spécialisée dans la fabrication de bouteilles et de cartouches, dans leur conditionnement avec du butane, ainsi que dans les appareils d'éclairage ou de cuisson qui leur sont associés. Autant de produits innovants et peu encombrants que la 2 CV va se charger de faire connaître dans toute la France, jusqu'au début des années 1970.

▲ Cette 2 CV AZU de 1958, peinte aux couleurs de Camping Gaz, sera la principale ambassadrice de la marque pendant près de 15 ans.

L'AMI DES VACANCIERS

Le concept développé par Camping Gaz dans les années 1950, qui sur des appareils de chauffage, d'éclairage ou de cuisson autonomes, est innovant. Il est également en phase avec le développement du secteur des loisirs, auprès d'une population française qui découvre les joies des congés payés et apprécie le camping et le caravaning. C'est dans ce contexte favorable que Camping Gaz inonde rapidement un marché naissant, et n'aura de cesse de prospérer dans les années 1960, tant en France que sur les marchés étrangers, jusqu'à devenir leader incontesté dans son secteur.

© Archives Norev (D.R.)/b

◄ Dans les années 1960, les produits fabriqués par Camping Gaz connaissent un essor important. Ils sont distribués partout en France, dans les quincailleries mais aussi sur les étals des marchés ruraux.

En 1958, la 2 CV Camping Gaz bicolore ne fait que commencer sa brillante carrière commerciale.

© Archives Norev (D.R.)/c

POUR LA PETITE HISTOIRE...
À l'été 1949, René Sillon, fondateur de DOEM, passe ses vacances en camping. Il est équipé d'un réchaud à butane. Une fois vide, il se sert d'un réchaud à alcool, puis d'un à essence et finit de cuisiner sur un feu de bois. Il comprend alors que, pour les campeurs comme lui, férus de matériel de cuisine portable, un petit réservoir de gaz léger et rechargeable reste à inventer. De retour de congés, il se met à l'ouvrage avec deux collègues, André Colomb et Gabriel Corlet. Quelques mois plus tard, ils créent le tout premier produit Camping Gaz, le R 901, un petit réservoir bleu de butane rechargeable.

DE CAMPING GAZ À CAMPINGAZ®
> En 1949,création de la société DOEM qui fabrique le premier « Bidon bleu » de gaz butane.
> En 1953, l'entreprise s'installe à Saint-Genis-Laval, sur le site actuel, en région lyonnaise.
> En 1962, DOEM devient ADG (Application des Gaz).
> En 1975, Camping Gaz se lance dans l'isotherme avec la glacière rigide.
> En 1982, ADG passe sous le contrôle du groupe Shell.
> En 1994, la première gamme de barbecues à gaz est lancée sur le marché français.
> En 1996, la société Coleman (camping et loisirs de plein air) prend le contrôle.
> En 1998, Camping Gaz devient Campingaz® et tous ses visuels sont redessinés. La même année, Coleman dépend du groupe Sunbeam, renommé *American Household* à la fin de l'année 2002.

CAMPINGAZ The power to be free

Depuis 1954, année de sortie de la 2 CV AZU, la petite fourgonnette de Citroën a évolué avec modération. Fin 1955, elle reçoit des pistons à tête bombée et un disque d'embrayage à dix cannelures avec un nouvel arbre de commande. En mai 1957, elle bénéficie, comme les berlines, d'une minuterie modulable de la centrale clignotante. En août, son moteur est doté de grandes ailettes de refroidissement, assistées d'un collecteur d'air et de tôles de prise d'air chaud dédiées au chauffage de l'habitacle. Aussi, en 1958, pour les dix ans de la 2 CV, la 2 CV AZU est pratiquement inchangée.

[EN 1958, LA 2 CV CAMPING GAZ EST IDENTIFIÉE PAR SES COULEURS ET DES SLOGANS VARIABLES]

C'est néanmoins en 1958 que le développement de la société DOEM, créatrice du label Camping Gaz, prend un essor décisif, notamment sur le plan international. La personnalisation de la camionnette bicolore, bleue et blanche, est alors systématisée. Mais, selon les régions où elle est utilisée, en dehors du marquage *Camping Gaz International* inscrit en gros sur ses flancs, différents slogans sont adoptés tels que *«Feu et lumière à volonté»*, *«Utile à longueur d'année»*, ou *«Chauffer éclairer souder»*. Camping Gaz affiche la polyvalence de ses produits, à l'image de la Petite Citroën !

© Archives Norev (D.R.)/d

En mars 1960, sans pour autant abandonner sa flotte de 2 CV AZU, Camping Gaz développe son parc de véhicules en se dotant d'estafette Renault, qui seront confiées aux commerciaux de l'entreprise.

© Archives Norev (D.R.)/e

En 1970, quelques 2 CV Camping Gaz subsistent. Mais l'entreprise a changé de dimension, et ce sont désormais d'immenses remorques tractées par des camions Saviem qui effectuent les grosses livraisons.

■ Il est amusant de constater que le nombre de glaces et leur forme varient selon les modèles ; à négocier entre **500** et **2 800 €.**

LA 2 CV AZU-G 1962

Dès 1952, l'équipementier Glaçauto réalise des accessoires qui permettent d'accroître la visibilité de la 2 CV. Fort de son succès, il signe en 1961 un accord avec Citroën donnant naissance à un nouveau type : l'AZU-G. Détails.

Moins répandu que le bleu ou le gris, le vert Cactée, pourtant assez discret, est au catalogue Citroën de septembre 1961 à août 1971. Ce modèle de 1964 possède un pare-chocs plus épais que celui de 1962.

Le plus connu des équipementiers acquis à la cause de la Petite Citroën s'appelle Glaçauto. Célèbre dans les années 1950 pour ses modifications de Renault Juvaquatre et Peugeot 203, cette entreprise sise au 52 de la rue Marius Aufan, à Levallois-Perret dans le département parisien de la Seine (aujourd'hui Hauts-de-Seine, 92) se lance, dès 1952, dans la transformation d'une 2 CV AU. La fourgonnette est commercialisée par Citroën depuis une année à peine, mais son succès est spectaculaire, notamment auprès des artisans de tous métiers. La toute première AU Glaçauto est un véhicule de démonstration avec six vitres latérales. Chacune des vitres est composée de deux parties planes, une grande verticale et une plus petite, inclinée, permettant à son joint de suivre la forme courbe du haut de pavillon de la voiture. Améliorant la visibilité latérale vers l'arrière, le vitrage est présenté par l'équipementier seulement comme un plus en matière de sécurité et de confort, et rien n'indique que cette première AU Glaçauto a eu une deuxième banquette. Extérieurement repeinte en blanc, y compris les jantes, elle possède des ailes avant de couleur sombre, munies de petits clignotants ronds situés à la même hauteur que les chevrons de la calandre, un accessoire inhabituel pour l'époque.

VITRES OVALES

La transformation de la 2 CV Fourgonnette en break vitré s'accompagne toujours du remplacement des petites vitres ovales des portières arrière par des vitres carrées, correspondant mieux aux dimensions de ces panneaux. Ces équipements Glaçauto seront montés en série à partir de mars 1963. Un certain nombre de fourgonnettes utilitaires des PTT (Postes télégraphe et télécommunications) du début des années 1960, notamment des modèles de 1961 et 1962, reçoivent également ces vitres carrées de portes arrière. Dans cette configuration, les petites vitres d'origine sont montées latéralement, placées à l'horizontale, ce qui permet au facteur au volant de distinguer un peu mieux les véhicules arrivant à sa hauteur, lorsqu'il repart de ses arrêts fréquents.

Les versions avec six vitres latérales carrées bombées, comme cette 2 CV AZU-G de 1961 de couleur bleu Névé, sont les plus fréquentes.

2 CV AK-G vert Cactée de 1964, reconnaissable à son porte-à-faux arrière. Les vitres latérales allongées sont d'un type apparu au milieu des années 1960.

© Alain Brouste/c

TEINTES

Les 2 CV Glaçauto sont réalisées en sortie d'usine, même si une transformation à la carte peut être effectuée auprès de l'équipementier à la demande. Les modèles de 1962 sont proposés en jaune Pastis (réf. AC 310), vert Cactée (réf. AC 513) et bleu Névé (réf. AC 609). Les selleries intérieures sont en tissu à fines rayures dit bayadère, disponibles en quatre coloris : bleu, vert, marron et mandarine (avec la carrosserie jaune Pastis pour ce dernier).

SECURITE

Les 2 CV AZU-G comprennent, outre les vitres et la banquette supplémentaires, plusieurs éléments contribuant à la sécurité des passagers arrière et rendus obligatoires pour leur réception par le service des mines. Ainsi, les dossiers des sièges avant sont munis de protections (un boudin amortissant entoure leur barre métallique transversale), tandis que les assises possèdent un système revu de verrouillage au plancher. De plus, une barre repose-pieds, constituée d'une cornière dont l'angle droit est placé en sommet et courant sur toute la largeur de la voiture est fixée en bout du plancher de chargement et permet aux passagers de se retenir fermement en cas d'urgence.

En 1956, Glaçauto décline une petite gamme de vitres spécifiques à la 2 CV Fourgonnette avec le slogan : *« Visibilité totale – sécurité accrue »*. La société commercialise alors des glaces planes en une partie de 42 cm de large par 30 cm de haut, dont le sommet coïncide avec la dernière ondulation de tôle située sur le plan vertical de la voiture (celle-là même qui rejoint les clignotants de pavillon Labinal), et des vitres sensiblement plus hautes, toujours composées de deux éléments, qui possèdent un traitement teinté sur la petite partie supérieure. Selon ce même principe, Glaçauto propose une large vitre latérale à partie supérieure teintée, d'une largeur équivalente à deux des vitres précédentes. Ces équipements permettent de placer une banquette de deux places dans la moitié antérieure de la caisse de chargement. L'accès se fait en basculant un des deux sièges avant séparés, une simple goupille enchâssée au travers du tube longeant le plancher les maintenant en place. En 1958, Glaçauto améliore son offre en proposant une véritable fenêtre latérale courant sur toute la longueur du pavillon. Composée de deux vitres juxtaposées, elle s'ouvre par coulissement. Mais cet élément nécessite la section des deux renforts internes du pavillon.

[EN 1956, LE SLOGAN GLAÇAUTO EST : *« VISIBILITÉ TOTALE, SÉCURITÉ ACCRUE »*]

© Alain Brouste/d

La cornière repose-pied est visible sous le tube du dossier avant gauche. Ici, il manque les boudins de protection autour de ces mêmes tubes. Le tissu est du bayadère vert rayé vert foncé.

© Alain Brouste/e

La voiture n°950 date de 1961. L'identification des AZU-G, très lisible, se trouve à côté de la plaque constructeur originelle, sur une traverse avant droite du châssis, dans le compartiment moteur.

© Alain Brouste/f

2 CV AZU-G de 1962 équipée de quatre vitres latérales planes Glaçauto. Celle-ci possédait également des vitres carrées de portes arrière, qui ont été abandonnées au moment de sa restauration.

À partir de 1959, les glaces avec partie teintées sont abandonnées. En plus des vitres planes de hauteur moyenne, toujours commercialisées, Glaçauto propose des vitres de grande hauteur (42 cm x 42,5 cm) au profil bombé. Elles ont l'avantage d'épouser la forme de la caisse jusqu'à la partie supérieure du médaillon embouti sur la tôle, qui raccorde les portières avant et le pavillon, soit deux ondulations au-dessus du clignotant latéral. Les ventes sont honnêtes, aussi Glaçauto rationalise-t-il son offre en proposant, en 1960, quatre formules qui comprennent deux vitrages carrés pour les portes arrière. La première, qui coûte 142 francs (21,5 euros), comprend deux vitres latérale de 42 cm x 42,5 cm. La deuxième, à 222 francs (34 euros), se compose deux vitres latérale 87 cm x 42,5 cm. La troisième, au prix de 348 francs (53 euros), propose d'équiper l'AZU de vitres coulissantes de 87 cm x 30 cm. Dans ce dernier cas, la vitre est d'une hauteur moindre car elle n'est pas bombée. Enfin, la quatrième formule, la plus courante, assure le montage de trois vitres latérales bombées de 42 cm x 42,5 cm de chaque côté de la 2 CV. Son prix est de 307 francs (47 euros).

[À PARTIR DE 1959, GLAÇAUTO COMMERCIALISE DES VITRES AU PROFIL BOMBÉ]

REFERENCES

Les 2 CV AZU antérieures à mars 1963 peuvent être équipées des éléments Glaçauto suivants :
> réf. 1 - 2 CV : 6 vitrages latéraux plans
> réf. 2 - 2 CV : 2 vitrages de portes arrière
> réf. 9 - 2 CV : 6 vitrages latéraux bombés
> réf. 10 - 2 CV : 2 grands vitrages latéraux bombés
> réf. 11 - 2 CV : 2 grands vitrages latéraux plans
> réf. BT - 2 CV : 2 vitrages latéraux coulissants

PRIX

Outre le prix de la fourgonnette, de 4 922 francs (750 euros) neuve, et du vitrage, à choisir parmi les quatre formules proposées, la transformation en break quatre places d'une 2 CV coûte 188 francs (28,5 euros)en 1962, qui comprend la banquette et les éléments de sécurité supplémentaire pour les passagers. Le total varie donc de 5 252 francs (800 euros), pour une AZU-G avec une seule vitre latérale, à 5 458 francs (832 euros) pour une AZU-G équipée d'une grande vitre latérale coulissante.

© Alain Brouste/g

Les vitres arrière carrées sont montées systématiquement sur les 2 CV AZU-G antérieures à mars 1963 et le seront en série par la suite sur les AZU et AK. Le dossier de la banquette est articulé pour se replier.

© Alain Brouste/h

L'accès à la banquette arrière se fait en basculant l'un ou l'autre des sièges avant, ce qui nécessite de s'accroupir à côté de la voiture pour retirer la goupille.

© Alain Brouste/i

Bien qu'amputée de la moitié de son volume de chargement, la 2 CV AZU transformée en break quatre places permet d'emporter de nombreux bagages. Ici, le dossier avant est muni d'un boudin protecteur, censé amortir les chocs en cas d'accident.

VITRAGES

© Alain Brouste/k

Normalement, les vitrages Glaçauto sont siglés à l'identique. Il arrive toutefois de rencontrer des 2 CV de cet équipementier qui possèdent une sérigraphie « S.A.G.A.I.S. Levallois » ou « Triplex VTX » suivi de l'année. Il s'agit des fabricants du verre, Glaçauto les commandant à des usines spécialées.

Les transformations mises au point par Glaçauto étant également proposées par le réseau des concessionnaires Citroën, la petite société de Levallois voit arriver un important flux de fourgonnettes en provenance de l'usine de la marque au double-chevron, située dans la même ville. En 1961, un partenariat est signé entre Glaçauto et Citroën, qui aboutit à la réalisation de quatre modèles de fourgonnettes vitrées et équipées d'une seconde banquette. Ces véhicules sont dûment réceptionnés par le service des mines sous la dénomination de break quatre places. Leur nom de type devient alors AZU-G, combinaison du type AZU d'origine et de l'initiale de Glaçauto. Le modèle 2 CV AZU-G de 1962 est reconnaissable à son capot à cinq fines nervures – le nouveau modèle du moment –, muni d'une calandre rapportée, en aluminium poli, qui intègre les deux chevrons en son centre. À cette date, ses portières s'ouvrent toujours vers l'avant et sa capucine est dépourvue de tout embouti. La banquette arrière possède un dossier repliable, et se démonte aisément pour récupérer un plus grand volume de chargement. À partir de 1963, les vitrages Glaçauto équipent de manière générale les 2 CV produites par l'usine : aussi bien la troisième vitre de custode des berlines que les vitres des portes arrière et celles, latérales, carrées et bombées, des modèles AZU. Le partenariat entre les deux sociétés se prolonge avec l'apparition d'un nouveau modèle de fourgonnette, la 2 CV AK 350, extérieurement plus longue de 20 cm que l'AZU. Les transformations en break sont alors classées sous le type AK-G et elles seront commercialisées jusqu'en 1969, bien que le nom de Glaçauto ait disparu des catalogues publicitaires.

[CITROËN PROPOSERA DES 2 CV FOURGONNETTES TYPE G JUSQU'EN 1969]

© Alain Brouste/j

Tableau de bord de la 2 CV AZU-G de 1962. Le compteur de vitesse possède toujours la molette destinée à entraîner les essuie-glaces grâce à la rotation de son câble et le désembuage du pare-brise est encore rudimentaire.

■ Un petit peu plus de volume de chargement pour un modèle qui reste dans une fourchette comprise entre **500** et **2 800 €**.

ÉVOLUTIONS DE LA 2 CV AK 350 1963

Entre 1950 et 1962, la 2 CV Camionnette reste pratiquement inchangée. Mais, lorsque Renault se lance sur le créneau des petits utilitaires avec la R4 fourgonnette, en 1963, la 2 CV AK 350 lui donne la réplique instantanément !

La 2 CV a 15 ans, au printemps 1963, lorsque Citroën propose la première véritable évolution de la version fourgonnette : la 2 CV AK 350. Bien sûr, le premier modèle de ce type, la 2 CV AU de 1950, a été épaulé dès 1954 par la 2 CV AZU, dotée d'une nouvelle cylindrée de 425 cm³, mais, en dehors de cette évolution de motorisation, la Petite Citroën utilitaire est restée la même depuis sa création. Or l'AK 350 est plus vaste, plus puissante et plus rapide que la précédente fourgonnette. Avec une longueur intérieure de 1,62 m, au lieu d'1,42 m pour l'AZU, la cellule arrière facilite le transport de marchandises longues.

La largeur de 1,43 m et la hauteur de 1,05 m restent toutefois inchangées. Le volume de chargement franchit la barre psychologique des 2 m³, avec 2,10 m³ exactement. Comme son nom l'indique, l'AK 350 autorise une charge utile de 350 kg, c'est-à-dire 100 kg de plus que le modèle d'origine. Avec son poids à vide de 605 kg et son poids total en charge de 1 030 kg, la capacité de chargement demeure limitée, mais mieux adaptée à la demande de la clientèle. La caisse étant plus longue de 20 cm, il est aisé de distinguer une AZU d'une AK 350, le catalogue Citroën proposant une version courte et une version longue.

▲ Par rapport à la 2 CV AZU, la 2 CV AK 350 présente trois avantages de taille : son moteur plus puissant, 602 cm³ au lieu de 425, une caisse offrant un volume utile plus important, 2,10 m³ au lieu de 1,80, et une charge utile augmentée de 100 kg, soit 350 kg.

UNE 3 CV

Introduite sur le marché français au printemps 1963, l'AK 350 est baptisée dans le langage courant Fourgonnette 2 CV, comme ses devancières AU ou AZU. Pourtant, son moteur d'Ami 6, de 602 cm³ lui fait changer de catégorie fiscale. En réalité, la 2 CV AK 350 est une 3 CV !

Plus puissante

Elle est équipée du moteur de l'AMI 6 dont elle possède également le freinage et les transmissions.

Plus spacieuse

La caisse de la fourgonnette "AK" mesure (en longueur) 20 cm de plus que celle de l'AZU, elle possède des glaces latérales et présente à l'AR de chacune de ces glaces une surface destinée à recevoir des panneaux ou inscriptions publicitaires.

caractéristiques

Poids à vide : 605 kilos
Poids total en charge : 1030 kilos
Charge utile : 350 kilos (en plus du conducteur)
Longueur : 1 m 62
Largeur : 1 m 43 (au dessus des passages des roues)
Hauteur : 1 m 05
Volume utile de la caisse (cabine non comprise : 2,10 m³

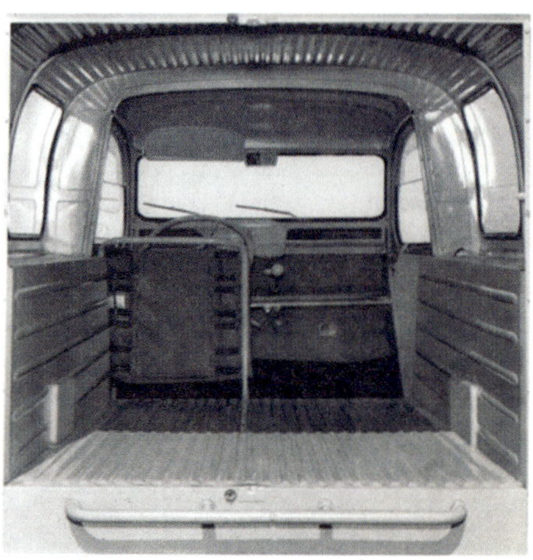

◄ Comme le montre ce document publicitaire d'époque, à l'instar de la 2 CV AZU, la 2 CV AK 350 est disponible avec un seul siège avant jusqu'en 1970. Cela permet d'abaisser le prix de vente au maximum mais aussi d'offrir un volume utile plus important. Le second siège est bien sûr disponible en option, son prix est alors de 55 francs !

LES CONCURRENTES

Épaulée par le break Ami 6 (à partir de 1964), et notamment sa version break-service (à partir de 1968), la 2 CV AK 350 doit faire face à de nombreuses rivales telles les fourgonnettes Panhard PL 17 (jusqu'en 1965), Peugeot 204 (à partir de 1966), Simca 1100 (à partir de 1967) et, bien sûr, sa concurrente la plus directe, la Renault 4 Fourgonnette, sortie en 1963.

VALEUR REFUGE

L'AK 350 fut une fourgonnette appréciée par ses utilisateurs et demeure aujourd'hui choyée par les collectionneurs. Il n'est d'ailleurs pas rare d'en voir encore circuler de nos jours, notamment en Province, qui poursuivent leur fonction d'utilitaire avec le même talent. Symbole des petits utilitaires français des années 1960, cette fourgonnette n'a jamais eu à rougir face à la R4 Fourgonnette, lancée pour concurrencer la 2 CV AZU. En fait, l'AK 350 constituait alors *« la réponse du berger à la bergère »*.

▲ Afin de concurrencer la Régie Renault et sa R4 Fourgonnette, la 2 CV AK 350 est elle aussi disponible avec un girafon à l'arrière permettant de transporter des objets longs et encombrants tels que des échelles.

Deux autres détails permettent d'identifier la nouvelle venue : son vitrage latéral ainsi que ses flancs lisses et non plus ondulés. Néanmoins, les teintes et les garnitures proposées sont inchangées. Les couleurs de carrosseries se limitent aux jaune, vert et bleu. Le moteur de l'AK 350 est celui de l'Ami 6, sortie en 1961. Sa cylindrée est donc de 602 cm³ (alésage 74 mm x 70 de course) et développe une puissance de 22 ch à 4 500 tr/mn, contre 18 ch pour le 425 cm³ de l'AZU. Le couple moteur est de 4,1 m/kg à 2 800 tr/mn. Le rapport volumétrique est de 7,4 et le carburateur est un Solex 30 PBI. Le dispositif de freinage ainsi que la transmission proviennent également de l'Ami 6. Dès avril 1963, un aménagement de type break, constitué d'une banquette arrière amovible, est proposé en option comme sur l'AZU. Cette première évolution est l'œuvre de Glaçauto, qui fournit déjà, en série, les vitres latérales arrière. Mais, fidèle à sa tradition, le constructeur va très vite faire évoluer son véhicule, par petites touches successives. En septembre 1963, l'AK 350 reçoit des amortisseurs télescopiques hydrauliques en remplacement de l'ancien système et, quelques semaines plus tard, la commande de clignotants migre sur la colonne de direction. Fin décembre, les catadioptres en verre sont remplacés par un modèle en plastique. En janvier 1964, la tôle emboutie située au-dessus des places avant adopte une double rainure de rigidification. En avril, la référence de la peinture de l'habillage est mentionnée sur une petite plaque ronde en aluminium. Avec l'ensemble de la gamme 2 CV, l'AK 350 adopte des pneus Tubeless, dépourvus de chambres à air, à partir de juin, et les portes avant « suicides » sont abandonnées au mois de décembre.

[FIDÈLE À LA TRADITION, CITROËN VA RAPIDEMENT APPORTER DES MODIFICATIONS À L'AK 350]

Avant l'arrivée, en 1970, de l'AKS 400, modèle réhaussé de la fourgonnette Citroën, certains carrossiers (ici Sapa) prennent les devants en proposant un réhaussement de l'AK 350. ▼

Version luxe du modèle d'origine, l'AK 350 Week-end est équipée d'une banquette arrière amovible. Reconnaissable à son habillage de type AZAM et à sa robe bicolore, cette AK 350 est assemblée en Belgique et ne sera commercialisée que dans le Benelux et en Suisse.

Tandis qu'une nouvelle calandre prend place sur toutes les 2 CV, à partir de septembre 1965, les fourgonnettes se voient équipées, sur demande, d'un girafon. Sorte de portillon vertical, installé au-dessus des portes arrière, il permet de transporter de longs objets, comme une échelle, sans qu'il soit besoin de rouler les portes ouvertes pour les laisser dépasser. En février 1966, l'équipement électrique passe en 12 volts (au lieu de 6), ce qui permet le montage d'un alternateur de 240 watts en remplacement de la dynamo. La batterie est une 12 volts de 30 ampères. En mars, les joints doubles des transmissions sont remplacés par des joints à billes côté roues et côté boîte de vitesses. En septembre 1967, le verrouillage du capot est modifié ainsi que l'avertisseur.

[À PARTIR DE SEPTEMBRE 1965, L'AK 350 EST ÉQUIPÉE, SUR DEMANDE, D'UN GIRAFON]

Cette version de base de la 2 CV AK 350 est assemblée dans l'usine belge de Forest. Elle se différencie du modèle français par ses phares gris clair, ses clignotants rectangulaires dans les ailes avant et ses grandes bavettes en caoutchouc, fixées derrière les roues arrière.

LES ACCESSOIRES

Le célèbre équipementier Glaçauto propose de nombreux équipements pour la fourgonnette AK, à commencer par le kit break avec banquette arrière. Mais en dehors de cette célèbre entreprise, qui fournira beaucoup de vitrages divers et variés, d'autres équipementiers proposent des accessoires pour la petite fourgonnette.

> Old : divers modèles de galeries.

> Pacific : un pare-chocs arrière renforcé (plus efficace que les deux petits tubes d'origine).

> V&W : une grille de protection de cabine de pilotage, un faux plancher, une grille vide-poche de passage de roues arrière.

> Robri : des sabots d'ailes chromés, ses butoirs de pare-chocs, des enjoliveurs de roues, des baguettes de carrosserie.

> Ferlor : des compléments d'équipements pour l'aménagement intérieur, comme des verrouillages spéciaux pour les sièges, des protections pour les tubes de dossiers de sièges...

LES TARIFS

Contrairement à la décennie suivante, les années 1960 ne souffrent que d'une inflation très faible. En huit millésimes, le tarif de l'AK 350 n'a presque pas changé. Un phénomène suffisamment rare pour être souligné !

> 1963 : 6 125 F
> 1964 : 6 180 F
> 1965 : 6 180 F
> 1966 : 6 209 F
> 1967 : 6 209 F
> 1968 : 6 209 F
> 1969 : 6 372 F
> 1970 : 6 502 F

NUMÉROS DE SÉRIE

Au lancement de l'AK 350, tous les numéros de série des différentes versions de la 2 CV commencent par « 1 » suivi de six chiffres, hormis ceux de la berline AZ, à capote longue, qui commencent par « 8 ». L'AK, elle, commence par « 9 » et sera le seul modèle dont le numéro de série débute par ce chiffre. Pas de risque de confusion, donc, pour authentifier un châssis ou une carte grise appartenant à une fourgonnette AK.

OUVERTURE DES PORTES

Jusqu'en décembre 1964, les portières avant des 2 CV sont articulées autour du même montant de carrosserie que les portes arrière. Elles s'ouvrent donc vers l'arrière, ce qui offre une surface d'ouverture maximale. Mais ce système, adopté par la plupart des constructeurs d'avant-guerre, est dangereux. Il arrive en effet qu'une portière s'ouvre brutalement à 90° en roulant, pour peu qu'elle soit mal fermée. La législation intervient sur ce problème fin 1964, et oblige les constructeurs français à concevoir des systèmes d'ouvertures « à l'endroit » pour être homologués. La 2 CV est l'un des derniers modèles de voiture à s'être mis aux normes.

© Citroën Communication/g

La 2 CV Camionnette rehaussée, ici par le carrossier Sapa, n'offre pas que des avantages : en effet, sa vitesse de pointe est inférieure à celle de l'AK 350 à carrosserie d'origine, puisqu'elle offre une prise au vent supérieure, et elle consomme plus de carburant. Mais, à l'époque, les problèmes d'économies d'énergie ne sont pas encore apparus.

© Citroën Communication/h

Cette vue arrière permet d'apprécier la qualité du travail de transformation réalisée par le carrossier Sapa. Même les glaces latérales arrière, entièrement plates, ne sont plus celles d'origine.

© Citroën Communication/i

Sur la version rehaussée à girafon, la plaque d'immatriculation reste positionnée au-dessus des portes arrière. Sur la version normale à girafon elle est fixée en bas, au niveau du pare-chocs.

En octobre, l'AK 350 est équipée d'une nouvelle boîte de vitesses, avec les mêmes rapports, mais une butée à billes, avec support, commande directement les linguets. Le câble de débrayage a alors un parcours différent. En mai 1968, c'est la révolution : tandis que Citroën dévoile la Méhari, l'AK 350 reçoit un nouveau carburateur Solex, de 34 mm de diamètre, qui lui offre 33 ch à 7 000 tr/mn (28,5 ch à 6 750 tr/mn dans la nouvelle norme DIN adoptée à l'époque). Le rapport volumétrique du moteur passe à 8,5 et le couple à 4,3 m/kg. De plus, un nouveau pédalier suspendu est mis en place avec des pédales rectangulaires, et non plus rondes, les échangeurs droit et gauche fixés sur les tubes d'échappement ont une entrée d'air sur le collecteur, et un volet d'air chaud, commandé au tableau de bord, oriente désormais le flux soit vers l'habitacle, soit vers l'extérieur. Enfin, en avril 1969, ultime amélioration, les durits flexibles des freins arrière sont remplacées par des tuyaux en tube, et les raccords sur les nouveaux cylindres de roues sont modifiés en conséquence. En juillet 1970, un nouveau modèle de 2 CV Fourgonnette fait son apparition, l'AKS 400, qui met fin aux sept ans de carrière (8 millésimes) de la 2 CV AK 350.

[EN JUILLET 1970, L'AKS 400 MET FIN AUX SEPT ANS DE CARRIÈRE DE L'AK 350]

■ Quelques vitres et voilà toute la silhouette qui se trouve changée, oubliant un peu son côté strictement utilitaire ; entre **900** et **3 200 €**.

LA 2 CV AZU VITRÉE 1964

Forte d'une carrière de presque une décennie, la 2 CV AZU de 1964, dotée d'une paire de vitres latérales à l'instar de l'AK 350 apparue une année auparavant, rentre dans l'ère moderne avec l'adoption de portières s'ouvrant vers l'avant.

© Citroën Communication/a

Suivant une honnête carrière commerciale depuis sa première apparition, en septembre 1954, la 2 CV AZU s'est étoffée au fil des années par de discrètes évolutions, généralement héritées de son aînée la berline, comme de nouvelles serrures et un nouveau démarreur – en juin 1960 – ou, plus visible, le capot sans joue à cinq nervures – en juillet 1961. Pourtant, la concurrence existe et ne vient pas de l'extérieur : sa cadette, la 2 CV AK 350, commercialisée depuis mars 1963 et équipée du 602 cm³ de 22 ch inauguré par l'Ami 6, autorise 100 kg de charge utile supplémentaires, ce qui se traduit visuellement par un porte-à-faux arrière augmenté de 20 cm. Ne désirant pas pour autant écarter du catalogue son fidèle utilitaire, dont le moteur de 425 cm³ reste plus économique, Citroën modifie intrinsèquement, à la même période, sa 2 CV AZU en l'équipant du moteur 18 ch de la berline AZA. Extérieurement, le rétroviseur quitte l'aile pour rejoindre la portière conducteur et une vitre carrée trouve place sur le pavillon latéral, dont la partie médiane délaisse l'ondulation de tôle. À l'identique, les portes arrière adoptent de grandes vitres qui améliorent nettement la visibilité vers l'arrière. Et l'abandon des portes avant « suicide » à partir de décembre 1964, conjointement à la 2 CV Berline, ancre l'AZU dans la modernité pour plus d'une décennie.

▲ **Si l'AZU possède un vitrage latéral de série et un pavillon en partie lisse depuis le printemps 1963, la principale évolution de 1964 est le sens d'ouverture des portes avant.**

2 CV AZUL

Officiellement dénommée « Week-end », la 2 CV AZUL belge est produite à l'usine de Forest à partir du printemps 1955 et jusqu'en août 1963. Son but est de proposer un break quatre places luxueux dans des teintes bicolores acidulées. Son aspect extérieur suit logiquement les évolutions générales de la voiture ; nouveau capot, sens d'ouverture des portes avant et dessin de calandre.
Cette déclinaison s'arrête avec l'arrivée de l'AK 350, qui en reprend le principe avec un modèle nommé AKL Week-end. Environ 6 000 2 CV AZUL seront produites.

© Citroën Communication/b

© Citroën Communication/c

◀ **L'AZU avec ces grands vitrages arrières et cette calandre de série se vend entre mars 1963 et novembre 1964 avec des portes « suicide », et de décembre 1964 à août 1965 avec des portes ouvrant vers l'avant.**

© Citroën Communication/d

▲ **Cette 2 CV AZUL, modèle produit en Belgique dans les années 1950, comporte une grande vitre latérale fixe, un volant luxe, deux pare-soleils, une banquette arrière amovible et un chauffage performant.**

Pour autant, les vitres latérales n'ont pas attendu le printemps 1963 pour équiper la 2 CV AZU, aussi bien en France qu'au Benelux. Les modèles d'outre-Quiévrain, également destinés à la Suisse et à l'Allemagne, sont même précurseurs en la matière, puisque des séries officielles belges d'AZU vitrées existent depuis 1955, nommées AZUL car résultant du mélange d'une AZU utilitaire avec des équipements de la berline AZL belge. Ainsi, des enjoliveurs de roues et des baguettes en aluminium poli, notamment en bas et en haut du pavillon, équipent ces voitures qui offrent la particularité d'être les seules 2 CV Fourgonnettes de série bicolores. Équipée de grandes vitres de portes arrière et d'une banquette arrière démontable avec des garnitures identiques à celles des sièges avant, la 2 CV AZUL présente une astuce pour loger les pieds des passagers sans que l'assise ne soit trop haute : le plancher possède en effet une trappe amovible découvrant un pan incliné débordant sous la voiture. Son large pare-chocs avant, en aluminium poli, est celui qui équipe beaucoup de modèles belges – AL, AZL, AZL3 et AZS –, tandis que les deux demi pare-chocs arrière sont spécifiques. Toutes les vitres de l'AZUL viennent du fabricant belge la Glacerie, situé à Jemeppe-sur-Sambre.

[DES AZU VITRÉES SE RENCONTRENT COURAMMENT EN BELGIQUE DÈS LE MILIEU DES ANNÉES 1950]

© Alain Brouste/e

▲ **Quel que soit l'équipementier à l'origine de la transformation en quatre places, l'accès à la seconde banquette – ici de marque RB – ne peut se faire qu'avec un des sièges avant basculant.**

© Citroën Communication/Delpire/f

▲ **Malgré son important vitrage, cette AZU demeure purement utilitaire. Les ondulations de la tôle nécessitent une pose méticuleuse des joints de glaces, ici au nombre de six.**

ÉVOLUTIONS

La 2 CV AZU change en 1964 : en janvier, deux emboutis apparaissent sur le dessus de cabine ; en février, des supports de balais d'essuie-glaces chromés remplacent les noirs ; en avril, la référence de la peinture figure sur un médaillon placé sur l'auvent droit ; en mai, les semelles de clignotants sont gris foncé ; en juin, les roues adoptent le Michelin X à chambre à air incorporée ; en septembre, l'ouverture de la trappe de roue de secours est modifiée ; en novembre, une plaque en caoutchouc destinée à limiter le bruit est ajoutée entre les rotules et la barre de direction ; en décembre, le sens d'ouverture des portières change, ce qui implique une nouvelle poignée intérieure et l'apparition d'une lanière en plastique.

RB

En 1956, l'équipementier français RB commercialise, pour les 2 CV AU et AZU, des glaces latérales, une banquette arrière repliable et des vitres de portes arrière plus grandes. Généralement, à cette époque, les hublots ovales d'origine sont alors placés dans la partie basse des portes arrière, ce qui est utile, véhicule à vide, pour procéder à une marche arrière avec une visibilité basse optimale.

LE BASTARD

La carrossier rouennais présente, dans les années 1960, un prototype resté sans suite d'une 2 CV AZU vitrée : elle possède une glace latérale qui fait toute la longueur du pavillon et un nouvel arrière muni de portes à grandes vitres carrées, dont le porte-à faux est augmenté d'une dizaine de centimètres par un élément en tôle lisse en quart de rond, supprimant tous les angles.

© Citroën Communication/Delpire/g

▲ **La 2 CV AZUG (G pour Glaçauto) à trois vitres latérales bombées – chacune de 42 x 42,5 cm – est la plus répandue. Figurant comme utilitaire au catalogue Citroën de 1961, elle sera proposée en quatre places, comme ici, à partir de 1963.**

Autre fabrication locale, la 2 CV AZU assemblée au Cambodge par la SKMA (Société khmer de montage automobile) présente aussi, dès 1959, des modèles largement vitrés dont la plupart sont destinés à être des taxis-brousse. Munies de trois vitres latérales bombées, ces camionnettes sont destinées à transporter six personnes, dont quatre trouvent place sur des petits sièges de toile, assez spartiates, fixés en deux rangées de deux dans le pavillon arrière. Son volume étant assez réduit, des évents métalliques articulés sont ménagés dans la mince bande de tôle faisant la jonction entre le pied droit de portière et l'avant du pavillon afin de renouveler l'air. Les AZU cambodgiennes sont également équipées de vitres de portes arrière carrées, les glaces ovales d'origine étant placées en partie basse. La plus célèbre de ces 2 CV AZU SKMA est celle de la famille Pochon-Davignon, qui l'a ramenée du Laos à Paris au début des années 1960, sur 33 000 km de pistes et routes variées. À la même époque, dans l'Hexagone, justement, l'équipementier francilien Glaçauto propose des éléments adaptables pour les 2 CV Fourgonnettes, les plus répandues étant les grandes vitres carrées de portes arrière et les séries de trois glaces bombées latérales. Ce vitrage remporte l'adhésion des clients, si bien que les 2 CV AZU Glaçauto rejoignent le catalogue Citroën en août 1961, après leur réception par le Service des Mines sous les noms d'AZUG.

[AU CAMBODGE, LA SKAM PRODUIT DES 2 CV AZU MUNIES DE VITRES LATÉRALES, À PARTIR DE 1959]

GLAÇAUTO

Cette entreprise spécialisée dans le vitrage de voiture est implantée à Levallois (92) et réalise de nombreux accessoires achetables séparément, notamment pour la Renault Juvaquatre et quelques Peugeot au début des années 1950. Plusieurs éléments créés par Glaçauto rejoindront les 2 CV de série de Citroën, comme la vitre de custode pour berline. La firme équipera aussi de nombreux fourgons Citroën type H. Les premières 2 CV AZUG datent de 1956 et quatre transformations type figurent au catalogue Citroën à partir de 1961.

© Citroën Communication/h

▲ **La dernière évolution de l'AZU vitrée sortie en septembre 1971, l'AZU-B, qui succède à l'AZU-A, abandonne l'ondulation de la tôle au profit de larges nervures et adopte le 435 cm³ de 26 ch de la 2 CV 4.**

▲ **Précurseur de la 2 CV AZU vitrée de série, voici l'un des modèles réalisés par Glaçauto. Il est doté d'une seconde banquette et d'une large vitre latérale coulissante de 87 x 36 cm.**

© Alain Brouste/j

La transformation proposée par Glaçauto existe aussi à la carte, comme pour cette jolie 2 CV AZU de 1962, dont les deux vitres latérales non bombées de 42 x 30 cm sont une particularité rare, car vendues majoritairement en séries de trois.

CARROSSERIE COMMERCIALE
Cette firme parisienne propose une 2 CV AZU vitrée en 1956, possédant une longue glace latérale coulissante, en deux parties allant des portes avant aux portes arrière. Ces dernières sont aussi équipées de grandes vitres carrées.

Manifestement, le vitrage de la 2 CV AZU séduit la clientèle et Glaçauto ne propose pas moins de sept possibilités de montage, parmi lesquelles les grandes vitres arrière carrées de 40 x 35 cm, une large vitre latérale fixe basse – et donc plate – de 87 x 36 cm ou la large et haute vitre bombée de 87 x 42,5 cm. Mais l'équipementier de Levallois propose aussi des vitrages plus spécifiques, comme ceux d'angle de 15 x 48 cm, quasi triangulaires, qui se montent à la place des médaillons arrière, de part et d'autre des portes, entre la barre de charnière et le haut du pavillon supportant la plaque d'immatriculation. Il existe aussi des combinés de six vitres pour trois baies latérales, chacune étant composée d'une vitre plate basse de 42 x 30 cm surmontée d'une autre teintée de 42 x 12 cm, placée inclinée afin d'épouser le bombage du pavillon. À partir de 1963, un accord commercial est passé entre Citroën et Glaçauto, qui débouche sur le montage en série des deux éléments les plus célèbres de l'accessoiriste, la vitre carrée de porte arrière et la vitre bombée de côté. Cette proposition fera retomber la frénésie de la clientèle dans le domaine et la 2 CV AZU restera pendant plus d'une décennie une simple camionnette vitrée.

[EN AOÛT 1961, LES 2 CV AZU GLAÇAUTO REJOIGNENT LE CATALOGUE CITROËN]

© Alain Brouste/k

En intégrant le modèle de série de la 2 CV AZU à partir de 1963, le label Glaçauto, mentionné sur les glaces de sa fabrication devient une référence. La 2 CV AK 350, puis l'AK 400 en bénéficieront dès leur sortie.

■ Elle est très recherchée, surtout si elle comporte ses spécificités d'origine : entre **1 200** et **4 000 €**.

LA 2 CV AZU EDF-GDF 1960

Équipant l'entreprise d'électricité dès les années 1950, la 2 CV AZU est en première ligne de la campagne pour le passage au 220 Volts. Après une décennie, elle poursuit sa mission sous les couleurs de la société unifiée EDF-GDF.

© Philippe Pétré/a

Réunies au sein d'un même parc automobile depuis le milieu des années 1960, les 2 CV Camionnettes EDF et GDF sont identiques, à l'exception de l'échelle qui n'est d'aucune utilité pour les installations de gaz.

Dans les années 1960, une rationalisation de la gestion des véhicules d'EDF et de GDF conduit à la création d'un parc commun, qui s'orne des deux logos des sociétés ainsi que d'une toute nouvelle peinture bleu ciel. Référencé AC 615 chez Citroën, ce bleu particulier couvre tous les véhicules, tant les fourgons HY acheminant le matériel lourd que les 2 CV Berlines utilisées par les cadres sur le terrain ou les 2 CV Camionnettes des agents commerciaux, des techniciens et des chefs de districts. Parmi eux, l'AZU équipée d'une échelle de toit est destinée aux électriciens pour les interventions d'installation et de dépannage sur le réseau domestique, aussi bien à l'intérieur des habitations que sur la voie publique. Créées en 1946 de la nationalisation d'un millier d'entreprises françaises, EDF et GDF sont d'abord gérées séparément. L'électricien emploie alors, dans les années 1950, des 2 CV Camionnettes grises aux logos variés, ronds ou en losange, pour sillonner la France. L'heure est à l'électrification des zones rurales et, si les collectivités territoriales prennent en charge les équipements publics, il faut inciter les Français à raccorder leurs habitations.

LOGOS

En 1967, EDF adopte un nouveau logo, le deuxième – le premier, un éclair noir, datant de 1958. Il est bleu marine, avec un éclair blanc en forme de « w » crépitant sur un disque également bleu. Le lettrage rond est identique pour EDF et GDF, les deux logos se trouvant souvent accolés sur les véhicules bleu ciel. Vingt ans plus tard, en 1987, le bleu devient plus profond et constitue le fond des deux logos qui, avec des lettres blanches soulignées de rouge, reprennent l'emblème tricolore. En 2005, en préparation à l'ouverture des marchés de l'énergie et à la privatisation possible des entreprises, EDF et GDF se différencient. L'électricien adopte un logo avec trois lettres bleues, dont un « e » minuscule, surmonté de cinq pétales orange qui évoque aussi bien le soleil qu'une turbine, tandis que celui de GDF se pare d'une flamme bleue oblique, surmontée d'un point vert et accompagnée de la mention, en vert, « *Gaz de France* ».

© EDF Médiathèque/b

Antérieure à la flotte commune avec GDF, cette 2 CV AZU est équipée d'un pare-chocs PO, de deux rétroviseurs d'aile, de trois vitres latérales... et d'un compteur EDF ! Elle date de 1963, entre mars (panneaux latéraux lisses) et décembre (absence d'embouti de capucine).

Cette 2 CV Fourgonnette EDF grise, avec jantes BM à quatre ouies et pare-chocs avant tubulaire, est utilisée lors de la campagne de 1957 visant à raccorder les fermes au réseau électrique ou à faire passer en 220 V celles qui le sont déjà.

Bien que la 2 CV excelle sur les terrains accidentés, certaines interventions de dépannage nécessitent des véhicules spéciaux, pour porter le matériel lourd ou intervenir en montagne, tel ce camion Renault Galion de 1956 équipé en 4x4.

L'AZU DE 1967

En 1967, la 2 CV AZU a profité d'une série de modifications initiées en novembre 1964 avec l'adoption de nouveaux rapports de boîte de vitesses puis, un mois plus tard, avec l'abandon des portes « suicide » – la dernière portant le numéro de châssis 1.171.184 pour reprendre à 1.175.001 pour la première AZU à portes inversées. Après juillet 1965, où de nouveaux batteurs sont montés, puis septembre 1965, où apparaît la calandre à trois barres horizontales proéminentes, en septembre 1966 arrivent de nouvelles poignées de portes plates.

Surgit alors un problème : le réseau est, en l'état, insuffisant pour alimenter tous les futurs clients. Il faut soit multiplier les câbles existants, soit les changer pour de plus gros. Finalement, une troisième solution sera trouvée : en doublant la tension délivrée, l'intensité circulant dans les câbles peut être divisée par deux, ce qui limite les pertes d'énergie et autorise un plus grand nombre d'abonnés avec le réseau existant. Bénéfice supplémentaire, les frais nécessaires aux modifications d'infrastructures, au lieu d'être supportés par EDF seul – c'est-à-dire l'État – le seront par les consommateurs qui doivent renouveler leurs matériels. Entamée vers 1954, la migration des installations du 110 V vers le 220 V donne lieu à une vaste campagne d'information de la part des agents commerciaux d'EDF.

[À L'ARRIVÉE DES NOUVEAUX LOGOS, EN 1967, TOUTES LES 2 CV EDF ET GDF SONT BLEU CIEL]

La 2 CV Camionnette de 250 kg de charge utile permet alors d'emporter des brochures et du petit matériel, notamment des transformateurs 220 V-110 V, auprès des foyers auxquels ils sont souvent offerts s'il acceptent de modifier leur installation électrique. Prévoyant une réticence de la population rurale, généralement économe et conservatrice, EDF envoie en majorité des commerciaux féminins, nommées « conseillères ménagères », dont la cible est la maîtresse de maison, à charge pour cette dernière de convaincre son mari. Au bout d'une décennie, toute la France est en 220 V. EDF peut alors lancer, en 1963, une nouvelle campagne de grande envergure : « le compteur bleu ». Malgré un réseau encore déficient, deux millions de foyers s'équipent du compteur moderne entre 1963 et 1965. C'est le moment où EDF et GDF font l'objet d'une gestion regroupée afin d'offrir un seul interlocuteur au public. Au fur et à mesure du renouvellement du parc, les 2 CV AZU des agents commerciaux, purement EDF et souvent ornées d'un véritable compteur fixé au-dessus du pare-brise, deviennent bleu ciel et mentionnent les deux sociétés sur leurs portières. En 1967, lorsque arrivent les nouveaux logos, toutes les 2 CV, berlines ou fourgonnettes, sont bleu ciel. Jusqu'en 1978, date de l'arrêt de la production de la Petite Citroën, la flotte EDF-GDF comptera successivement des fourgonnettes AZU, AK 350 et AKS 400. Épaulées par des Renault 4 fourgonnettes F4 puis F6, dès le début des années 1960, elles seront peu à peu remplacées par des Acadiane, certaines roulant au GPL.

Créant une véritable attraction dans les villages où elle s'arrête et distribue des prospectus aux enfants, cette 2 CV possède un haut-parleur de toit, tenu à l'arrière par un câble, pour être entendu par le maximum de gens.

■ La voilà en jaune et frappée du nouveau logo, elle est recherchée et avoue une cote entre **1 200** et **4 000 €**.

LA 2 CV AZU PTT 1965

Véhicule des PTT depuis 1953, la 2 CV Fourgonnette trouve un second souffle dans les années 1960. Nouvellement parée de jaune, elle équipe l'ensemble des secteurs de cette administration, qu'elle servira jusqu'à l'arrêt de sa production.

Au début des années 1960, deux évènements vont participer au renouveau de la 2 CV AZU au sein de l'administration des PTT, qui regroupe alors le service des postes et des télécommunications. En juillet 1961, Citroën rajeunit la ligne de son petit utilitaire en le dotant du nouvel avant apparu sept mois plus tôt sur la 2 CV Berline, c'est-à-dire du capot à cinq nervures sans tôle ondulée, des joues d'aile à large écope sans ouies et d'une calandre en aluminium. Puis, en mai 1962, les PTT décident d'adopter pour leur flotte de véhicules une nouvelle couleur, le jaune chatoyant et dynamique, conjointement à un nouveau logo : des ailes d'oiseau bleu stylisé, évoquant un pigeon voyageur. Pendant plusieurs années encore les 2 CV AZU ancien capot recouvertes de l'austère vert foncé et ornées de lettres PTT couleur or vont cohabiter avec les AZU jaunes à nouveau capot, dont la petite calandre affine la ligne. 1965 peut être prise comme une année de référence pour la disparition des ultimes 2 CV Fourgonnettes vertes. Dès lors, le parc automobile des PTT sera unifié, jusqu'en 1970, le jaune demeurant pour les services postaux jusqu'à nos jours.

▲ **Le Centre de distribution motorisée de Castelnaudary, dans l'Aude (11), s'enorgueillit, dans les années 1960, de neuf 2 CV AZU. Leurs flans s'ornent de supports publicitaires courbes vissés à la carrosserie et vantant les mérites de l'épargne postale.**

▲ **À Ardres, dans le Pas-de-Calais (62), les AZU postales sont logées à bonne enseigne. Le bureau de poste jouxte un garage Citroën, on ne peut plus opportun pour assurer l'entretien des voitures !**

PTT

Créé par la loi du 16 juillet 1889, le ministère des Postes, Télégraphes et Téléphones conserve son abréviation « PTT » pendant plus d'un siècle, y compris quand, en 1959, son appellation officielle devient « Postes et Télécommunications ». L'administration des PTT disparaît en 1991, se scindant en deux entreprises publiques : La Poste et France Télécom.

Cette AZU d'un technicien en télécommunications est munie d'un support de toit spécifique pour tenir une échelle. Les vitres latérales rectangulaires, sur les panneaux ondulés, sont des accessoires ajoutés.

© Musée de la Poste - Paris/c

VITRES LATÉRALES

À partir de mars 1963, toutes le 2 CV Fourgonnettes livrées aux PTT disposent de vitres latérales, à l'instar de l'AZU de série. Mais certaines 2 CV antérieures, toujours en service, sont équipées de petites glaces ovales. Les vitres des portes arrière ont alors cédé leur place à des modèles carrés plus grands. La visibilité s'en trouve accrue pour les fréquentes manœuvres que doivent faire les facteurs.

Totalement peinte en jaune AC 311, la 2 CV AZU des PTT est ornée d'un logo de portière et d'une bande latérale – au niveau du renfort de pavillon arrière – tous deux bleu AC 611. Bon nombre de ces fourgonnettes comportent aussi une fine bande bleue soulignant les vitres de portières, une bande moitié moins épaisse que celle des panneaux latéraux, mais cela n'est pas systématique. Aucune mention « PTT » ne figure sur la carrosserie. À la fin des années 1960, des autocollants sont apposés sur les vitres des portes arrière, portant l'inscription « arrêts fréquents » en lettres rouges sur fond blanc.

[EN 1965, LES PTT DISPOSENT DE 27 975 VÉHICULES, CAMIONS ET VOITURES CONFONDUS]

En 1965, les PTT achètent à Citroën aussi bien des AZU que des AK 350, qui sont réparties en fonction des volumes des tournées de courrier qu'elles doivent effectuer. L'administration des PTT est alors séparée en différents secteurs et chacun d'eux va recevoir des 2 CV Fourgonnettes. Le service des postes est découpé en petites circonscriptions appelées Centres de distribution motorisée (CDM), dont le siège est le plus souvent un bureau de poste assez important. Le territoire national compte 1 447 CDM en 1965, assurant 10 428 tournées motorisées avec un nombre sensiblement équivalent de véhicules. En 1967, le nombre des CDM atteint 1 955, qui effectuent 12 818 tournées à l'aide de 701 vélomoteurs, 460 triporteurs Lambretta et 11 657 fourgonnettes, 2 CV AZU, 2 CV AK 350 et Renault 4 F4 confondues.

Une AZU et une AK 350 plus longue (à droite). Leurs vitres latérales sont rectangulaires, leurs pare-chocs arrière en profilé carré sont un aménagement PTT. Leurs portières sont dépourvues de bande bleu, dont la présence est aléatoire.

© Musée de la Poste - Paris/e

En 1965, vers Pont-L'Abbé, dans le Finistère (29), les AZU postales et les Bigoudens se croisent souvent. Quarante années plus tard, les 2 CV jaunes sont aussi rares que les Bretonnes ainsi costumées.

© Musée de la Poste - Paris/f

Dans ce garage-atelier des PTT, la simplicité de démontage des 2 CV facilite le travail des mécaniciens, à l'inverse du capot de la Renault 4 qui bascule vers l'avant et n'autorise qu'un accès latéral.

La 2 CV Fourgonnette jaune est également utilisée par la branche des télécommunications qui possédait jusqu'alors des véhicules différenciés, soit gris, soit gris clair/gris foncé avec inscriptions PTT en rouge. Les Télécommunications comptent 9016 véhicules en 1965, ce qui comprend des camionnettes, des camions, des engins spéciaux et 4762 voitures légères, principalement des 2 CV AZU et des Renault 4 Affaires, berlines aux portes arrière tôlées. Une poignée de 2 CV 4x4 Sahara en fait partie, également jaunes et avec le logo sur les portes avant et la fine bande bleue sous les vitres des quatre portières. Citroën tente de les intégrer aux commandes annuelles pour une évaluation sur le terrain mais, comme dans d'autres entreprises, notamment aéroportuaires, la 2 CV Sahara ne convainc pas. Certaines 2 CV AZU, munies d'un porte-échelle de toit, interviennent sur les dépannages des lignes aériennes pour réparer les dérangements et installer des postes chez les abonnés. D'autres 2 CV, sans équipement, servent aux missions de terrain, surveillance des chantiers et transport sur les lieux de réalisation des dessins d'études. Le service dédié aux lignes téléphoniques souterraines possède son propre lot de 2 CV, de l'ordre de 2 exemplaires pour chaque direction régionale. En 1965, les services Généraux des PTT, c'est-à-dire la partie administrative, s'équipent de 537 véhicules légers. Le parc est composé de quelques 2 CV Fourgonnettes, mais surtout de R4 berlines. Les PTT disposent alors de 27975 véhicules totalisant 350 millions de kilomètres en 1964. Le parc des PTT atteindra 30000 véhicules en 1968, avec un total de 500 millions de kilomètres par an ! Une densité de roulage qui entraîne de lourdes charges d'entretien et de réparation. Pour ce faire, les PTT ont créé, depuis le milieu des années 1950, des garages-ateliers dont les mécaniciens sont formés pour intervenir aussi bien sur les camions que sur les voitures.

[LES TÉLÉCOMMUNICATIONS COMPTENT 4 762 VOITURES, EN MAJORITÉ DES 2 CV ET R4]

© Musée de la Poste - Paris/g

Le chargement postal des AZU obéit à une logique : les colis à gauche, les volumineux sacs postaux occupent la partie droite, jusqu'au tableau de bord si besoin.

L'OISEAU BLEU

Dessiné par Guy Georget, affichiste de renom, « l'Oiseau bleu », symbolisant un pigeon voyageur, apparaît conjointement à la livrée jaune des véhicules, à partir de mai 1962. Ce logo est également surnommé « la flèche » et même « la fusée » lorsque les retombées civiles de la conquête spatiale, à la fin des années 1960, laissent espérer au ministère des Postes et Télécommunications l'envoi de courrier d'un continent à l'autre grâce à de tels engins. Des expériences auront lieu, mais l'idée sera finalement abandonnée. Rajeuni sans être remis en cause en décembre 2005, à l'occasion de la séparation officielle des activités postales et bancaires, l'Oiseau bleu est confirmé comme logo de La Poste pour le début du XXIe siècle. Il est désormais dans un ovale en dégradé de jaune chevauchant une bande grise.

TRIPORTEURS

Depuis 1963, pour l'acheminement et la distribution du courrier, les 2 CV des PTT sont secondées par des triporteurs Lambretta, fourgons à trois roues animés par un moteur de scooter de 125 cm^3. Leur charge utile de 300 kg, est supérieure à celle de l'AZU ! Mais leur utilisation demeure avant tout citadine et les 2 CV restent les reines des campagnes.

GALERIE

Dès le milieu des années 1950, certaines 2 CV AU utilisées par les « Postes » en milieu extra-urbain étaient équipées d'une astucieuse galerie articulée, dont une partie coulissait sur le côté de la voiture, afin d'y accrocher un vélo remonté ensuite sur le toit. Le transport d'une bicyclette permettait au facteur, d'atteindre les maisons les plus isolées à vélo. Dix ans plus tard, sur certaines 2 CV AZU jaunes des PTT, des galeries de toit sont toujours présentes, certaines pouvant accueillir deux bicyclettes d'appoint.

SERVICE PUBLIC

Mis en service le 1er décembre 1965, les types H transformés en bureau de poste comprennent une partie arrière coulissante reposant sur deux béquilles, une salle d'attente chauffée, un écritoire, une banquette et une cabine téléphonique. En tant qu'administration de la République, les PTT se doivent de proposer un service équitable à tous les citoyens, y compris dans les endroits reculés. Ainsi, quelques modèles de fourgons Citroën type H, aménagés en bureaux de poste itinérants, sillonnent les campagnes à partir du milieu des années 1960. Jaunes à parements bleus, les premiers modèles sont transformés à partir de véhicules standard tandis que les suivants utilisent des type HY allongés.

© Musée de la Poste - Paris/h

Les AU et AZU des années 1950, dont le rétroviseur est placé sur l'aile gauche, ont été équipées par les PTT d'un second rétroviseur, sur l'aile droite. Au fur et à mesure du renouvellement du parc, ils ont été remontés sur les AZU plus récentes avec rétroviseur de portière.

L'organisation des garages des PTT, qui compte 140 agents de maîtrise et 1 800 mécaniciens en 1964, s'articule, en région parisienne, autour d'un atelier central, dont dépendent 35 ateliers secondaires, et, en province, autour de 17 ateliers régionaux qui gèrent 130 ateliers secondaires. Budgété par le gouvernement, qui prévoit 239 millions de francs (environ 36,5 millions d'euros) pour le renouvellement et l'accroissement de la flotte automobile entre 1966 et 1970, le parc des PTT atteint 35 000 véhicules en 1970 : 1 500 pour les services Généraux, 12 500 pour les Télécommunications (dont les véhicules vont à nouveau se différencier à partir de cette date en adoptant la couleur bleu) et 21 000 pour la Poste. En septembre 1972, sort la 2 CV Fourgonnette AZU-B (moteur de 435cm³, larges nervures carrées sur le pavillon) qui remplace l'AZU-A (moteur de 425cm³ et tôle ondulée sur le pavillon). Elle est réservée aux grandes administrations, telles que les PTT, qui les emploieront jusqu'à l'arrêt de leur fabrication, en 1978.

[À PARTIR DE 1972, LA 2 CV FOURGONNETTE AZU-B REMPLACE L'AZU-A AU SEIN DES PTT]

Cette AZU-B d'Eure et Loire (28) possède les phares rectangulaires apparus sur les modèles 1975. La décoration jaune et bleue de 1962 perdure toujours en 2006, vingt-huit ans après l'arrêt de fabrication de la 2 CV Fourgonnette.

© Musée de la Poste - Paris/i

© Musée de la Poste - Paris/j

En 1966, quelques fourgons H transformés en bureaux de postes mobiles parcourent l'Hexagone.

■ Si l'origine d'Angleterre ou du Chili est connue, elle se négocie entre **1 200** et **5 500 €**.

LA 2 CV PICK-UP BÂCHÉE 1963

Conçue pour augmenter les capacités utilitaires de la Petite Citroën, la 2 CV Camionnette de 1954 donne rapidement naissance à une version pick-up. Elle bénéficiera, à partir de 1963, d'un moteur 602 cm³. Sans grand succès commercial toutefois.

© Archives JC Contenant/a

▲ La 2 CV Pick-up est commercialisée en France à partir de juin 1954, sur la base d'une 2 CV AU transformée.

L'un des grands arguments de vente de la 2 CV, dès sa première apparition, réside dans la polyvalence du véhicule. La 2 CV Berline est dotée de quatre vraies places assises, qui lui confèrent la fonction de voiture familiale, mais ses banquettes sont aisément amovibles, permettant le cas échéant de libérer un très grand volume de chargement, et son toit ouvrant, depuis le sommet du pare-brise et jusqu'au pare-chocs arrière (modèle 2 CV A de 1949) offre à la Petite Citroën une capacité encore plus exceptionnelle. De nombreux artisans et commerçants vont se satisfaire de cette modularité pendant plusieurs décennies, mais pour ceux qui ont besoin d'une 2 CV uniquement pour le transport de marchandises, les 2 CV AU (1950), 2 CV AZU (1954) et toutes les Camionnettes qui suivront seront encore plus appropriées. Dans le même temps, afin de compléter l'offre, certains perfectionnistes songent à accroître encore plus sa fonction de transporteur. Une déclinaison de la 2 CV AZU à peine née est ainsi transformée en Pick-up, dès 1954.

L'ARME DE LA ROYAL NAVY

Pour l'armée britannique, la 2 CV Pick-up a constitué pendant de longues années un auxiliaire militaire redoutablement efficace. Transportée depuis le navire en intervention jusqu'à la côte la plus proche par hélicoptère, et sur n'importe quel type de terrain, la 2 CV Pick-up armée d'un canon est capable de manœuvrer jusqu'à 150 km à l'intérieur des terres. La Royal Navy s'est fait livrer les véhicules en deux fois : 35 exemplaires pour le *HMS Bulwark* en janvier 1960 et 30 pour le *HMS Albion* en juillet 1961. Leur carrosserie était revêtue d'une peinture Bronze-Green Enamel.

© Archives JC Contenant/b

◄ Cette 2 CV Pick-up, la première connue en France, n'est pas l'œuvre de Citroën mais de la société privée Carrosserie Commerciale, à Paris.

LE SIMILI PICK-UP CITRONETA
Les 2 CV Pick-up Royal Navy sont utilisées à Bornéo, au Kenya et pendant la crise de Suez. Elles deviennent hors service avec l'arrivée des Land-Rover aéroportables et sont tous détruites en fin de carrière. Mais l'utilisation militaire du Pick-up a fait forte impression et celui-ci se décline aussitôt à l'étranger. Sa production se poursuit notamment en Amérique Latine. Principalement au Chili où une filiale de Citroën est créée en 1963, avec le dessein de favoriser l'emploi sur le sol chilien. La société *Citroën Chilena* assemble ses véhicules à partir d'éléments importés de France, sous la forme d'un kit CKD, c'est-à-dire un châssis-cabine de 2 CV AZU. Cette 2 CV est ensuite transformée en simili Pick-up pour répondre à la demande locale et baptisée Citroneta. Ce véhicule franco-chilien conserve quatre places assises et sa partie arrière tronquée devient un coffre plat, façon Pick-up.

▲ Le Pick-up bâché peut être mis en configuration plateau. Ce dispositif pliable sera plus tard mis à la disposition des 2 CV AZU, AK 350 puis AKS 400. Deux boucles à dégraffer suffisent pour procéder au changement.

L'opération est réalisée pour la première fois à l'initiative de la société Carrosserie Commerciale, à Paris. Une 2 CV Pick-up «officielle» sera finalement commercialisée deux ans plus tard, et intégrera le catalogue Citroën. Mais curieusement, la naissance du tout premier Pick-up décliné d'une 2 CV n'a pas lieu en France. C'est en effet un an plus tôt, en 1953, en Angleterre qu'est initiée cette version de la Petite Citroën. La production de la 2 CV commence outre-Manche cette même année, et non pas précédemment en raison de problèmes d'homologation. En effet, avant 1953, la législation anglaise ne considère pas conformes les véhicules dont les freins ne dépendent pas directement des roues. Comme tous les véhicules fabriqués en Grande-Bretagne, les 2 CV anglaises auront quelques particularités. À commencer bien sûr par la conduite à droite, mais aussi au niveau de certains composants comme les glaces, les sièges, les garnitures de portières, les baguettes et enjoliveurs en tous genres, le système électrique et les pneus. Ces éléments sont construits et montés sur place, à Slough, agrémentés d'une mascotte de capot *Citroën Front Drive*. Les 2 CV britanniques sont fabriquées entre 1953 et 1964 et, parmi elles, les Anglais produiront deux types d'utilitaires : les Camionnettes AU et Pick-up AP (1953-1955) dotés du moteur de 375 cm³, puis les modèles AZU et AZP (à partir de 1956) avec les moteurs de 425 cm³. Au total, 66 exemplaires de Pick-up sortent des chaînes de Slough entre 1953 et 1959. Le succès de ce véhicule un peu particulier n'est pas plus au rendez-vous en Angleterre qu'en France, et des deux côtés de la Manche sa production demeure confidentielle. Au cours des années 1960, quelques exemplaires sont réalisés en France par les sociétés SAPA et ENAC, cette dernière proposant également, en 1966, une 2 CV Pick-up AK à cabine rehaussée et équipée d'une bâche montée sur armature. Ce dernier est sans doute le plus connu, notamment sa version personnalisée par la société Butagaz qui livrera grâce à lui les régions françaises pendant de longues années.

[L'INITIATIVE DE LA CRÉATION D'UNE 2 CV PICK-UP REVIENT AUX ANGLAIS]

Deux versions de séparation de cabine sont au début disponibles : entièrement tôlée avec une lunette arrière, ou tôlée seulement à la base, comme ici. ▼

© Archives JC Contenant/e

En 1954, la transformation de la 2 CV AU en Pick-up ouvre de nouvelles perspectives. Cette configuration évoque en effet le concept de la Méhari avec dix ans d'avance.

La 2 CV Pick-up évolue au même rythme que les autres 2 CV, profitant à chaque fois des modifications et améliorations mises au point par le bureau d'étude de Citroën. Elle bénéficie, par exemple, du nouveau capot à cinq nervures sorti en 1961, même si ce genre de détail lui apporte moins qu'à la 2 CV Berline, dont les acheteurs sont plus réceptifs aux évolutions esthétiques. En revanche, en 1963, lorsque sort sur le marché une nouvelle fourgonnette dotée d'un moteur de plus forte cylindrée, l'évolution du Pick-up qui en découle est nettement plus utile. La 2 CV AK est dotée d'un moteur de 602 cm³, ce qui transforme le comportement du véhicule en situation de transport de marchandise lourde. De plus, la carrosserie de la Camionnette est désormais un peu plus longue et autorise un poids de charge utile sensiblement amélioré. L'année 1963 pouvait donc logiquement constituer un moment clé pour l'essor de la 2 CV Pick-up, mais il n'en sera rien. Et ce n'est d'ailleurs pas une surprise. Malgré la présence d'une bâche amovible, capable d'abriter quelques marchandises des intempéries et des regards, le concept même du Pick-up est nettement moins polyvalent que celui de la Camionnette, voire de la Berline qui peut elle aussi se transformer en véhicule de transport. Le Pick-up ne concerne donc qu'une mince catégorie d'artisans et commerçants, en France comme à l'étranger.

[EN 1963, MALGRÉ SON MOTEUR DE 602 CM³, LA 2 CV PICK-UP DEMEURE MARGINALE]

BON À TOUT FAIRE

L'avantage d'un Pick-up, comparé à tout autre véhicule utilitaire, c'est sa capacité de chargement et le côté rustique et résistant de son plateau. On peut y entasser toutes sortes de matériaux tels que des gravas ou des planches sans craindre d'abîmer l'intérieur de la voiture. Mais, grâce à l'adjonction d'une bâche de protection, on peut tout aussi bien l'imaginer transportant une marchandise moins agressive, voire plus précieuse, et même envisager d'y promener quelques personnes, dans certaines situations de dépannage, à une époque où la conformité des places assises et le port obligatoire d'une ceinture de sécurité n'étaient pas encore d'actualité. Autrement dit, suivant l'inspiration et les besoins de son propriétaire, une 2 CV Pick-up bâchée est bonne à tout faire !

© Archives JC Contenant/f

Ce visuel publicitaire de Citroën cible certains commerçants et artisans, pour leur vanter les mérites d'une nouvelle séparation de cabine.

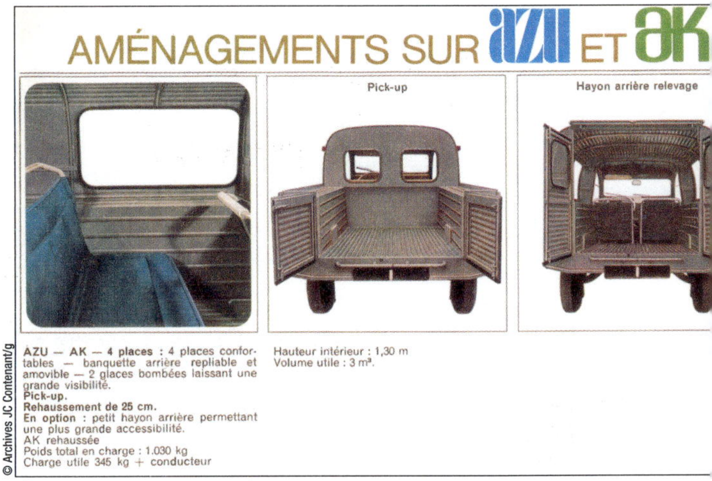

© Archives JC Contenant/g

Quelques aménagements sont également proposés pour les modèles AZU et AK, comme une banquette repliable et amovible ou un petit hayon arrière facilitant le chargement. Quant au Pick-up, il est alors assimilé, lui aussi, à un type d'aménagement pour Camionnette.

© Citroën Communication/h

▲ **La partie arrière du Pick-up est semblable à celle d'une Camionnette. Une fois tronçonnée, il a suffit de lui adjoindre une séparation de cabine et des bas de portières.**

Différents types de séparation de cabine ont été imaginés par les carrossiers de l'époque. Ici, le client a opté pour une simple glace centrale. ▼

C'est néanmoins au-delà des frontières françaises que la carrière de la 2 CV Pick-up trouve une raison d'être commercialement viable. Elle est appréciée notamment au Chili, où une usine est créée en 1963 pour fabriquer des 2 CV de types break et pick-up particuliers. En Argentine, quelques 2 CV Pick-up sont assemblées à partir de 1964, dont certaines seront exportées vers l'Uruguay, le Paraguay et la Bolivie. Mais la plupart des versions Pick-up de la 2 CV, en France comme en Europe et dans le reste du monde, sont des réalisations artisanales. Face à l'offre Citroën par trop sporadique en la matière, les particuliers ont pris le relais des carrossiers travaillant pour la marque aux chevrons. C'est ainsi que l'on a vu fleurir des modèles de Pick-up résolument improvisés, et uniques, fruits de la nécessité d'adapter un véhicule à ses besoins, ce à quoi la petite 2 CV s'est volontiers pliée durant des décennies. Parmi ces diverses réalisations, nées le plus souvent d'une 2 CV Camionnette en fin de carrière, dont il était nécessaire de supprimer la partie arrière trop usée par le temps et la rouille, certains résultats sont d'ailleurs remarquables par leur qualité de réfection. En 1978, les 2 CV AZU et AKS ne sont plus disponibles dans le commerce. La célèbre petite Camionnette est remplacée définitivement par un dérivé de la Dyane, l'Acadiane. Cette nouvelle fourgonnette Citroën va connaître une carrière très honorable, mais ne sera que très rarement transformée en Pick-up. Il est amusant d'observer le paradoxe : si la 2 CV Pick-up de Citroën n'a jamais connu qu'un très mince succès, les versions réalisées par des amateurs demeurent, à travers le monde entier, relativement répandues.

[LA 2 CV PICK-UP PLAÎT SURTOUT À L'ÉTRANGER, AINSI QU'À QUELQUES BRICOLEURS PRIVÉS]

Chapitre 4
2 CV publicitaires

■ Un couple qui a fait l'histoire de Citroën et, extrêmement rare, ne possède pas de cote officielle.

LA 2 CV AU MICHELIN 1954

À la veille de la sortie de la 2 CV AZU, Michelin continue de s'équiper avec la première version de 2 CV Camionnette, l'AU. Certains modèles, repeints à ses couleurs et ornés du Bibendum, défileront au sein de sa caravane publicitaire.

© Alain Brouste/a

Septembre 1954 marque la sortie de la nouvelle fourgonnette 2 CV AZU, dont le moteur de 425 cm³ répond mieux aux attentes des artisans que le 375 cm³ de la 2 CV AU. Michelin, propriétaire de Citroën depuis 1935, est le premier acheteur des nouveaux modèles de la firme. Le manufacturier continue néanmoins à s'équiper en 2 CV AU courant 1954. Il est possible qu'il veuille écouler les stocks de l'AU, qui restera présente au catalogue pendant encore deux ans, mais qui ne se vendra plus qu'au compte-gouttes. L'examen des numéros de châssis laisse supposer une production de 15 800 AU entre octobre 1953 et septembre 1954, et de 100 unités seulement pour le millésime 1955. En 1954, les 2 CV AU et AZU sont extérieurement presque identiques, l'AZU possédant des caractéristiques de volume et de charge semblables à celles de l'AU. Les menus détails qui les distinguent sont tous situés à l'arrière du véhicule. Ainsi, la plaque d'immatriculation et son feu d'éclairage central, qui fait aussi office de veilleuse arrière, sont les mêmes sur les deux fourgonnettes. Seul leur positionnement diffère : ils sont décentrés sur la gauche sur l'AU et centrés sur l'AZU. À cette date, elles disposent également des mêmes éclairages. Deux veilleuses rouges et un feu stop séparé à gauche, de couleur orange, apparaîtront en janvier 1955, ces équipements étant rendus obligatoires par le Code de la route. Tous les modèles produits, même depuis de nombreuses années, devront se conformer aux nouvelles règles et être équipées avec un éclairage minimum, ce qui sera la cas des premières AZU.

▲ **Aujourd'hui disparue, la 2 CV AU Michelin jaune et bleue de 1954 est ici reproduite telle qu'à son arrivée neuve chez l'équipementier de pneus. Elle est alors dotée du premier moteur de 9 ch réels, comme la 2 CV type A.**

UN PNEU APRÈS L'AUTRE

En 1954, le logo de portière Michelin représente Bibendum, toujours jovial, qui pousse un grand pneu indifférencié, tel un enfant jouant avec un cerceau. À partir de 1963, le dessin montrera un pneu de la série X, comme le XAS. Lorsque sortira le XZX, à la fin des années 1970, le pneumatique, identique visuellement, réduira en taille pour n'atteindre que l'épaule du Bibendum, toujours courant en saluant de la main.

◄ **Vraisemblablement destinée à accompagner foires et défilés, cette 2 CV AU peut emporter quelques modèles de pneus de démonstration.**

MÉDAILLONS DE PORTIÈRE
Tout d'abord totalement lisse à sa sortie, en mars 1951, l'encadrement des portes arrière de la 2 CV AU reçoit, en janvier 1952, deux grands emboutis dans l'épaisseur de la tôle, un de chaque côté. Puis, la même année, chacun des côtés est scindé en quatre médaillons distincts. Certains équipementiers, comme Glaçauto, proposeront, dans les années 1960, des hublots vitrés pouvant remplacer les médaillons de la partie haute, y compris ceux à la forme incurvée.

CURSIVES
Écrit en jolies lettres cursives, l'intitulé « Michelin » qui orne les flancs de la 2 CV AU sera conservé à l'identique jusqu'en 1972, quoique généralement il soit incliné et souligné d'un trait. Dès l'année suivante, des capitales d'imprimerie de type bâton les remplaceront définitivement, la marque demeurant dès lors strictement à l'horizontal.

BIBENDUM DE TOIT
Personnage emblématique des pneumatiques Michelin, qui constituent son corps, le Bibendum est mondialement connu et s'honore d'être, depuis une distinction reçue en 2000, le meilleur logo du siècle. De nombreuses déclinaisons existent, mais le Bibendum en plastique pour cabine de camion reste très apprécié. Il en existe différentes versions, mains et tête orientées à gauche ou, symétriquement à l'opposé, penchant à droite.

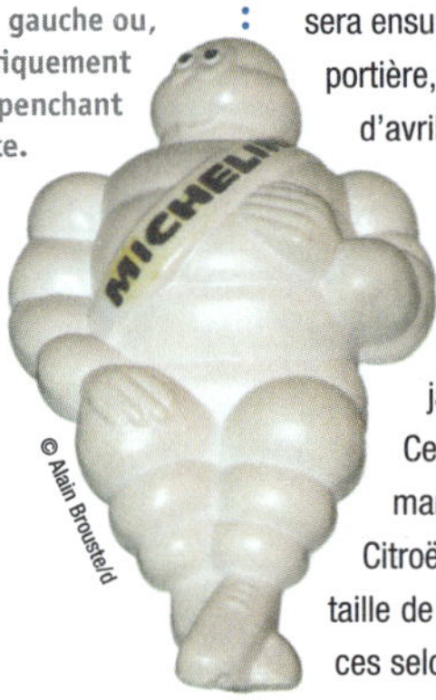

© Alain Brouste/d

En dehors de la motorisation, seule la partie arrière permet de distinguer une 2 CV AU d'une AZU, notamment grâce à la position décentrée de sa plaque minéralogique.

Les deux fourgonnettes possèdent un rétroviseur extérieur, conformément à la législation en vigueur à l'époque pour les véhicules utilitaires, implanté sur l'aile avant gauche. Il est d'abord d'un petit diamètre, mais il gagnera en taille, sur l'AZU, à partir de juin 1960. Ce rétroviseur extérieur sera ensuite installé sur la portière, à partir du mois d'avril 1963. Depuis octobre 1952, et à l'instar des deux 2 CV Berlines de la gamme, le type A d'abord puis le type AZ en 1954, les 2 CV Camionnettes AU et AZU sont équipées simultanément de jantes à quatre ouïes de fabrication Michelin. Ces dernières sont appelées BM, pour « Bon marché ». Elles équiperont toutes les Petites Citroën jusqu'en août 1959, lors du passage de la taille de 400 mm à 380 mm, autrement dit à 15 pouces selon les dimensions anglo-saxonnes.

[EXTÉRIEUREMENT, LA 2 CV AU ET LA NOUVELLE AZU SONT PRESQUE IDENTIQUES]

La 2 CV AU possède un rétroviseur intérieur et un seul siège. Le second est une option payante, qui coûte 5 500 anciens francs. En ce qui concerne le prix, une 2 CV AU est commercialisée 347 000 anciens francs en 1954 et 1955, alors que, dans le même temps, la nouvelle 2 CV AZU coûte 368 000 anciens francs. Les 2 CV Camionnettes de Michelin conservent alors leur robe grise d'origine, y compris les nouvelles 2 CV AZU. Mais certaines AU et AZU sont entièrement repeintes en jaune, les jantes BM étant passées bleues, ainsi que la calandre, le pare-chocs avant, la barre et les cuvelages de phares. Ces véhicules-là sont rares et généralement destinés à des caravanes publicitaires, où les couleurs voyantes importent plus que la vélocité du véhicule. Abandonnées après l'exploitation des premières camionnettes, ces deux couleurs ne seront réactualisées par Michelin qu'à partir des années 1970.

■ Un modèle dont il est difficile de retrouver trace et qui n'est pas recensé dans le modèle de collection.

LA 2 CV AZ OCÉANIC 1955

Parée d'une robe bicolore, la 2 CV du fabricant d'appareils électroniques Océanic est dotée d'accessoires spécifiques. Au service des représentants de la marque, elle embarque radios, électrophones et dépliants promotionnels.

Présentée en septembre 1954, la 2 CV de type AZ est mue par un nouveau moteur de 425 cm³, là où la 2 CV A, commercialisée parallèlement, ne propose qu'un modeste 375 cm³. La différence de trois chevaux réels – 12 contre 9 – peut sembler ténue, mais les acheteurs y voient, eux, une nette amélioration. La société d'appareils électroniques (électrophones, radios et téléviseurs) Océanic, dont le slogan est *«le ruban bleu de la qualité»*, utilise la nouvelle Petite Citroën berline pour ses représentants de commerce. La carrosserie est peinte en bleu très clair, les pare-chocs et les quatre ailes étant, eux, recouverts d'un bleu marine rappelant l'océan, symbole de la marque. La 2 CV AZ étant équipée en série d'une capote longue à petite lunette, Océanic commande au carrossier Agathon, avant la mise en peinture, le montage d'un accessoire très prisé : une malle bombée. La capote d'origine, foncée, est remplacée par un modèle bleu à grande lunette arrière, semblable à celle que Citroën montera sur ses AZL et AZLP, respectivement, un et deux ans plus tard. Les feux arrière, au nombre de deux depuis le 1er janvier 1955, fixés sur deux des trois emboutis de la jupe arrière, sont supprimés en raison de la présence de la malle bombée, qui recouvre complètement la jupe et est déjà équipée de deux feux ronds ainsi que d'un éclairage de plaque.

▲ Repeinte en bleu ciel, la 2 CV Berline de 1955 conserve l'intérieur de ses jantes en couleur ivoire Clair (AC123). Le bleu marine qui orne ailes et pare-chocs est identique à celui du logo Océanic.

SLOGAN

Le slogan d'Océanic dans les années 1950 est : *«Le ruban bleu de la qualité»*. «Avoir le ruban bleu» signifie remporter la première place dans son domaine. En l'occurrence, Océanic se délivre à elle-même ce satisfecit qui n'est étayé par aucune étude.

◄ La 2 CV AZ Océanic est transformée par le carrossier francilien Agathon, établissement installé à Clichy (92) depuis 1911 et spécialisé dans la carrosserie industrielle et automobile.

La malle bombée qui couvre la jupe de la 2 CV nécessite un éclairage spécifique. La capote colorée à grande lunette est également un accessoire ajouté. Citroën ne l'adoptera en série qu'une année plus tard.

OCÉANIC

Fabricant français, Océanic, dont le siège social en 1955 est situé dans le 11e arrondissement de Paris (rue de Montreuil), commercialise des appareils électroniques, dont une console en bois combinant une télévision, une radio à lampes et un électrophone, ensemble atteignant l'importante somme de 260 000 anciens francs (soit 76 % du prix d'une 2 CV A neuve de 342 000 anciens francs). La société attribue à ses postes de télévision *« la plus belle image de France »* et indique que ses téléviseurs à réglage de netteté automatique (une innovation brevetée) sont agréés par le ministère de l'Éducation nationale. Au début des années 1980, la marque, associée au fabricant ITT, se fait remarquer avec ses campagnes de publicité télévisuelles. En 1987, elle est rachetée par le Finlandais Nokia et renaît discrètement en 2005 avec la commercialisation de téléviseurs à écrans plats intégrant un récepteur de TNT (Télévision numérique terrestre). Entre 1966 et 1982, les téléviseurs Océanic sont produits dans l'usine de Chartres (28). Une autre usine est implantée à Romainville (93), fabricant les produits ITT depuis 1970. C'est aujourd'hui le siège social français de Nokia-Océanic.

Les nouveaux clignotants de custode de la 2 CV, de marque Labinal – fabricant de Besançon (25) anciennement connu comme les Établissements Binet –, également rendus obligatoires au 1er janvier 1955, sont conservés. Dans l'habitacle, la 2 CV AZ possède des banquettes à anneaux en caoutchouc qui remplacent les sangles plates de la 2 CV A. Elles sont recouvertes d'un tissus écossais disponible en trois coloris : bleu, rouge et or ou vert et gris ou bleu et or. Le pare-soleil côté conducteur demeure, comme sur la 2 CV de type A, un modèle en carton, avec la notice d'entretien de la voiture collée sur une face. Les serrures intérieures des portières possèdent un verrouillage par loquet pivotant, au lieu du loquet coulissant de la 2 CV A. Les 2 CV Océanic disposent, en outre, d'une clef supplémentaire, nécessaire pour la serrure du coffre de malle et indispensable lorsque les représentants de la marque transportent des combinés radio-électrophone de démonstration. La valeur du modèle R.P. Clipper Supertone, 59 000 anciens francs, est à rapprocher des 366 000 anciens francs de la 2 CV AZ. Cela représente 16 % du prix de la Citroën, comme si une petite voiture d'aujourd'hui valant 10 000 euros transportait une chaîne hi-fi à 1 600 euros. En revanche, le coffre de l'AZ, même délestée de sa banquette arrière, ne permet pas d'emporter les téléviseurs, vendus en 1955 logés dans un coffre de bois intégrant parfois quatre pieds. Pour en assurer la promotion, les représentants doivent se contenter des dépliants polychromes du fabricant, présents en nombre dans la 2 CV Océanic.

[LA CAPOTE D'ORIGINE EST REMPLACÉE PAR UN MODÈLE BLEU À GRANDE LUNETTE]

Le tissu écossais rouge, bleu et or apparaît pour la dernière fois dans la 2 CV en 1955. Il cédera sa place, dès l'année suivante, au tissu Bayadère rouge ou bleu rayé, auquel s'ajoutera ensuite le vert.

■ Si vous en trouvez une c'est que vous avez de la chance ou alors il s'agit d'une réplique. Pas de cote officielle.

LA 2 CV AZU LESIEUR 1955

En pleine expansion dans les années 1950, la société Lesieur doit faire face à la multiplication de ses points de vente. Afin de livrer ses produits dans toute la France, elle s'équipe en 2 CV, qui deviennent rapidement la mascotte de la marque.

© Archives Lesieur/a

▲ En 1955, devant la poste principale de Rennes, onze commerciaux de la société Lesieur, dont dix sont fraîchement dotés de 2 CV AZU aux couleurs de l'entreprise, s'apprêtent à prendre la route.

Depuis toujours, le parc automobile Lesieur est constitué de véhicules de livraison fonctionnels et fiables. C'est pourquoi, dès son arrivée en 1954, la 2 CV AZU ne pouvait que séduire les dirigeants de cette entreprise familiale française. Créée en 1911 dans la banlieue de Dunkerque, la société Georges Lesieur et ses fils fabrique des huiles végétales et minérales ainsi que des produits dérivés, comme le savon. Dès sa fondation, elle est confrontée au problème de la livraison de ses produits. Lors des dix premières années d'exploitation, les huiles Lesieur sont vendues aux épiciers dans des fûts en bois consignés, de tailles variables (de 50 à 200 litres). Le produit est alors livré en vrac aux distributeurs au moyen de citernes, et les consommateurs doivent «tirer» leur huile chez l'épicier, dans leur propre récipient. En 1922, Georges Lesieur remet en question le mode de conditionnement de son huile, et, en 1924, Lesieur est la première marque au monde à vendre son huile dans une bouteille en verre, étiquetée et capsulée aux couleurs de la marque. La trouvaille, qui rend le produit plus hygiénique à la vente et facilite son accès au plus grand nombre, simplifie également le procédé de livraison auprès des détaillants. Propre à chaque région, le parc de véhicules utilisés est alors essentiellement composé de petits camions Renault, dont le plus répandu est le «1400 kg», en parallèle à quelques camions citernes chargés d'alimenter les entrepôts de mise en bouteilles.

LE PÈRE SAVON

Le premier produit sorti des usines de Coudekerque est un savon baptisé Notre-Dame de l'Océan. Lesieur et ses fils crée ensuite le savon Notre-Dame de Capelle, puis, en 1922, franchit un pas décisif dans cette activité en inventant le célèbre Père Savon, devenu Persavon en 1950, qui a la particularité d'être vendu dans une boîte individuelle en carton.

PAS D'ERREUR...

Le slogan *«Pas d'erreur, c'est Lesieur !»*, qui fera rapidement le tour du monde francophone, est imaginé en 1985 par l'agence de publicité Dupuy & Saatchi. Ce slogan est toujours dans les mémoires 20 ans plus tard.

◄ Les 2 CV AZU de la société Lesieur ont une double fonction commerciale. Elles servent à la fois pour démarcher de nouveaux dépositaires de la marque et pour la livraison des produits.

HISTOIRE DE FAMILLE

En 1863, Georges Lesieur, né d'une famille de cultivateurs originaire de Septeuil (Yvelines), entre dans l'entreprise Desmarais Frères, au Havre, comme employé de commerce. La qualité de son travail et son opiniâtreté le conduisent quelque 30 ans plus tard à devenir le co-gérant de cette société, spécialisée dans l'épuration et la distribution d'huiles végétales pour l'éclairage, et qui créera, par la suite, les produits pétroliers Azur. En 1908, lorsque les actionnaires de Desmarais refusent sa demande d'intégrer ses fils dans l'entreprise à ses côtés, Georges Lesieur claque la porte après 45 ans de bons et loyaux services pour créer sa propre société. Il s'installe à Coudekerque, tout près de Dunkerque, troisième port arachidier de France après Marseille et Bordeaux. Associé à ses trois fils, Maurice, Paul et Henri, il fonde la société Huileries Georges Lesieur qui deviendra en décembre 1911 une société en nom collectif : Georges Lesieur et ses fils. L'objet social de l'entreprise est *« la fabrication et le commerce des huiles végétales et des produits qui en dérivent »* et *« le raffinage et le commerce des huiles et essences minérales et des produits qui en dérivent »*. Georges Lesieur s'éteint en 1931, mais ses fils poursuivent la croissance incroyable de l'entreprise familiale, qui deviendra en quelques décennies le géant français de l'huile. Lesieur sera le premier à créer une huile sans goût et sans dépôt, autrement dit pure et digeste, qui séduira l'Europe entière. Lesieur est également le premier industriel au monde à réaliser le conditionnement de son huile en bouteille (1924). D'abord en verre elle est ensuite en PVC (1963), avant que l'entreprise ne crée la première bouteille en PET (1985).

© Philippe Pétré/c

La décoration choisie pour la 2 CV Lesieur est simple et efficace. Au cours des années 1960, la Petite Citroën contribuera à populariser l'huile française jusque dans les régions les plus reculées de l'Hexagone.

Mais l'essor de l'entreprise prend rapidement des proportions importantes, Lesieur passant de 15 millions de litres d'huile vendus, en 1938, à 30 millions, en 1950, puis à 125 millions, en 1958 ! À cette date, Lesieur est devenu le plus gros fabricant d'huile français. Il occupe à lui seul 48 % du marché, loin devant son principal concurrent, Huilor, qui se contente de 13 %. Cette croissance formidable, qui provient, dans un premier temps, de l'originalité du conditionnement en bouteilles, entraîne la multiplication des points de vente. Aussi, le producteur est peu à peu obligé de rationaliser son système de livraison pour transporter ses casiers de bouteilles plus vite et en des lieux de plus en plus nombreux.

[LESIEUR OFFRE À SES CLIENTS UN JEU DE DÉCOUPAGE À L'IMAGE DE SA 2 CV DE LIVRAISON]

À partir de 1955, et jusqu'à la fin des années 1960, la 2 CV AZU sera pour Lesieur « la fourgonnette de la situation ». Repeinte aux couleurs de la marque – carrosserie et roues d'un vert olive lumineux, et, sur les flancs de la voiture, une large bande blanche en forme de vague, qui contient les mots « HUILE LESIEUR » en lettres rouges et le quadruple carré assorti que l'on retrouve sur les capsules de bouteilles –, la Petite Citroën va peu à peu livrer l'huile Lesieur à travers tout l'Hexagone. Le succès de l'entreprise n'aura de cesse de se confirmer dans les années 1960, en France comme en Europe, et dans cette aventure, la popularité de la Petite Citroën joue un rôle important. Au-delà de l'utilité du véhicule, la 2 CV participe à l'image de marque du fabricant en devenant sa mascotte : dès le milieu des années 1950, le producteur d'huile fait cadeau à ses clients d'un jeu de découpage en carton qui représente la 2 CV Lesieur une fois tous les morceaux assemblés. Après quelque vingt ans de carrière, la 2 CV Lesieur disparaît pratiquement du paysage deuchiste. Sans doute reste-t-il quelques rares exemplaires remisés dans des casses ou restaurés dans l'état d'origine de la voiture, c'est-à-dire repeints en gris comme une 2 CV AZU classique. Les couleurs voyantes que lui avait choisies Lesieur à l'époque restent dans la mémoire de toute une génération, qui en conserve parfois la trace sous la forme d'un découpage en carton précieusement remisé dans un grenier.

■ Cette première version plus sobre que la seconde fait partie des collectors très rares.

LA 2 CV AZU ORANGINA 1955

La 2 CV Camionnette prend sa place dans la flotte des utilitaires d'Orangina à partir de 1955. Un demi siècle plus tard, elle détient toujours un record de longévité pour lequel fiabilité, économie et popularité auront été ses meilleurs alliées.

© Archives Henry Berthe (D.R.)/a

▲ **1953 : ces camions de livraison attendent leur chargement chez l'embouteilleur de Cusset, dans l'Allier. Les 1 400 kg et 1 000 kg Renault sont à cette époque les véhicules les plus courants utilisés par Orangina.**

Si les véhicules utilitaires sont mis à contribution pour afficher de la publicité depuis qu'ils existent, la 2 CV Camionnette ne fait pas exception à la règle. Arrivée sur le marché en 1951, elle est immédiatement sélectionnée, voire plébiscitée par l'ensemble des annonceurs concernés, en raison de son aspect économique. D'une certaine façon, elle a été faite pour cela. Mais la 2 CV a un autre avantage encore, aux yeux des spécialistes de la réclame, par rapport à tout autre véhicule de cette époque : elle est populaire. En 1951, au moment où sa version fourgonnette voit le jour, la 2 CV commence déjà à se faire connaître jusque dans la France profonde. La berline y est pour beaucoup, qui s'immisce dans les campagnes reculées depuis deux ans.

Quelque 7000 Petite Citroën circulent en France à la fin de 1950 et trois fois plus fin 1951 ! Cette popularité, la 2 CV la doit aussi aux postiers de l'époque, Deuchistes de la première heure, d'abord avec des berlines, puis très vite avec des camionnettes. Les 2 CV des Postes (qui deviendront *PTT*, puis *La Poste*) contribuent grandement au succès de la petite voiture française. Ce qui n'échappe pas aux publicitaires de l'époque, qui voient en elle un support exemplaire parce que connu de tous. Aussi n'est-il pas surprenant de voir la société Orangina, le fabricant de jus de fruits «à la pulpe d'orange», choisir le modèle 2 CV AU dès 1955 pour en équiper sa flotte. D'autant plus qu'à cette date, la 2 CV a déjà évolué, s'est améliorée mécaniquement et bat tous les records de popularité.

INVENTÉE EN ALGÉRIE

Dévoilée à la foire d'Alger en 1936, puis présentée à la foire de Marseille la même année, une nouvelle boisson à base de jus et de pulpe d'orange retient l'attention de Léon Beton. Son inventeur, le docteur Trigo Mirallès, un pharmacien espagnol originaire de Valence, l'a baptisée *Naranjina* (*naranja*, en espagnol signifie «orange»). Léon Beton rachète le breuvage pétillant et naturel avec son concept, la fameuse petite bouteille ronde, puis rebaptise le produit du nom de *Orangina*, qui devient vite célèbre dans toute l'Algérie.

◄ **1955 : la 2 CV AZU fait son apparition parmi les véhicules commerciaux d'Orangina. Ce modèle de camionnette vient de bénéficier d'une série d'améliorations, depuis 1954, qui s'avèreront déterminantes pour son avenir.**

© Archives Henri Berthe (D.R.)/c

1959 : ce camion Berlier GLA plateau, avec son moteur diesel, fait partie des véhicules chargés de sillonner les routes d'Algérie, patrie d'origine d'Orangina.

© Archives Henri Berthe (D.R.)/d

1957 : ce Peugeot D3A, sur une étape du Tour du Dauphinée cycliste, est un pur véhicule publicitaire !

SLOGANS PUBLICITAIRES

La succession de Léon Beton est assurée par son fils qui, à partir de 1951 va s'employer à dynamiser l'entreprise en faisant parler d'elle. D'abord, Jean-Claude Beton crée en Algérie la C.F.P.O. (Compagnie Française des Produits Orangina). Puis, en 1953, il fait appel à l'affichiste Bernard Villemot, qui propose le premier visuel moderne d'Orangina : une bouteille ronde sous un parasol constitué d'un zeste d'orange. La première affiche ne contient que le mot *Orangina*, puis se complète d'un minimum d'informations : « Boisson gazéifiée à la pulpe de fruit » et « Pasteurisé sans colorant ». Ensuite, le dessin disparaît pour laisser toute la place à un slogan durable : « Buvez Orangina à la pulpe d'orange ». S'ensuivra la technique informative : « 300 millions d'oranges sont épulpées chaque année pour Orangina ». Enfin, c'est dans les années 1970 qu'apparaît un nouveau style, efficacement soutenu par différents *spots* télévisés sur le thème « Secouez-moi, secouez-moi », inaugurés par les jeunes réalisateurs Jean-Jacques Annaud et Pierre Etaix.

L'année précédente, 52800 unités de 2 CV neuves sont venues grossir les rangs du parc automobile national, déjà peuplé de 78000 Deuches, ce qui porte la famille des Deuchistes à quelque 131000 membres ! Chez Orangina, l'utilisation des engins de livraison pour véhiculer son image est une tradition. Avant-guerre, c'était même le meilleur moyen de communiquer visuellement, de « se faire de la pub ». Conçue en 1936 en Afrique du Nord, puis présentée la même année à la foire de Marseille sous le nom de Naranjina, la nouvelle boisson pétillante, faite de jus et de pulpe d'orange, va devoir se faire connaître. L'originalité de cette boisson, à la fois sucrée et acide, présentée dans une bouteille de forme ronde, aide à rendre Orangina célèbre dans toute l'Algérie, où les livraisons se font à l'aide de camions Berlier GLA à plateaux et de fourgons Peugeot D4B. Leur décoration reprend notamment le dessin de la célèbre affiche sur fond bleu de Bernard Villemot : une petite table ronde avec une bouteille et un verre d'Orangina, dont le parasol est confectionné avec un zeste d'orange.

[LES LIVRAISONS LOURDES SE FONT AVEC DES CAMIONS ET LE COMMERCE AVEC DES VOITURES]

© Archives Henri Berthe (D.R.)/e

1967 : cette Peugeot 403 commerciale vient de recevoir les nouvelles couleurs d'Orangina, pour souligner un message plus informatif que jamais. Sur son toit, un dispositif de haut-parleurs permet de haranguer les foules.

© Archives Henri Berthe (D.R.)/f

En France, l'aventure Orangina ne commence vraiment qu'à partir de 1951, à la création de la *Compagnie Française des Produits Orangina* (CFPO), installée à Boufarik, en Algérie. Les véhicules qui servent alors aux livraisons sont généralement des camions : les 1 000 kg et 1 400 kg Renault, Berlier GLA et Citroën Type H. Pour promouvoir la marque, CFPO ne lésine pas sur le marquage des véhicules. Mais en dehors des livraisons elles-mêmes, Orangina doit également se faire connaître auprès de tous les revendeurs potentiels, des limonadiers, épiciers, cafetiers ou bistrotiers qui doivent être approchés et démarchés par des commerciaux. La 2 CV Camionnette entre ainsi en scène à partir de 1955, en France mais aussi dans le Maghreb. La petite voiture populaire servira à la fois à effectuer des livraisons dans les lieux reculés et à véhiculer les vendeurs de l'entreprise vers leurs clients. En 1962, encouragée par l'indépendance de l'Algérie, la Compagnie s'installe à Marseille. La 2 CV AZU est alors largement épaulée, dans sa tâche publicitaire, par d'autres voitures. La Peugeot 403 break, notamment, va rapidement faire l'unanimité auprès des commerciaux, jusqu'à ce que lui soit préférée la Simca 1000, plus maniable et facile à garer. Mais avec les années 1970, incontestablement, le concept de la 2 CV Camionnette ayant largement fait ses preuves, c'est la Renault 4 qui mettra tout le monde d'accord. La R4 (ou 4L Fourgonnette) va ensuite connaître, tout comme la 2 CV AZU en son temps, une longévité hors du commun, et pas seulement aux côtés de la marque Orangina !

[LA 2 CV CAMIONNETTE, SUPLÉÉE PAR D'AUTRES VÉHICULES, SERA DIFFICILEMENT REMPLACÉE]

Années 1960 : la 2 CV AZU de 1955 est toujours là, fidèle au poste. Elle assurera encore sa place pendant plus de dix ans !

LES MAUVAISES HUMEURS

Avant-guerre, l'unité du litre fait loi et la forme d'une bouteille d'Orangina déroute. Au sortir de la guerre, alors que le goût du renouveau devrait favoriser Orangina, les cafetiers accusent sa pulpe d'orange de se coller contre la paroi des verres. Mais Jean-Claude Beton ne se laisse pas impressionner par ces mouvements d'humeur pessimistes. En 1947, il déclare : *« Notre seule chance, c'est la confiance que nous avons dans cette petite bouteille ronde qui est, n'en doutons pas, la meilleure trouvaille des boissons françaises depuis la fin de la guerre. La seule chose que nous ayons à faire, c'est d'en convaincre tous les consommateurs. Vous verrez, tout le monde se mettra à boire de l'Orangina. Les cafetiers se plaignent peut-être, mais le grand public aimera la bouteille pour son élégance. »*

© Archives Henri Berthe (D.R.)/g

1969 : la Simca 1000 est préférée à la 403 par les commerciaux, en raison de sa meilleure maniabilité.

© Archives Henri Berthe (D.R.)/h

1972 : la R4 a rejoint Orangina. Un peu dans l'esprit Deuche, c'est elle qui remplacera véritablement la 2 CV.

© Archives Henri Berthe (D.R.)/i

1972 : curieusement, ce tube Citroën Type H a conservé ses décorations des années 1950. Nous sommes pourtant à une époque où la pub Orangina change du tout au tout.

© Archives Henri Berthe (D.R.)/j

1968 : certains slogans vont échouer. Le néologisme «fruitillante», par exemple, sombrera vite dans l'oubli.

© Archives Henri Berthe (D.R.)/k

1975 : cette Estafette, joliment équipée avec ses enjoliveurs de roues chromés à rayons, et bien dotée en haut-parleurs sur le toit, ne devait pas passer inaperçue.

La silhouette de la 2 CV étant très reconnaissable, la marque Orangina ne tarde pas à profiter de sa popularité et parvient, peu à peu, à séduire la clientèle recherchée. D'autres produits de grande consommation vont d'ailleurs profiter du même effet, en se servant de la 2 CV Camionnette pour véhiculer leur image. Dans les années 1950 et 1960, alors que la télévision n'a pas encore pénétré l'intimité de tous les foyers, cette publicité roulante est d'une efficacité certaine. Et plus particulièrement pour la marque Orangina, qui a un besoin impératif de faire concrètement goûter son jus d'orange pour créer la demande. Car la petite bouteille ronde est longtemps marginalisée par les cafetiers, qui n'apprécient guère que la pulpe colle aux parois de leurs verres au moment de faire la vaisselle. Face à cette réticence apparente, de la part d'une grande partie des distributeurs potentiels de son breuvage, Orangina a donc l'obligation d'aller à la rencontre des consommateurs eux-mêmes plutôt qu'à celle de leurs intermédiaires. La 2 CV s'avèrera pour cela un outil de communication idéal, si bien que le véhicule de livraison initial va se transformer en vecteur de publicité directe.

2 CV AZU 1955

Moteur :	2 cylindres à plat
Cylindrée :	425 cm³
Alésage x course :	66 x 62 mm
Puissance :	12 ch à 4 000 tr/mn
Alimentation :	carburateur inversé
Distribution :	arbre à cames central
Transmission :	boîte à 4 rapports
Pneumatiques :	135 x 400
Empattement :	240 cm
Voies :	126 cm av. et ar.
Dimensions :	360 x 150 x 172 cm
Poids :	600 kg
Charge utile :	250 kg
Capacité :	188 cm³
Vitesse maximale :	80 km/h

La 2 CV AZU de 1955 est un bon investissement pour le fabricant de «boisson gazéifiée à la pulpe d'orange», car le modèle en question vient de recevoir des innovations majeures. Depuis 1954, la 2 CV AU devient AZU en bénéficiant du moteur, attendu depuis son annonce en 1950, dont la cylindrée est augmentée de 50 cm³. Et dans le courant de l'année 1955, ses suspensions sont améliorées en plusieurs étapes, ce dont la Camionnette Orangina profitera. D'autres détails interviennent en même temps, comme la signalisation arrière et l'instrumentation du tableau de bord.

[LA 2 CV AZU ORANGINA A DISPARU DE LA CIRCULATION VERS LA FIN DES ANNÉES 1970]

Les 2 CV Orangina ont aujourd'hui disparu de la circulation et se font même très rares chez les collectionneurs. Arrivées sur le marché de l'occasion à partir des années 1970, la majeure partie d'entre elles a fini en pièces détachées. Quant aux autres, celles qui ont été restaurées à l'identique des 2 CV AZU d'origine, elles ont bien entendu retrouvé leur teinte grise et gommé de leur carrosserie toute trace de publicité.

- Pour passer inaperçu, ce n'est pas le modèle idéal ; cette version est pour tout dire introuvable ou gardée très jalousement.

LA 2 CV AZU ORANGINA 1956

Dans les années 1950, la Compagnie française des produits Orangina utilise de nombreux véhicules pour la livraison de ses sodas et la promotion de la marque. Parmi eux, des 2 CV surmontées de la célèbre bouteille ronde.

© Alain Brouste/a

Étonnamment sobre, la 2 CV AZU Orangina ne comporte pas de slogans publicitaires.

Inventé en Espagne et popularisé en Algérie, le soda Orangina devient vite un succès commercial dans la France des années 1950. La Compagnie française des produits Orangina utilise alors des 2 CV AZU pour les petites livraisons et certaines tournées. De plus, certaines de ces fourgonnettes sont un support publicitaire idéal et participent aux caravanes suivant les courses cyclistes et les importantes foires régionales. Avec une bonne surface publicitaire, plus efficace qu'une réclame monochrome dans un journal quotidien, touchant plus de personnes qu'un spot diffusé par la RTF (Radiodiffusion télévision française, créée en 1949, qui deviendra l'ORTF en 1964), la 2 CV permet de nombreuses fantaisies de couleurs et d'aspect.

CONCENTRÉ D'ORANGE

Le concentré d'orange, base de l'Orangina, est fabriqué uniquement à Signes, dans le Var (83). 12 000 tonnes annuelles en sortent à destination du monde entier, ce qui nécessite 1 milliard d'oranges, de cinq variétés différentes produites sur 4 500 hectares d'orangeraies situées en Europe, en Afrique, en Amérique et en Asie.

© Alain Brouste/a

L'AZU publicitaire emporte seulement du petit matériel destiné à être distribué aux étapes des courses cyclistes. La bouteille de toit, à la fixation discrète, présente une forte prise au vent latéral.

ORANGINA

> 1936 : invention de la Najanrina par le docteur espagnol Agustin Trigo et achat de son brevet par Léon Beton, établi à Boufarik, en Algérie. La boisson mêlant concentré et huile essentielle d'orange est rebaptisée Orangina
> 1947 : reprise de l'affaire familiale par Jean-Claude Beton, ingénieur agronome et fils du précédent
> 1951 : création de la CFPO (Compagnie française des produits Orangina) et distribution de l'Orangina en métropole
> 1952 : création de la bouteille ronde
> 1953 : conception de l'identité visuelle d'Orangina par Bernard Villemot : le parasol en zeste d'orange
> 1957 : invention par le docteur Trigo d'une autre boisson, la Tri Naranjus
> 1962 : installation d'Orangina à Marseille (indépendance de l'Algérie)
> 1969 : en cadeau de Noël, les salariés d'Orangina reçoivent une miniature Norev d'un fourgon Citroën HY orange et beige avec décoration de la marque
> 1989 : rachat de Tri-Naranjus par Cadbury-Schwepps
> 1990 : retrait de Jean-Claude Beton
> 2001-2004 : rachat d'Orangina par Cadbury-Schwepps.

BOUTEILLE

Célèbre pour sa forme, la bouteille d'Orangina présente des inconvénients : son embouteillage mécanique fut problématique au début, il ne tenait pas dans les réfrigérateurs utilisés par les cafetiers dans les années 1950 et il nécessita l'emploi de caisses en bois spéciales à 39 compartiments pour les livraisons. Ces dernières seront utilisées jusque dans les années 1970.

© Alain Brouste/c

Comme sur toutes les AZU, sorties en 1954, la motorisation de la 2 CV Orangina est un bicylindre de 425 cm³.

Elle est parée des couleurs traditionnelles des véhicules Orangina, le beige et l'orange vif. Afin de la distinguer aisément parmi les véhicules des autres marques, elle est également dotée de panneaux de toit siglés et du plus reconnaissable de ses codes visuels : la petite bouteille ronde Orangina. Si la décoration de tous les véhicules Orangina n'est pas homogène, ils possèdent en général les mêmes éléments, seules les dispositions et les tailles changeant. Ainsi, les 2 CV AZU de livraison et les fourgons Peugeot D3A publicitaires ont-ils une inscription *« Orangina »* sur la portière, mise en oblique. Les fourgons Citroën de type HY et les Renault 1000 kg sont ornés des représentations de bouteilles rondes sur leurs flancs, tandis que les HY ont une large bande orange au-dessus des passages de roues. Ces derniers sont oranges sur les Renault, beiges sur les Citroën. D'autres véhicules ont les portières avant orange, dont les 2 CV de livraison. Mais, seuls les Renault ont un zeste d'orange en partie déroulé qui court sur la carrosserie latérale. L'AZU publicitaire, elle, reprend et mélange en partie ces éléments possédant une bande latérale orange mais des portières et des ailes avant beiges. L'unique mention, autre que *« Orangina »*, est l'injonction *« buvez »* qui surmonte la marque sur la capucine, alors que les autres véhicules précisent en général *« à la pulpe de fruit »* ou *« boisson gazéifiée à l'orange »*. Au cours des manifestations où parade la 2 CV publicitaire, les représentants d'Origina distribuent de petits objets promotionnels, tel un porte-clef figurant un couple, Laurent & Gina. De même, ils fournissent les patrons de café avec des plaques émaillées équipées de thermomètre et des vitrophanies, des autocollants de vitrine pouvant être lus par transparence. Certainement réalisées en peu d'exemplaires, les 2 CV AZU publicitaires n'ont malheureusement pas survécu jusqu'à aujourd'hui.

[LES 2 CV PUBLICITAIRES SUIVENT LES CARAVANES DES COURSES CYCLISTES]

■ Modèle extrêmement rare qui fait peut être partie du parc d'un collectionneur qui n'est pas pressé de la céder.

LA 2 CV AZU L'ALSACIENNE 1958

Au début des années 1950, L'Alsacienne décide de développer sa politique commerciale et s'équipe de 2 CV Camionnette. Durant plus de dix ans, les Petites Citroën participeront ainsi à l'essor de la marque jusqu'en Afrique !

© AMAH (D.R.)/a

▲ **Venues de province par la route, les 2 CV AU et AZU côtoient les AZU-A au capot moderne pour le lancement sur Paris de la Triscotte, en janvier 1963. Le logo de portière des 150 fourgonnettes date de 1958 et les ailes avant s'ornent de petits fanions colorés.**

Propriété de Paul Thèves depuis 1907, la biscuiterie parisienne L'Alsacienne, malgré un succès dans la capitale, reste, jusque dans les années 1930, une entreprise peu connue. À partir de 1932, une action commerciale plus organisée est initiée, avec pour slogan : *«L'Alsacienne, c'est la qualité !»* La vente des biscuits par des représentants multicartes, jusque-là peu efficace, est institutionnalisée en 1935, avec des tournées régulières et des itinéraires obligatoires sur Paris. En province, des représentants de L'Alsacienne dirigent des équipes qui vendent aussi bien des produits d'entretien que des boissons et, bien sûr, des biscuits. Les livraisons auprès des boulangers et des épiciers se font alors par charretiers, les produits étant placés dans des boîtes de fer consignées qu'il faut rapporter à l'usine. Durant la Seconde Guerre mondiale, les livraisons continuent tandis qu'apparaissent les premiers paquets en carton, qui cèderont rapidement la place à un papier imperméable. En 1946, afin de conquérir la province, la société associe ses forces de vente avec celles de la chocolaterie d'Aiguebelle, implantée dans le midi, et les équipe en Renault 4 CV. Mais, le succès des biscuits L'Alsacienne, comparé aux chocolats, met fin, dès 1952, à cette collaboration. L'entreprise instaure alors une vraie structure commerciale avec 5 directeurs régionaux, qui disposent chacun de 20 à 25 représentants. À partir de cette date, la 2 CV sera intimement liée au développement de la marque. En effet, pour équiper ses commerciaux L'Alsacienne commande les premières 2 CV AU, de 375 cm³ et 250 kg de charge utile, un modèle standard avec deux sièges, et les peint aux couleurs de la marque. Et, dès 1955, les 100 représentants exclusifs de L'Alsacienne doivent aller dans tous les villages, emportant dans leurs 2 CV des présentoirs, des affiches et de nombreux paquets de biscuits. Les commandes, elles, sont livrées par des fourgons type H.

CÉLÉBRITÉS

Chamonix Orange, Langue de Chat, Grill'Or, Petit-Exquis et Résille d'Or sont autant de produits vedette de L'Alsacienne qui ont su séduire quatre générations de consommateurs.

2 CV des représentants de L'Alsacienne devant le dépôt de Sarrebrück, la région de la Sarre étant alors administrée par la France. Le logo de leurs portières, où l'emblématique Sophie est accoudée à un Petit Exquis, permet de dater la photo entre 1952 et 1957. ➤

© AMAH (D.R.)/b

SOPHIE, 90 ANS DE RÈGNE

Dès 1904, cette belle jeune femme, en costume alsacien traditionnel rouge et gris, affiche son sourire sur les emballages de fines gaufrettes. Malgré sa forte identité régionale, choix politique puisque l'Alsace est allemande depuis la défaite de 1871, la biscuiterie L'Alsacienne est une modeste entreprise parisienne. Elle se fait racheter en 1907, par Paul Thèves, un jeune fabricant de conserves cherchant à se diversifier. L'exiguïté des locaux parisiens l'entraîne à partager une usine en proche banlieue, à Maisons-Alfort, avec une autre biscuiterie. L'entreprise traversera les grandes épreuves de son siècle, comme les désastreuses inondations de 1910 et les deux guerres mondiales, dont Sophie sortira changée. Sa coiffe arbore d'abord une cocarde tricolore, en 1920, saluant la restitution de l'Alsace à la France depuis un an, puis son dessin est stylisé en 1935, sa chevelure rousse faisant place à une mèche blonde, et son costume se drape des trois couleurs nationales au sortir du second conflit mondial. La représentation de Sophie se simplifie encore en 1958, se pare de mèches rousses en 1982 et disparaît avec la marque L'Alsacienne, en 1994, en fusionnant avec les biscuits Belin.

LES BARONS

En 1958, Michel Thèves, un des deux fils de Paul et directeur commercial, exige de ses représentants qu'ils *« pensent L'Alsacienne 24 heures sur 24 »*. Tous sont équipés d'une 2 CV peinte en bleu roi, agrémentée d'une large bande de caisse blanche à filets rouges. Émissaires de la marque, surnommés « barons » et même « proconsuls », ils portent haut son emblème rajeuni par Hervé Morvan : la petite Alsacienne brandit alors un énorme biscuit Petit-Exquis narguant son principal concurrent, le Petit Beurre de la Biscuiterie Nantaise.

© AMAH (D.R.)/c

L'atelier d'entretien des véhicules de L'Alsacienne à Maisons-Alfort aux environs de 1955. La 2 CV AZU a définitivement supplanté la Renault 4 CV auprès de la biscuiterie.

L'utilisation de la 2 CV L'Alsacienne ne se limite pas à la France métropolitaine. En 1952, dans les départements français d'Afrique du Nord, un représentant, Roland Udovitch, rachète à un quincaillier de Tunis sa carte de la chocolaterie Aiguebelle qui comprend aussi la distribution de L'Alsacienne. Il se rend à Maisons-Alfort (94) en 1953 et, comme tout commercial de la marque, reçoit une 2 CV AU tricolore remplie de panneaux publicitaires, avec laquelle, lui et sa femme écumeront les pistes tunisiennes à la rencontre des épiciers. Udovitch devient rapidement le responsable de la marque pour la Tunisie puis, à l'indépendance de ce pays, en 1956, pour toute l'Afrique du Nord, instituée sixième région française en 1960. À cette époque, L'Alsacienne dispose aussi de points de vente en Afrique Noire, avec un grossiste à Abidjan et un autre à Dakar, livrés directement par bateaux depuis Bordeaux, qui alimentent un marché, certes restreint, mais de bonne notoriété. Lors de l'indépendance de l'Algérie en 1963, le matériel de la société réparti entre Oran, Constantine et Alger est racheté par un client du cru qui crée une nouvelle biscuiterie tout en souhaitant bénéficier du prestige de sa devancière : il baptise sa fabrique L'Atlasienne et conserve les couleurs de l'originale sur ses paquets et véhicules.

[EN 1963, 150 2 CV L'ALSACIENNE LIVRENT 5 000 BOULANGERS PARISIENS EN DEUX JOURS]

© Fred Toqueboeuf /d

Tout d'abord équipés de Vélosolex, les représentants de L'Alsacienne ont droit à une 4 CV avec le seul siège conducteur à partir de 1948. Ils ont l'autorisation de s'en servir, modérément, pour leur usage personnel… à condition d'acheter le second siège à leurs frais.

En 1958, L'Alsacienne totalise 16 000 détaillants et 300 grossistes qu'elle approvisionne régulièrement en 2 CV tricolores, possédant ainsi une flotte impressionnante de Petites Citroën. Elle en donne un aperçu les 8 et 9 janvier 1963, en réalisant un grand coup médiatique : 150 fourgonnettes, des 2 CV AU et AZU d'origine secondées par les nouvelles AZU A, venues de toute la province livrent gratuitement 5 000 boulangers de Paris avec un nouveau produit : la Triscotte. Quinze camions placés en différents endroits permettent aux 2 CV de se ravitailler pour continuer à acheminer les échantillons. Le produit fait fureur. Le succès commercial et publicitaire de cette opération comme de la marque permettra aux vaillantes Deudeuches de L'Alsacienne de servir encore plusieurs années.

■ Très colorées, elles se sont multipliées dans les années soixante mais n'ont pas de cote officielle ; à vous de négocier si vous en trouvez une.

LA 2 CV AZLP BERGER 1961

Durant les années 1950 et 1960, les 2 CV Berger font la promotion des sirops et apéritifs de la marque, principalement sur les lieux des manifestations cyclistes. Et souvent en tractant une remorque en forme de broc !

© Philippe Pétré/a

▲ **La 2 CV Berger de 1961 reprend le dessin de soudure en V des capots antérieurs dans une courbe harmonieuse.**

Dans les années 1950, la société d'apéritifs anisés et de sirops Berger mise sur un sport populaire, le cyclisme, afin de promouvoir ses produits. Pour cela, elle utilise des 2 CV décorées en fonction des produits de la marque, les plus simples étant dédiées aux sirops de luxe. Mais Berger trouve rapidement une méthode publicitaire qui permet de faire la promotion de l'ensemble de ses produits : aux 2 CV sont accolées des remorques en forme de gigantesque broc à eau, qui symbolise à lui seul la société Berger, aussi bien les pastis que l'anisette ou les sirops. Ces 2 CV sont dès lors de toutes les courses cyclistes, des Critériums régionaux aux 6 Jours de Paris, sans oublier le Tour de France. De plus, à l'arrivée de chaque étape, le vainqueur grimpe sur une plate-forme aménagée à l'intérieur du broc et la 2 CV lui fait faire un tour d'honneur, depuis laquelle il salue la foule tel un empereur romain sur son char d'apparat. À partir de 1955, Berger acquiert des 2 CV AZ qui sont immédiatement repeintes à ses couleurs : la caisse, les phares et la malle sont jaune vif, tandis que les ailes et la capote s'ornent de noir. Outre les grandes inscriptions «BERGER» noires ombrées de blanc qui courent sur les bas de portes et la malle, l'identité visuelle forte est assurée grâce à des décorations de couleurs vives : le haut des portières, l'entourage du pare-brise et le volet d'aération sont rouge vif, de même qu'une large bande qui épouse le jonc de soudure en V du capot ancien modèle.

© Archives Norev (D.R.)/D

▲ **Cette 2 CV de la fin des années 1950 ne détaille pas les produits Berger et joue sur son esthétique marquante pour attirer les regards.**

© Archives Norev (D.R.)/c

▲ **Cette 2 CV Berger est une AZ, reconnaissable à sa plaque d'immatriculation décentrée. La malle bombée et la capote à grande lunette ne sont pas d'origine.**

REPERES

> 1823 : Lancement de l'absinthe Berger, distillée à Couvet, près de Neufchâtel, en Suisse.
> 1910 : L'interdiction de fabriquer, vendre et importer la fée verte (l'absinthe) en Suisse pousse Charles Frédérique Berger à ouvrir une nouvelle fabrique à Marseille.
> 1923 : La famille Gassier rachète l'entreprise Berger et crée son propre apéritif anisé. Une gamme de sirops est mise au point.
> 1972 : La société Berger déménage au château de la Barrière, à Lieusaint, en Seine-et-Marne (77), où sont dorénavant fabriqués les sirops et les anisés.
> 1995 : Marie-Brizard rachète Berger et maintient les marques commerciales Berger et Sirop Sport.
> 2003 : Fermeture de l'usine de Lieusaint, les anisés sont depuis fabriqués à Aigre, en Charente (16), et les sirops à Beaucaire, dans le Gard (30).

© Philippe Pétré/d

▲ **Détail inhabituel sur une 2 CV, les ailes arrière sont bicolores : alors que le galbe de passage de roue est noir, la partie plane est jaune afin de faire le pendant de l'ouie de capot.**

2 CV SPECIALE
Dans les années 1950, la société Berger fait fabriquer une 2 CV avec une carrosserie à trois volumes, vraisemblablement réalisée sur une base de 2 CV AZL. Elle comporte un toit rigide en tôle jaune qui épouse le galbe des portes arrière jusqu'au niveau de leurs poignées, supprimant ainsi les custodes. La petite lunette arrière de la capote y prend place, surmontée d'une inscription noire Berger. La malle, toujours en tôle jaune, est bombée, suivant sensiblement la forme supérieure de l'aile arrière. Une étroite trappe d'accès y est ménagée, surplombant la plaque d'immatriculation. Cette 2 CV est décorée, comme les autres, en jaune, noir et rouge, sauf ses portières dont le haut reste jaune. Enfin, les ailes avant et arrière sont protégées sur leurs pourtours inférieurs par des baguettes chromées recourbées qui rejoignent les pare-chocs. Munies de feux placés sur des platines chromées sur la partie inférieure des ailes arrière, elle tire naturellement une remorque-broc.

Le capot, dont le nez noir est percé par une grande calandre à ouïes jaunes est en tôle ondulée. Le voile des roues est jaune et le cerclage de jante rouge. Enfin, le logo de Berger, une croix blanche sur un écusson rouge, est apposé sur le capot et la porte de malle. En 1961, avec l'arrivée des 2 CV AZLP dotées du nouveau capot à cinq nervures, les 2 CV de la société, tout en reprenant la même décoration, voient leurs vitres arrière peintes en jaune, ce qui confirme leur utilisation exclusivement commerciale, et la banquette arrière est supprimée. De plus, les inscriptions Berger sont de taille réduite et surmontées d'un slogan, en rouge, vantant les sirops ou les alcools. Parallèlement à ces véhicules promotionnels, Berger acquiert en 1962 des 2 CV Fourgonnettes AZU. Ces utilitaires ne sont pas des véhicules de défilé mais sont chargés des livraisons. Plus sobres, ils sont entièrement peints en jaune vif et portent trois inscriptions « BERGER », l'une est apposée sur la capucine surplombant le pare-brise, les deux autres sur les tôles ondulées latérales. Ces 2 CV-là sont les seules à s'orner du plus célèbre slogan de la marque : *« Midi… 7 heures… l'heure du Berger »*, pourtant apparu dès 1936, conjointement aux premiers congés payés, ce qui lui valut de faire le tour des campings tout l'été. Cette inscription est placée tout en haut du pavillon latéral en tôle ondulée, flanqué du logo rouge à croix blanche qui n'est pas sans rappeler la contrée d'origine de la famille Berger : la Suisse. À partir de 1964, les 2 CV seront progressivement chassées du parc Berger par l'arrivée de Renault 4 pick-up rouges, comportant à l'arrière un énorme broc jaune penché vers l'avant.

[À PARTIR DE 1964, LES 2 CV SERONT REMPLACÉES PAR DES RENAULT 4 PICK-UP]

© Archives Norev (D.R.)/e

© Archives Norev (D.R.)/f

▲ **Les 2 CV Berger remorquent le plus souvent les fameux brocs de la marque. Ces derniers sont lestés pour ne pas chavirer dans les virages.**

■ Elle fait rêver bon nombre de collectionneurs avec sa couleur acidulée et son intérieur dépouillé ; très difficile à trouver.

LA 2 CV KIWI ZESPRI 1997

En 1997, un importateur de kiwis néo-zélandais mobilise six 2 CV 6 pour faire découvrir son fruit exotique dans l'Hexagone. Au terme d'un *road-show* promotionnel estival d'environ 15 000 km, le public français est sous le charme.

© ZGL (D.R.)/a

▲ **Avec ses dégradés de verts agrémentés des visuels de Zespri, la décoration des 2 CV 6 Kiwi est d'une qualité irréprochable. Elle va participer au succès des dégustations organisées partout en France.**

Dans les années 1990, le kiwi est un fruit peu répandu en France. Il est surtout vendu dans les grandes villes, parmi les fruits exotiques réservés aux consommateurs avertis. Si la plupart des Français connaissent le fruit, rare sont ceux qui l'ont goûté. Importé de Nouvelle-Zélande par la société Zespri International, dont le siège européen principal est situé en Belgique, le kiwi va cependant conquérir rapidement l'Hexagone, grâce à une opération promotionnelle de grande envergure. Le meilleur moyen de faire connaître un fruit est de le faire goûter au plus grand nombre. Et, pour ce faire, il faut aller à la rencontre des gens. En 1997, la société Zespri décide donc d'investir dans la mise en place d'une équipe de représentants à la tête d'une flotte de véhicules aisément identifiables. La 2 CV Citroën, la voiture populaire par excellence, s'impose comme le meilleur choix pour attirer l'attention des Français. D'autres solutions sont envisagées, comme l'utilisation d'un aéronef volumineux et voyant, un Zeppelin qui se poserait çà et là pour attirer les curieux et distribuer des kiwis à déguster, mais cette solution est rejetée en raison de son manque de contact avec la population.

2,2 MILLIARDS DE KIWI !

Depuis les années 1960, la progression de la consommation du kiwi n'a jamais cessé. Dans les années 2000, environs 1,5 milliards de kiwis néo-zélandais sont exportés chaque année en Europe, dans des navires réfrigérés. La Nouvelle-Zélande compte environ 2 500 cultivateurs de kiwis, qui exportent tous les ans quelque 2,2 milliards de kiwis vers plus de 70 pays de par le monde.

© ZGL (D.R.)/b

◄ **Chaque voiture est dépourvue de banquette arrière, afin de pouvoir transporter plusieurs kilos de kiwi, le matériel promotionnel et un équipage de deux personnes.**

Retenue par la société néo-zélandaise, la période estivale de juillet et août est la plus propice pour approcher une population variée et disponible.

© ZGL (D.R.)/c

LES « GROSEILLES DE CHINE »
À l'origine le kiwi vient de la Vallée du Yangzi Jiang, en Chine. Au début du XXe siècle, des missionnaires néo-zélandais découvrent des plants sauvages, appelés *Actinidia Deliciosa*, qu'ils ont la bonne idée de replanter dans leur pays. C'est en 1905 que ces premières « groseilles de Chine » prennent racine dans le sol néo-zélandais. À partir de ces plantes rares, l'horticulteur Hayward Wright crée, en 1924, la première variété commerciale de ce fruit exotique, qu'il baptise de son nom. Vers 1950, les groseilles de Chine sont cultivées dans la Bay of Plenty (Baie de l'Abondance), dans l'île du Nord, sur un sol volcanique à la fois ensoleillé et humique. Les premiers fruits sont exportés vers l'Europe en 1952 et vendus à Londres, où leur succès est instantané. Ce n'est qu'en 1959 que la groseille de Chine est rebaptisée « kiwi » en hommage à l'oiseau symbole national de la Nouvelle-Zélande.

Une flotte de Renault Twingo, un modèle d'actualité à cette époque, ou de Ford Ka, pareillement à la mode, est aussi envisagée, mais c'est finalement l'image de la 2 CV qui est préférée à l'unanimité. Reste à trouver des 2 CV en bon état, alors que la production est arrêtée depuis 1990. Le casting prendra deux mois, pour finalement déboucher sur l'acquisition de modèles dotés de freins à disques à l'avant, sujets à moins d'inquiétude en termes d'entretien. Zespri fera ainsi l'acquisition de six 2 CV 6 : un modèle de 1981, deux modèles de 1983, un autre de 1986, un de 1988 et un dernier de 1990. Les 6 voitures sont entièrement révisées, équipées de pneus neufs, peintes aux couleurs de Zespri, dans des tonalités allant du jaune prairie au vert bouteille, et agrémentées des visuels de la marque néo-zélandaise. Les 6 voitures sont ensuite confiées à 3 couples de commerciaux, qui vont chacun couvrir une zone géographique différente tout en restant en contact par radio. Chaque 2 CV Kiwi est débarrassée de sa banquette arrière pour pouvoir transporter plusieurs kilos de fruits, ainsi que tout le matériel de promotion à déballer sur chaque point de rencontre. La caravane Zespri va parcourir près de 15 000 km tout au long de l'été 1997, provoquant la curiosité à chaque arrêt. Les Français découvrent le fruit exotique mais aussi cette 2 CV magnifiquement décorée, laquelle suscite autant de questions que le kiwi. Le succès populaire de l'opération est énorme et les retombées commerciales escomptées sont au rendez-vous. À tel point que le *road-show* sera renouvelé en juillet et août de l'année suivante, entre Dunkerque et le Lavandou, en passant par Chevetogne, Leucate, Gruissant, La Ciotat, Marseille… Sans compter les routes de liaisons où les 2 CV Kiwi étaient à chaque fois accueillies chaleureusement.

[LA SOCIÉTÉ ZESPRI ACHÈTE SIX 2 CV D'OCCASION ET LES RÉVISE ENTIÈREMENT]

© ZGL (D.R.)/d

Partout où stationne une 2 CV Zespri, une dégustation de kiwi est offerte gracieusement. De nombreux Français découvriront le fruit exotique grâce aux *road-show* de 1997 et 1998.

Chapitre 5
2 CV Marginales

■ Si elle hante vos rêves, il vous faudra une bonne dose de patience pour la trouver et un bon porte-feuille pour la payer : autour de **10 000 €**.

LA 2 CV DAGONET 1953

Le succès de la 2 CV devient vite une source d'inspiration pour des carrossiers, ingénieurs et mécaniciens, convaincus que l'esthétisme et les performances de la Petite Citroën méritent d'être améliorés. Jean Dagonet fait partie de ces passionnés.

© Archives JC. Contenant (D.R.)/a

L'incontestable rusticité de la 2 CV, souvent déplorée, possède toutefois un énorme avantage : le démontage et le remontage de la majorité de ses composants sont à la portée des plus humbles consommateurs. De plus, le prix de vente d'une 2 CV et le tarif de ses pièces détachées sont abordables. C'est d'abord dans ce contexte que la Petite Citroën, en 1953, atteint des sommets en termes de popularité. Et c'est sensiblement pour les mêmes raisons que certains amateurs font de la 2 CV leur modèle, afin d'assouvir d'autres aspirations, voire pour transcender leurs caprices de créateurs ou de novateurs. Mécanicien d'une grande habilité, Jean Dagonet passe de nombreuses heures dans son atelier, parfaitement équipé de l'outillage nécessaire.

Ce passionné est installé dans la commune de Faverolles, dans le département de la Marne, à une quinzaine de kilomètres de la ville de Reims. Dans un premier temps, en 1952, il concentre tous ses efforts sur la mécanique deux cylindres de la 2 CV, fascinante de simplicité et de rationalité, afin d'en améliorer les performances. Le moteur de la Petite Citroën est cette année-là très discret. Il s'inscrit encore dans une cylindrée de 375 cm³ et affiche une puissance maximale de 9 ch à 3 500 tr/mn. La première intervention technique de Jean Dagonet consiste à préconiser le montage de cylindres réalésés, en aluminium, dont les parois intérieures sont resurfacées d'une fine pellicule de chrome. La cylindrée passe alors à 425 cm³.

▲ **Jean Dagonet, en costume et cravate (à droite), pose fièrement à côté de sa voiture personnelle, profilée pour la vitesse et équipée de phares additionnels, de pneus à flancs blancs et d'un numéro de course. Dagonet affiche sans ambiguïté son esprit de compétition !**

RAPIDE COMME L'ÉCLAIR

En 1955, une 2 CV Type A standard (9 ch) est estimée à une vitesse maximum de 65 km/h, tandis qu'une 2 CV type AZ (12 ch) plafonne à environ 80 km/h. Preuve que les travaux de Jean Dagonet portent rapidement leurs fruits, sa 2 CV personnelle, cette même année, atteint les 100 km/h !

© Archives JC. Contenant (D.R.)/b

◄ **La légendaire tenue de route de la 2 CV a évidemment déteint sur la Dagonet, un avantage précieux afin de négocier les courbes en rallye. Sur cette version, l'on découvre la calandre en deux bouches verticales et la conséquente prise d'air de capot.**

Les premières générations de Dagonet conservent la longue capote du modèle usine, mais la lunette, en verre à l'origine, est remplacée par un montage en plastique transparent d'une surface optimisée.

© Archives JC. Contenant (D.R.)/c

UN PEU D'IMAGINATION

En 1955, tandis qu'une 2 CV Type A est vendue 341 870 F et une 2 CV Type AZ 366 000 F, la berline 2 CV Dagonet Faverolles est facturée 570 000 F. Pour ce tarif élevé, le client ne dispose après tout que d'une automobile basée sur une plate-forme de grande série. Toutefois, les profondes modifications esthétiques apportées au véhicule d'origine peuvent faire penser, avec un peu d'imagination, qu'une Dagonet offre les commandes d'une véritable auto de la catégorie reine, dite Grand Tourisme !

UNE BONNE PRÉPARATION

Essayée par le magazine *L'Automobile*, une Citroën 2 CV Dagonet atteint la vitesse maximale, sur la piste de Montlhéry, de 104,246 km/h. Bien sûr, préalablement, la mécanique a été soigneusement préparée par « Monsieur Jean » : un carburateur à double corps Zenith de 32 a été fixé sur une tubulure d'admission d'un dessin spécifique, les cylindres ont bénéficié, selon la tradition de la maison Dagonet, d'un traitement au chrome, très efficace pour réguler la température de fonctionnement. Enfin, le taux de compression de 8,3 autorise l'épanouissement de 19 ch à 5 000 tr/m. Pour comparaison, la puissance maximum d'une 2 CV Type AZ, la plus performante du catalogue de Levallois, est alors de 12 ch à 3 500 tr/mn, avec un taux de compression de 7.

© Archives JC. Contenant (D.R.)/d

Résolument typée Sport, la Dagonet de 1956, côté droit, nous montre l'aile arrière largement échancrée et l'écusson plaqué sur le flanc de caisse, à la tombée de l'aile avant, commémorant la participation à l'édition 1955 de l'épreuve italienne des Mille Miles.

Rapidement, les ingénieurs du bureau d'études Citroën, tout aussi convaincus que Dagonet du manque de performances de leur 2 CV, portent eux aussi la cylindrée de leur moteur à 425 cm³. Cette nouvelle motorisation prend place sous le capot des modèles AZ et AZU à la fin de la saison 1954, et les nouvelles venues sont également équipées d'un ingénieux dispositif d'embrayage centrifuge, qui débraye automatiquement au-dessous du régime moteur de 1000 tr/mn. Cette dernière amélioration s'avère appréciable dans la circulation citadine et ses premiers embouteillages. Sans doute atteint dans son amour propre par cette reprise en main de la maison-mère, concernant ce dossier technique auquel il a déjà consacré pas mal de temps, Jean Dagonet réplique en poussant la cylindrée de son flat-twin à 435 cm³. Mais il s'agit là d'une ultime opération, car au-delà de cette cylindrée, la voiture passerait dans la catégorie fiscale des 3 CV.

[LES INITIATIVES MÉCANIQUES DE DAGONET RETIENNENT L'ATTENTION DE CITROËN]

Au cours de la saison 1953-1954, Dagonet décide de franchir une nouvelle étape, encore plus marquante, dans le cadre cette fois de l'esthétisme de la 2 CV. Sa démarche demeure orientée vers l'inspiration sportive qu'il cherche à donner à la 2 CV. Pourtant, à l'origine, le centre de gravité d'une Deudeuche n'est absolument pas en rapport avec une quelconque utilisation « vigoureuse » de la voiture.

© Archives JC. Contenant (D.R.)/e

La Dagonet du millésime 1956 abandonne le toit fait d'une capote pour un pavillon « fastback » en tôle d'acier incorporant une malle. Difficile, sous cet angle, de reconnaître l'inspiration initiale d'une classique 2 CV. Le feu supérieur, à gauche, de couleur verte, invite les usagers arrivant derrière à dépasser.

L'argument sportif ne figurait absolument pas au cahier des charges de Jules Boulanger lors de la genèse de la machine ! C'est pourquoi Dagonet n'aura aucun mal à concevoir une carrosserie de 2 CV plus favorable, avec un centre de gravité résolument bas. Le capot s'aplatit et accueille une impressionnante prise d'air centrale, la ceinture de caisse est surbaissée d'une dizaine de centimètres et, toujours dans un souci d'amélioration du CX, le pare-brise est sensiblement abaissé lui aussi. La capote d'origine se prolongeant jusqu'au pare-chocs arrière est conservée, mais la lunette arrière d'origine, en verre, sera désormais plus grande et composée de plastique transparent. En revanche, la présence des feux et le positionnement de la plaque de police demeurent fidèles aux versions officielles. À l'avant, si la forme générale de la calandre est conforme à celle de l'usine, l'ovale décoratif comprenant les doubles chevrons, lui, a totalement disparu.

[TRANSFORMER UNE 2 CV EN VOITURE SPORTIVE SEMBLAIT INITIALEMENT IMPENSABLE]

Au cours de sa carrière, rappelons-le, artisanale, la plastique de la 2 CV Dagonet évoluera fréquemment selon les envies de son créateur. D'après certains documents d'époque, la voiture repose sur d'élégantes roues-fils accompagnées de larges enjoliveurs, chromés en leur centre. D'autres clichés montrent également la voiture chaussée de pneumatiques à flancs blancs. Ou encore, les jantes Michelin d'origine, en tôle emboutie, peuvent être conservées, mais allégées par de larges orifices, à l'instar de certaines pratiques en vigueur dans l'univers de la compétition. Car il est vrai que, compte tenu du caractère plébéien de la Petite Citroën, un nombre conséquent d'amateurs peu fortunés font goûter à leur Deuche l'univers de la course automobile. Entre 1953 et 1956, il n'est nullement incongru de voir certaines 2 CV, préparées par Jean Dagonet ou par d'autres, inscrites dans des rallyes.

RETOUR À LA PISTE

Montlhéry, Citroën et Yacco, voici trois patronymes qui s'étaient grandement illustrés au cours des années 1933 et 1936, sur l'anneau de l'autodrome de Linas-Montlhéry, grâce aux exploits de la génération Rosalie confiée à l'équipe de pilotes dirigée par César Marchand. En 1953, de retour sur la célèbre piste, une Citroën 2 CV carrossée en tank profilé et abaissé, s'attaque à une série de records internationaux de la classe Y, réservés aux automobiles dont la mécanique ne dépasse pas le potentiel de 350 cm³. À la date du 27 septembre 1953, la 2 CV Yacco pilotée par Jean Vinatier et l'ingénieur Pierre Barbot, également responsable technique du projet, engrange neuf records internationaux dont ceux des 12 heures à 90,960 km/h de moyenne, et les 24 heures à 85,02 km/h de moyenne. Pour l'anecdote, précisons que la mécanique du « racer » atteint les 348 cm³, soit l'extrême de la limite autorisée.

© Archives JC. Contenant (D.R.)/f

Les lignes abaissées donnent une incontestable allure sportive à la voiture, impression renforcée par les roues-fils. En revanche, les pneumatiques à flancs blancs se retrouvent souvent sur des automobiles bien plus bourgeoises.

© Archives Dominique Pascal (D.R.)/g

Ce cliché met en évidence la lourdeur des lignes de la Dagonet au pare-brise panoramique, vue au Salon de 1956. Cette «lourdeur des lignes», ainsi désigné par les visiteurs, mais surtout par la presse spécialisée de l'époque, conduira Jean Dagonet à abandonner son activité de designer pour la 2 CV.

© Archives JC. Contenant (D.R.)/h

Ce document nous présente la 2 CV Dagonet de la troisième génération, à une époque où les optiques se noient dans les ailes avant. La calandre devient une bouche ovale, contrariée de deux baguettes horizontales.

TENTATIVE DE RECYCLAGE

L'indifférence commerciale suscitée par le «coupé plastique Dagonet», exposé au Salon de 1956, n'est pas un échec, du moins dans un premier temps, puisque celui-ci va servir de base à l'élaboration du très joli coupé Umap, dévoilé en 1958. Malgré son retrait des affaires actives, Jean Dagonet impliquera toute son énergie et son expérience dans ce projet, qui ne connaîtra malheureusement pas la moindre suite commerciale.

2 CV DAGONET de 1956

Moteur :	2 cylindres à plat et opposés
Cylindrée :	425 cm³ refroidi par air
Compression :	8.3
Nombre de soupapes :	2 par cylindre
Alésage x course :	66 x 62 mm
Puissance :	19 ch à 5 000 tr/mn
Puissance fiscale :	2 CV
Boîte de vitesses :	à 4 rapports
Embrayage :	moNodisque à sec
Direction :	à crémaillière
Freins AV et AR :	à tambours
Suspension :	batteurs à inertie
Pneumatiques:	125 - 15X
Vitesse maximale :	100 km/h

Pour le millésime 1955, la 2 CV dite DF (Dagonet Faverolles) arbore une calandre d'un dessin modifié, une version faite de deux ouvertures verticales, placées côte à côte et serties d'un jonc en métal inoxydable ; un montage qui n'est pas sans rappeler les deux «haricots» de la maison bavaroise BMW. Afin de mieux faire connaître ses créations, Jean Dagonet organise un raid Paris-Rome-Paris, avec la participation financière du pétrolier BP, et participe, sous l'œil amusé des *tifosis* locaux, à la célèbre épreuve des Mille Miles. La 2 CV Dagonet bénéficie alors de nouvelles transformations esthétiques d'importance. À l'aube de l'année 1956, lorsque l'on observe la machine de profil, il apparaît immédiatement que les ailes arrière ont été étirées, affinant plus encore l'allure sportive de l'auto. Curieusement – peut-être pour les besoins d'un test – si l'aile arrière gauche recouvre la moitié de la roue, à l'instar d'un modèle courant de 2 CV, l'aile arrière droite, elle, est amplement échancrée en suivant fidèlement le contour du pneumatique. Un détail de la silhouette Dagonet qui souligne son incontestable recherche d'étiquette sportive. En avant de la portière, côté droit, un logotype décoratif rappelle d'ailleurs la participation des voitures de Jean Dagonet à l'épreuve des Mille Miles de 1955.

[LE CRÉATEUR DE FAVEROLLES REND SON TABLIER EN 1956, LAMINÉ PAR LA CRITIQUE]

Autre différence notable avec le modèle précédent, les optiques de la 2 CV Dagonet du printemps 1956 sont désormais encastrées dans les ailes avant. Mais la retouche la plus importante réside dans l'abandon du toit de toile, remplacé par un pavillon plongeant en tôle d'acier, qui intègre un véritable coffre à bagages, articulé sous la lunette et dont la porte ferme à clé. La signalisation arrière de l'auto se compose de deux catadioptres, de deux feux rouges faisant office de stops et, cerise sur le gâteau, d'un feu arrière supplémentaire, côté gauche, de couleur verte, destiné à indiquer aux automobilistes en approche que la voie est libre pour dépasser la Dagonet sans danger. Quant aux clignotants, comme ceux d'une 2 CV d'origine, ils sont fixés sur les flancs de la caisse au niveau des portières arrière. Enfin, la face avant de cette 2 CV Dagonet se pare d'une nouvelle calandre ovale, agrémentée de deux baguettes horizontales.

C'est au Salon d'octobre 1956 que Jean Dagonet dévoile son projet le plus radical. Sa carrosserie, en configuration coupé deux portes et possédant un pare-brise panoramique, est entièrement réalisée en fibre de verre. Mais ses lignes plutôt pataudes s'éloignent de l'inspiration initiale et sont quelque peu boudées par les visiteurs. Seule la mécanique, poussée à 435 cm³ et délivrant 19 ch, aurait pu émouvoir les plus conciliants. Mais à 720 000 F l'unité, et la presse automobile ayant été sans concession à l'égard du petit constructeur rémois, les clients potentiels vont se tourner dès 1957, et définitivement, vers d'autres horizons. Quant à Jean Dagonet, eh bien il fera de même.

Avec la camionnette sous les mêmes couleurs, vous pouvez vous composer votre parc de « spéciales gendarmerie », moyennant **600** à **3 000 €**.

LA 2 CV DE GENDARMERIE 1953

Confiée aux gendarmes à partir de 1953, la 2 CV servira cette arme pendant plus de 30 ans. Utilisée d'abord par les commandants de brigades, elle sillonnera ensuite les routes de France et d'outre-mer avant d'être cantonnée sur les aéroports.

© Archives Laurent Jacquot/a

▲ Dès les années 1950, les 2 CV sont équipées d'un poste de transmission. Il est placé dans le coffre du véhicule, ce qui oblige les gendarmes à arrêter leur voiture et à installer l'antenne fouet pour pouvoir communiquer.

À la fin des années 1940, la Gendarmerie nationale dispose d'un parc de véhicules motorisés modeste. Automobiles et motocyclettes confondues, une centaine de véhicules de fonction sont alors recensés, le reste de leurs moyens de locomotion étant constitué de bicyclettes et de chevaux. Ce n'est qu'à partir de 1950 que le corps de gendarmerie se voit doté d'un nombre plus consistant de voitures et autres engins motorisés. Les brigades territoriales comptent alors en moyenne un véhicule par unité. Dans un premier temps, elles sont équipées de Renault Juvaquatre. Puis, en 1953, à la création des brigades des transports aériens, les Citroën 2 CV Berlines rejoignent progressivement leurs rangs. À terme, quelque 1 400 Petites Citroën seront réparties dans l'ensemble des gendarmeries françaises, y compris en outre-mer. La commande de ces véhicules a été possible grâce à l'attribution par l'État d'un budget pour la Gendarmerie consacré à l'acquisition de véhicules « spéciaux », c'est-à-dire d'intervention. Jusque-là, l'ensemble de son budget était commun avec l'Armée de terre, un principe de fonctionnement logistique qui perdurera pour le reste du matériel jusqu'en 1989. L'arrivée des 2 CV constitue pour ce corps de l'armée une petite révolution. Au début, les 2 CV Berlines de la Gendarmerie sont pratiquement toutes réservées aux besoins des commandants de brigades, avant d'être peu à peu dédiées au service de terrain. Les premières Petites Citroën affectées en brigade sont des 2 CV AZ de couleur grise avec capote longue. L'espace du coffre est entièrement occupé par le poste émetteur-récepteur à lampes des Services de transmission de la Gendarmerie, trop encombrant pour être installé dans l'habitacle. Le pare-chocs arrière, côté gauche, abrite une antenne fouet repliable vers l'avant du véhicule. Ce type d'antenne est également utilisé sur les Juvaquatre et, par la suite, sur les Peugeot 203 break et Simca Aronde. Ce dispositif nécessite d'arrêter le véhicule pour établir la communication ou répondre à un appel. Sans être un véhicule banalisé, une notion stratégique qui n'apparaîtra que quelques décennies plus tard, la 2 CV de la Gendarmerie ne se distingue pas facilement d'un véhicule civil. Sa couleur est rigoureusement identique à celle d'une 2 CV de série. Seules l'immatriculation militaire et la présence de la grande antenne latérale permettent de l'identifier. De rares 2 CV d'intervention se verront ensuite équiper, sur leur pare-chocs avant, d'un panonceau « Gendarmerie ».

HAUTEUR SUR KÉPI

Lors du choix d'un véhicule pour la Gendarmerie, au milieu des années 1950, le képi est un argument de détail qui pèse son poids : à bord de la 2 CV, il est possible de conserver ce couvre-chef sans difficulté. Le port du képi est à cette époque obligatoire dans le cadre des missions d'intervention. Ce critère de sélection sera également retenu lors de l'adoption par la Gendarmerie de la Renault 4, à partir de 1961.

© Archives Laurent Jacquot/b

◄ Dans les années 1960, la notion de voiture banalisée n'est pas encore d'actualité. Pourtant, il n'y a pas mieux que la 2 CV pour passer inaperçu, même en portant un képi.

© Archives Laurent Jacquot/d

Entre 1957 et 1960, les gendarmes d'outre-mer sont eux aussi dotés de quelques 2 CV, comme ici aux Antilles.

© Archives Laurent Jacquot/e

En 1966, la Gendarmerie de Saint-Pierre-et-Miquelon reçoit une 2 CV 4x4 Sahara de couleur noire.

En 1953, le Gendarme Gabin, de la brigade de Saint-Saëns (76), est le titulaire de cette 2 CV A, premier véhicule motorisé de la brigade.

UNITÉ DE GENDARMERIE DES TRANSPORTS AÉRIENS

La Gendarmerie des transports aériens est créée en 1953 afin de répondre au développement des activités liées à ce secteur. Elle dépend du ministère de la Défense et est détachée auprès du ministère des Transports et du Tourisme ainsi qu'auprès de la direction générale de l'Aviation civile. Elle s'articule autour de 10 compagnies réparties sur l'ensemble du territoire français et son siège opérationnel se situe dans l'enclave de l'aéroport Roissy Charles-de-Gaulle.

VÉHICULES D'AÉROPORTS

En dehors de quelques Land Rover 88, la Gendarmerie choisit la 2 CV en tant que véhicule léger, doté de qualités « tous chemins », idéal pour sillonner les grandes étendues des zones aéroportuaires. Elle équipe aussi ses brigades spécialisées de petits 4x4 français, comme la Renault 12 Break de couleur blanche, bleue Ciel (teinte civile) ou bleu Gendarmerie. Quelques Citroën Ami 8 Break de couleur civile seront elles aussi en dotation dans ces unités.

À partir de 1957, la 2 CV AZLP est à son tour affectée à l'unité de terrain. Elle diffère principalement de l'AZ par la présence d'une porte de malle. Aucune amélioration particulière n'a été apportée à son moteur, de 425 cm^3, ni à son aménagement intérieur identique au modèle civil. Cette 2 CV AZLP sera néanmoins la plus représentative des Petites Citroën au service des forces de l'ordre, puisqu'elle restera l'auxiliaire des gendarmes pendant plus de dix ans. En 1960, la Gendarmerie nationale dispose d'unités de terrain sur tout le territoire français, métropole et outre-mer. En effet, des 2 CV ont été envoyées aux gendarmes des territoires et départements les plus lointains. Sur ces terrains souvent difficiles, elles sont parfois secondées par des Jeep Willys ou Hotchkiss, de couleur kaki ou bleu nuit. Par la suite, des Peugeot 504 et 505 Break Dangel amélioreront le parc, ainsi que quelques Matra Simca Rancho. À partir de 1961, 61 2 CV AZU rejoignent les rangs de la Gendarmerie. Ces camionnettes sont employées pour des opérations de secours routier, en partenariat avec le Touring Club de France, venant en aide aux automobilistes victimes d'une panne de leur automobile sur la voie publique. Conjointement à ces interventions, ces 2 CV participent à des actions de prévention routière. À leur bord, des gendarmes sensibilisent la population à la sécurité routière, notamment en invitant et en aidant les automobilistes à régler la hauteur de leurs phares. En 1963, la Gendarmerie commande des 2 CV Camionnettes personnalisées, dédiées aux travaux de casernement. Elles inaugurent la couleur bleu Gendarmerie, avant d'être remplacées, progressivement, par des Renault 4 fourgonnettes, vers la fin des années 1960. En 1970, la présence de la Gendarmerie sur le tarmac des aéroports parisiens s'intensifie. Et pour ce genre de mission, les 2 CV, fournies aux gendarmes par ADP, se révèlent être le véhicule idéal. En 1979, deux 2 CV 6 Spécial « GTA » (Gendarmerie transport aérien) s'ajoutent au contingent aéroportuaire, également fournies par ADP. De couleur blanche, elles sont dotées d'un support de toit pour les antennes et d'un gyrophare bleu. Les portières portent un bandeau autocollant avec l'inscription « Gendarmerie », écrite en lettres blanches sur fond bleu. Ces voitures seront les dernières 2 CV Berlines en dotation dans l'arme, aux côtés des petits camions Peugeot J7 et J9, des berlines Renault 6 et des breaks 4x4 et 4x2 Renault 12.

[EN 1960, LA GENDARMERIE DISPOSE DE 2 CV SUR TOUT LE TERRITOIRE FRANÇAIS]

Pour assurer les missions de surveillance sur zone aéroportuaire, les brigades de Gendarmerie utilisent aussi des Méhari de couleur vert Montana. Tous ces véhicules sont également chargés de prévenir les incidents et accidents, de constater les infractions à la législation aéronautique et d'intervenir sur les lieux d'accidents d'avions pour constatation et enquête. Ils sont épaulés par d'autres véhicules de la Gendarmerie mobile et du Groupement des gendarmes auxiliaires aux postes d'accès aux zones sensibles, afin que chaque véhicule entrant et leurs passagers soient systématiquement contrôlés. Les dernières 2 CV seront progressivement réformées, jusqu'à la fin des années 1980, remplacées tour à tour par des R4 et des Clio diesel, nouveau matériel courant du parc automobile de la Gendarmerie. Ces véhicules seront aisément identifiables en raison de leur couleur : bleu Gendarmerie.

■ Ce modèle n'existe très probablement plus.

LA 2 CV « MONTE-CARLO » 1954

Course-phare de l'après-guerre, le rallye de Monte-Carlo est couru par les meilleurs pilotes au volant des voitures les plus performantes. Pourtant, en 1954, deux amateurs décident d'engager leur modeste 2 CV dans la compétition. Un pari fou !

Michel Bernier (à gauche) et Jacques Duvey viennent de traverser l'Afrique, du sud au nord avec leur 2 CV A, pour se présenter au départ du rallye de Monte-Carlo donné à Oslo.

La compétition automobile connaît un énorme regain de popularité au lendemain de la Seconde Guerre mondiale. Les grands constructeurs du monde entier y consacrent des budgets importants et développent des voitures à la pointe de la technologie, dont ils font la vitrine de leur savoir-faire. Dans ce contexte, les Français ne sont d'ailleurs pas en reste, puisque Peugeot et Citroën, pour ne citer que les plus fortement impliqués, obtiennent des résultats historiques face à une concurrence étrangère de tout premier ordre. En 1954, parmi les compétitions internationales, le rallye de Monte-Carlo constitue un *must*. Pour faire figurer à leur palmarès une victoire dans cette épreuve phare, les grandes marques rivalisent d'investissements et de débauche technologique. Aussi, il va sans dire qu'une modeste 2 CV, face à l'élite de la course automobile, n'a logiquement pas sa place au départ de cette course prestigieuse. Pourtant, deux jeunes français décident de relever le défi : Jacques Duvey et Michel Bernier. Ce dernier est le précurseur des randonneurs en 2 CV, puisqu'il est le premier, en compagnie de Jacques Huguier, à avoir fait rouler une 2 CV sur le continent africain, en 1952, lors de leur célèbre Tour de la Méditerranée. Quelques mois après son retour, associé cette fois à Jacques Duvey, il entreprend une nouvelle aventure en 2 CV, mais cette fois en corsant l'affaire. Les deux compères décident de s'inscrire au rallye de Monte-Carlo, mais, surtout, de partir de la ville du Cap, au sud de l'Afrique du sud, pour remonter prendre le départ du rallye depuis Oslo, capitale de la Norvège ! Le 18 décembre 1953, Duvey et Bernier sont en effet au Cap de Bonne Espérance. Pour venir jusque-là, Jacques Duvey s'est embarqué sur un cargo avec la 2 CV, à Amsterdam, et Michel Bernier a obtenu gratuitement un aller simple à bord du premier avion de ligne à réaction, le «Comet», qui relie Londres à Johannesburg. Le 19 décembre à minuit, la 2 CV immatriculée 7 CK 75, strictement de série, quitte Le Cap en direction du Nord.

© Jacques Duvey (D.R.)/b

Michel Bernier et son plat favori : l'ananas. Faute de budget, les deux hommes n'ont pas dépensé un sou en ne mangeant que des fruits et du thé.

UNE AUTRE 2 CV

Preuve que Bernier et Duvey n'ont pas été les seuls fous de ce 7e rallye de Monte-Carlo, une autre 2 CV y a pris part et s'est classée à la 283e place. Il s'agit de la voiture n°417 de Hue et Paoli, qui avait pris le départ du rallye depuis Lisbonne le 18 janvier.

LANCIA AU SCRATCH

Très présente et populaire dans l'histoire du Monte-Carlo, la marque Lancia réalise cette année-là son tout premier exploit dans le célèbre rallye, en remportant la course au classement scratch.
Louis Chiron gagne le rallye de Monte-Carlo 1954 au volant d'une Lancia Aurelia.

SPONSOR

Une firme d'essence offre à Bernier et Duvey des bons pour 200 litres de carburant, mais ils ne trouveront pas une seule pompe sur leur route, excepté peu après le départ, en Rhodésie.

BERNIER ET HUGUIER AUTOUR DE LA MÉDITERRANÉE

En 1952, Michel Bernier est vendeur chez le concessionnaire Citroën Luchard, à Neuilly-sur-Seine. Il rêve de réaliser un grand voyage en voiture pendant ses vacances, sort à peine d'une greffe de la colonne vertébrale, consécutive à une blessure de guerre. Son chirurgien, le professeur Jacques Huguier, lui garantit que son opération a réussi et lui propose de l'accompagner. Ils partent ensemble à bord d'une 2 CV A et effectuent en 37 jours le tour de la Méditerranée. De retour à Paris, les deux hommes ont parcouru 13 588 km en 37 jours et franchi 100 douanes. Bien que ce soit la première fois qu'une 2 CV accomplisse un si long voyage, leur exploit passe inaperçu. D'autant plus que Bernier et Huguier n'en ont ramené aucune photo. Lorsque Citroën leur demande de bien vouloir lui confier leur voiture pour en examiner l'usure des pièces, les deux hommes conduisent la 2 CV à l'usine et rentrent chez eux à pied. Ils n'ont plus un sou.

LA GUERRE DU POIDS

L'expérience de Bernier autour de la Méditerranée lui a appris que le poids du matériel embarqué peut être un véritable handicap. C'est pourquoi Bernier et Duvey chargent leur voiture au minimum avant de se lancer à travers l'Afrique. Ils n'emportent avec eux que deux bougies de rechange, quatre soupapes, deux bobines d'allumage, deux ressorts d'embrayage, deux condensateurs, deux jeux de vis platinées, deux jeux d'ampoules d'éclairage, un câble de remorquage en nylon et deux mètres de treillage métallique. Point d'affaires personnelles à bord, si ce n'est leurs brosses à dents, mais dont ils ont scié les manches pour les rendre plus légères !

© Archives Maurice Louche/c

Le 7e rallye de Monte-Carlo, en 1954, couronne Lancia de sa première victoire dans cette épreuve. Le pilote est Louis Chiron, qui a à l'époque 54 ans, avec Basadonna comme co-pilote, et la voiture est une Lancia Aurelia.

Bernier et Duvey doivent impérativement arriver à Alger avant le 12 janvier au matin, seule possibilité pour profiter d'un bateau qui les transportera jusqu'à Marseille dans les temps. Le départ du 7e rallye de Monte-Carlo leur sera en effet donné à Oslo le 18 janvier 1954. C'est donc au terme d'un périple de 17 500 km au volant de leur 2 CV A, au moteur de 375 cm^3, que les deux hommes vont rallier le nord de l'Europe. Leur promenade africaine aura finalement pris l'allure d'une course contre la montre hallucinante, pour arriver à Oslo deux heures avant le départ du rallye !

[SANS UNE PANNE DE DYNAMO À 300 KM DE L'ARRIVÉE, LA 2 CV GAGNAIT DANS SA CATÉGORIE]

Les deux aventuriers n'ont pas le temps de réviser la voiture, tout juste celui de changer les bougies, le rupteur, les garnitures de freins et les pneus. Comparé au périple qu'ils viennent de vivre, le rallye de Monte-Carlo leur apparaît comme une simple formalité. Ils dévalent comme des fous vers la France et se maintiennent facilement en tête de leur catégorie, jusqu'à 300 km de Monte-Carlo, où une panne de dynamo leur fait perdre 40 minutes et toute chance de se classer parmi les premiers. La 2 CV n°319 de Bernier et Duvey termine finalement à la 323e place, mais les deux hommes sont accueillis triomphalement, tout comme ils ont été magistralement encouragés tout au long de cette aventure exceptionnelle. De retour à Paris, leur 2 CV, achetée en novembre 1953, totalise 24 500 km. Elle a roulé pendant trente-cinq jours à une moyenne horaire de 31 km, consommé 4,5 litres aux 100 km et n'a connu qu'un seul incident notoire, un trou dans le réservoir que Bernier s'est contenté de colmater avec un banal chewing-gum. Mais leur exploit sera vite oublié. Citroën exposera leur voiture, quelques semaines sur les Champs-Élysées, et ne citera leur raid extraordinaire que deux ou trois fois dans ses dépliants publicitaires.

© Bernier-Duvey (D.R.)/d

L'équipage Bernier-Duvey immortalise sa présence au Cap de Bonne Espérence, devant la célèbre statut du fondateur de la ville, 24 jours seulement avant le départ du rallye de Monte-Carlo, qu'ils prendront à Oslo le 18 janvier 1954, à près de 18 000 km de là !

Inutile de la chercher, elle n'existe malheureusement plus, même en cherchant dans les gares désaffectées.

LA 2 CV AZU DRAISINE 1956

Destinées à entretenir le réseau ferré, les draisines réalisées à partir d'engin automobile sont courantes dans les années 1950. Modifiées par la SNCF, des 2 CV Fourgonnettes circuleront ainsi sur les voies pendant plus de quinze ans.

Utilisée pour entretenir le réseau ferré, la draisine est un engin automoteur permettant d'acheminer du personnel d'entretien et du petit matériel sur les voies. Pour réaliser ce véhicule, la SNCF adaptera divers modèles de voitures dont, dès les années 1950, des 2 CV Fourgonnettes. Pour remplir sa fonction, la draisine doit pouvoir circuler dans les deux sens, voire déplacer des wagons. Avec les 12 ch de son bicylindre de 425 cm³, la Petite Citroën ne peut s'acquitter de cette dernière mission. En revanche, le problème de son double sens de circulation est résolu grâce à un cric fixé à demeure, sous son châssis. Pourvu d'une fonction de rotation, il suffit à l'agent de la SNCF, une fois la 2 CV draisine soulevée pour dégager des rails ses roues ferrées (avec un écartement standard de 143,5 cm), de la faire pivoter sur elle-même, à la main. Comme toutes les draisines, la 2 CV SNCF possède une peinture bicolore réglementaire : vermillon sous la ceinture de caisse et crème au-dessus. Néanmoins, la signalétique de la Petite Citroën diffère quelque peu de la charte officielle de la compagnie de chemins de fer. Ainsi, les inscriptions de tare (0,790 t), charge utile (0,150 t, diminuée par rapport à la 2 CV normale en raison de la plus faible adhérence des roues métalliques), places assises (2) et vitesse maximale (45 km/h) sont peintes sur la carrosserie et non sur une grande plaque latérale comme c'est la norme.

▲ Entre 1954 et 1960, quelques 2 CV AZ ont été transformées en draisines, dont la fonction principale consiste à transporter du personnel d'entretien. Ces berlines conservent alors leurs quatre (voire cinq) places assises, tandis que les camionnettes se chargent plutôt du transport de matériel.

GALLOPING GOOSE

Signifiant « oie galopante », une *gallopingoose* est, aux États-Unis, un engin utilitaire pour voies ferrées réalisé à partir d'une auto. Très populaires en Amérique au début du XXᵉ siècle, ces véhicules sont parfois utilisés en France. Il existe notamment un Dodge référencé dans la nomenclature de la SNCF. S'y trouvent également des Renault à usage route-rail (une Prairie et deux fourgons de type R) ainsi, bien sûr, que des 2 CV Fourgonnettes, présentent sous la désignation *« ALU »*. Cette mention étant vraisemblablement une erreur de transcription de AZU.

© Alain Brouste/b

◄ La 2 CV SNCF a un projecteur orientable sur le toit. Manœuvrable à l'arrêt, il permet de scruter la paroi rocheuse pour localiser les roches en équilibre à faire tomber.

DRAISINE

Terme créé à la fin du XIXe siècle et dérivé du mot draisienne, l'ancêtre sans pédale de la bicyclette inventé par le baron Drais von Sauerbronn. Le mot draisine désigne à l'origine un engin à trois roues utilisé par les employés chargés d'entretenir les voies. Par la suite, la draisine deviendra un wagonnet automoteur, puis une modeste locomotive bidirectionnelle. Dans les années 1950, les engins fabriqués à partir de bicyclettes munies d'un balancier, avec une troisième roue latérale prenant sur le second rail, prendront le nom de vélorails. Et ceux à quatre petites roues, avec un moteur de 125 cm^3 emprunté à un scooter, celui de motorails.

IMMATRICULATION

Uniquement destinée à circuler sur rail, la 2 CV draisine ne possède qu'une immatriculation SNCF. Celle-ci, volumineuse, prend place sur une de ses portes arrière. Dans un grand carré blanc ceint de noir, les mentions sont inscrites sur deux lignes. En haut, *«SNCF 4»* : le chiffre, inscrit aussi dans un carré, désigne la région d'affectation – il en existe six, la 4 étant le Sud-Ouest. En bas, *«1P XXX»* : «1» correspond au groupe de véhicules de moins de 25 ch ou moins de 4 tonnes, tandis que «P» indique un usage en plaine, par opposition à «M» pour montagne, signalant que l'engin est alors doté de freins spéciaux pour les *«lignes à forte rampe»*. Enfin, «XXX» correspond à un nombre à trois chiffres qui, pour les draisines de la région Sud-Ouest, s'échelonne de 301 à 400 et 601 à 700.

© Alain Brouste/c

Il n'est pas certain que la 2 CV SNCF possède un avertisseur sonore de type autorail, ni une signalisation lumineuse arrière identique à celle des draisines traditionnelles.

Curieusement, la 2 CV draisine garde son éclairage d'origine alors qu'elle ne circule jamais sur la route. L'exemplaire le plus connu de ces véhicules particuliers, celui chargé de patrouiller sur un tronçon de la ligne entre Souillac (46) et Aurillac (15), ne sera équipé qu'à la fin des années 1960 de phares spécifiques ; assurant les fonctions réglementaires de fanaux et de projecteurs.

© Alain Brouste/d

Appartenant officiellement à la catégorie des draisines, la 2 CV Camionnette ayant servi de base à cette transformation est un modèle de 1956, avec clignotants latéraux montés directement sur les ondulations de la tôle et ne disposant pas de médaillons sur la partie verticale liant les portières avant à la caisse de chargement. Toutefois, la SNCF a fait réaliser plusieurs exemplaires (5 ou 6 selon les sources) par son atelier de mécanique de Brive-la-Gaillarde (19), spécialisé dans les draisines. Il est donc vraisemblable que certaines d'entre elles soient de millésimes différents. Chaque matin, à partir de 5 h, cette 2 CV draisine parcourait la cinquantaine de kilomètres des gorges de la Cère. Sa mission consistait à déblayer la voie des cailloux et rochers se détachant des parois avant le passage du premier rapide. Basée à Laroquebrou (15), elle servait entre cette gare et celle de Saint-Denis-près-Martel (46) jusqu'au début des années 1970. Mais la généralisation des filets anti-chutes de pierres condamnera finalement la dernière 2 CV draisine de la SNCF à la réforme, après une quinzaine d'années de fidèles services.

Les «roues élastiques» dont est équipée cette 2 CV draisine comportent un amortisseur intégré : le moyeu et le voile de la jante, dissociés, sont liés par des blocs de caoutchouc.

■ C'est un modèle unique qui est exposé dans le musée du Mans.

LA 2 CV AZLP DU TOUR DU MONDE 1959

Première voiture française à effectuer le tour du monde, d'octobre 1958 à novembre 1959, la 2 CV de Jean-Claude Baudot et Jacques Séguéla a fait entrer la Petite Citroën dans l'histoire. Retour sur l'exploit de cette Deuche mythique.

En Thaïlande, la « deux chevaux » se fait ouvrir la route par deux éléphants. Pour Baudot et Séguéla, l'aventure touche à sa fin, ils ont déjà traversé trois continents.

Lorsqu'ils entreprennent leur tour du monde, en 1958, Jean-Claude Baudot et Jacques Séguéla ont déjà un passé d'aventuriers. À l'âge de seize ans, ils sont partis de Perpignan pour explorer le sud de la France, l'un en Vélosolex, l'autre avec une modeste motocyclette. Au cours de ce premier voyage, ils prennent conscience qu'un budget réduit n'empêche pas de partir à l'aventure, mais qu'une bonne préparation est indispensable à tout voyage ! Et leur expérience du Solex, véhicule économique, léger et permettant de goûter aux plaisirs des paysages, les convainc de choisir un véhicule équivalent pour leurs futurs voyages : la 2 CV. En 1955, alors qu'ils ont à peine 20 ans, ils projettent un tour de la Méditerranée, dans la suite de quelques autres Deuchistes de l'époque. Mais, finalement ils réaliseront un périple entre Perpignan, Bagdad, Karachi puis retour, à bord de leur infatigable 2 CV A d'alors. Cet aller-retour jusqu'au Pakistan aura fait rouler la valeureuse Type A sur 20 000 km, en à peine 10 semaines ! Les deux complices se forgent ainsi un goût et une expérience des raids et des contraintes et nécessités qu'ils impliquent. Jean-Claude et Jacques décident alors de se lancer dans une expédition de plus grande envergure.

TRUCS ET ASTUCES

La 2 CV de Baudot et Séguéla bénéficie de diverses astuces permettant de gagner de la place pour ranger leurs affaires ou d'accroître le confort. Ainsi, le siège passager peut-il accueillir les cartes routières ou d'autres objets dans une poche, munie d'un léger grillage de protection. Deux thermos sont placées dans l'habitacle, aux pieds des portes avant, et les vitres peuvent être maintenues ouvertes grâce à l'accessoire Clip.

Précieusement conservée au Mans, par le Musée automobile de la Sarthe, l'héroïne du premier tour du monde automobile garde les stigmates de son aventure extraordinaire.

Certains paysages insolites suscitent l'étonnement, comme ces tombes abandonnées de chercheurs d'or, qui jalonnent le désert de l'Atacama, au Chili.

© Citroën Communication/c

CHILI
Dans le désert de l'Atacama, au Chili, la boîte de vitesses se trouve soudainement vidée de la plus petite goutte d'huile. Après une journée à attendre un véhicule providentiel, un Chilien arrivé à pieds, comprend le désarroi de l'équipage et trouve une solution-miracle : il introduit une à une les dix bananes qu'il a dans son sac. La 2 CV ainsi secourue parcourra plus de 300 km avec ce lubrifiant de fortune !

COLOMBIE
En Colombie, une distraction a failli coûter cher à Jean-Claude et Jacques : une roue mal remontée après un changement, s'est désolidarisée de son bras et a doublé la 2 CV... en pleine course ! La voiture s'arrêtant bien malgré elle, ils purent refixer une roue et reprendre la route.

ÉTATS-UNIS
Selon une enquête, menée par le bimestriel *2 CV Magazine* fin 1999, la 2 CV du Tour du Monde de Baudot et Séguéla aurait bénéficié d'un échange standard de son moteur 425 cm³ lors de son escale new-yorkaise. C'est dans les locaux du concessionnaire Citroën qu'auraient été effectués ces travaux, rendus indispensables par la très grande fatigue du véhicule, vers les deux tiers du parcours.

En 1958, ils achètent, une 2 CV AZLP équipée « PO », après avoir vainement tenté de se faire offrir le véhicule par Citroën. Produite pour les pays d'outre-mer, ce modèle est muni d'un châssis renforcé, d'un filtre à air à bain d'huile et de pare-chocs spécifiques. Avec leurs économies, les deux amis y ajoutent de nombreux équipements et accessoires, tout en cherchant à ne pas trop augmenter son poids. Ils posent des doubles cardans Glaenzer-Spicer et des réservoirs supplémentaires de carburant, permettant une autonomie de près de 1 000 km. Ils montent des phares anti-brouillard, ainsi qu'un thermomètre et un altimètre dans l'habitacle. Ils retirent la banquette arrière qui laisse la place à de nombreux aménagements astucieux. Le plus visible est la penderie, positionnée derrière le passager, qui permet aux deux amis de porter des costumes impeccables à l'occasion. Un faux plancher à l'arrière accueille l'armurerie, puisque 2 fusils et 2 pistolets sont emportés, et le volant creux recèle une cachette appréciable pour une partie de leurs devises. Comme toutes les 2 CV AZLP, celle-ci est équipée d'une porte de malle arrière, mais l'ouverture complète du hayon est possible grâce au kit Ferlor. De plus, la plaque minéralogique arrière se rabattant vers le pare-chocs, l'accès à une première roue de secours est facilité, une seconde étant positionnée juste au-dessus. Sur le côté gauche, la porte arrière est habillée d'un panneau accueillant tous les outils nécessaires au bon entretien et aux réparations de la 2 CV.

[UN FAUX PLANCHER ACCUEILLE L'ARMURERIE ET LE VOLANT CREUX CACHE UNE PARTIE DES DEVISES]

© Jérémie Menguy/d

L'habitacle de la voiture, un peu fatigué, a été conservé en l'état. On y découvre un cendrier volumineux et un confortable volant d'emprunt.

© Jérémie Menguy/e

Sous le capot, deux gros avertisseurs sonores ont été installés. On note aussi la présence du généreux filtre à air de 2 CV PO, idéal pour filtrer la poussière.

© Citroën Communication/f

Afin de permettre au passager de dormir dans de meilleures conditions, le dossier de son siège bascule vers l'arrière, offrant ainsi une couchette sommaire. Celle-ci sera mise à contribution lors de certains tronçons du voyage, comme par exemple sur la partie Mexico-New York qui sera bouclée en cinq jours et cinq nuits quasiment non-stop ! Concernant la sécurité, un extincteur de marque Knock-Out est placé sur le tablier et des amortisseurs Progress neufs sont posés. Il est à noter qu'à l'époque, Citroën voit d'un assez mauvais œil tous ces équipements optionnels, préférant de loin les clients voyageant à bord d'une 2 CV «basique». Enfin, les cinq portes sont munies d'une serrure à barillet, les poignées de portes arrière étant placées en sens inverse. Au terme de près de deux années de préparatifs minutieux, la 2 CV est désormais fin prête pour entreprendre l'aventure et, comme tous les Deuchistes qui leur succéderont, Jean-Claude Baudot et Jacques Séguéla passent une dernière nuit blanche à d'ultimes préparatifs.

[À JOHANNESBURG, LA CAPOTE EST DÉCOUPÉE AU RASOIR DANS LA NUIT ET LA 2 CV DÉVALISÉE]

Quittée l'Europe, la traversée du continent africain n'est pas aisée, du fait du poids de la voiture. Les ensablements sont fréquents et, du Sahara algérien au Kalahari sud-africain, la technique est toujours la même : dégonfler les pneus pour passer, les regonfler plus loin. Ils croisent d'autres 2 CV au fil des semaines, comme celles de religieuses missionnaires ou celles de Fort Lamy, au Nigeria. Jean-Claude et Jacques se succèdent au volant de la Deuche, et le rythme s'accélère avant d'arriver au Cap, après 16 000 km de routes et de pistes ardues. La traversée de l'Afrique se termine par un incident : campant dans les faubourgs de Johannesburg, la 2 CV voit sa capote découpée au rasoir dans la nuit et une grande partie de son contenu dévalisée. Les deux amis embarquent ensuite pour le Brésil : ils fêteront le jour de l'an 1959 à bord du cargo. Arrivés à Rio de Janeiro, il faut vingt jours pour récupérer la 2 CV à la douane… Partis vers le Sud, ils rencontrent à Montevideo, en Uruguay, un pompiste possesseur d'une 2 CV qui tient à leur offrir le plein d'essence.

Le franchissement du Gange, en Inde, constitue pour les deux hommes un temps fort. À cette occasion, ils sont osbservés et traités comme des héros modernes.

INDE

À Calcutta, lors de la traversée de l'Inde, un rodage de soupapes s'avère nécessaire. Le moteur est prestement déposé et monté dans la chambre d'hôtel, où les deux compères passent la soirée à travailler sur le petit bicylindre. Après une bonne nuit de repos, ils descendent avec leur moteur, le remettent en place et reprennent la route tout naturellement !

BAUDOT ET SÉGUÉLA

Après leur tour du monde, Jean-Claude Baudot et Jacques Séguéla écrivent un livre, *La Terre en rond*, et enchaînent plusieurs années de conférences sur leur exploit, faisant preuve d'un véritable talent d'orateur servi par leur sens de l'observation. Beaudot est devenu le premier collectionneur mondial de jouets et de machines à sous, tandis que Séguéla, publicitaire renommé, a participé notamment aux campagnes de Citroën.

© Jérémie Menguy/g

La banquette arrière a été supprimée, et un trappe a été ménagée dans le plancher afin d'y entreposer quelques pièces de rechange ainsi que des armes.

© Jérémie Menguy/h

La garniture de porte arrière gauche a été remplacée par un panneau spécialement aménagé par Facom, constituant une trousse à outils facile d'accès.

Dans la jungle de la rivière Kwaï, en Thaïlande, certains franchissements d'obstacles sont difficiles. Mais la Petite Citroën trouve toujours à se faire prêter main forte.

AU MUSÉE

Après avoir fait le tour du monde, la 2 CV de Baudot et Séguéla est rachetée par Citroën. La firme procède alors à quelques modifications de décoration. Ainsi, l'inscription Dunlop est retirée de l'aile avant droite (le propriétaire de la marque était alors Michelin) et le nom de certains accessoiristes qui ornent les flancs de la 2 CV sont purement et simplement effacés. Aujourd'hui, la 2 CV AZPL vit une retraite bien méritée. Acquise depuis par le Musée Automobile de la Sarthe, elle est exposée avec de prestigieuses voitures de courses qui pourraient aisément la doubler sur la ligne droite des Hunaudières, mais n'ont pas eu l'occasion de voir autant de pays.

À la descente vers la Patagonie succède la traversée de la Cordillère des Andes, ce qui donne aux deux conducteurs français l'occasion d'écrire l'une des plus belles pages des raids en 2 CV : après une révision des freins et le changement des garnitures, la Deuche gravit lentement les cols successifs et emmène ses passagers bivouaquer à 3 500 m d'altitude. De l'autre côté de la Cordillère, la 2 CV dévale près de 25 km de lacets vers le Chili et arrive à Santiago pour entamer sa remontée vers le Nord. L'équipage traverse son troisième désert, celui de l'Atacama, réputé comme le plus aride du monde. Viennent ensuite l'Équateur, la Colombie, le Mexique, puis le voyage se poursuit par la traversée des États-Unis, de New York à Los Angeles.

[LA DEUCHE GRAVIT LA CORDILLÈRE DES ANDES POUR BIVOUAQUER À 3 500 M D'ALTITUDE]

Du continent américain ils embarquent pour Yokohama, au Japon. La simplicité et la fiabilité de la Deuche font merveille en Asie, où Hongkong et Singapour se succèdent sous ses roues. La Thaïlande, l'Inde et le Pakistan offrent des franchissements de gués et des traversées de jungles difficiles. Sentant venir la fin de leur périple et confiants, ils cèdent leur dictionnaire de réparations à un Indien amateur de 2 CV ! La remontée vers l'Europe est alors un long sprint car les Deuchistes sont impatients d'arriver à bon port. Partis le 9 octobre 1958, ils rejoignent leur point de départ le 12 novembre 1959, après 400 jours passés sur les cinq continents. Leur petite 2 CV AZLP leur aura été fidèle sur un parcours de plus de 100 000 km !

Les meilleurs souvenirs des deux aventuriers résident dans la qualité des contacts avec les hommes. Ici, au volant, Jean-Claude Baudot entouré d'Indiens admiratifs.

Sur le capot de la voiture, les deux aventuriers ont fixé deux têtes de chevaux porte bonheur. Au fur et à mesure de leur périple à travers le monde, ils auront l'occasion d'ajouter de nombreux souvenirs sur la caisse de leur 2 CV historique.

■ Il n'y a pas que les H qui ont vendu des glaces, si vous craquez pour un exemplaire, basez vous sur une version de série légèrement augmentée si la transformation est de qualité.

LA 2 CV « MARCHAND DE GLACES 1960

Camionnette, Pick-up ou Berline, toutes les 2 CV sont capables d'assumer une vocation d'utilitaire. Dans les années 1960, les vendeurs ambulants ne s'y sont pas trompés, faisant de la 2 CV la meilleure amie de leurs clients en culottes courtes.

Qu'il s'agisse d'une Camionnette, d'un Pick-up ou même d'une Berline, la 2 CV est par définition une voiture utilitaire. Robuste, économique, populaire et facilement modulable, elle fut de tout temps le véhicule favori des artisans et commerçants. Dès le début des années 1950, sa vocation multifonctions est tellement évidente que nombre de Berlines se voient personnalisées à des fins commerciales. Sa longue capote démontable, notamment celle des 2 CV A (1949), AZ (1954) et AZL (1956), qui descend jusqu'au niveau du pare-chocs arrière, permet d'agrémenter la voiture d'un volume et d'une accessibilité de chargement hors du commun. À tel point qu'une 2 CV Berline est parfois préférée à une 2 CV Camionnette dans le cadre d'un usage utilitaire. Conscient de cette qualité exceptionnelle, Citroën décline d'ailleurs très vite de sa première Berline une version Camionnette. La 2 CV A (Berline) est présentée en octobre 1948 et la 2 CV AU (Camionnette) en 1950. Quant à la première 2 CV Pick-up, elle apparaît dès juin 1954 à l'initiative des Anglais, sous l'appellation 2 CV AZUP. Mais elle ne sera officiellement produite en France qu'à partir de 1964. Les marchands de glaces, eux, se satisferont de tous les types de 2 CV !

▲ **Nous sommes dans les anné 1960. Cette 2 CV AZL a troqué sa longue capote contre un toi rigide, articulé au-dessus du pare-brise, puis démonté son siège passager et sa banquett arrière pour transformer son habitacle en «pièce de travail»**

LA 2 CV MODULABLE

Si la 2 CV Camionnette est conçue d'origine comme un véhicule utilitaire et la 2 CV Berline comme une familiale, en réalité, la conception même de la Petite Citroën se prête à toutes les fantaisies, à toutes les transformations. Ce dont ne se priveront pas nombre de carrossiers inspirés, ni les mécaniciens amateurs avertis. En effet, l'architectur d'une 2 CV étant basée sur l'association d'un châssis distinct et d'une caisse séparée il est tout à fait possible de modifier à loisir l'aspect d la caisse, voire d'en découper e sculpter chaque élément, san que le comportement dynamiqu de la voiture ne soit altéré.

© Jean-Claude Contenant/b

◄ **De nos jours, sur les lieux de concentration des Deuchistes, certaines 2 CV «marchand de glaces» font encore des apparitions remarquées.**

© Citroën Communication/c

© Citroën Communication/d

Dès 1954, un dépliant publicitaire anglais vante les mérites d'une 2 CV Pick-up déclinée d'une 2 CV Camionnette. La version française de ce nouvel utilitaire ne sera produite par Citroën que dix ans plus tard !

Dans les années 1960, le long des plages estivales, il n'était pas rare de rencontrer un marchand de glaces véhiculé par une 2 CV Camionnette transformée. Mais il lui était impossible de vendre sa marchandise en se campant à l'intérieur du véhicule.

Rien de plus facile que de transformer une 2 CV AU (ou AZU) en boutique ambulante. Il suffit de pratiquer des découpes dans la caisse arrière, à hauteur d'homme, puis de fabriquer des volets rabattables articulés sur les parties hautes des découpes.

© Citroën Communication/f

PREMIÈRES 2 CV PICK-UP

La première 2 CV Pick-up est fabriquée à l'usine Citroën anglaise de Slough, près de Londres, sur la base d'une 2 CV AU (375 cm³). Elle est présentée en juin 1954 et ne sera commercialisée que sur le territoire britannique. En France, cette même année, le carrossier parisien *La Carrosserie Commerciale* se lance également, à partir d'une 2 CV AZU (425 cm³), dans la conception d'un pick-up. Il sera imité rapidement par les sociétés *SAPA* et *ENAC*, mais sans trop de succès. Finalement, Citroën lancera enfin sa « vraie » 2 CV pick-up en 1964.

La 2 CV Camionnette, beaucoup plus répandue qu'une 2 CV Pick-up, se prête très naturellement au rôle de véhicule ambulant dédié à la vente de marchandises. D'une part grâce à sa capacité de chargement, d'autre part en raison de son potentiel à être modifiée, y compris de façon artisanale. Les flancs de sa partie arrière peuvent servir de supports pour recevoir des inscriptions publicitaires de grandes tailles, mais ils peuvent aussi être partiellement découpés, sans grever la rigidité de son châssis, pour ménager de grandes ouvertures permettant aux clients d'accéder à une marchandise exposée. La 2 CV Pick-up, qui n'est produite en France qu'à partir de 1964, est plutôt destinée à des fonctions utilitaires de transport. On la rencontre plus fréquemment utilisée par des dépanneurs, menuisiers, maçons ou plombiers, plutôt que par des boulangers, épiciers ou marchands de glaces. Pour l'aménager en boutique ambulante, il est nécessaire de créer au-dessus de sa plate-forme arrière un auvent tenu par quatre montants, ce qui limite sa mobilité à cause de la prise au vent ainsi générée. La 2 CV Pick-up est plutôt un véhicule de chantier, avec lequel il est plus approprié de convoyer des matériaux et autres encombrants, moins précieux que des consommables alimentaires. Reste que toutes ces 2 CV personnalisées, Berline, Camionnette ou Pick-up ont aujourd'hui pratiquement disparu. Avec le temps, elles ont le plus souvent été reconditionnées pour occuper des fonctions plus ordinaires.

[UNE CAMIONNETTE EST PLUS APPROPRIÉE QU'UN PICK-UP POUR LES TRANSPORTS ALIMENTAIRES]

- Elle est unique... mais au moins trois répliques connues ont été construites par des amateurs. Aucune cote particulière n'est envisageable.

LA 2 CV BICÉPHALE 1960

Dans les années 1950, une initiative individuelle et originale donne naissance à une « double 2 CV », composée de deux avants. Sa mission consistera à servir les Sapeurs-Pompiers varois, souvent acculés au pied d'un feu sans pouvoir faire demi-tour...

© Archives Commandant Martineau (D.R.)/a

Spécialement réalisé pour les besoins des pompiers du Var, ce prototype ne passait jamais inaperçu, que ce soit lors de ses missions, ou tout simplement garé dans une rue du village.

Cette drôle de 2 CV, amicalement baptisée la « deux-têtes » par ceux qui assistaient à son passage lors des interventions des Sapeurs-Pompiers de Cogolin, petite ville à proximité de Saint Tropez, est devenue une icône de la caserne. Une réalisation unique, effectuée avec les moyens de l'époque. Durant les années 1950, le département du Var n'est pas très peuplé et dispose d'un réseau routier réduit, avec de nombreuses pistes forestières peu accessibles. Ces chemins, qui doivent servir aux reconnaissances et aux interventions, sont tortueux et mal répertoriés. Si bien que les Sapeurs-Pompiers peuvent s'y aventurent dans l'inconnu. Parfois, ils doivent même rebrousser chemin, souvent en marche-arrière, la configuration du terrain ou sa végétation interdisant tout demi-tour. Pareille mésaventure se produisit plusieurs fois, comme en témoigne le Commandant Martineau, historien de référence en matière de véhicules des Sapeurs-Pompiers, qui explique d'où vient l'idée de cette étrange 2 CV bicéphale : « *L'histoire de cette 2 CV à deux têtes provient d'une situation cocasse des années 1950, dont le Colonel Hourcastagné, alors directeur du S.D.I.S.* (Service Départemental d'Incendie et de Secours), *fut l'acteur principal malgré lui. Parti en reconnaissance de nuit dans un chemin de montagne de la région, avec sa Traction Avant de fonction, il se trouva acculé dans un chemin creux sans pouvoir faire demi-tour. La petite histoire précise qu'il aurait rebroussé chemin en marche arrière, guidé pendant plusieurs kilomètres par son chauffeur... muni d'une simple torche électrique !* »

PREMIÈRE AUTO 4X4

Afin de disposer d'une force motrice suffisante, même si l'adhérence s'avère précaire, une automobile tout-terrain a pour principale caractéristique d'avoir toutes ses roues motrices. Ce type de véhicule possède de nombreuses autres particularités techniques, dont la robustesse et une importante garde au sol, car il doit supporter une sollicitation intense et fréquente imposée par son utilisation sur un sol inégal. La technique des 4 roues motrices, qui répond bien aux exigences d'une utilisation tout-terrain, fut curieusement appliquée, pour la première fois, à une voiture de course, la Spyker 50 HP, une voiture Hollandaise fabriquée en 1903.

© Archives C.S.P. Cogolin (D.R.)/b

Cette photo de la 2 CVbicéphale est sans doute la plus célèbre de toutes.Elle a servi plusieurs fois d'illustration dans le traditionnel calendrier des Pompiers de Cogolin.

Le prototype est livré aux Sapeurs-Pompiers de Cogolin en 1956. L'originale de cette photo en atteste, compostée d'un cachet de la poste de cette époque, en cet hiver exceptionnel où le sud de la France fut enneigé pendant quelques jours.

© Archives C.S.P. Cogolin (D.R.)/c

UN ANCIEN RACONTE

«Il y avait juste à baisser une barre bloquant le volant et à démarrer l'autre moteur pour repartir rapidement dans l'autre sens. (...) Elle se conduisait comme une voiture classique un peu plus longue, c'est tout. Avec la direction à l'arrière bloquée, elle était très facile à piloter. Le seul inconvénient venait de sa partie centrale trop basse du fait de sa longueur. Sa garde au sol n'avait pas été augmentée et elle restait souvent «plantée» lors des franchissements difficiles. (...) Dans une pente très raide, un deuxième pompier prenait les commandes arrière, enclenchait la marche arrière et laissait son collègue diriger la voiture. (...) Comme il s'agissait de deux moteurs différents, quand on la mettait en configuration 4x4, c'est-à-dire avec les deux moteurs en marche, la boîte de vitesses du premier enclenchée en première et l'autre en marche arrière, les rapports étaient différents. Ce qui engendrait un effet 4x4 un peu boiteux. Mais elle possédait des atouts certains. Par exemple, sur une de ces pistes très étroites et sinueuses où les Jeep se faisaient hair, il suffisait que deux hommes conduisent la 2 CV ensemble. Les quatre roues directrices permettaient alors de négocier n'importe quel angle de virage. La 2 CV pouvait tourner sur elle-même, voire rouler en crabe. Des figures et des manœuvres incroyables dont elle était seule capable !»

S'en suivent différentes réflexions et rencontres entre le S.D.I.S. et le Syndicat des propriétaires forestiers, qui engendrent l'idée d'un véhicule capable de s'adapter à la configuration du terrain et aux besoins spécifiques des Sapeurs-Pompiers. Le Conseil général du département du Var contribue au projet en votant un crédit. Deux 2 CV à embrayage centrifuge sont ainsi acquises et confiées à un atelier de la région Parisienne, à Neuilly-sur-Seine, afin de transformer ces deux voitures en un seul véhicule bicéphale.

[CETTE DRÔLE DE 2 CV SERA OPÉRATIONNELLE SUR LES LIEUX D'INCENDIES DE 1956 À 1969]

Les deux 2 CV sont proprement tronçonnées, les parties arrière délaissées et l'atelier de mécanique s'attèle à l'assemblage des deux morceaux conservés. Les demi-châssis supportant moteurs et commandes, avec les emplacements conducteurs et passagers, sont réunis grâce à d'habiles soudures. La voiture se retrouve avec deux avants, deux volants, deux moteurs et deux transmissions. Chaque bloc propulseur avec sa transmission est autonome et chaque volant est équipé d'un système de blocage, afin de pouvoir verrouiller la direction non utilisée, avec ses roues en position droite. Aux volants de cette double 2 CV, les pilotes (et passagers éventuels) sont assis en sens inverses l'un de l'autre. Enfin, pour minimiser l'inconvénient d'un empattement surdimensionné, les suspensions sont améliorées et renforcées.

© Archives C.S.P. Cogolin (D.R.)/d

La région du Var est souvent ensoleillée. Et quand il règne une chaleur caniculaire sur les lieux d'une reconnaissance des pompiers, la 2 CV bicéphale cherche à aérer ses moteurs et ses habitacles.

© Archives C.S.P. Cogolin (D.R.)/e

En 1960, sur un chemin escarpé varois, un véhicule d'intervention de la caserne de Cogolin a souffert d'un incendie dévastateur dont il n'a pas pu s'extraire à temps.

RUMEURS

Cette voiture ne serait pas unique, deux modèles auraient été fabriqués, l'un ayant été attribué dans le Var à la Caserne des Sapeurs-Pompiers de Cogolin et l'autre à une caserne sur la région Lyonnaise. Mais il pourrait s'agir en fait d'une légende, car aucune trace de cette fabrication et de la présence de cette voiture dans la région Lyonnaise ne vient accréditer cette thèse.

UN CAMION À DEUX TÊTES

Au 80e congrès des Sapeurs-Pompiers, en novembre 2001 à Saint Brieux, la vedette incontestable est un camion bicéphale d'intervention rapide dans les tunnels : le Janus. Ce véhicule est le premier d'une série de trois, destinés à être opérationnels 24 heures sur 24, dans le tunnel du Mont Blanc. Ce surprenant camion rappelle la 2 CV des Pompiers de Cogolin des années 1960, voire les camions à deux têtes Daf, De Rooy-Saulieu, concurrents du Paris Dakar. Ce véhicule ne connaît toutefois pas de marche arrière. Il roule dans un sens comme dans l'autre et dispose de quatre roues motrices et directrices. Sa vitesse de pointe est de l'ordre de 110 km/h dans les deux sens. Le prix estimé de chacun de ces trois véhicules est de 688 000 €. (Source Le Figaro, 5 novembre 2001). Ce type de véhicule à deux tête existe également pour les interventions s'effectuant dans le tunnel sous la Manche.

Une fois testée, la 2 CV bicéphale prend le chemin du Sud-Est de la France durant l'été 1955. Elle demeure plusieurs mois à la Direction des Services du Var, à Draguignan, puis elle est affectée à l'unité des Sapeurs-Pompiers de Cogolin au début de 1956. Une date certifiée par les Sapeurs-Pompiers actuels de la caserne de Cogolin, qui évoquent l'abondante neige accompagnant son affectation, fait exceptionnel dont témoigne une photo saluant l'arrivée de la fameuse 2 CV d'exception. À cette époque, le poste des Sapeurs-Pompiers de Cogolin est en charge d'une très grande partie du Var ; la région est alors peu peuplée et dispose d'un petit nombre de Corps de Sapeurs-Pompiers. Mais celui de Cogolin, le plus important de cette région, bénéficie de véhicules d'intervention performants afin de couvrir au mieux sa zone géographique, très étendue. C'est le S.D.S.I. qui met des véhicules à la disposition des casernes, et qui décide d'affecter cette 2 CV bicéphale à Cogolin. Quand la 2 CV à 2 têtes rallie son poste d'affectation, elle se retrouve en compagnie d'autres véhicules d'intervention qui sont principalement d'origine étrangère, et notamment américaine. À cette époque, les pompiers français disposent de nombreux véhicules fabriqués outre-Atlantique, provenant bien souvent de matériels acquis par les administrations, généralement dans les surplus militaires, puis dans le cadre du plan Marshall. Les puissants camions américains conviennent aux utilisations courantes, malgré leur importante consommation de carburant, et les Jeep 4x4 assurent leurs fonctions de liaison et de transmission. Mais elles ont déjà montré leurs limites lors d'interventions difficiles d'accès, surtout lorsqu'il fut nécessaire de s'échapper rapidement d'un chemin où le demi-tour était impossible.

[LA 2 CV BICÉPHALE DEVIENDRA UN VÉHICULE RADIO EN RAISON DE SA FAIBLE GARDE AU SOL]

© Archives C.S.P. Cogolin (D.R.)/f

La 2 CV à 2 têtes, pièce unique très enviée des autres casernes, partage son abri à Cogolin avec des véhicules d'intervention américains et notamment des Jeep.

Les élèves de Cisson œuvrent pour l'histoire. Grâce à eux et à leurs professeurs, la 2 CV bicéphale sera bientôt ressuscitée et exposée dans un musée.

© Adjudant René Valentin/h

Fin 2003, la réplique de la 2 CV à 2 têtes sort de carrosserie. Le programme scolaire des élèves prévoit qu'elle soit achevée dans l'année suivante.

© Archives C.S.P. Cogolin (D.R.)/l

1963 : bien que «leur» 2 CV mythique soit familière aux habitants de Cogolin, ses incursions dans le centre du village ne laissent jamais personne indifférent.

FUTURE 2 CV BICÉPHALE

Le Collège Technique de Cisson, quartier La Valette à Toulon, travaille sur la fabrication d'une réplique de cette « 2 CV à 2 têtes » en partant de deux modèles plus récents. C'est sur l'initiative de l'Adjudant Valentin, chef de garde à la Caserne des Sapeurs-Pompiers d'Hyères, que le projet a pu être engagé. Ce programme de travail est la fierté des élèves carrossiers et de leurs enseignants, messieurs Boistreau et Bielli, dirigés par le Proviseur du lycée et son adjoint, messieurs Berenguier et Kurdian. Une fois terminée, cette 2 CV bicéphale rejoindra le *Musée des véhicules de lutte contre les incendies et des Sapeurs-Pompiers du Var*, en cours de création lui aussi grâce à l'Association Catalina (04 94 57 85 61). Les Deuchistes sensibles à la construction de ce formidable projet sont invités à se faire connaître auprès de Roger Valentin, fondateur et président de l'association.

LONGUEUR

D'après les photos d'époque examinées, la longueur totale de l'engin serait d'environ 4,40 mètres et son empattement serait proche des 3 mètres. Étant donné la longueur des débattements de suspension d'origine sur une 2 CV, il est aisé d'imaginer combien certains franchissements simples pouvaient se transformer en difficultés majeures.

Du fait de sa configuration, la 2 CV bicéphale sert pour de nombreuses opérations de reconnaissance, mais sa fonction principale la destinera à une utilisation comme poste de commandement lors des interventions sur les feux de forêts. C'est ainsi qu'elle acquiert une réputation régionale, qui se répand assez rapidement dans toute la France et jusqu'à l'étranger, grâce aux témoignages de touristes croisés sur des pistes impraticables de forêts varoises, ou lorsqu'elle se rend sur les lieux des incendies. En tant que véhicule radio, au fil des années, elle reçoit différents noms de code permettant de l'identifier sur les ondes. Tout d'abord baptisée «Sonneur 64», elle devient «Samba 72» (et «54» ou «60»), mais ce ne sont probablement pas les seuls numéros qui lui furent décernés étant donné sa longue période de service. L'étrange véhicule d'intervention parcourra en effet les routes et les pistes du Var jusqu'en 1969. Finalement, elle abandonnera la caserne de Cogolin, reprise par les Domaines durant l'année 1971 et cédant définitivement sa place à une Jeep. Mise en vente par les Domaines, un habitant de Draguignan devient propriétaire de la «2 têtes» et l'oublie dans une grange. Un peu plus tard, des électriciens achètent un local pour y installer leur entreprise, ils y découvrent la drôle de voiture et décident de la restaurer. Aux alentours de 1995, le Lieutenant Patrick Maunier, pompier de la caserne de Cogolin, la verra en pièces détachées pour la dernière fois. Il aimerait la racheter ou l'obtenir en prêt, pour qu'elle soit exposée dans une future nouvelle caserne de Cogolin… Mais depuis cette date, si la 2 CV bicéphale originale a été restaurée quelque part en secret, personne n'en a eu connaissance et elle demeure introuvable. Il en subsiste toutefois une réplique intéressante, en cours de réalisation dans un Lycée technique varois, dont le Corps des Sapeurs-Pompiers du Var attend fièrement l'aboutissement pour classer définitivement ce véhicule d'intervention au rayon prestigieux des «monuments historiques».

[L'ORIGINAL DE LA «2 CV 2 TÊTES» POURAIT AVOIR ÉTÉ RESTAURÉ EN SECRET, MAIS NUL NE SAIT OÙ]

■ Exemplaire unique qui n'entrera vraisemblablement jamais dans le marché de la collection.

LA 2 CV PICK-UP SÉCURITÉ AÉRO-CLUB 1968

Réalisée sur la base d'une AK 350 hors-série, la 2 CV Pick-up sécurité veille sur le tarmac de l'aéroport bourguignon de Saint-Yan, depuis près de quarante ans. Et porte encore assistance aux avions, après 36 000 km de pistes.

▲ **Fidèle compagnon de l'aérodrome, la 2 CV de sécurité des pistes fait figure de mascotte officieuse auprès de certains membres de l'aéro-club qui y sont sentimentalement attachés depuis de nombreuses années.**

En 1968, l'aéroport bourguignon de Saint-Yan (71) se dote d'une 2 CV transformée en pick-up pour les missions d'intervention sur les pistes. Arrivée neuve sur le tarmac, elle a été réalisée sur la base d'une fourgonnette AK 350, dotée d'origine du moteur d'Ami 6 de trois chevaux fiscaux. Il ne s'agit pas d'un dérivé d'un modèle de série, mais d'une base spécifique commandée à Citroën. En effet, sa carrosserie était grise avant sa transformation, ce qui ne correspond pas aux couleurs du catalogue Citroën pour les modèles 1968 (jaune Pastis AC 310, bleu Névé AC 609 et vert Cactée AC 513). De plus, elle a été livrée sans vitres latérales, alors que l'AK 350 en possède durant toute sa production, de mai 1963 à août 1970. La modification de la caisse est certainement l'œuvre d'un carrossier indépendant, la carte grise de cette Deuche spéciale indiquant « *ctte* (camionnette) *technique* » pour son genre, et, comme carrosserie, « *plateau à ridelles* ». Elle a donc été transformée avant sa première mise en circulation, qui date du 17 avril 1968. Alors que son habitacle et son compartiment moteur demeurent gris, l'ensemble du véhicule est orange, ainsi que l'exige la réglementation internationale concernant les véhicules autorisés à circuler sur les pistes d'aviation.

L'AÉRO-CLUB LOUIS-NOTTEGHEM

Installé dans l'enceinte de l'aéroport de Saint-Yan Charolais Bourgogne-Sud, en Saône et Loire, l'aéro-club Louis-Notteghem propose notamment, sur rendez-vous, des baptêmes de l'air de voltige, moments inoubliables. Ces derniers sont effectués sur le biplan rouge et blanc dont l'aéro-club est propriétaire depuis les années 1940 et qui est scrupuleusement maintenu en état de vol depuis lors.

© Alain Brouste/b

◄ **Harmonieuse dans ses proportions et son dessin, l'AK 350 pick-up assure les missions d'intervention sur les incendies et, grâce à ses deux feux de toit, de guidage les avions.**

À l'origine de couleur grise, la carrosserie de la 2 CV Pick-up a été entièrement repeinte en orange, comme l'exige la réglementation internationale pour les véhicules circulant sur les pistes d'aéroport.

© Alain Brouste/c

CLOÎTRÉE

La 2 CV Pick-up de Saint-Yan n'est pas immatriculée civilement et, en trente-huit années de service, elle n'a jamais mis le moindre bout de pneu sur la voie publique où elle n'est pas autorisée à rouler. En revanche, elle peut circuler à loisir sur les aires de service de l'aéroport et même sur les pistes, comme sa couleur l'y autorise.

Elle est équipée de deux feux de toit – rouge, à droite, signifiant « stop », et vert à gauche correspondant au code couleur de « *follow me* » (« suivez-moi » en anglais) –, ce qui lui permet d'officier en tant que Flyco (de l'anglais *fly coordination*), le véhicule chargé de guider et de porter assistance aux avions. Pour être transformée en pick-up, l'AK 350 a été tronçonnée au niveau de son pavillon. Elle présente une particularité propre à son usage aéroportuaire : elle est équipée d'un coffre situé sur le plateau contre le dos de cabine. Il monte jusqu'à la lunette arrière et prend toute la largeur du véhicule, constituant un banc qui prolonge les tôles couvrant les passages de roues, l'emplacement de la roue de secours et celui du réservoir de carburant. Cet espace de rangement, séparé en deux parties inégales, dont l'une est accessible depuis l'habitacle, derrière les sièges avant, permet d'embarquer une volumineuse batterie posée à même le sol de la cabine. Elle alimente une radio, fixée à l'intérieur, au-dessus du réservoir d'essence, là où se trouve en principe la vitre latérale, et destinée à communiquer avec la tour de contrôle ou à écouter les informations concernant l'aéroport. Les sièges conducteur et passager possédant un système de déverrouillage rapide par goupilles, présent sur toutes les 2 CV Camionnettes depuis juillet 1960, il est aisé d'accéder à la batterie pour la mettre en charge sur le secteur ou la remplacer.

[GRÂCE À SON ÉQUIPEMENT EMBARQUÉ, IL PEUT INTERVENIR SUR LES DÉPARTS DE FEUX]

L'échancrure du plateau est une réussite esthétique, les ondulations de tôles étant aplaties en retrait afin d'en suivre le contour. Comme toutes les AK 350, le pick-up comporte deux feux arrière, celui de gauche contenant aussi le stop.

© Alain Brouste/d

© Alain Brouste/e

La partie arrière du plateau, fixe, n'est pas réalisée à partir des portes d'origine. Les ondulations similaires au reste du véhicule font plutôt penser à un remploi du toit découpé, aplati et habilement mis en forme.

© Alain Brouste/f

L'AK 350 est équipée des jantes de l'Ami 6, dont le trou central de fixation de l'enjoliveur est obturé par un bouchon (ici absent à l'arrière) et comporte des pneumatiques Michelin sans chambre à air, dits « tubeless ».

EXTINCTEURS

Pourvues de quatre extincteurs, la 2 CV sécurité aéro-club peut intervenir sur des feux d'hydrocarbure et d'origine électrique. Ses équipements sont régulièrement contrôlés et renouvelés en fin de vie, même s'ils n'ont pas servi.

La planche de bord, conforme au modèle de série, avec son compteur trapézoïdal avec jauge à essence, comporte un indicateur de charge de batterie de la voiture et une platine supplémentaire, devant le passager, avec les interrupteurs pour les feux de toit. Le plateau a été découpé juste au-dessus du renfort latéral de caisse. Deux arceaux, chromés, partent des côtés de la cabine pour rejoindre les rebords du plateau, formant deux quarts de cercle qui reprennent les arrondis des vitres des portières. En intervention, deux pompiers peuvent s'asseoir sur le coffre métallique, dos à la large vitre Glaçauto fermant l'habitacle, tout en se tenant aux arceaux. Un marchepied en aluminium est d'ailleurs fixé en porte-à-faux du châssis, afin d'escalader l'arrière échancré du plateau. Le support de plaque d'immatriculation arrière, avec son éclairage, positionnés sur les camionnettes en haut et au centre de la cellule, sont placés sous la caisse, derrière la roue gauche. Aucune couverture du plateau n'est prévue, les extincteurs devant être accessibles rapidement. Ils sont aujourd'hui au nombre de quatre, fixés au plateau par des brides de métal. Ils ont succédé au système nommé « boule de poudre » qui équipait à l'origine le pick-up. Il s'agissait d'un seul grand extincteur en forme de sphère, rivé au plateau par des attaches encore visibles, avec des tuyaux, maintenus latéralement par des fixations de bois, elles aussi toujours présentes.

[LE PETIT UTILITAIRE INSPECTE SYSTÉMATIQUEMENT LES PISTES TOUS LES MATINS, DEPUIS 1968]

©Alain Brouste/g

La calandre, conforme au modèle installé sur les 2 CV de 1965 à 1973, a perdu deux de ses barrettes et les chevrons de capot dont on voit les trous de fixation. Le pare-chocs n'est pas d'origine.

La radio de bord, indispensable pour communiquer avec la tour de contrôle, est reliée à une grosse batterie logée dans le renfoncement sous la large vitre arrière. Pour y accéder, le siège peut basculer.

© Alain Brouste/h

© Alain Brouste/i

▲ Les «oreilles de Mickey» des feux de toit rappellent les phares de la 2 CV. La tôle de la capucine possède deux emboutis, comme sur les 2 CV AK 350 depuis janvier 1964.

© Alain Brouste/j

▲ Les clignotants latéraux d'origine, les seuls de cette AK, ont été placés à l'avant, entre les portières et les barres de maintien chromées. La grande vitre de cabine offre une bonne visibilité pour les manœuvres.

© Alain Brouste/k

▲ Ces fixations de bois ne sont plus guère utilisées. Elles servaient pour maintenir les tuyaux du premier type d'extincteur embarqué, une «boule de poudre».

Le principe actuel est plus aisément manipulable et permet d'intervenir plus près des sinistres, en portant les extincteurs à la main au besoin. Ce vaillant utilitaire est en service depuis 152 trimestres et, en décembre 2005, l'heure de la retraite n'a pas encore sonné. Attaché à l'ensemble de l'aéroport de Saint-Yan de 1968 à 1990, il a cumulé les missions. Outre le Flyco et l'intervention rapide sur les départs de feux, le pick-up AK 350 a systématiquement inspecté les pistes tous les matins, pour vérifier leur état, et continue de le faire encore aujourd'hui. Ce qui est parfois l'occasion, pour les jeunes gens employés par l'aéroport, de prendre leurs premières leçons de conduite. Depuis 1990, ce pick-up est dévolu au seul aéro-club Louis-Notteghem dont les membres sont susceptibles d'utiliser les infrastructures aéroportuaires à tout moment, et qui disposent ainsi de leur propre véhicule de sécurité. Il a été remplacé par des véhicules plus récents pour ses autres missions passées. Depuis lors, il n'est plus assujetti aux interventions qu'en cas d'urgence, principalement celles liées au feu, et ce uniquement en dehors des heures de service des équipements officiels de l'aéroport. Ayant effectué 35 648 km en circuit fermé, cette 2 CV mériterait une petite remise à niveau sur le plan mécanique. Cependant, l'aéro-club décline régulièrement des offres de rachat… tout en souhaitant que, le jour venu, dans un futur indéfini, ce soit plutôt un amoureux de la 2 pattes qui la récupère afin de la préserver.

[DEPUIS 1990, LE PICK-UP EST DÉTACHÉ AUPRÈS DE L'AÉRO-CLUB LOUIS-NOTTEGHEM]

Cette 2 CV Fourgonnette a le moteur de 602 cm³ de 22 ch des premières Ami 6, avec un carter d'huile de 2,5 l. Le moteur de type M28 de 33 ch est monté en série dans l'AK 350 seulement un mois après son achat. ▼

© Alain Brouste/l

- Pas de cote officielle mais un changement de mains possible suivant la cote de la série augmentée selon que le décor plaise un peu, beaucoup...

LA 2 CV *FLOWER POWER* 1970

Au détour d'une route, il arrive que l'on croise une 2 CV décorée selon l'inspiration de son propriétaire, pour lui insuffler un complément de poésie. Le genre *Flower Power*, très prisé dans les années 1970, demeure un style de prédilection pour la 2 CV.

© Citroën Communication/a

▲ **Simple, rustique, endurante et bon marché, la 2 CV a d'abord séduit les aventuriers, puis s'est naturellement offerte aux mouvements hippies.**

Fin 1960, Citroën a produit plus d'un million de 2 CV. Les délais d'attente s'amenuisent tandis que la concurrence bat son plein : la Renault 4 va grossir les rangs d'autres Fiat 500 et Austin Mini. Face à cette concurrence active, Citroën décide de développer sa communication et d'innover en matière de publicité ; autour d'un jeune directeur de publicité, Claude Puech, d'un jeune directeur de communication, Jacques Wolgensinger et dans le cadre des studios Robert Delpire, une équipe va s'employer à personnaliser l'image particulière de la 2 CV, en lançant un nouveau langage pour se démarquer des fiches techniques et moroses. Les plaquettes de publicité deviennent gaies et colorées, saupoudrées d'humour, servies par une diversité graphique résolument moderne.

En 1961, le dépliant «Liberté» recèle un slogan qui fera date, car il positionne d'emblée ce qui va devenir le mythe de la 2 CV : *«Plus qu'une voiture, c'est un style de vie. Elle vous offre la clé des champs. Elle ne vous aliène pas. Elle est à votre service, ce n'est pas vous qui êtes au sien. De la place à toutes les places. Elle porte, emporte, transporte, supporte n'importe quoi, n'importe quand, n'importe où. Elle n'a pas de fausse pudeur et se déshabille facilement. Mieux que du camping : votre salon dans la campagne. À pied d'œuvre en plein champ. Elle trace son propre chemin. Elle est le maximum du minimum automobile»*. Dans la bonne humeur, la 2 CV se pare ainsi de couleurs vives et reflète enfin l'air de son temps : celui des yéyés, de la pop, du rock, de la jeunesse hippie.

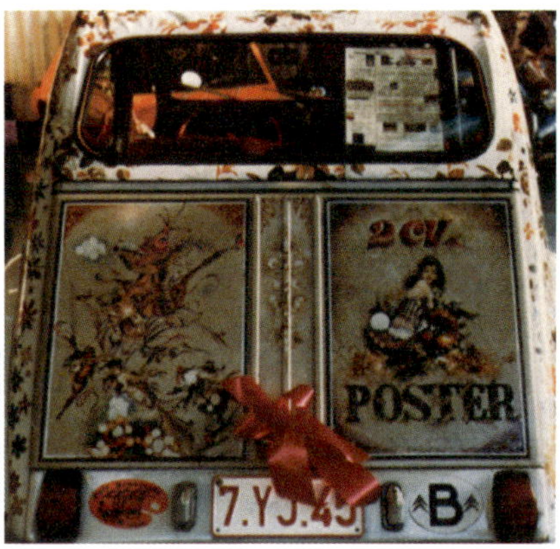

© Citroën Communication/b

© Citroën Communication/c

▲ **Les 2 CV *Flower Power* ne se cantonent pas toujours à des représentations florales ordinaires. Certaines reçoivent une décoration plus élaborée.**

◀ **Les 2 CV personnalisées «à la mode hippie» se rencontrent aussi en Belgique, et partout en Europe.**

LA 2 CV ÉCOLO ? EH BIEN NON !

Dans les années 1970 et 1980, la 2 CV a été le meilleur porte-drapeau européen des couleurs de l'écologie – « Nucléaire non merci », « Faites l'amour pas la guerre », « Vive le Larzac libre » –, jusqu'à se voir produite en série spéciale, en Allemagne et en Suisse en 1985, sous l'appellation *Ente-Grün* (Canard Vert) et arborant le slogan « I fly bleifrei » (Je vole sans-plomb). Paradoxalement, la 2 CV se verra pourtant inapte aux normes antipollution de l'époque, fixées justement par les Suisses, et donc rejetée de l'homologation légale en l'absence d'un pot d'échappement catalytique. Pour défendre leur passion pour la 2 CV, certains Deuchistes suisses iront d'ailleurs jusqu'à faire venir du Japon des « pots propres », afin de pouvoir continuer à rouler avec leur voiture bien aimée.

© Jean-Claude Contenant/d

▲ **L'expression *Flower Power* est ici exprimée pleinement, avec cette 2 CV des années 1960 abondamment fleurie, dont la capote est même recouverte d'un tapis de paille.**

LA 2 CV SYMBOLE D'ÉVASION ET D'AVENTURE

Les aventures au long cours à bord d'une 2 CV débutent dès 1952, lorsque Michel Bernier et Jacques Huguier effectuent le tour de la Méditerranée à son bord. De nombreux périples privés s'en suivront, parmi lesquels le premier tour du monde complet de Jacques Séguéla et Jean-Claude Baudot, en 1959. Dès lors, la réputation de la Petite Citroën est définitivement teintée d'aventure, d'évasion et de liberté. Autant de symboles qui épousent d'autant mieux l'esprit *Flower Power*, y compris aux États-Unis, que la 2 CV est une voiture bon marché, parfaitement adaptée aux budgets des jeunes conducteurs, notamment sur le marché de l'occasion.

La 2 CV nage en pleine croissance économique et surnagera lors de la crise de 1968. En ce mois de mai révolutionnaire, les jeunes renient l'automobile, mais pas la 2 CV. Ils gardent de sa période des années 1960 le slogan de liberté *« Plus qu'une voiture, un style de vie »* et se le réapproprient à leur manière, en abordant la 2 CV par le marché de l'occasion. C'est ainsi qu'on voit fleurir une flopée de vieilles Deuches des années 1960, joyeusement bariolées, arborant des slogans tels que *« Sous les pavés la plage »*, *« Flower Power »*, *« Gardaren lou Larzac »*, *« Peace and Love »*... Les jeunes des années 1970 créent leur style vestimentaire, basé sur la friperie d'occasion. Ils se réinventent un style de vie et une culture, relayée par des magazines dédiés à leurs aspirations, tels que *Rock & Folk, Best, Actuel ou Libération*... C'est l'apogée du mouvement hippie, amorcé dix ans plus tôt aux États-Unis. Les hippies n'appartiennent à aucun groupe structuré et ne se définissent que par un style de vie en rupture avec les générations précédentes. Ils adhèrent simplement à l'idée *Flower Power* : la vie communautaire, la musique, les drogues, les philosophies orientales, une approche nouvelle des relations humaines fondées sur la paix et l'amour et sur le refus de la consommation de masse. Avec ses lignes rondes

[LA 2 CV EST LE MAXIMUM DU MINIMUM AUTOMOBILE]

© Citroën Communication/e

▲ **Sur l'aile arrière de cette 2 CV, un troisième cheval vient rehausser la puissance animale de la Petite Citroën de la fin des années 1970, une 2 CV 6.**

et douces, sa popularité et son prix abordable, la 2 CV se prête volontiers à ce nouveau credo. Plus qu'un bien de grande consommation, elle incarne un style de vie adéquat. Chez Citroën, Jacques Wolgensinger avait eu le nez creux. Les mouvements hippies sont quelquefois politiques, comme avec la marche pour la paix à Washington en 1970, ou avec son pendant français, le rassemblement sur le plateau du Larzac, en août 1973, dans le cadre de la lutte contre l'extension du camp militaire installé là-bas.

© Citroën Communication/f

L'intérieur de cette 2 CV *Flower Power* anglaise, dont la banquette arrière a été supprimée pour faire place à un couchage, pousse encore plus loin le principe d'une décoration à outrance, dans la plus pure tradition hippie des *seventies*.

En réalité, le hippie ne s'intéresse que moyennement à la chose politique et se reconnaît mieux dans le culturel, avec les festivals Rock de Monterey en 1967 ou de Woodstock en 1969, relayés en France par la résurgence des identités régionales — on célèbre les racines celtes avec Alan Stivell — et la création en 1971 du festival interceltique de Lorient , où se retrouvent des artistes qui viennent d'Écosse, d'Irlande, du Pays de Galles, de l'Ile de Man, de Cornouailles, des Asturies, de Galice et de Bretagne, mais aussi du monde entier. Musiciens traditionnels, classiques, musiciens de folk, jazz ou rock, chanteurs, danseurs, peintres, sculpteurs, écrivains et cinéastes se succèdent sur les scènes, dans les rues ou sous les chapiteaux, pour une grande communion à laquelle assistent des spectateurs toujours plus nombreux. La jeunesse hippie, avide d'horizons nouveaux, méprise le confort, souhaite fuir la société de consommation, désire se ressourcer dans une vie simple, plus proche de la nature : ils sont nombreux à partir en stop sur la route des Indes ou du Larzac, au volant d'un «combi» ou d'une vieille 2 CV. Car la Deudeuche, c'est le plus sûr moyen d'aller au bout du monde sans y consacrer un budget faramineux.

[UNE NOUVELLE FORME D'ART PICTURAL SUR QUATRE ROUES]

© REYLEC Prod° (D.R.)/h

Le démontage très aisé d'une porte de malle de 2 CV facilite sa mise en peinture. Le résultat est parfois très réussi.

© REYLEC Prod° (D.R.)/i

Les années «baba cool» peuvent aussi être une source d'inspiration pour des motifs de décoration humoristiques.

© REYLEC Prod° (D.R.)/j

Cette jolie représentation en couleur de Bob Marley est accompagnée d'un découpage en règle des ailes de la voiture.

© Dominique Pascal/g

Équipée d'une malle «queue de canard», d'un gros pare-chocs «baroudeur» et d'une roue de secours noyée dans le capot, cette surprenante 2 CV 6 aux phares rectangulaires est carrément devenue le support à quatre roues d'un artiste peintre.

Cette photo de 1973, réalisée pour une campagne de promotion de la 2 CV 4, met en scène la jeunesse du moment. Nous sommes en pleine période *Flower Power*.

Sur les lieux de rencontres des Deuchistes, un peu partout en Europe, les 2 CV *Flower Power* sont légion. Quelque trente ans après l'ère hippie, l'esprit « Peace and Love » a la peau dure !

On peut la réparer avec du fil de fer, voire la graisser à l'aide de bananes ! C'est l'ère des grands voyages. Si l'aventure hippie prend fin avec les années 1970, l'impulsion de personnalisation, amorcée par Citroën dix ans plus tôt, a pris définitivement tournure grâce à cette jeunesse idéaliste. À l'instar des routards *Flower Power*, d'aucuns désireux de personnaliser leurs véhicules ont continué à choisir la 2 CV. On assiste à une nouvelle forme d'art : l'art pictural sur quatre roues. Un peu partout, les Deuches troquent leurs peintures unies contre des décors parfois somptueux, dessins naïfs ou délires graphiques. Petit à petit, la fièvre de la personnalisation de cette voiture particulière dépasse le cadre de la peinture, et certains iront jusqu'à transformer les carrosseries de leurs 2 CV, pour en faire des voitures vraiment uniques, parfois extravagantes. La Petite Citroën quitte ainsi sa condition de produit industriel et se métamorphose en cabriolet, en pick-up, en aquarium, en tonnelle, en locomotive au gré de la fantaisie de son propriétaire. Et sur la lancée des grands rassemblements hippies, les amateurs de 2 CV commencent à se retrouver lors de concentrations régionales, nationales et même internationales. Ces grands rassemblements réunissent Français, Anglais, Néerlandais, Allemands, Belges, Italiens, Suisses, Grecs, Espagnols, Portugais, et même des Danois, des Autrichiens, des Slovaques ou encore des Hongrois, dans une ambiance très particulière qui ne cache pas certains faux airs de Woodstock. Au campement, les modèles rigoureusement d'origine côtoient des 2 CV farfelues dans une réjouissante bonhomie. Au fil du temps, le *Flower Power* va se dissoudre, les fleurs vont se disperser au gré de nouveaux courants, mais leurs racines sont tenaces : la 2 CV est devenue un mythe d'évasion, d'échange et de simplicité, qui tient pour beaucoup à cette époque formidable où elle fut l'un des principaux véhicules de liberté.

■ C'est le type même de véhicule dont la valeur est difficile à cerner ; misez sur la série et l'évaluation des modifications apportées.

LA 2 CV LIMOUSINE 1993

Réalisée par Daniel Girod-Roux, auteur de multiples Deuches transformées, cette « petite » Citroën exclusive est équipée d'un moteur puissant et de tout le confort moderne, mini-bar compris. Quand la 2 CV est une voiture de luxe…

© François Guillard/a

Après avoir déjà métamorphosé de nombreuses Petite Citroën, telles que les voitures de raid, la « Deuche rigolo », la Dépanneuse, la Deuche à benne, la 2 CV camping-car et de multiples cabriolets, Daniel Girod-Roux est allé jusqu'à transformer une 2 CV en carrosse royal. L'idée de fabriquer cette « 2 CV Limousine » lui vient en 1992, sur l'autoroute de Normandie, où il croise souvent des voitures de luxe, britanniques ou allemandes, faisant de sa Deuche le parent pauvre de la famille automobile. Son ambition est de concevoir une 2 CV dans laquelle toute sa famille sera confortablement installée et « au large ». Les limousines américaines, qu'il découvre aux États-Unis vont stimuler son inspiration et le motiver pour passer à l'acte. S'en suivent de longues réflexions, de multiples esquisses, des nuits sans sommeil pour dessiner et peaufiner son projet, jusqu'à ce matin où Daniel se réveille avec l'idée géniale : *« Chérie, je vais rallonger la Deuche ! »*

▲ D'une finition extérieure exceptionnelle, la luxueuse Petite Citroën peut rivaliser avec les autres limousines.

UN MODÈLE EXCLUSIF

Il est facile d'imaginer cette 2 CV Limousine en compagnie des plus belles voitures du genre. Sa longueur incroyable et la qualité de sa finition en font un véhicule hors classe. De nombreuses propositions d'achat ont été faites à son propriétaire, ainsi que des demandes pour réaliser d'autres exemplaires. En vain. Daniel Girod-Roux tient à ce que son véhicule demeure un modèle unique. En outre, il estime que fabriquer une réplique de cette 2 CV Limousine ne serait pas viable financièrement, en raison du choix des matériaux utilisés, extrêmement coûteux, mais aussi au vue du nombre d'heures passées à sa construction.

© François Guillard/b

◄ Confectionnée sur deux châssis accouplés d'Ami Super, à partir d'une caisse de Charleston coupée en deux, la 2 CV Limousine mesure 4,56 m de long et accuse un poids à vide de 998 kg.

DES ACCESSOIRES D'AVANT-GARDE

Aujourd'hui, dans l'univers de l'automobile de luxe, l'autoradio, le téléphone, le lecteur de DVD et même le dispositif GPS sont des éléments courants, proposés en options par les constructeurs. En revanche, il est difficile d'imaginer ces accessoires dans une 2 CV, fut-elle construite en 1993. Avec son concept de limousine, Daniel a cassé le mythe de la 2 CV dépouillée et, surtout, anticipé l'accessoirisation de l'habitacle des voitures de standing.

UNE 2 CV SURPUISSANTE

Pour mouvoir une voiture de près d'une tonne à vide, le petit flat-twin de 602 cm³ de la 2 CV ne pouvait pas convenir sans compromettre la sécurité de la Limousine. En revanche, le 4 cylindres à plat de GS X3, refroidi par air comme celui de la Deuche, s'acquitte de son rôle avec brio. Ses 65 ch permettent d'emmener la « petite » Limousine à près de 180 km/h, c'est-à-dire presque deux fois plus vite qu'une 2 CV traditionnelle.

Entre les deux portières, 78 cm de carrosserie ont été ajoutées, où une large vitre carrée a été installée. Le galbe arrondi du toit, autour des vitres de custode, agrandit lui aussi le volume intérieur.

Se mettant immédiatement au travail, le mécanicien deuchiste ne sait pas encore que les dix prochains mois seront entièrement consacrés à cette réalisation extravagante. Dans un premier temps, il doit trouver la base de la construction. C'est une 2 CV Charleston rouge Delage qui est retenue. Il tronçonne la caisse de la voiture en son milieu, les deux parties assureront l'avant et l'arrière de la carrosserie finale. Il découpe ensuite deux châssis d'Ami Super, les assemble et les soude pour donner une longueur de plate-forme importante. Et il fabrique des renforts et des croisillons pour assurer la rigidité de l'ensemble. Puis, il façonne un plancher métallique en aluminium qu'il laisse dépasser de chaque côté du châssis pour servir de marchepieds. Le travail de soudage est considérable et ne tolère pas la moindre erreur. Une fois le châssis terminé, il met en place les moitiés de Charleston. Il ne reste plus qu'à réaliser la jonction entre la partie avant et la partie arrière, soit un espace de 78 cm. Il utilise pour cela des panneaux de tôles découpés sur mesure qu'il soude avec minutie. Il faut alors trouver un moteur pour entraîner une Deuche d'une longueur de 4,56 m, le poids initial ayant pratiquement doublé pour atteindre près d'une tonne ! Un moteur Citroën GSA X3 entièrement remis à neuf est installé sous le capot. Il s'agit d'un 4 cylindres à plat refroidi par air, de 1 299 cm³, développant 65 ch à 5 500 tr/mn, capable de propulser la « Limousine » à 178 km/h (vitesse contrôlée avec une Citroën XM). Pour obtenir le meilleur confort possible et une efficacité sans faille, Daniel monte ensuite sur son carrosse quatre gros pots de suspension indépendants associés à quatre amortisseurs.

[LA LIMOUSINE EST RÉALISÉE SUR LA BASE D'UNE 2 CV CHARLESTON ROUGE DELAGE]

Le tableau de bord de la 2 CV Limousine est à l'image de l'ensemble de la voiture, richement doté. On y trouve une instrumentation complète et la climatisation. L'ensemble a été agencé sur des supports en ronce de noyer.

Les passagers arrière disposent d'un téléphone, d'une radio, d'un téléviseur, d'un mini réfrigérateur et de compartiments de rangement intégrés.

© François Guillard/f

Peinture bi-colore, toit vinyle Britax doté d'une lunette arrière ovale, malle Bip grand volume, jantes alu et liserés or font de cette 2 CV une vraie limousine. Même en se contentant d'une vue arrière de la voiture, on devine que l'on a affaire à une 2 CV hors normes.

Ainsi équipée, la Deuche de luxe absorbera en douceur obstacles et dos d'âne. Elle n'attend plus que sa mise en peinture. Daniel choisit deux coloris de Citroën CX : le gris Perle (réf. EVE) associé au bleu Birman (réf. KLG). Pour finir, il chausse les jantes alu de GS de pneus en 145x15 ZX Michelin. Mais l'aspect grand luxe d'une limousine se reconnaissant à son habitacle, la tâche est loin d'être achevée. Et Daniel a décidé de ne pas lésiner sur les moyens ni sur les matériaux. Il installe donc des sièges confortables de Renault 11 turbo, dont la sellerie est réalisée en velours de laine par Maurice Savaton, une référence professionnelle. Ce tissu est celui qui fut monté dans les vieilles Citroën de type C8 ou dans les célèbres Tractions 15 CV. Il recouvre le sol d'une moquette bleue qui assure l'isolation et le confort. Les garnitures de portes, noires, sont munies de vide-poches et équipées de placages en ronce de noyer. Le tableau de bord, subtil mélange d'éléments de 2 CV associés à une instrumentation prélevée sur d'autres voitures, est réalisé en bois, ainsi que le volant.

[ENTRAÎNÉE PAR UN MOTEUR DE CITROËN GSA X3, CETTE DEUCHE DE LUXE MONTE À 178 KM/H !]

Symbole de l'appartenance de cette Deuche à la famille des limousines, un logo composé de chevrons or et argent a été peint sur la carrosserie.

UN CARROSSE POUR LA NOCE

L'originalité et la beauté de la 2 CV Limousine retient souvent l'attention de futurs mariés. Mais les élus sont rares. Daniel Girod-Roux, propriétaire et chauffeur exclusif de la voiture, refuse la plupart des propositions de ce genre. Toutefois, quand il accepte de troquer sa côte de travail pour le costume et la casquette de chauffeur de maître, afin de conduire des jeunes mariés à l'église ou à la mairie, ce n'est pas sans plaisir et fierté. L'originalité du véhicule en fait un objet d'admiration et garantit le spectacle, et l'espace intérieur accueille aisément une mariée dans sa grande robe blanche. Pour l'occasion, Daniel recouvre sa voiture de tulle et de fleurs.

© François Guillard/g

Les phares et clignotants sont des pièces chromées. Entre l'aile et le pneu, on aperçoit deux des quatre cache-culasses du moteur de GS.

© François Guillard/h

Sous le capot de la limousine, un 4 cylindres de Citroën GSA X3, de 1 299 cm³, permet de mouvoir cette Deudeuche géante en toute sécurité.

Voilà une limousine de grand luxe qui ne renie pas son origine, bien au contraire. Vue de face, seuls ses phares additionnels, installés sur le pare-chocs avant, trahissent sa volonté de... mieux faire !

© François Guillard/j

LE CRÉATEUR, CHAUFFEUR EXCLUSIF ET PROPRIÉTAIRE

Tôlier et mécanicien de formation, le créateur de cette voiture, Daniel Girod-Roux, modifie pratiquement tous les véhicules avec lesquels il roule. Pour le plaisir ou pour une utilisation précise. Il réalise sa première transformation de 2 CV en 1976 et ne s'arrêtera plus. Son travail ne porte pas seulement sur les carrosseries, les moteurs subissent eux-aussi d'importantes modifications. Habitué des raids et des préparations de 2 CV Cross, il n'hésite pas à modifier chemises, soupapes, pistons et arbres à cames. Le nombre de transformations sur base de 2 CV réalisées par ce passionné est impressionnant. La dernière en date est la « Mouette », une 2 CV aménagée en char à voile et conçue spécialement pour la Nationale de Berck-sur-Mer. Cet homme est aussi un collectionneur averti. Il a possédé jusqu'à 40 Deudeuches, parmi lesquelles une type A de 1952, une fourgonnette AU de 1957, des AZA de 1960, de 1964 et de 1966, la dernière ayant été découverte alors qu'elle n'affichait que 80 km au compteur. Il a même été propriétaire d'une 2 CV Spot 1976, première série spéciale, ainsi que d'une étonnante Dolly de 1983, bleu foncé et blanche. Un prototype de cette série qui n'existait pas encore à cette date, et qui repose désormais au musée du Framont, en Alsace.

Le mécanicien se fait ensuite menuisier pour réaliser la console, entièrement recouverte de placage, toujours en ronce de noyer, qui fait la séparation entre l'avant et l'arrière du véhicule. Et, pour les passagers arrière, il place des accessoires plus fréquemment réservés aux grandes berlines : radio, téléviseur, téléphone, horloge et bloc mini-bar réfrigérant. Enfin, Daniel monte un toit Britax ouvrable, en vinyle noir, coiffé de trois antennes (radio, téléphone et TV). Il découpe la lunette arrière en ovale, pour reprendre la forme de celle de la 2 CV. Il l'ornemente d'une gravure blanche représentant une frise florale composée de chevrons et comportant l'inscription « Limousine ». La même gravure se retrouve sur les deux custodes arrière. Pour prolonger l'aspect luxe à l'arrière de la voiture, il pose une magnifique malle Bip en polyester, fournie par Michel David. Le coffre, entièrement moquetté, offre une capacité plus qu'honorable et abrite le cric ainsi que la manivelle, tandis que la roue de secours est installée sur le moteur, comme jadis sur les 2 CV commerciales ENAC. Les vitres sont teintées au moyen de films posés à l'eau minérale. L'avant de la voiture arbore les deux blocs optiques chromés de la Charleston et Daniel fixe deux phares additionnels sur le pare-chocs, procurant un confort supplémentaire pour les voyages de nuit. Puis, Daniel ajoute deux petits clignotants d'ailes avant qui proviennent des vieilles Citroën fabriquées à Levallois. Pour couronner le tout, en plus du logo apposé sur la partie centrale, des liserés or longent la caisse, ce qui confère une allure aristocratique à la voiture et justifie d'autant plus ce que disent les Deuchistes de cette 2 CV hors norme : *« Elle est royale ! »*

[LES PASSAGERS ARRIÈRE DISPOSENT DE TÉLÉPHONE, TV, RADIO, HORLOGE ET MINI-BAR]

© François Guillard/k

Les jantes en alliage d'aluminium proviennent d'une GS et sont équipées de pneus Michelin (145x15).

- Les puristes vous diront qu'elle est le seul cabriolet réellement proche d'une 2 CV. Mais aucune cote ne peut lui être donnée.

LA 2 CV CABRIOLET AZELLE 1992

Réalisations artisanales ou kits élaborés, les cabriolets 2 CV se multiplient dans les années 1980. Parmi toutes ces créations, l'Azelle, conçue par Alain Le Bihan, est le cabriolet qui respecte le mieux l'esprit originel de la Petite Citroën.

▲ **La ligne de la 2 CV Azelle est en harmonie avec l'esprit deuchiste.**

Pourquoi faire un cabriolet 2 CV, alors que, d'origine, la 2 CV Berline est décapotable ? Sans doute parce que la transformation est facile, et que c'est un moyen pratique, original et parfois économique de prolonger la durée de vie d'une 2 CV vieillissante. Par ailleurs, un cabriolet est tout autre chose qu'une décapotable ! Il n'a pas de montants latéraux, ce qui augmente la sensation de profiter de l'environnement extérieur. Il est aussi plus intime, sacrifiant, parfois, les places arrière au bénéfice d'un agrandissement important du volume du coffre à bagages. La préférence pour un cabriolet plutôt que pour une décapotable est, en dernier ressort, une affaire de goût. Des transformations de 2 CV Berline en cabriolet ont été réalisées dès les années 1960 et 1970, généralement dans le cadre de lourdes remises en état d'une 2 CV accidentée. De la même manière que certaines 2 CV Camionnette abîmées ont été transformées en pick-up, par facilité.

HOMOLOGUÉ

En France, la circulation d'un véhicule transformé est interdite sans avoir obtenu une validation des modifications auprès du service des Mines. Des permissions à titre individuel, dit « à titre isolé », peuvent être délivrées si le travail est de qualité, et qu'il montre un degré de sécurité suffisant. Le kit Azelle est homologué depuis 1990.

POURQUOI AZELLE ?

Cette appellation vient du premier prototype réalisé, en 1987, par Alain Le Bihan sur la base d'une 2 CV AZ. Son concepteur a voulu y ajouter le L de son nom de famille, mais pour éviter la confusion avec une 2 CV AZL, il a simplement écrit le « L » phonétiquement, « elle », offrant par la même occasion un légitime nom féminin à sa 2 CV cabriolet.

© Gabriel Fresnois/b

◄ **L'espace des places arrière profite au coffre à bagages, désormais très volumineux.**

Beaucoup d'éléments de la carrosserie d'origine sont conservés. Une fois la capote pliée, bien que fixée par de simples boutons à pression, elle reste verrouillée grâce à la balancelle d'origine.

© Gabriel Fresnois/c

COMPOSITION DU KIT

Le kit de transformation Azelle comprend une partie arrière en polyester à peindre, qui doit être scellée à la carrosserie d'origine après découpes, un arceau en 3 parties utilisant les points de fixation d'origine de la 2 CV et une capote articulée spécifique. La modification des portes avant, que l'on peut faire équiper de vitres descendantes d'Acadiane, peut également être fournie dans le kit sur simple demande. Il faut compter environ 4 000 € pour acquérir le kit complet, non monté. Ce kit est vendu par la Société Le Bihan SARL, à Saint-Denis (93).

VOTRE AZELLE

Le modèle réduit du cabriolet Azelle, proposé par Norev pour votre collection, est un véhicule existant réalisé en 1992, par un particulier, à partir du kit d'Alain Le Bihan complété de quelques accessoires personnalisés.

La Petite Citroën, qui est constituée d'un châssis et d'une caisse séparés, favorise ce type d'intervention radicale. En effet, l'habitacle ne participe que peu à la rigidité d'une 2 CV, il est donc aisé de concevoir une tout autre forme de carrosserie à fixer sur le châssis d'origine, moyennant quelques renforts bien pensés. Et si, depuis la création de la Petite Citroën, le constructeur n'a jamais proposé une version cabriolet de sa voiture phare, nombre de Deuchistes s'y sont essayés !

[CONÇU EN 1987 PAR ALAIN LE BIHAN, LE CABRIOLET AZELLE CONSERVE L'ESPRIT DEUCHISTE]

Une des premières 2 CV Cabriolet réellement élaborée et originale est imaginée en 1986, à Rennes, par un jeune maquettiste mouliste nommé Hubert Heurtin. Il ne se lancera dans la réalisation d'un prototype qu'en 1993 et y consacrera trois ans. La première version de son cabriolet, en polyester, baptisé Millésime, est présentée au public lors de la Nationale de Bretagne, en 1996. Le succès est immédiat et, à partir de 1998, plusieurs 2 CV Millésime sont assemblées. L'originalité du cabriolet d'Hubert Heurtin repose sur la fabrication d'une coque, réalisée en matériaux composites, qui remplace purement et simplement la caisse de la 2 CV tout en conservant le châssis et le moteur. Cette splendide réalisation est loin d'être unique et les années 1980 sont riches en créations artisanales de tous genres, allant des bricolages improvisés à des réalisations plus soignées, comme certains kits particulièrement esthétiques. Les kits Hoffmann, par exemple, du nom d'un accessoiriste allemand passionné par la petite voiture française, sont commercialisés en Europe dès 1989 et ne tardent pas à attirer l'attention des Deuchistes de l'Hexagone.

© Gabriel Fresnois/d

Le jaune de la carrosserie est rappelé en fond de tableau de bord. Le volant est un accessoire estampillé Citroën. Sur le plancher, le long des bas de portières, les tubes jaunes sont des arceaux destinés à rigidifier la caisse.

© Gabriel Fresnois/e

Le moteur de la 2 CV Azelle est un 602 cm^3 d'origine, avec un carburateur double corps et deux freins à disques accolés à la boîte de vitesses.

© Gabriel Fresnois/f

Vu sous cet angle, le cabriolet Azelle ressemble trait pour trait à une classique 2 CV berline.

© Gabriel Fresnois/i

Le lettrage de la signature Azelle n'est pas sans rappeler celui des automobiles d'antan.

Déclinés en plusieurs versions, ces kits Hoffmann se composent essentiellement d'une partie arrière en polyester, complétée de quelques accessoires de liaison permettant de monter cette pièce principale sur la caisse de 2 CV d'origine, sciée au préalable horizontalement au niveau de la baie de pare-brise et débarrassée de ses portières arrière. Les kits Hoffmann, qui peuvent être installés avec un minimum de compétence mécanique, sont importés en France et connaissent un succès commercial relatif, mais toujours actif. Des années 1980 jusqu'à nos jours, de nombreuses réalisations artisanales voient le jour, la plupart étant improvisées et beaucoup s'éloignant de la silhouette d'une 2 CV d'origine.

Mais il existe un modèle qui se distingue par son respect de la silhouette de la Petite Citroën et de l'esprit deuchiste. Il s'agit du cabriolet Azelle, conçu en 1987 par Alain Le Bihan. Cet habile créateur, appliqué et malin, s'est efforcé de redessiner la silhouette de la voiture avec goût, en se servant des pièces de carrosserie d'une 2 CV standard comme d'un puzzle. Aussi, à quelques détails près, la 2 CV Azelle est-elle sans doute la plus deudeuche des 2 CV cabriolets. Elle sera d'ailleurs une source d'inspiration pour d'autres créateurs, comme, par exemple, la 2 CV cabriolet Léman fabriquée quelques années plus tard sur le même principe. Mais une 2 CV Azelle, ça se mérite…

[LE BIHAN A DESSINÉ L'AZELLE EN UTILISANT DES MORCEAUX DE 2 CV COMME UN PUZZLE]

AZELLE PARFAITE

L'assemblage d'une 2 CV Azelle étant artisanal, il est possible d'observer des différences dans la qualité de finition entre deux véhicules. Mais, il est un spécialiste qui ne recule devant aucun sacrifice : Pascal Léoty. Aidé de son ami Jean-François Gartin, ce garagiste indépendant de voitures Citroën, à Maisons-Alfort (94), a consacré 150 h de travail à la réalisation d'une Azelle modèle, en 2002, afin d'exposer la voiture au Salon du cabriolet. Pour la seule réalisation des portières avant, Jean-François Gartin a travaillé plus de 30 h.

ACCESSOIRE SMART

Une fois la 2 CV équipée d'un kit Azelle complet, il n'est pas indispensable d'ajouter d'autres accessoires. Il est toutefois possible de lui installer des jantes d'Ami Super, qui peuvent recevoir des pneus de Mercedes Smart (155x70x13). Cette modification nécessite de remplacer les rotules de direction, car le déport de jante empêche de conserver celles d'origine qui viendraient frotter métal contre métal.

© Gabriel Fresnois/g

L'arceau de la capote est conçu spécifiquement. Fixé sur les renforts de carrosserie, il se termine par une adaptation de la balancelle d'origine.

© Gabriel Fresnois/h

Les jantes utilisées ici sont celles d'une GS. Ses parties ajourées donnent un aspect sportif au paisible cabriolet.

PLIAGE DE LA CAPOTE
Le pliage de la capote conserve le principe de fixation par balancelle au niveau du pare-brise. Mode d'emploi :

© G. Fresnois/m
> Ôter les pressions

© G. Fresnois/n
> Déverrouiller la balancelle

© G. Fresnois/o
> Libérer les jambages articulés

© G. Fresnois/p
> Basculer la capote

© G. Fresnois/q
> La placer dans son logement

© G. Fresnois/r
> Défaire une pression sur deux

© G. Fresnois/s
> Placer la housse de protection

© Gabriel Fresnois/j

Les enjoliveurs de jantes chromés proviennent d'une 2 CV. Ils s'intègrent élégamment à l'ensemble, aux côtés des phares et autres embouts de protection d'ailes, chromés également.

Avant de pouvoir s'installer au volant de sa 2 CV Azelle pour une première balade, il faut compter quelques heures de travail pour la «fabriquer». Proposé en kit, le cabriolet Azelle doit être monté sur une 2 CV Berline préalablement adaptée à le recevoir. Un garagiste peut bien sûr réaliser l'assemblage et l'adaptation, ce qui est sans doute le plus recommandable, mais le *nec plus ultra*, pour qui veut s'approprier l'esprit d'un cabriolet Azelle, reste de monter son kit soi-même. La transformation de 2 CV classique en cabriolet deux places proposée par Alain Le Bihan conserve le châssis d'origine, la suspension, le moteur, la boîte de vitesses, les pare-chocs, toute la carrosserie avant ainsi que les ailes arrière, sans modification. La suppression des places arrière offre un volume de coffre important. Le kit Azelle comprend un berceau qui renforce la rigidité de la carrosserie, composé de trois arceaux solidement boulonnés sur les points de fixations de la caisse d'origine, une partie arrière en polyester comportant la porte de malle, une capote prête à être installée et des portières avant modifiées, qui reçoivent des glaces coulissantes d'Acadiane. La préparation de la 2 CV d'accueil n'est toutefois pas une mince affaire. La partie supérieure de la coque doit être suprimée jusqu'au-dessus des ailes arrière, ainsi que les pieds milieu. La pièce arrière du kit, en polyester, vient ensuite se greffer sur la carrosserie. La base des portes arrière peut être conservée en les découpant à hauteur des fenêtres. Toutes les découpes doivent être faites soigneusement, en épousant avec harmonie les formes de la nouvelle carrosserie. Pour le reste, comme le choix des roues et l'aménagement intérieur, c'est l'affaire du goût de chaque propriétaire. Le cabriolet Azelle a ceci de particulier que son kit n'est qu'une base de travail.

[L'AZELLE SERVIRA D'INSPIRATION À D'AUTRES CABRIOLETS, COMME LE MODÈLE LÉMAN]

© Gabriel Fresnois/k

Sous le tapis, le coffrage de banquette arrière est recouvert d'une tôle alu. Cet espace est désormais dédié aux petits bagages de première nécessité, calés juste derrière les sièges avant. Les arceaux de renfort de carrosserie ne gênent en rien la vie à bord.

© Gabriel Fresnois/l

Vue du dessous, l'Azelle est conforme à la berline pour permettre l'homologation. Le châssis est d'origine et toutes les pièces qui s'y rapportent également, depuis le réservoir jusqu'aux essieux avant et arrière en passant par le moteur et les freins.

- Le dimanche à Orly, on voyait des avions mais aussi la 2 CV toujours prête pour le service ; à négocier entre **1 000** et **4 000 €**.

LA 2 CV AÉROPORTS DE PARIS 1985

Depuis son entrée dans la flotte d'Aéroports de Paris, en 1954, jusqu'en 1990, la 2 CV a servi sur le tarmac, comme véhicule d'assistance, de transport ou d'intervention. Retour surune collaboration de 36 ans.

La longue collaboration entre Citroën et les Aéroports de Paris (ADP) ne date pas de l'arrivée de la première 2 CV sur le tarmac de l'aéroport d'Orly, en avril 1954. ADP, dont la constitution date de 1945, utilise déjà des véhicules au double chevron. Le gros de sa flotte est constitué de véhicules utilitaires, parmi lesquels les Types H Citroën figurent en bonne place. Et les archives de l'entreprise gardent aussi la trace d'une Traction Avant 11, voiture lançant la longue tradition des véhicules Citroën de direction telles, plus tard, les DS, Xantia et XM.

Au milieu des années 1950, ADP souhaite acquérir un véhicule de liaison simple, facile d'entretien, économique et robuste. Le kilométrage à réaliser est peu important, de l'ordre de 7 à 10000 km par an, et les vitesses autorisées sur les pistes d'aéroports sont limitées. Aussi, le choix d'ADP se porte-t-il naturellement sur la Petite Citroën. La première 2 CV est une type A de 1954. Malgré la législation, qui impose une peinture jaune aux véhicules évoluant sur les pistes d'avion, elle reste drapée de son gris d'origine.

▲ Les 2 CV et Ami 8 FLYCO, dédiées à la coordination de vol, portent assistance aux avions et vérifient l'état des pistes.

FLYCO

Abrégé de l'anglais «*fly coordination*», c'est-à-dire la coordination de vol, flyco désigne une personne employée sur les pistes d'aéroports pour porter assistance aux avions et les guider au besoin. Avant la création par Aéroports de Paris de voitures portant la signalétique «FLYCO», la 2 CV du flyco ne se distinguait pas obligatoirement des autres véhicules jaunes de piste. Il ne faut pas confondre Flyco et «coordinateur» qui désigne la personne responsable de l'ensemble des flyco.

◄ Les Aéroports de Paris achètent des 2 CV de série qu'ils repeignent dans leur garage, si besoin est, tout en conservant les caractéristiques générales, comme le jonc de capot en aluminium qui orne ce modèle.

▲ **Voici la panoplie des véhicules légers d'assistance matérielle pour les pistes dont disposent Aéroport de Paris en mai 1976 : la 2 CV 4, la 2 CV AKS 400 et l'Ami 8 break commerciale.**

Le garage d'ADP lui confectionne un support de toit à trois points d'ancrage – un de chaque côté de la voiture au niveau des charnières de portières avant, l'autre au-dessus du pare-brise, en position centrale – afin d'y installer les feux réglementaires, un rouge à gauche et un vert à droite, qui seront complétés par la suite par un gyrophare orange. Ce principe de feux de signalisation montés sur une barre de toit, outre sa quasi-obligation en raison de la toile de la capote, permet au garage d'équiper rapidement un véhicule, en cas d'urgence ou d'accident. La Petite Citroën passe le test d'aptitude ADP avec succès, et les commandes de plusieurs dizaines de 2 CV s'empilent sur le bureau de Citroën. Elles monteront jusqu'à 50 unités à la fois en 1968. Le parc de 2 CV s'accroît progressivement, passant de 24 berlines en 1955 à 52 en 1957, dont 8 FLYCO (véhicules pour la coordination de vol), puis 94 en 1965, et 184 en 1975. Sur la période 1960-1980, les 2 CV ADP sont classées en quatre grandes catégories, mises à part les quelques 2 CV 4x4 réservées aux conditions difficiles et autorisées à rouler sur le tarmac malgré leur couleur grise. La première comprend les 2 CV de piste, peintes en jaune dès le milieu des années 1950 : elles portent assistance, assurent les liaisons entre l'aérogare et les avions pour le petit matériel et le personnel. Souvent, elles n'arborent pas le logo d'ADP.

[EN 1975, LA FLOTTE DE 2 CV D'ADP COMPORTE 184 BERLINES ET 88 FOURGONNETTES]

L'ÉCHEC DES 4X4

Inutile de partir loin pour rencontrer des conditions de roulage hostiles : il suffit de se rendre sur un chantier de construction de piste aéroportuaire. Outre l'inévitable boue, l'emploi de gigantesques engins de terrassement crée des ornières que seuls des véhicules tout-terrain peuvent franchir. En complément de plusieurs Land-Rover, ADP décide donc, au début des années 1960, d'acheter quelques 2 CV Sahara, le 4x4 bimoteur produit par Citroën. L'objectif est de rationaliser les achats, l'entretien et l'approvisionnement en pièces détachées en se recentrant sur une même marque. Le nombre exact de ces véhicules n'est pas connu. Conservant leurs robes grises, ces 2 CV ont juste été décorées d'une bande bicolore bleu et rouge – les couleurs de la ville de Paris – joignant les ouïes de capot à la jonction custode-aile arrière. Une de ces 2 CV Sahara hérite également du logo ailé d'ADP, habituellement noir, mais traité en blanc pour être lisible. Ces véhicules restent malgré tout anecdotiques et sont rapidement remplacés par d'autres 4x4 français, Cournil et break 504 Dangel. À la fin des années 1980, ADP tentera une nouvelle fois l'expérience Citroën avec une AX 4x4. Malheureusement, avec ses ponts bas, ses pneus de route et sa garde au sol quasi inchangée, cette voiture s'avérera inutilisable sur les terrains difficiles, tout en consommant deux fois plus de carburant que sa sœur à traction avant. Les constructeurs japonais Toyota puis Nissan occuperont alors le créneau des 4x4 chez ADP pour longtemps.

▲ **Destinées aux missions utilitaires, les fourgonnettes sont nombreuses aux ADP. Ici, une 2 CV AKS 400, à Roissy en 1974, ornée du « P » qui indique un usage exclusif dans la zone du Parc avions.**

© Laboratoire ADP (D.R.)/e

Complétant la flotte de 2 CV, les breaks Ami 8 Service sont à trois portes. Elles disposent également d'un éclairage de toit, mais aussi d'une radio permettant de communiquer avec les avions ou la tour de contrôle.

La deuxième catégorie de 2 CV ADP réunit les Flyco jaunes, avec feux de toit réglementaires et inscriptions sur les portières pour les plus récentes : elles portent assistance aux avions, les guident jusqu'aux terminaux et vérifient continuellement le bon état des pistes et voies. La troisième rassemble les 2 CV de liaisons grises, qui ont sillonné les pistes des aéroports durant les années 1950 et 1960, ainsi que les blanches, siglées ADP, qui ont ensuite assuré des fonctions particulières, comme celle de Coordinateur, ou servi aux déplacements inter-aéroports. La dernière catégorie regroupe les 2 CV Fourgonnettes, généralement peintes en jaune, qui ont été utilisées exclusivement pour le transport de matériel et les petits dépannages sur les pistes et dans les parcs à avion. Après cinq à sept années de service, les 2 CV sont vendues par adjudication, en lots ou à l'unité, notamment aux salariés d'ADP.

[À PARTIR DE 1982, LA CADENCE DES ACHATS DE PETITES CITROËN COMMENCE À DIMINUER]

À partir de 1982, la cadence des achats diminue. Le parc roulant de 140 berlines est réduit à 100 en 1985, alors que la 2 CV rivalise depuis une année avec les Citroën LNA, pourtant peu appréciées et moins efficaces. En 1990, alors qu'il reste encore 32 Deuches en service, la direction programme leur retrait pour la fin du mois de décembre. La 2 CV côtoie depuis trois ans la Citroën AX, véhicule plus moderne qui la supplantera définitivement. Elle aura néanmoins servi fidèlement les Aéroports de Paris jusqu'à l'arrêt de sa production et même après. Un tel succès a suscité des jalousies auprès des deux autres constructeurs français, Peugeot et Renault, qui ont tenté, dans les années 1960, de forcer l'entrée du bureau des achats d'ADP.

© Laboratoire ADP (D.R.)/f

Particularité du logo de 1985, surnommé « la chaussette » par les « Adépiens » : la ligne horizontale qui symbolise une piste est disposée parallèlement au sol et non au bas de caisse, compensant l'assiette penchée de cette 2 CV 6 blanche de liaison.

LA 2 CV FLYCO DE 1985

Bien évidemment jaune orangée, elle arbore le tout nouveau logo ADP sur ses portières avant, ce qui relègue la mention « FLYCO » sur les portières arrière. La porte de malle est recouverte d'une bande réfléchissante rouge et blanche afin de bien appréhender son volume sur les pistes par mauvais temps, sous son gyrophare de toit orange. Celui-ci est fixé sur une simple barre de toit, une seconde de même type supportant les feux rouge et vert réglementaires. La signalisation lumineuse étant primordiale sur le tarmac, cette 2 CV Flyco est en outre pourvue de clignotants de custodes ronds et oranges.

DES 2 CV GPL

En 1981, ADP achète huit 2 CV 6 qui sont équipées en GPL par une entreprise spécialisée. L'expérience ne s'avère pas concluante, la 2 CV GPL n'autorisant que deux personnes à son bord, la banquette arrière étant remplacée par le réservoir de gaz et, surtout, son autonomie très limitée lui interdisant les liaisons inter-aéroports. Ces huit 2 CV spéciales resteront reléguées sur les pistes jusqu'à l'issue de leur service.

LES TROIS LOGOS

Le logo des Aéroports de Paris n'apparaît pas nécessairement sur les premières 2 CV. Il s'agit alors de deux oiseaux de profil, aux ailes déployées, se faisant face de part et d'autre de la caravelle de Paris, *« qui flotte mais ne coule pas »*. Il est généralement noir et associé à une longue bande bleu et rouge. En 1974, le design se veut plus simple et seules deux lettres bleues A et P, légèrement fondues, figurent sur les carrosseries accompagnées de la mention bleue « Aéroport de Paris ». Le positionnement des deux lettres dans un carré bleu n'améliore pas la lisibilité et, sur les 2 CV blanches, au premier regard il est aisé de confondre avec le logo de l'Assistance publique. En 1985, Aéroports de Paris fait réaliser un nouveau logo, plus visuel, où les trois lettres ADP figurent en gris sur une forme jaune orangée représentant une trajectoire de décollage. À cette date, sur les 2 CV de piste, obligatoirement jaunes, la couleur de fond du logo est en argent avec des lettres noires. La 2 CV achève sa carrière avant l'adoption d'un quatrième logo, en 1994, qui offre de meilleures caractéristiques visuelles, avec des lettres grises sur fond blanc.

© Laboratoire ADP (D.R.)/g

Cette 2 CV jaune, à Orly en 1973, attend son prochain rendez-vous entretien au garage d'ADP. Ce sera peut-être l'occasion pour elle de recevoir un logo de portière...

Un accord tacite est alors trouvé : pour les utilitaires de piste de volume moyen, ADP utilisera des Peugeot (J7 puis J9), pour les véhicules de liaisons des Renault (R4 puis R5) ainsi que pour les véhicules de direction (R12 puis R18). Citroën garde la main-mise sur les utilitaires légers. ADP équipe d'abord sa flotte en 2 CV AZU, jusqu'en 1959, remplacées par des 2 CV AKS 400 en 1960. En 1978, ces dernières seront à leur tour supplantées par des Acadiane, dont plusieurs au GPL, notamment pour la circulation dans les zones à bagages où la pollution par les gaz d'échappement doit être prise en compte. En ce qui concerne les berlines, à peu près tous les types de 2 CV produits par Citroën, hormis les séries spéciales, ont été enrôlées par ADP qui a toujours montré une nette préférence pour les 2 CV fiscaux, puisque les 2 CV 6 n'ont fait leur apparition sur les aéroports parisiens qu'en 1978, après l'arrêt de la commercialisation de la 2 CV 4. Les services rendus par la 2 CV pendant près de 36 ans ont certainement contribué à prolonger la confiance d'ADP envers les Citroën, qui continuera après elle, notamment à travers des AX (400 véhicules) et des C15 (250 véhicules).

[EN 1990, LES 32 DERNIÈRES 2 CV ADP SONT RETIRÉES DU SERVICE AU PROFIT DE L'AX]

© Laboratoire ADP (U.K.)/h

Les symboles et couleurs de la 2 CV FLYCO sont imposés par la réglementation, de même que son gyrophare orange. Celle-ci, prise en 1987, est un des derniers modèles.

© Laboratoire ADP (D.R.)/i

Une des 2 CV 6 FLYCO de 1985 qui officient sur les pistes. Ses feux de toit rouge et vert servent de repère aux avions par temps de brouillard ou de nuit. Les gros clignotants ronds de custode sont un ajout du garage d'ADP.

Index

Le « prototype Terrasson » 14
La 2 CV A dite « prototype » 18
La 2 CV Cyclope 22
La 2 CV de « Réglage de chaîne » 26
La 2 CV AZL 30
La 2 CV Citronetta 34
La 2 CV AZLP bleu glacier 38
La 2 CV 4 X 4 Bimoteur 40
La 2 CV AZAM 1963 44
La 2 CV AZAM 1965 48
La 2 CV Export Luxe 52
La 2 CV Spécial 56
La 2 CV 6 « Vert Tuileries » 58
La 2 CV 6 Club 62
Les 2 CV IES America 66
La 2 CV Barbot Spéciale 69
La 2 CV Ambulance 73
La 2 CV Pick-up « Pompier » 77
La 2 CV AZL version Taxi 81
La 2 CV Spot 85
La 2 CV Basket 89
La 2 CV Charleston 93
La 2 CV Charleston jaune 97
La 2 CV Charleston grise 101
La 2 CV 007 103
La 2 CV 6 CT Márcatelo 107
La 2 CV France 3 109
La 2 CV Dolly blanche et grise 113
La 2 CV Dolly jaune et grise 115
La 2 CV Dolly grise et rouge 117
La 2 CV Dolly blanche et verte 119
La 2 CV Dolly blanche et rouge 123
La 2 CV Dolly jaune et rouge 125
La 2 CV Dolly bleue et jaune 127
La 2 CV AZKA Fireball 129
La 2 CV Cocorico 131
La 2 CV AZKA Perrier 135
La 2 CV Bamboo 139
La 2 CV Rudolph 143
La 2 CV Wella 147
La 2 CV AZKA Sauss-Ente 151
La 2 CV AU des Postes 156
La 2 CV AU de Police 160
La 2 CV AZU de la Gendarmerie 162
La 2 CV AZU des Sapeurs-Pompiers 164
La 2 CV AZUL Week-end 166
La 2 CV AZU Camping Gaz 170
La 2 CV AZU-G 172
Les évolutions de la 2 CV AK 350 176
La 2 CV AZU vitrée 180
La 2 CV AZU EDF-GDF 184
La 2 CV AZU PTT 186
La 2 CV Pick-up bâchée 190
La 2 CV AU Michelin 195
La 2 CV AZ Océanic 197
La 2 CV AZU Lesieur 199
La 2 CV AZU Orangina 1955 201
La 2 CV AZU Orangina 1956 205
La 2 CV AZU L'Alsacienne 207
La 2 CV AZLP Berger 209
La 2 C Kiwi Zespri 211
La 2 CV Dagonet 214
La 2 CV de Gendarmerie 218
La 2 CV « Monte-Carlo » 220
La 2 CV AZU Draisine 222
La 2 CV AZLP du Tour du Monde 224
La 2 CV « Marchand de glaces » 228
La 2 CV Bicéphale 230
La 2 CV Pick-up sécurité aéro-club 234
La 2 CV Flower Power 238
La 2 CV Limousine 242
La 2 CV Cabriolet Azelle 246
La 2 CV Aéroports de Paris 250